당나라
역대 황제 평전

역사를 통해 교훈을 얻지 못하는 자는 발전할 수 없다

강정만 지음

당나라 역대 황제 평전

지은이 강정만
펴낸이 최병식
펴낸날 2024년 2월 15일(재판)
펴낸곳 주류성출판사
서울특별시 서초구 강남대로 435 (주류성문화재단)
TEL | 02-3481-1024 (대표전화) · FAX | 02-3482-0656
www.juluesung.co.kr | juluesung@daum.net

값 20,000원
잘못된 책은 교환해 드립니다.

ISBN 978 89 6246 420 7   03910

당나라
역대 황제 평전

역사를 통해 교훈을 얻지 못하는 자는 발전할 수 없다

강정만 지음

주류성

| 목차 |

당나라(618~907)는 중국의 역대 왕조들 가운데 가장 찬란한 문명의 꽃을 피운 왕조이다. 당나라의 수도 장안은 수많은 외국사절과 상인들로 북적거린 당대 최고의 국제도시였다. 중국의 고대문명은 당나라에 이르러 완성되었다고 해도 과언이 아니다. 당나라 때 사법, 행정, 군사, 경제, 교육, 외교 등 거의 모든 분야에서 완성되고 발전한 제도는 훗날 중국뿐만 아니라 한국, 일본, 베트남 등 국가에 존재한 역대 왕조들의 통치 체제의 모범이 되었다. 따라서 당나라 역사에 대한 올바른 이해는 황하문명권에 속한 봉건왕조의 요체를 파악하는 데 필요충분조건이 된다.

당나라는 또 고구려와 백제 그리고 신라의 국가체제의 발전에도 지대한 영향을 끼쳤다. 백제와 고구려가 망하고 신라가 3국을 통일하는 과정에서 당나라가 한반도에 막강한 영향력을 끼친 것도 부인할 수 없는 사실이다. 한국사는 이 시기부터 본격적으로 중국사와 불가분의 관계를 맺고 전개되었다. 역사의 경험에 비추어 볼 때 중국만큼 한국에 큰 영향을 끼친 국가는 없다. 미래에도 마찬가지일 것이다.

우리가 중국의 본질을 정확하게 이해하고 중국인을 효과적으로 상대하는 일은 우리의 생존권과 번영이 달린 문제이다. 2020년 설날 벽두부터 중국 호북성 무한(武漢)에서 발생한 코로나19가 인류를 공포의 도가니로 몰아넣고 있고, 아울러 우리를 한 번도 경험하지 못한 예측할 수 없는 세상에 살게 하고 있는 일이 좋은 실례가 된다.

본서는 당나라 역사를 황제 중심으로 기술했다. 물론 민중도 역사의 주체가 될 수 있지만 봉건왕조 시대에는 민중은 황제에 의하여 운명이 결정되었다. 성군을 만나면 편안하게 살 수 있었고 폭군을 만나면 도탄에 빠져 신음했다. 황제 중심의 당나라 역사를 통해 당나라의 특징과 역사적 의의를 몇 가지로 요약하면 이렇다.

첫째, 당고조와 당태종은 수나라 말기 천하 대란의 와중에서 수많은 인재들을 포섭하고 지역 패권자들을 포용하여 당나라를 건국했다. 이는 제국의 창업에 인재 제일주의와 포용정책이 얼마나 중요한지 일깨워주었다. 둘째, '정관의 치'와 '개원성세'라는 전대미문의 태평성대를 이룰 수 있었던 원동력은 황제 개인의 뛰어난 자질에서 나왔을 뿐만 아니라, 황제가 언로를 열어주어 올곧은 신하가 황제의 실정(失政)을 거리낌 없이 비판하고 백성을 위한 정책을 마음껏 펼 수 있게 한 것에서 나왔다. 이는 국가를 부국강병으로 발전시키는 데 황권(皇權)과 신권(臣權)의 조화와 더불어 언론 자유가 대단히 중요함을 의미한다.

셋째, 당나라는 토번, 회흘, 신라, 일본, 서역의 여러 국가들과 활발한 교류를 했다. 당나라의 개방정책은 동서문명을 융합하게 하여 중국문명에 새로운 활력을 불어넣었다. 이는 개방국가는 번영하고 폐쇄국가는 망한다는 교훈을 주었다. 넷째, 중국 역사상 유일무이한 여자황제 무측천이 당나라를 멸망시키고 무주(武周)를 건국하는 과정에서 여자도 천하의 주인이 될 수 있으며 아울러 남녀평등이 현실적으로 불가능하지 않음을 입증했다. 유가사상에 비해 남녀차별이 없는 종교, 불교가 무측천 시대에 크게 번영을 구가한 것도 당나라의 시대적 특징이었다.

다섯째, 당나라는 안사의 난 이후에 쇠퇴의 길을 걸었다. 이때부터 황제와 조정 중심의 중앙권력이 약화되고 지방의 절도사들이 당나라를 분할 통치했다. 절도사들은 군권을 장악하고 황제의 권위에 도전했으며 자기가 다스리는 지방에서 사실상 왕으로 군림했다. 그들은 이해관계에 따라 춘추전국시대에 그랬던 것처럼 합종연횡을 반복했다. 이는 대국 중국이 언제나 중앙권력과 지방권력이 끊임없이 충돌하는 불안한 정치체제를 가지고 있음을 보여준다. 당태종 이세민과 같은 카리스마를 가진 통치자가 나타났을 때 중국은 통합되었고, 당희종 이현과 같은 무능하고 어리석은 군주가 통치할 때 중국은 분열되었다.

여섯째, 당나라는 안사의 난 이후부터 환관(내시)의 시대였다고 해도 과언이 아니다. 황제는 환관을 통해 절도사들을 통제하려고 했으나 오히려 환관에 의해 통제를 당했다. 성기능을 상실한 환관들의 권력욕은 상상을 초월했다. 그들은 조종하기 쉬운 인물을 꼭두각시 황제로 추대하고 당나라 천하를 마음대로 주물렀다. 환관의 발호를 막으려고 시도했던 황제는 피살되기 일쑤였으며, 환관이 시키는 대로 처신한 황제는 겨우 구차한 목숨을 부지할 수 있었다. 물론 당나라 이전에도 환관들이 황제를 능멸하고 조정의 정치를 좌지우지한 적이 적지 않았으나 당나라 때 더욱 심각했다. 그 후 명나라 때에도 환관의 세상이 된 적이 있었다. 이는 중국 역사의 일정 부분이 환관의 역사였음을 의미한다.

역사는 과거의 자료이자 현재의 반성이며 미래에 대한 예측이다. 국가나 개인 모두 역사의 축선에서 움직인다. 오늘의 '나'는 과거에 내가 한 일에 의해 결정된다. 역사를 통해 교훈을 얻지 못하는 자는 발전할 수 없다. 당나라 역사는 봉건왕조의 흥망성쇠를 전형적으로 보여주는 표본일 뿐만 아니라, 일반사람들에게도 적지 않은 교훈을 준다.

코로나19가 온 국민을 집단우울증에 빠지게 했다. 출판업계도 전대미문의 불황이라고 한다. 그럼에도 주류성출판사 최병식 사장님, 이준 이사님 등 여러분이 졸고를 출판해주셨다. 어떻게 감사를 드려야할지 모르겠다.

2020. 5

강 정 만 (姜正萬)

제 **1** 장

✦✦✦✦✦✦✦✦✦✦✦✦✦✦✦✦✦✦✦✦✦✦✦✦✦✦✦✦✦✦✦✦✦✦✦✦

당고조 이연

제1장

당고조 이연

1. 명문가에서 태어나 군부의 실력자가 되다

백수건달 출신 유방(劉邦·기원전 256~기원전 195)이 세운 한(漢)나라(기원전 202~220)가 망하자, 중국은 위진남북조(魏晉南北朝·220~589)의 대혼란기로 접어들었다. 이 369년 동안 무려 27개 왕조가 나타났다가 사라지기를 반복했다. 정치와 사회가 얼마나 혼란했고 백성의 삶이 얼마나 비참했는지 짐작할 수 있다. 불교가 이 시기에 물이 스펀지에 스며들 듯 절망에 빠진 중국인의 의식 세계에 빠르게 안착된 것도 결코 우연이 아니었다.

서기 386년 선비족 탁발규(拓跋珪·371~409)가 평성(平城: 지금의 산서성 대동·大同)에서 황제를 칭하고 북위(北魏·386~534)를 건국했다. 대통(大統) 원년(535) 1월 관중 지방을 통치하고 있었던 우문태(宇文泰·507~556)가 경조왕(京兆王) 원유(元愉)의 아들 원보거(元宝炬·507~551)를 황제로 추대하고 서위(西魏)를 세웠다. 원보거가 서위 문제(文帝)이다. 이때 북위는 동위(東魏·534~550)와 서위

(西魏·535~556)로 분열되었다. 서위의 실권자는 우문태였다.

당고조(唐高祖) 이연(李淵·566~635)의 할아버지 이호(李虎·505~551)는 북위 시대에 농서군공(隴西郡公)으로 책봉된 귀족이자 군벌이었다. 농서군은 오늘날의 감숙성 천수(天水), 난주(蘭州) 등 지역이다. 이 지방은 한(漢)나라 때부터 서역으로 가려면 반드시 지나야 하는 비단길이었다. 또 병가(兵家)가 쟁취해야 하는 전략적 요충지이기도 했다. 이호는 북위가 동위와 서위로 분열될 때 우문태의 진영에 가담하여 서위 정권 수립에 큰 공을 세웠다.

서위 대통 3년(537) 이호는 안정공(安定公) 우문태, 하내공(河内公) 독고신(独孤信) 등 8명과 함께 주국대장군(柱國大將軍)으로 임명되었다. 이들을 '팔주국(八柱国)'이라고 칭한다. 지역의 패권자였던 그들은 서위를 분할 통치했다.

동위 무정(武定) 8년(550) 효정제(孝靜帝) 원선견(元善見·524~552)이 조정을 장악한 고양(高洋·526~559)의 핍박에 굴복하여 그에게 황위를 양위하여 동위가 망하고 북제(北齊·550~577)가 들어섰다. 서위도 556년에 공제(恭帝) 탁발곽(拓跋廓·537~557)이 우문태의 셋째아들 우문각(宇文覺·542~557)에게 양위하여 역사 속으로 사라졌다. 우문태가 닦아놓은 기반 위에, 그의 조카 우문호(宇文護·513~572)가 우문각을 옹립하여 세운 왕조가 북주(北周·557~581)이다.

이호 일족은 서위가 망하고 북주가 건립되는 혼란기에 권력의 향배에 동물적 감각을 지니고 우문씨(宇文氏) 가문에 적극적으로 협조하여 세력을 유지할 수 있었다. 서위 대통 17년(551) 이호기 세상을 떠났다. 그 후 북주 정권은 그의 공적을 인정하여 그에게 당국공(唐國公)이라는 시호를 내렸다. 훗날 당고조 이연은 이 시호의 당(唐) 자를 개국 왕조의 국명으로 삼았다.

이연의 아버지 이병(李昞·536~572)이 농서군공, 당국공 등의 작위를 물려 받았다. 이씨 가문은 이미 북위, 서위, 북주 시대에 걸쳐 농서군 일대에서 명문거족으로 성장했음을 알 수 있다.

위진남북조의 370년 가까이 지속된 전쟁의 시대를 종식시킨 인물은 양견(楊堅·541~604)이다. 그가 북주(北周·557~581)의 대승상이었을 때 9세에 불과한 어린 황제 우문천(宇文闡·573~581)을 핍박하여 황위를 양위 받아 수(隋·581~619)나라를 세웠다. 우문천은 개국공(介國公)으로 강등된 후, 수문제 양견이 보낸 자객에게 피살되었다.

서위 시대에 8명의 주국대장군 가운데 한 명이었던 독고신(獨孤信·504~557)이라는 권력자가 있었다. 그도 이연의 할아버지 이호와 함께 우문태의 정변에 가담한 공로로 주국대장군이 되었다. 북주 시대에 들어와서도 승승장구했다. 독고신은 첫째 딸은 우문태의 아들 우문육(宇文毓·534~560)에게, 넷째 딸은 이호의 아들 이병에게, 일곱째 딸은 또 다른 주국대장군 양충(楊忠·507~568)의 아들 양견에게 시집을 보냈다. 북주 권력자들 사이에 이루어진 '혼인동맹'이었다. 약육강식의 시대에 가문을 보호하고 권력을 유지하기 위해서는 세력이 비슷한 권력자들끼리 혼인동맹을 맺는 일보다 효과적인 방법은 없었다. 오늘날에도 마찬가지이다.

그 후 우문육은 북주의 2대 황제가 되었으며, 독고신의 첫째 딸은 황후로 책봉되었다. 일곱째 딸도 양견이 수나라를 건국한 후에 황후로 책봉되었다. 독고신이 막후에서 막강한 권력을 행사했기 때문에 그의 두 딸이 국모가 될 수 있었다. 독고신 가문은 북주, 수나라, 당나라에 걸친 3개 왕조 왕실의 외척이 되었다.

이병은 양견의 손윗동서였으므로 북주가 망하고 수나라가 건국되는 역사의 격변기 속에서도 권력을 유지할 수 있었다. 『구당서·본기 권일』에 이런 기록이 있다.

"고조(이연)께서는 주(북주) 천화(天和) 원년(566)에 장안(長安)에서 태어났

으며 7세 때 당국공을 세습했다. 성장해서는 성격이 활달하고 기개가 넘
쳤으며 넓은 도량과 어진 마음을 품었기 때문에 귀족, 천민 가릴 것 없이
모든 사람을 좋아했다."

이연의 아버지 이병이 비교적 젊은 나이인 37세에 사망하자, 이연은
7세 때 당국공의 작위를 물려받았다. 이연의 생모는 독고신의 넷째 딸 독
고씨(獨孤氏)이다. 수나라가 건국된 후 독고신의 일곱째 딸 독고가라(獨孤伽
羅)가 황후의 자리에 올랐다. 그녀가 수문제 양견의 본처, 문헌황후(文獻皇
后)이다. 따라서 문헌황후는 이연의 이모이며, 수문제는 이모부가 된다.
　이처럼 이연은 수나라 황실과의 끈끈한 친인척 관계를 배경으로 초주
(譙州), 농주(隴州), 기주(岐州) 등 삼주의 자사(刺史)를 역임하는 출세의 가도
를 달릴 수 있었다. '자사'란 황제의 권력을 지방에 행사하기 위하여 조정
에서 파견한 관직이다. 지방에 대한 행정, 사법, 감찰, 군권 등의 막강한
권력을 가진 자리이다. 어느 날 관상을 잘 본다고 소문이 난 사세량(史世良)
이 이연에게 말했다.

"공은 기골이 장대하니 훗날 반드시 백성의 군주가 될 것입니다. 저의
말을 가슴 깊이 새기시고 자중자애하시기를 바랍니다."

그에 말에 크게 고무된 이연은 이때부터 야망을 품기 시작했다. 원래
수나라의 태자는 장남 양용(楊勇·?~604)이었다. 양용은 여색을 지나치게 밝
히고 사치를 좋아하여 아버지 수문제와 어머니 문헌황후의 근심거리가
되었다. 둘째아들 양광(楊廣·569~618)이 친형 양용의 약점을 치밀하게 파고
들었다. 양광의 거듭된 모함과 술수에 걸려든 양용은 폐서인되고 양광이
태자로 책봉되었다. 양광과 이연은 주색을 탐했고 호걸들과 사귀기를 좋

아했기 때문에 궁합이 잘 맞았다. 양광은 성격이 워낙 호탕하고 과격했다. 또 변덕이 죽 끓듯 했다.

이연은 양광과 어울릴 때면 마치 호랑이 등에 올라탄 기분이었다. 자칫하다간 양광의 노여움을 사서 패가망신할 수 있었다. 그래서 양광의 비위를 맞추는 일이라면 어떤 일도 마다하지 않았다. 절세의 미인을 만나면 언제나 양광에게 양보했으며, 진귀한 보물이나 천하의 명주를 얻으면 모두 양광에게 바쳤다. 양광은 자기보다 세 살 더 먹은 이연을 무골호인으로 생각하고 경계심을 풀었다.

수나라 인수(仁壽) 4년(604) 수문제가 중병에 걸려 인수궁의 침전에서 일어나지 못했다. 태자 양광은 측근들과 부친의 사후에 황위를 계승할 만반의 준비를 했다. 자신이 아직 죽지 않았는데도 양광이 황제 등극을 노리고 있다는 얘기를 들은 수문제는 진노했다. 더구나 양광이 아버지가 총애하는 선화부인(宣華夫人) 진씨(陳氏)를 겁탈하려다가 미수에 그친 일이 발각되었다.

수문제는 폐서인된 양용을 다시 태자로 책봉하려고 했다. 하지만 양광은 인수궁을 포위하고 궁녀와 신하들을 모조리 감금했다. 결국 수문제가 고립된 채로 지내다가 붕어하자, 수양제 양광이 2대 황제로 등극했다. 수양제는 즉시 부친의 유조(遺詔)를 조작하여 친형 양용을 자살하게 했다. 권력을 쟁취하기 위해서는 부자지간에도 칼부림이 일어나기 마련인데 형제지간에는 더 말할 나위가 없을 것이다.

이연은 수양제의 집권 초기에 지방의 태수(太守)로 나가있다가 황제의 부름을 받고 전내소감(殿內少監), 위위소경(衛尉少卿) 등의 요직을 맡았다. 전내소감은 황제의 의식주를 보살피고, 위위소경은 제사, 의전 등 궁정의 사무를 관장하므로 황제의 심기를 잘 헤아리는 측근이 아니면 맡을 수 없는 자리였다. 그래서 수양제는 '술친구' 이연을 곁에 둔 것이다.

당나라 역대 황제 평전

수양제는 즉위 직후인 대업(大業) 원년(605)에 인부 200여만 명을 동원하여 1년여 만에 제2의 도성인 동경(東京: 지금의 낙양)을 건설했다. 또 남방과 북방을 연결하는 대운하를 완공한 후, 거대한 용선과 각종 선박 수만 척을 띄워 강남 지방을 순행했다. 엄청난 재원을 투입하고 백성의 고혈을 짜내지 않으면 이루어질 수 없는 전대미문의 대사업이었다.

당시 동북아시아의 강국, 고구려는 수나라에 가장 위협적인 세력이었다. 고구려를 정복하지 못하면 제국의 미래가 없다고 판단한 수양제는 대업 8년(612)에 100만 대군을 이끌고 고구려를 침략했으나 요동성(遼東城: 지금의 요녕성 요양·遼陽)에서 대패하고 후퇴했다. 다음 해(613) 또 요동성을 공격했을 때, 이연은 회원진(懷遠鎭)에서 군량과 말먹이를 조달하는 일을 맡았다.

2차 원정도 실패로 끝나자, 연이은 토목 공사와 침략 전쟁으로 도탄에 빠진 백성들의 원성이 하늘을 찔렀다. 이때 여양(黎陽: 지금의 하남성 준현·浚縣)에서 군량미 조달을 담당하던 양현감(楊玄感·?~613)이 성난 민심을 등에 업고 반란을 일으켰다. 그는 동경성(낙양성)을 포위하고 여러 차례 공격했다. 하지만 대장군 우문술(宇文述)에게 대패하고 동생 양적선(楊積善)과 함께 쫓기는 몸이 되었다. 가호수(葭芦戍: 지금의 하남성 노씨현·盧氏縣)에 이르러 퇴로가 막혔다. 양현감이 동생에게 말했다.

"거사가 결국 실패했구나. 내가 다른 사람의 손에 죽어 치욕을 당할 바에는 차라리 너의 손에 죽는 게 마음이 편하겠구나. 빨리 나를 죽여 다오."

동생은 피눈물을 흘리며 칼로 먼저 형을 찌르고 자결했다. 두 사람의 잘린 머리는 수양제가 머물고 있는 행궁에 보내졌으며 육신은 갈기갈기 찢긴 채 불구덩이로 던져졌다. 이때 수양제는 양현감의 친족과 그를 따르는 무리는 말할 것도 없고, 조금이라도 의심이 가는 자들도 모조리 체포하여 도륙하게 했다. 심지어 양현감이 관가의 곳간을 털어 구휼미를 나누어 줄 때 그것을 받은 무고한 백성 수천 명도 도성 밖 남쪽에서 생매장을 당했다.

양현감의 반란을 진압하면서 무려 3만 명이 넘는 사람들을 학살한 만행은 살아남은 백성들에게 공포감을 불러일으켰다. 그들은 겉으로는 복종했지만 마음속으로는 두려워하며 새로운 영웅이 나타나 폭군을 제거해주기를 간절히 바랐다. 수나라는 이 시기부터 걷잡을 수 없는 천하 대란의 소용돌이로 빨려 들어갔다. 국가의 기능이 거의 마비되는 지경에 이르렀다.

당시 이연은 군사를 거느리고 홍화군(弘化郡: 지금의 감숙성 경양·慶陽)에 주둔하고 있었다. 어명을 받들고 반란군 진압에 나섰지만 민심 이반을 목도하고 수나라의 멸망이 멀지 않았음을 직감했다. 웅지를 펴기 위해서는 무엇보다도 먼저 여러 지방의 지사와 호걸들의 마음을 얻어야 했다. 그의 넉넉한 인품과 넓은 도량에 반하지 않은 사람들이 거의 없었다. 이연의 수하에 사람들이 모여들고 있다는 얘기를 들은 수양제는 그가 반역을 꾀하지 않을까 의심했다.

하루는 수양제가 사자를 보내 이연을 자신이 머물고 있는 행궁으로 오게 할 거라는 얘기를 수양제의 후궁인 이연의 생질녀 왕씨(王氏)를 통해 이연이 들었다. 황제의 의심증과 변덕이 심한 것을 평소에 잘 알고 있었던 이연은 얼굴이 하얗게 질렸다. 가자니 목숨을 부지하기 어렵고, 안 가자니 어명을 거역한 죄로 목이 달아날 게 뻔했다. 중병을 핑계로 황제를 속이기로 결심했다.

하지만 황제가 보낸 사자가 문제였다. 사자를 만나면 들통이 날 수밖에 없었다. 사자를 뇌물로 매수하는 방법이 유일한 해결책이었다. 이연은 가쁜 숨을 쉬는 척하면서 사자에게 힘겹게 말했다.

"먼 길을 오느라 정말 고생이 많았소. 얼마 되지 않는 예물이지만 나의
작은 성의로 생각하고 받아주시오."

"대인께서 저를 이렇게 후하게 대우해주시니 몸 둘 바를 모르겠습니
다."

사자는 이연의 꾀병에 넘어간 게 아니라 뇌물에 매수되었다. 사자의
보고를 받은 수양제는 그래도 미심쩍었는지 왕씨에게 물었다.

"이연이 무슨 죽을병에 걸렸다더냐."

왕씨는 침착하게 대답했다.

"주색에 빠져 몸을 망쳤다고 합니다."

이연은 대책을 세우지 않으면 언제 죽을지 모르는 운명이었다. 먼저
황제의 의심을 피해야 했다. 매일 고주망태가 되도록 술을 마시며 방탕한
생활을 했다. 또 뇌물도 적당히 받았다. 자신은 아무런 야망도 없고 그럭
저럭 현재의 직책에 만족하는 관리에 불과한 인물임을 수양제에게 각인
시켜주기 위한 고육지책이었다.

대업 10년(614) 수양제는 또 제3차 고구려 침략을 단행했다. 수나라 침략
군이 고구려 땅 요동 지방으로 진군하자, 중원과 남방의 여러 지방에서 크
고 작은 민란이 끊임없이 일어났다. 수양제는 고구려 침략을 포기하고 회

군하면서 민란을 진압하기 위하여 계속 이연을 중용하지 않을 수 없었다.

대업 11년(615) 모단아(母端兒·?~615)가 용문(龍門: 지금의 산서성 하진·河津)에서 농민 반란을 일으켰다. 수양제는 즉시 이연을 파견하여 반란을 진압하게 했다. 이연은 모단아의 반란군을 진압한 후 시체 수천여 구를 쌓아 금자탑 모양의 거대한 무덤을 만들었다. 옛날에 승리한 장수는 자신의 전공을 과시하고 적에게 공포심을 안겨주며 아울러 죽은 아군의 넋을 달래기 위하여 이런 무덤을 조성했다. 이것을 '경관(京觀)'이라 한다.

이연의 군사가 하동(河東: 지금의 산서성 지역) 일대에서 토벌하는 곳마다 승리하지 않은 곳이 없었다. 다음 해(616) 그는 전공을 인정받아 우효위장군으로 승진했다. 대장군 다음가는 계급에 오른 것이다.

대업 11년(615) 수양제가 만리장성으로 순행을 나갔다가 중앙아시아의 강국 돌궐(突厥)의 황제, 시필가한(始畢可汗·?~619)이 이끈 군사에게 안문(雁門: 지금의 산서성 대현·代縣)에서 포위되어 절체절명의 위기에 빠진 적이 있었다. 시필가한은 안문군(雁門郡)의 41개 성(城) 가운데 39개를 함락한 뒤 안문성에 갇혀있는 수양제에게 총공세를 퍼부었다. 돌궐의 병사가 쏜 화살이 수양제의 어가 앞에 꽂혔다. 수양제는 두 눈이 퉁퉁 부었을 정도로 기겁했다.

수양제는 황급히 시필가한의 처, 의성공주(義成公主·?~630)에게 밀사를 보내 구원을 요청했다. 원래 의성공주는 수문제 때 돌궐의 황제 계민가한(啓民可汗·?~609)에게 시집간 수나라의 종실 여자였다. 수문제가 양국의 우호를 위해 그녀를 정략 결혼시킨 것이다. 계민가한 사후에 그의 아들 시필가한이 그녀를 아내로 삼았다. 북방의 유목 민족은 아들이 아버지의 사후에 그의 후처를 자기 아내로 삼는 일은 패륜이 아니라 풍습이었다. 의성공주는 수나라를 떠난 지 10년이 넘었으나 여전히 수나라 황실을 그리워하고 있었다. 시필가한에게 측근을 보내 북쪽 변방에 위급한 일이 생겼으니 빨리 돌아오라고 재촉했다.

그런데 의성공주에게만 자신의 목숨을 맡기기가 너무 불안했던 수양제는 태원(太原)에 있는 이연에게 군사를 이끌고 안문으로 진격하게 했다. 이연의 군사가 흔구(忻口: 지금의 산서성 흔주·忻州)에 이르렀다는 첩보를 들은 시필가한은 포위를 풀고 철수할 수밖에 없었다. 의성공주와 이연의 구원이 없었다면, 수양제는 큰 화를 입었을 것이다.

훗날 의성공주는 참으로 불행한 길을 걷는다. 시필가한 사후에는 시필가한의 두 동생 처라가한(處羅可汗·?~620)과 힐리가한(頡利可汗·579~634)의 아내가 되었다가, 당나라 정관(貞觀) 4년(630)에 당나라 장수 이정(李靖)에게 살해당했다. 그녀는 수나라의 열녀였지 당나라의 열녀가 아니었기 때문이다.

한편 이연은 5천 명도 안 되는 병사를 이끌고 돌궐군을 추격하여 전공을 세우고 개선했다. 이때부터 맹수처럼 사나운 돌궐의 장수들도 이연의 존재를 알게 되었다.

2. 진양에서 병사를 일으킨 후 양유를 허수아비 황제로 세우다

대업 13년(617) 이연은 태원유수(太原留守)에 임명되었다. 옛날부터 태원은 병가(兵家)가 반드시 쟁취해야 하는 군사 요충지일 뿐만 아니라 인구가 많고 물자도 풍부한 천혜의 지역이기도 하다. 수양제가 이연을 태원으로 보낸 일은 얼마 후 호랑이에게 날개를 달아준 격이 되고 말았다.

이연이 태원유수로 부임했을 때 전국 각지에서 일어난 농민 반란은 바람 탄 불꽃처럼 걷잡을 수 없이 번져만 갔다. 수나라의 조정과 주력군은 이미 통치권을 상실하고 대흥성(大興城: 지금의 섬서성 서안), 동도(東都: 지금의 하남성 낙양), 강도(江都: 지금의 강소성 양주) 등 세 도시에서 고립된 채 근근이 버티고 있었다.

더구나 수양제가 대업 12년(616)에 용선을 타고 강도로 순행을 나갔다가 농민 반란군에게 포위되어 동도로 돌아오지 못하고 있다는 소식이 전국에 퍼졌다. 이밀(李密·582~619), 두건덕(竇建德·573~621), 두복위(杜伏威·?~624) 등 반란군의 영수들은 수나라의 멸망을 직감하고 천하 통일의 야망을 불태웠다.

이연도 하루라도 빨리 수양제의 통제에서 벗어나 독자 세력을 구축하고 싶었다. 당시 그에게는 큰아들 이건성(李建成·589~626), 둘째아들 이세민(李世民·598~649), 넷째아들 이원길(李元吉·603~626), 다섯째아들 이지운(李智雲·603~617) 등 네 아들이 있었다. 건성, 세민, 원길은 모두 이연의 본처 두씨(竇氏)의 소생으로 친형제간이며, 지운은 그들의 이복동생이다. 건성이 세민보다 나이가 아홉 살이나 많았지만 인품과 지략이 동생에게 크게 미치지 못했다.

천하를 도모하려면 능력이 뛰어난 인재와 큰 뜻을 품은 지사들을 자기 수하로 끌어들이는 일이 무엇보다도 중요하다고 이연은 생각했다. 이건성에게는 하동(河東)에서, 이세민에게는 진양(晉陽: 지금의 산서성 태원)에서 은밀히 세력을 규합하게 했다. 이건성은 별다른 활약을 못한 반면에, 이세민은 진양현령 유문정(劉文靜·568~619), 진양군감 배적(裵寂·573~629), 우훈위 유홍기(劉弘基·582~650) 등 반란에 가담할 지사들을 규합하는 데 탁월한 능력을 발휘했다.

반란의 음모가 한창 진행될 무렵인 대업 13년(617) 5월에 수양제의 충신, 태원부유수 왕위(王威)와 고군아(高君雅)가 이연의 모반을 눈치 챘다. 두 사람은 기우제를 핑계로 이연을 진사(晉祠)로 유인하여 죽이려고 했다. 그런데 이세민에 의해서 이미 포섭된 진양향장 유세룡(劉世龍)이 사전에 알아

채고 이세민에게 밀고했다. 이세민은 진사로 가는 길목에 정예병을 매복시킨 뒤 왕위와 고군아를 살해했다. 반란을 진압하려고 했던 충신 왕위와 고군아는 오히려 모반죄로 잘린 머리가 저잣거리에 효시되었다.

이제 수나라 관리를 죽인 이연은 더 이상 선택의 여지가 없었다. 반란이 성공하면 황제가 되고 실패하면 사지가 갈기갈기 찢겨 죽는 대역죄인이 되는 것이다. 이연은 휘하의 장졸들에게 정식으로 수양제 타도를 외치고 군사를 일으켰다. 아울러 유문정을 돌궐로 파견하여 돌궐의 황제 시필가한(始畢可汗·?~619)에게 군사 지원을 요청했다.

중국 역사서에서는 이연이 시필가한에게 병력 동원을 명령했다고 기술했지만, 사실은 '명령'이 아니라 지원 요청이었다. 자신의 힘만으로는 아직 수나라를 무너뜨리고 새 왕조를 세울 자신감이 부족했기 때문이다.

중원 침략의 기회를 호시탐탐 엿보고 있었던 시필가한은 이연의 요청을 흔쾌히 승낙했다. 중원이 혼란한 틈을 타 어부지리를 얻을 속셈이었다. 이연이 대흥성을 공략할 때 대군을 파견하여 이연을 도왔다.

당시 반란을 일으켜 왕 또는 황제를 칭하고 중원 지방을 분할 통치한 설거(薛擧·?~618), 두건덕(竇建德·573~621), 왕세충(王世充·?~621), 유무주(劉武周·?~620) 등 지역 패권자들은 모두 시필가한에게 충성을 맹세하고 신하를 자칭했다.

특히 유무주는 돌궐의 기병을 끌어들여 수나라가 심혈을 기울여 건설한 분양궁(汾陽宮)을 점령한 후 궁녀들을 시필가한에게 진상했다. 그의 충성심을 높이 평가한 시필가한은 그를 정양가한(定楊可汗)으로 책봉하고 그에게 '낭두독(狼頭纛)'을 하사했다. 낭두독이란 이리 머리로 장식한 큰 깃발인데 돌궐 권력자의 상징물이다.

이연이 중원을 평정하는 과정에서 시필가한의 도움을 받았기 때문에 무덕(武德) 원년(618)에 황제로 등극한 후에도, 시필가한은 그를 얕잡아 보고 툭하면 병사를 동원하여 당나라를 위협했다. 사실 수나라 말기에 가장 힘이 센 군주는 시필가한이었다. 당나라가 개국한지 2년째 되는 해인 무덕(武德) 2년(619)에 시필가한이 당나라의 심장부인 진양을 정벌하러 가던 도중에 병으로 사망했다. 시필가한의 사망은 훗날 돌궐이 멸망하는 결정적 계기가 되었다. 이연에게는 천우신조였다.

대업 13년(617) 6월 이연은 관중(關中) 지방으로 진출하기 위하여 이세민에게 관중으로 들어가는 길목인 서하군(西河郡: 지금의 산서성 분양·汾陽)을 정벌하게 했다. 이세민이 서하군을 수중에 넣자, 이연은 수나라의 도성 대흥성으로 진격했다. 중원 지방에서 일어난 반란군의 두목에 불과했던 그는 이 시기에 대장군부(大將軍府)와 삼군(三軍)을 설치하고 측근들을 요직에 등용하여서 짜임새 있는 군사 조직을 갖추기 시작했다.

이연은 곽읍(霍邑: 지금의 산서성 곽주·霍州)에서 호아랑장 송노생(宋老生·?~617)이 지휘한 수나라 군사를 격파하고 동관(潼關: 지금의 섬서성 동관현)으로 진격했다. 동관은 북쪽으로는 황하가 흐르고 남쪽으로는 산이 병풍처럼 에워싼 천혜의 요새이다. 옛날부터 동관을 수중에 넣은 자가 중원을 지배한다는 말이 있을 정도로 중국에서 가장 중요한 관문이다. 동관은 수나라의 맹장 굴돌통(屈突通·557~628)이 굳건히 지키고 있었다. 수양제가 강도로 순행을 나가기 전에 대흥성과 관중 지방의 수비를 자신이 가장 신임하는 굴돌통에게 맡긴 것이다.

양군은 동관을 사이에 두고 치열한 접전을 벌였다. 이연의 군사가 승리했다. 이연은 항복한 굴돌통을 극진하게 대접했다. 대업을 이루기 위해서는 굴돌통 같은 용감한 장수가 절실하게 필요했기 때문이다. 훗날 굴돌통은 이연과 이세민이 당나라를 건국하고 반석 위에 올려놓는 데 큰 공적을 세워 병부상서, 공부상서 등의 요직에 중용되는 영광을 누렸다. 수나라 장수 송노생은 곽읍에서 최후까지 싸우다가 전사하여 수양제의 충신이 되었지만, 굴돌통은 대세를 간파하고 이연의 진영에 서서 부귀영화를 누리다가 죽었다.

이연은 진격하는 곳마다 수나라의 항복한 장졸과 관리들에게는 과거를 묻지 않고 은전을 베풀었다. 굶주림에 시달린 백성들에게는 창고를 열어 양식을 나누어주었다. 사실 이러한 선무 정책은 이연의 둘째아들 이세민의 지략과 건의에서 나왔다. 이세민은 천하를 얻으려면 무엇보다도 먼저 '민심'을 얻어야 하는 점을 잘 알고 있었다. 이연은 1만여 명도 안 되는 병사로 반란을 일으켰지만, 1년도 안되어 10만 명이 넘는 대군을 거느리게 되었다. 백성들은 이연의 군대가 지나가면 환호하며 그의 뒤를 꼬리에 꼬리를 물고 따라갔다.

대업 13년(617) 10월 이연이 장락궁(長樂宮: 지금의 섬서성 서안)에 이르렀을 때 그를 따르는 무리가 무려 20여 만 명이었다. 수나라의 경사유수 겸 형부상서 위문승(衛文升·541~617), 우익위장군 음세사(陰世師·565~617), 경조군승 활의(滑儀·?~617) 등은 수문제의 손자 양유(楊侑·605~619)를 옹립하고 결사항전의 태세로 들어갔다.

이연은 그들에게 여러 차례 사자를 보내 수나라 황실을 받들고 민란을 종식시키기 위해 병사를 일으켰을 뿐이지 절대 반란을 일으킨 게 아니라고 설득했다. 가능하면 싸우지 않고 도성에 무혈입성하고 싶었다. 하지만 음세사와 활의는 성품이 대쪽 같은 장수였다. 그들도 수양제의 전횡에 몸서리를 쳤지만 자신을 알아 준 황제를 차마 배반할 수 없었다. 그들은 성문을 굳게 걸어 잠그고 최후의 항진을 벌였으나 끝내는 패배하여 살해당했다.

이연은 도성을 점령하자마자 부고(府庫)를 봉쇄하여 어떤 약탈 행위도 일어나지 않게 했으며, 장졸들이 민폐를 끼치면 즉시 참수형으로 다스렸다. 또 백성들의 환심을 사기 위하여 수나라의 악법을 모두 철폐한다는 포고문을 반포했다. 도륙을 당할 줄만 알았던 백성들은 이연이 거느린 병사들의 군기가 엄정한 모습을 보고 크게 안심했다. 도성의 민심이 순식간에 이연에게 기울었다.

13세에 불과한 어린아이 대왕(代王) 양유가 포로로 잡혔다. 사람들 모두 공포에 질린 양유가 어떻게 참수를 당하는지 숨을 죽이며 지켜보았다. 그런데 뜻밖에도 이연은 양유의 면전에서 무릎을 꿇고 신하의 예를 갖추고 난 뒤 말했다.

> "내가 병사를 일으킨 목적은 오로지 수나라 황실을 받들고 민란을 평정하기 위해서이오. 지금 황상께서 강도(江都)에서 곤경에 처해 있으시니 선황제의 손자이자 황상의 조카인 양유를 새 황상으로 추대하겠소."

도성을 장악한 이연의 말에 누구도 감히 이의를 제기할 수 없었다. 이연은 대업 13년(617) 겨울에 대흥전(大興殿)에서 양유를 새 황제로 추대하고 연호를 의녕(義寧)으로 바꾸었다. 또 수양제를 태상황으로 추대하고 자신은 대승상(大丞相)과 당왕(唐王)의 지위에 올랐다. 양유가 그를 책봉하는 절차를 밟았지만 사실 양유는 꼭두각시 황제에 불과했다. 어린아이 양유는 이연과 이세민이 시키는 대로 했을 뿐이다.

이연은 큰아들 이건성은 당왕의 세자로, 둘째아들 이세민은 경조윤(京兆尹)과 진공(秦公)으로, 넷째아들 이원길은 제국공(齊國公)으로, 측근 배적은 승상부의 장사(長史), 유문정은 노국공(魯國公)으로 책봉했다. 기타 장수들도 공적에 따라 작위를 하사받았다. 이때부터 도성의 권력은 이연의 대승상부(大丞相府)에 집중되었으며, 수나라 조정은 유명무실해졌다.

3. 우문화급이 수양제를 시해하자 당나라를 건국하다

대업 12년(616) 7월 수양제가 용선을 타고 강도(江都: 지금의 강소성 양주)로 순행을 나갔다가, 반란군들 가운데 전투력이 가장 강한 와강새군(瓦崗寨軍)의 수령, 이밀(李密·582~619)이 낙구(洛口: 지금의 하남성 공현·鞏縣)를 점령하는 바람에 동도(東都: 지금의 하남성 낙양)로 돌아가는 길이 막히고 말았다. 수양제는 동도로 돌아가지 않고 단양궁(丹陽宮: 지금의 강소성 남경)으로 도성을 옮겨 강동 지역에서 호사스러운 생활을 계속 즐기고 싶었다.

그런데 수양제를 수행한 효과군(驍果軍: 수나라 때의 금군)의 장졸들은 대부분 관중 지방 출신이었다. 하루라도 빨리 가족이 있는 고향으로 돌아가길 기대했던 그들은 황제의 이런 안일한 생각에 불만을 품었다. 더구나 전국 각지에서 농민 반란이 일어나 수나라가 곧 망할지도 모른다는 소문이 더욱 군심을 자극했다. 호위병들은 혼란한 틈을 타서 강도의 재물을 갈취한 뒤 고향으로 달아나고 싶은 마음이 굴뚝같았다.

강도성 안에서 효과군을 지휘하며 수양제의 호위를 책임진 무분랑장(武賁郎將) 사마덕감(司馬德戡·580~618)도 군심의 동요를 느끼고 딴마음을 품기 시작했다.

'천하가 대란에 빠져 언제 죽을지 모르는 목숨인데도 만백성이 지탄하는 폭군을 위해서 충성을 다할 이유가 있겠는가.'

마침 장작소감(將作少監) 우문지급(宇文智及·?~619)이 사마덕감을 찾아와 은밀히 말했다.

"황상은 제정신이 아니오. 민란이 일어나지 않은 지방이 없고 강도성이 풍전등화의 위기에 처해있는데도 허구한 날 주색잡기에 여념이 없소. 우리가 그를 죽이지 않으면 오히려 분노한 백성들에게 우리의 목이 달아나고 말 것이오. 차라리 그를 죽여서 천하를 도모하는 게 어떻겠소."

사마덕감은 우문지급의 말을 듣고 깜짝 놀랐다. 우문지급과 그의 형, 둔위장군(屯衛將軍) 우문화급(宇文化及·?~619)은 수양제의 각별한 총애를 받고 있는 자들이 아닌가. 수양제와 우문씨(宇文氏) 가문과의 관계는 아주 특별했다. 우문화급의 아버지 우문술(宇文述·547~617)은 수나라의 건국 초기에 전공을 쌓은 일등공신이었을 뿐만 아니라 진왕(晉王) 양광(楊廣), 즉 수양제가 자신의 친형이자 태자였던 양용(楊勇·?~604)을 모함하여 태자의 자리에서 끌어내리고 죽였을 때도 수양제의 편에 서서 결정적 역할을 했다. 수양제는 딸 남양공주(南陽公主)를 우문술의 셋째아들 우문사급(宇文士及·?~642)과 혼인하게 하여 우문술의 충성심에 보답했다. 이런 연유로 우문화급과 우문지급도 수양제의 각별한 총애를 받았다.

우문화급은 젊었을 적에 황제의 총애를 등에 업고 온갖 나쁜 짓을 일삼았다. 그가 무리를 이끌고 도성 안을 휩쓸고 다닐 때면, 사람들은 '경박공자(輕薄公子)'가 또 나타나 행패를 부린다고 손가락질했다. 수양제가 유림(榆林: 지금의 섬서성 북쪽 지역)으로 순행을 나갈 때, 우문화급과 우문지급이 따라간 적이 있었다. 두 형제는 수양제의 어명을 무시하고 돌궐과 상품을 교역하다가 발각되었다. 진노한 수양제는 경사로 돌아와 두 사람을 죽이려고 했다. 하지만 남양공주의 간곡한 부탁과 우문술과의 관계를 고려하여 살려주었다. 우문술 사후에는 두 사람을 다시 중용하는 은전을 베풀었다.

사마덕감은 이처럼 수양제의 총애를 입은 우문씨 가문도 등을 돌렸음을 확인하고 거사를 결심했다. 반란 음모에 가담한 자들은 은밀히 상의한 끝에 우문씨 집안의 장남인 우문화급을 우두머리로 추대하기로 결정했다.

이때 수양제의 곁에는 그를 위해 충성할 사람은 아무도 없었다. 간신들은 민란이 진압되고 있다고 거짓말을 했다. 수양제는 신하를 접견하는 일조차도 귀찮게 생각했다. 하루는 수양제도 자신에게 닥쳐올 비극적 운명을 예감이라도 했는지 거울을 보며 탄식했다.

"참 잘생긴 두상이구나. 어느 놈이 짐의 목을 벨지 모르겠구나!"

대업 14년(618) 3월 마침내 우문화급 일당은 강도성에서 반란을 일으켰다. 수양제는 변란이 일어났다는 급보를 듣고 변장을 하고 달아났지만 잡히고 말았다. 독주를 마시고 자살하기를 원했으나 반란군이 그의 목을 졸라 죽였다.

우문화급은 수문제 양견의 손자 양호(楊浩 ? ~618)를 꼭두각시 황제로 추대하고 자신은 대승상(大丞相)이 되어 실권을 장악했다. 수양제가 시해를 당했다는 소식이 동도 낙양에 전해졌다. 동도의 대신들은 황급히 수양제의 손자, 월왕(越王) 양동(楊侗·604~619)을 새 황제로 추대했다.

우문화급은 10만 대군을 거느리고 관중 지방으로 진격하는 도중에 동산(童山: 지금의 하남성 준현·浚縣)에서 이밀에게 크게 패했다. 위현(魏縣: 지금의 하북성 위현)으로 달아난 우문화급은 자신을 따르는 병사가 2만 명도 안 되는 현실에 참담한 마음을 금할 수 없었다. 그는 느닷없이 측근들에게 이렇게 말했다.

"사람의 목숨은 언젠가는 반드시 끝나기 마련이오. 사내대장부가 어찌
하루라도 제왕 노릇을 하지 않고 죽을 수 있겠는가."

향락과 과시를 너무 사랑한 그였기 때문에 이런 생각을 했다. 그는 양

호를 독살한 뒤 황제를 칭하고 국명을 허(許), 연호를 천수(天壽)로 정했다.

우문화급이 연전연패를 거듭한 끝에 요성(聊城: 지금의 산동성 요성)으로 퇴각했을 때의 일이다. 산동성 일대에서 농민 반란을 일으킨 왕박(王薄·?~622)이 우문화급이 많은 재물을 가지고 있다는 소문을 듣고서 그것을 탈취할 목적으로 요성으로 달려가 거짓으로 항복했다. 우문화급은 병력 보충이 절실하게 필요했던 때라 왕박의 음흉한 속셈을 눈치 채지 못하고 그를 우대했다.

얼마 후 왕박은 하북 지방에서 반란을 일으킨 두건덕(竇建德·573~621)의 군사를 몰래 성안으로 끌어들여 우문화급을 생포했다. 우문화급은 황제가 된지 1년도 못되어 그의 두 아들과 함께 참수형을 당했다. 하루라도 황제 노릇을 하고 싶었던 우문화급은 황당한 소망을 이루긴 했지만 결국 멸문의 화를 당했다.

한편 수양제가 시해를 당했다는 소식이 대흥성에 있는 이연의 대승상부에도 전해졌다. 이연에게는 더 이상 꼭두각시 황제 양유가 필요하지 않았다. 당장 죽이고 싶었으나 이세민이 적극 만류했다. 선양(禪讓)의 방법으로 평화롭게 왕권을 교체해야 만이 민심을 얻고 새 왕조를 창업할 수 있다고 간곡하게 아뢰었다. 아버지보다 아들이 한 수 위였다.

마침내 의녕 2년(618) 3월 수공제(隋恭帝) 양유는 이세민이 짜준 각본대로 당왕 이연에게 황위를 양보하겠다는 뜻을 밝혔다. 이연은 황제의 말씀이 천부당만부당하다고 말하며 몇 차례 거절했다. 대승상부의 장사(長史)이자 위국공(魏国公)인 배적(裴寂·570~632)이 이연에게 말했다.

"하(夏)나라의 폭군 걸(桀)과 상(商)나라의 폭군 주(紂)는 모두 아들이 있었습니다. 하지만 상탕(商湯)은 걸의 아들을 돕지 않고 상나라를 세웠습니다. 주무왕(周武王)도 주의 아들을 돕지 않고 주(周)나라를 세웠습니다.

당왕께서는 이 왕조가 바뀐 역사를 귀감으로 삼아야 합니다. 저의 높은 관직과 작위는 모두 당나라에서 받은 것입니다. 당왕께서 황제를 칭하지 않으시면, 저는 관직에서 물러나겠습니다."

당왕도 상탕과 주무왕처럼 자신이 섬긴 왕의 아들을 죽이고 황제로 등극해야 한다는 주장이었다. 배적은 또 하늘이 당왕에게 내렸다는 상서로운 징조 열 가지를 아뢰었다. 이른바 '부명(符命)'은 이세민이 사전에 조작한 것이었다. 이연은 같은 해 5월 황제와 대신들의 간곡한 요청을 마지못해 받아들이는 척하면서 도성의 태극전에서 새 황제로 등극했다.

국호는 당(唐), 연호는 의녕 2년을 무덕(武德) 원년(618)으로, 도성은 장안(長安)으로 정하고 대사면을 반포했다. 이연은 이로써 중국 역사의 황금기를 구가했던 당나라의 개국 황제가 되었다.

수공제 양유는 휴국공(酅国公)으로 강등된 후 장안에서 은거하다가 무덕 2년(619)에 15세의 어린 나이에 사망했다. 병으로 사망했다고 하지만 그의 나이를 감안할 때 독살을 당했을 것이다. 봉건왕조 시대에 아무리 선양의 방법으로 왕권을 이양했다고 하더라도 이전 왕조의 마지막 군주가 살아있는 것은 현 왕조의 통치에 상당한 부담이 되었기 때문이다. 한 왕조에서도 서열을 무시하고 동생이 왕이 되면 형은 쥐 죽은 듯이 살거나 유폐를 당하여 죽는 일이 다반사였다. 왕조가 바뀌는 상황에서야 더 말할 나위가 있겠는가.

4. 군웅할거를 종식시키고 천하를 통일하다

이연은 즉위 직후에 큰아들 이건성은 황태자로, 둘째아들 이세민은 진왕(秦王)으로, 넷째아들 이원길은 제왕(齊王)으로 책봉했다. 당나라 건국에 참여한 공신들에게는 공적의 고하에 따라 작위를 하사했다. 또 이미 사망한 아버지 이병(李昞·528~572)과 어머니 독고씨(獨孤氏)를 황제와 황후로 추증한 뒤 태묘(太廟)에 모셨으며, 자기보다 먼저 세상을 떠난 본처 두씨(竇氏)를 목황후(穆皇后)로 추증했다.

이처럼 이연이 왕조의 기반을 다질 무렵에는 아직도 군웅이 여러 지방에서 지역의 패권자를 자처하거나 황제를 칭하고 세력 싸움을 치열하게 벌이고 있었다. 서북 변방 지역의 전략적 요충지인 금성(金城: 지금의 감숙성 난주·蘭州)을 중심으로 한 서북 지역은 금성교위 출신, 설거(薛擧·?~618)가 지배하고 있었다. 그는 날쌔고 용맹스러운 장수였으며 호걸들과 사귀기를 좋아했다. 엄청난 재물을 모은 거부이기도 했다. 대업 13년(617) 서진패왕(西秦霸王)을 자처했다. 몇 달 후에는 정식으로 황제를 칭하고 진흥(秦興)이라는 연호를 사용했으며 진주(秦州: 지금의 감숙성 천수·天水)로 천도했다.

설거는 관중 지방을 호시탐탐 엿보았다. 먼저 관중을 수중에 넣고 중원 지방을 다스려야 진정한 황제로 등극할 수 있었다. 하지만 관중은 이미 당고조 이연이 장악하고 있었다. 두 영웅 간의 충돌은 불가피했다. 대업 13년(617) 설거는 큰아들 설인고(薛仁杲·?~618)에게 10만 대군을 거느리고 관중으로 진격하게 했다.

자신의 가장 강력한 경쟁자인 설거를 꺾지 않으면 이씨 왕조의 미래를 보장할 수 없다고 판단한 이연은 여태껏 전장에 나가 한 번도 패배한 적이 없는 둘째아들 진왕 이세민에게 대적하게 했다. 양군은 부풍군(扶風郡: 지금의 섬서성 봉상·鳳翔)에서 충돌했다. 부풍군 전투는 이세민의 대승으로 끝났다.

무덕 원년(618) 이번에는 설거가 고척(高墌: 지금의 섬서성 장무·長武)에 주둔하고 있던 이세민을 직접 공격했다. 이세민은 설거 군영의 군량이 부족한 사실을 알고 일부러 싸움에 응하지 않았다. 적군의 군량이 바닥을 드러내면 일거에 섬멸할 의도였다. 하지만 설거는 유인책으로 당나라 병사들을 성 밖으로 끌어내 기습했다. 허를 찔린 이세민은 가까스로 장안으로 달아났지만 거느린 병사의 절반 이상이 죽는 참패를 당했다. 문무를 겸비하고 지략이 뛰어난 이세민으로서는 치욕적인 패배였다.

설거는 승리의 여세를 몰아 장안으로 진격했다. 그런데 원정 도중에 그만 병으로 사망하고 말았다. 이연과 이세민은 그의 사망 소식을 듣고 미친 듯이 날뛰었다. 정말로 천우신조였다. 설거의 큰아들 설인고가 황위를 계승했으나, 이세민에게는 손바닥 뒤집듯 쉬운 상대였다.

경천성(涇川城: 지금의 감숙성 평량·平凉)에서 이세민에게 투항한 설인고는 장안으로 끌려와 저잣거리에서 참수형을 당했다. 항복한 자에게는 언제나 은혜를 베푼 이세민이었지만 자신에게 치욕을 안겨준 설거의 아들에게는 관용을 베풀지 않았다.

이궤(李軌·?~619)는 양주(凉州: 지금의 감숙성 무위·武威)의 명망가였다. 지모가 뛰어나고 달변이었으며 가난한 백성을 도와주는 일을 좋아 하여 명성을 얻었다. 수나라 말기에 응양부(鷹揚府)의 사마(司馬)로 있을 때, 설거가 금성(金城)에서 반란을 일으켰다는 소식을 듣고 이윤(李贇), 안수인(安修仁) 등 측근들에게 말했다.

"설거는 포악한 자이오. 그 자는 반드시 우리 하서(河西: 지금의 감숙성 황하 이서) 지역을 침범할 것이오. 그런데 우리 지역의 관리들은 모두 나약하고 겁쟁이들이어서 그들과 함께 대사를 도모할 수 없소. 지금 우리가 한 마음 으로 힘을 합쳐서 하서 지역을 점령한 뒤 천하의 변화를 살펴야 하오. 그렇지 않으면 우리의 처자식들이 반란군에게 약탈당하는 모습을 속수무책으로 지켜볼 수밖에 없지 않겠소?"

다들 그의 말에 동조했다. 그런데 누구를 우두머리로 삼아야할지 모르고 있을 때 조진(曹珍)이 말했다.

"이씨(李氏)가 천하의 제왕이 된다는 도참설(圖讖說)을 들은 적이 있소. 지금 이공(李公: 이궤)이 어질고 능력이 뛰어나니 그가 제왕이 되는 일은 어찌 하늘의 뜻이 아니겠소."

이궤를 따르는 무리는 모두 그의 면전에서 무릎을 꿇고 충성을 맹세했다. 그는 이렇게 하서 지역 인사들의 지지를 받고 하서대량왕(河西大涼王)을 자칭했다.

무덕 원년(618) 이연은 설거를 공격하기 전에 이궤를 자기 진영으로 끌어들일 속셈으로 양주(涼州)로 사신을 보냈다. 같은 이씨(李氏)인지라, 이연은 이궤를 종제(從弟)로 호칭하고 결의형제를 맺기를 바랐다. 이궤도 동생 이무(李懋)를 장안으로 보내 성의를 표시했다. 이연은 즉시 이무를 대장군으로 임명하고 양주로 돌려보냈다. 또 이궤를 양왕(涼王)과 양주총관(涼州總管)으로 책봉하겠다는 내용이 담긴 책서를 홍려소경(鴻臚少卿) 장사덕(張俟德)에게 주고 양주로 떠나게 했다. 당나라에 귀부한 이궤에게 하서 지역을 다스리게 하겠다는 뜻이었다.

하지만 이궤는 이연의 신하로 만족할만한 인물이 아니었다. 그도 황제를 칭하고 연호를 안락(安樂)으로 정했으며 아들 이백옥(李伯玉)을 태자로 책봉했다. 이궤의 사신, 상서좌승(尚書左丞) 등효(鄧曉)가 가지고 온 공문에는 '종제(從弟) 대량황제(大涼皇帝)'라는 표현이 있었다. 쉽게 말해서 이궤는 이연을 종형(從兄)으로 모시겠으나 나도 황제라는 뜻이었다. 이연이 진노했다.

"이궤, 이놈이 나를 형으로 칭한 것은 짐의 신하가 되지 않겠다는 불순한 뜻이 아니고 무엇이겠느냐."

당시 이궤의 측근 안수인의 형, 안흥귀(安興貴)가 장안에 있었다. 안흥귀는 이연에게 자신이 양주로 가서 이궤를 설득해보겠다고 아뢰었다. 만약 당나라 군대가 이궤를 토벌하면 자기 고향인 양주가 쑥대밭이 되고 동생 때문에 멸문의 화를 당할지 모른다는 두려움이 그를 불안하게 했다. 안흥귀는 어떤 수단을 동원해서라도 이궤의 투항을 받아내야 했다. 이연은 그의 간청을 윤허했다.

안흥귀는 이궤를 만나서 서북 변방에 치우친 작은 나라가 주변 소수민족의 침략 위험에 시달리면서도 중원의 강국 당나라를 상대로 싸우는 일이 얼마나 무모한지 조목조목 아뢰었다. 하지만 이궤는 끝내 그의 충고를 듣지 않았다.

무덕 2년(619) 안흥귀는 자신의 충정이 오히려 이궤의 의심을 사게 되자 동생 안수인과 함께 몰래 토욕혼(吐谷渾)의 군사를 끌어들여 양주성을 공격했다. 성안에 갇힌 이궤는 구원병을 기다렸지만 아무도 도우러 오지 않았다. 안흥귀는 서찰을 꽂은 화살을 성안으로 날렸다.

"대당 천자께서 나를 보내 이궤를 징벌하라고 하시었다. 내 명령을 따르지 않는 자는 삼족을 멸할 것이다."

이궤는 장졸들이 겁을 먹고 저항을 포기하자 하늘을 우러러보며 탄식했다.

"아, 민심을 잃으니 하늘이 나를 망하게 하는구나!"

장안으로 압송된 이궤는 무덕 2년(619)에 참수형을 당했다. 하서 지역은 모두 당나라 영토로 귀속되었다.

유무주(劉武周·?~620)는 마읍(馬邑: 지금의 산서성 삭주·朔州)의 응양부(鷹揚府) 교위(校尉)였다. 대업 13년(617) 천하 대란이 일어난 틈을 타서 마읍의 태수 왕인공(王仁恭)을 살해한 후 창고를 열어 양식을 굶주린 백성들에게 나누어 주었다. 그를 따르는 무리가 1만여 명으로 늘어나자 지역의 패권을 도모했다. 그런데 그는 혼자의 힘으로는 자립할 수 없음을 깨닫고 돌궐의 황제 시필가한의 신하가 되기를 자처했다. 강대국 돌궐의 힘을 이용하여 중원의 지배자로 군림하려는 의도였다.

중원 진출을 호시탐탐 노린 시필가한은 그를 정양가한(定楊可汗)으로 책봉하고 군사적 지원을 아끼지 않았다. 얼마 후 유무주는 황제를 자칭하고 연호를 천흥(天興)이라 했다. 시필가한은 중원의 황제가 자신의 신하를 자처했으므로 참칭을 묵인했다.

무덕 2년(619) 유무주는 병주(幷州)를 공략한 후 돌궐의 군사와 함께 제왕 이원길의 군사를 격파하고 유차(榆次: 지금의 산서성 유차), 평요(平遙: 지금의 산서성 평요), 개주(介州: 지금의 산서성 개휴·介休) 등을 연이어 점령했다. 유무주의 공격 목표는 진양(晋陽: 지금의 산서성 태원)이었다.

진양은 이연이 처음으로 군사를 일으킨 당나라의 '성지(聖地)'와 같은 곳이었다. 그래서 이연이 특별히 장남 이건성에게 진양을 다스리게 한 것이다. 하지만 이건성은 파죽지세로 몰려오는 유무주의 군사에게 진양성을 내주고 장안으로 달아났다. 진양이 유무주의 수중에 들어갔다는 소식이 당나라 조정을 경악하게 했다. 이연도 너무 놀라서 신하들에게 이렇게 말했다.

"적의 세력이 그처럼 강대하니 맞서 싸우기가 어렵겠구나. 대하(大河)

이동(以東) 지역은 포기하고 관서(關西) 지방만이라도 굳건히 지키는 게 좋겠다."

당나라 영토의 절반을 포기하겠다는 절박한 심정이었다. 하지만 이세민은 아버지의 소극적 태도에 불만을 품고 상소문을 올렸다.

"진양은 왕업의 기초이자 왕조의 근본입니다. 하동 지역은 땅이 기름지고 산물이 풍부하기 때문에, 경사는 그 지방에 의지하여 물자를 공급받습니다. 만약 하동 지역을 포기하신다면 신(臣)은 참으로 원통한 마음을 금할 수 없을 것입니다. 신에게 정예병 3만 명만 주신다면, 신이 반드시 유무주를 섬멸하여 하동 지역을 수복하겠습니다."

이연은 누구보다도 가장 믿음직한 둘째아들의 상소문을 읽고 마지막 희망을 그에게 걸었다. 어명을 받든 이세민은 백벽(柏壁: 지금의 산서성 신강·新絳)에서 지략으로 유무주의 군사를 섬멸하고 빼앗긴 영토를 모두 수복했다. 유무주는 돌궐로 달아났지만 무덕 3년(620)에 돌궐에서 자신의 근거지인 마읍으로 탈출하여 재기를 도모하려던 계획이 발각되어 피살당했다.

수나라 말기에 일어난 반란군들 가운데 전투력이 가장 강한 와강군(瓦崗軍)의 수령, 이밀(李密·582~619)이 있었다. 그는 요동 지방의 귀족 출신으로서 문무를 겸비하고 원대한 뜻을 품은 인물이었다. 원래 와강군은 수나라 관리였던 곽양(翟讓 ? 617)이라는 자가 죄를 짓고 와강새(瓦崗寨: 지금의 하남성 활현·滑縣)로 달아나 조직한 반란군이었다.

대업 13년(617) 와강군 내부에서 권력 다툼이 일어났다. 위공(魏公)을 자처한 이밀이 곽양을 죽이고 와강군을 강력한 군대로 키웠다. 그는 중원 지역의 수나라 군사를 여러 차례 격파했으며 수양제를 강도성에 고립시켰을 정도로 막강한 세력을 과시했다.

대업 14년(618) 정월 이밀은 대군을 거느리고 동도 낙양의 동쪽에 있는 금용성(金墉城)을 공략했다. 낙양성 진격을 목전에 두었을 때, 수양제가 강도성에서 우문화급에게 살해되었다는 소식이 낙양 조정을 강타했다. 왕세충(王世充), 단달(段達), 원문도(元文都), 노초(盧楚) 등 동도의 대신 7명이 황급히 수양제의 손자, 월왕(越王) 양동(楊侗·604~619)을 새 황제로 추대했다.

그런데 왕세충은 어린 황제를 끼고 전횡을 일삼았다. 원문도, 노초 등 어린 황제를 충심으로 보필한 대신들은 양동의 명의로 이밀에게 사자를 보내 상서령(尚書令), 위국공(魏國公) 등 작위를 하사하겠다는 뜻을 전했다. 그들은 이밀의 세력을 빌려 우문화급의 반란군을 진압하고 아울러 왕세충을 제거하려고 했다. 이밀은 신하의 예를 갖추고 양동의 책서를 받았다. 우문화급이 10만 대군을 이끌고 낙양으로 진격해오고 있는 상황에서 자칫하다가는 협공을 당할 수 있었기 때문이다.

이밀은 동산(童山: 지금의 하남성 준현·浚縣)에서 치열한 접전 끝에 우문화급의 대군을 격파한 후 낙양성으로 들어가 어린 황제를 보좌하려고 했다. 하지만 왕세충이 이미 원문도와 노초를 살해한 사실을 알고 금용성으로 돌아갔다.

무덕 원년(618) 이밀이 연전연승으로 교만에 빠져 부하 장수들과 갈등을 빚고 있다는 정보를 입수한 왕세충은 정예병을 이끌고 금용성으로 진격했다. 왕세충과 이밀은 망산(邙山: 지금의 하남성 낙양 북쪽)에서 접전을 벌였다. 왕세충의 대승으로 끝났다. 이밀은 무뢰관(武牢關: 지금의 하남성 형양·滎陽에 있는 관문)으로 가까스로 탈출했다. 그는 자기 제자이자 와강군 장수 왕백당(王伯當) 등에게 말했다.

"결국 우리 군사가 패배했다. 너희들을 오랫동안 고생시켰구나. 이제 내가 스스로 목숨을 끊어 너희들에게 사죄하고 싶다.”

부하 장수들은 모두 고개를 숙이고 눈물을 흘릴 뿐이었다. 그는 또 말했다.

“너희들은 아직도 나를 버리지 않고 함께 관중으로 돌아가자고 권하고 있다. 너희들 같은 충신을 둔 나는 대단한 자부심을 느낀다. 나는 부끄럽게도 아무런 전공을 세우지 못했지만, 너희들은 부귀영화를 누릴 것이다.”

그의 시종 유섭(柳燮)이 말했다.

“옛날에 유분자(劉盆子)가 한(漢)나라에 귀부한 후에 조세(租稅)의 혜택을 누릴 수 있었지요. 공(公)께서는 장안에 있는 성(姓)이 같은 이연과 교분이 있지요. 그를 따라서 군사를 일으키지는 않았지만 동도 낙양을 압박하고 수나라 군사의 동도 회군을 차단했기 때문에 당나라가 싸우지 않고 장안을 차지할 수 있었습니다. 이는 공의 공로입니다.”

광무제(光武帝) 유수(劉秀·기원전 5~57)가 산동 지방에서 일어난 농민 반란군, 적미군(赤眉軍)을 토벌할 때의 일이다. 적미군의 우두머리 번숭(樊崇)이 한나라 황실의 먼 친척인 유분지(劉盆子)를 황제로 추대한 후 경사(京師)로 진격했으나 유수에게 대패했다. 유분자가 투항하자 유수는 그를 죽이지 않고 우대했다. 유분자가 연로하여 실명했을 때는 형양(滎陽)의 관청 소유의 땅에서 나오는 세금으로 그를 죽을 때까지 봉양하게 했다.

유섭이 이 고사를 꺼낸 의도는 분명했다. 이밀은 이연과 동성(同姓)이고 교분도 있으므로 이연에게 귀부하면 광무제 유수가 유분자를 우대했던 것처럼 안락한 삶을 누릴 수 있을 거라는 얘기였다.

이밀은 주저 없이 당나라에 귀부했다. 이연은 그를 광록경(光祿卿)과 형국공(邢國公)으로 책봉했을 뿐만 아니라, 외사촌 여동생 독고씨(獨孤氏)를 그에 시집보내고 그를 동생으로 불렀을 정도로 파격적으로 예우했다. 하지만 이밀은 왕으로 책봉되지 않은 것에 불만을 품었다. 겉으로는 이연에게 복종했지만 속으로는 자존심이 무척 상했다.

하루는 이연이 이밀을 여양(黎陽: 지금의 하남성 준현·浚縣)으로 보내 그곳 백성들을 선무하게 했다. 여양은 예전에 이밀이 다스린 지역이었다. 투항한 이밀이 이렇게 우대를 받고 있으니 반항하지 말고 당나라에 충성하라는 의도였다. 이밀이 여양으로 떠난 뒤, 이연은 갑자기 마음을 바꿔 그를 소환했다. 이밀이 그곳에서 예전의 부하들을 수습하여 반란을 일으키지 않을까 우려했기 때문이다.

이밀은 이연을 의심했다. 장안으로 돌아가면 이연이 무슨 꼬투리를 잡아 자신을 죽일지 모르는 상황이었다. 마침내 반란을 일으켰으나 하남성 웅이산(熊耳山)에서 웅주부장(熊州副將) 성언사(盛彦師)에게 크게 패하여 참수를 당했다. 이밀의 와강군이 붕괴한 후 중원 지역은 대부분 당나라의 영토로 복속되었다.

한편 동도 낙양에서 월왕(越王) 양동(楊侗·604~619)을 꼭두각시 황제로 추대하고 실권을 장악한 왕세충(王世充·?~621)은 이밀의 와강군을 붕괴시킨 후 천자를 꿈꾸었다. 원래 그는 서역 지방의 호인(胡人)이었다. 수나라 때 무공을 많이 쌓아 수양제의 총애를 받았다. 당시 군웅 가운데 이연, 이밀, 왕세충, 이 세 사람이 가장 강력한 경쟁자였다. 이밀은 이미 몰락했으므로, 왕세충은 이연의 당나라를 무너뜨리면 천하의 주인이 될 수 있다는 야망을 품었다.

무덕 2년(619) 왕세충은 낙양에서 꼭두각시 황제 양동을 몰아내고 황위를 찬탈했다. 국명을 정(鄭), 연호를 개명(開明)이라 했다. 즉위 초기에는 정사를 꼼꼼히 돌보고 민생에 지대한 관심을 가졌다. 시종들을 거느리고 저잣거리로 나가 민심을 살필 때는 백성의 통행을 막지 않고 직접 그들을 만나는 일을 좋아했다.

"예전에 천자는 구중궁궐의 높은 곳에 앉아 있었기 때문에 백성의 고단한 삶을 알지 못했소. 짐은 천자의 옥좌가 탐이 나서 천자가 된 게 아니라 천하 대란을 당하여 도탄에 빠진 백성을 구하기 위해서였소. 짐은 한 지방을 다스리는 자사(刺史)처럼 정사를 친히 돌보겠으며 아울러 백성과 함께 정치의 득실을 살펴보겠소."

왕세충은 백성들에게는 이처럼 관대한 생각을 가졌으나 신하들에게는 강압적인 통치 수단을 사용했다. 무덕 2년(619) 예부상서 배인기(裴仁基·?~619)가 왕세충을 죽이고 양동을 다시 황제로 추대하려는 음모가 발각되었다. 배인기는 피살되었고, 대장 나사신(羅士信), 전중감(殿中監) 두로달(豆盧達) 등은 당나라로 도망갔다. 진노한 왕세충은 이때부터 잔혹한 형벌로 백성들을 다스리기 시작했다. 만약 가족 중에 한 명이라도 달아나면 나머지 식구를 모조리 죽였다. 또 다섯 가족을 '일보(一保)'로 묶고 한 가족이 달아나면 네 가족을 전부 죽였다. 왕세충이 초심을 잃고 폭정을 일삼자, 민심이 급격하게 이반했다.

무덕 4년(621) 이연은 이세민에게 왕세충을 토벌하게 했다. 왕세충은 제대로 한번 싸워보지도 못하고 이세민에게 투항했다. 이연이 장안으로 끌려온 왕세충의 대역죄를 꾸짖자, 그는 이렇게 대답했다.

"저는 죽어야 마땅한 죄를 지었습니다. 그렇지만 황상의 아드님이신 진왕(秦王)이 목숨만은 살려준다고 해서 투항했습니다."

이연도 아들이 한 약속을 지키지 않을 수 없었다. 왕세충 일가를 촉(蜀) 지방으로 유배보내기로 결정했다. 왕세충 일가가 장안 부근의 옹주(雍州) 에 머무르고 있을 때, 갑자기 병사들이 들이닥쳐 왕세충을 살해했다. 그 들의 우두머리는 정주자사(定州刺史) 독고수덕(獨孤修德)이었다. 그의 아버지 독고기(獨孤機)가 왕세충에게 살해당한 일에 원한을 품고 복수한 것이다.

이연의 다음 목표는 강남 지방이었다. 대업 13년(617) 수나라 나천현령 소선(蕭銑·583~621)이 나천현(羅川縣: 지금의 감숙성 정녕현·正寧縣)에서 반란을 일으 켰다. 그는 남조(南朝) 시대에 양(梁·502~557)나라를 세웠던 양무제 소연(蕭 衍·464~549)의 6대손이었던 까닭에 망한 양나라를 계승한다는 대의명분으 로 양왕(梁王)을 자처했다. 반란을 일으킨 지 1년여 만에 장강 중류 지역으 로 남하하여 악주(嶽州: 지금의 호남성 악양·嶽陽)에서 황제를 칭하고 국명을 양 (梁)으로 정했다.

소선은 조상이 세운 양나라의 문물제도를 복원하고 도성을 강릉(江陵: 지금의 호북성 형주·荊州)으로 천도한 후 점차 세력을 확장했다. 그가 다스린 지역은 동쪽으로는 구강(九江), 서쪽으로는 삼협(三峽), 남쪽으로는 교지(交 趾: 지금의 베트남 하노이), 북쪽으로는 한수(漢水)에 이르렀을 정도로 광대했다. 그는 무려 40만 대군을 거느렸으며 강남 지방의 막강한 통치자로 군림 했다.

무덕 4년(621) 이연은 기주총관(夔州總管) 이효공(李孝恭·591~640)에게 양나 라를 정벌하게 했다. 이효공은 부장 이정(李靖·571~649)과 함께 함선 수백 척을 이끌고 장강 유역을 따라 강릉으로 진격했다. 구화(丘和), 고사렴(高士 廉), 두지송(杜之松) 등 양나라의 고위 관리들이 투항하고 강릉성이 고립무원의 처지에 빠졌다. 소선이 신하들에게 말했다.

"하늘이 양나라를 보살피지 않는구나. 짐이 최후까지 싸우다가 패하면 그 재앙이 반드시 백성들에게 미칠 것이다. 지금 성이 아직 함락되지 않은 틈을 타서, 짐이 성 밖으로 나가 항복하면 무고한 백성들이 살해를 당하는 참사는 피할 수 있을 것이다. 너희들은 새로 섬길 임금이 없음을 어찌 걱정할 필요가 있겠는가."

정말로 소선은 자기 백성을 친자식처럼 여긴 어진 군주였다. 그의 결단에 감동한 백성들은 통곡했다. 소선은 조상을 모신 태묘에서 제사를 지낸 뒤 소복을 입고 당나라 군영으로 가서 이효공에게 말했다.

"죄를 지은 사람은 나 한 사람뿐이니, 나의 백성은 죽이지 마시오."

장안으로 압송된 소선은 이연 앞에서 무릎을 꿇었다. 이연이 그의 죄를 추궁하자, 소선은 이렇게 말했다.

"수나라가 망한 뒤 천하의 군웅이 각축을 벌였지요. 나 소선은 천명을 받지 못했기 때문에 황상의 포로가 된 것이오. 옛날에 전횡(田橫·?~기원전 202)이 왕을 칭했을 때, 한고조 유방(劉邦·기원전 256~기원전 195)에게 미안한 마음이 있었겠습니까?"

유방이 한나라를 건국할 때 제(齊)나라의 귀족 출신 전횡은 제나라 왕을 칭하고 유방에게 끝까지 저항한 호걸이었다. 유방이 천하를 통일하자, 전횡은 자신을 따르는 무리를 이끌고 섬으로 달아났다. 전횡은 유방이 파견한 병사들에게 잡혀 낙양으로 압송되는 도중에 자살했다. 그가 자살했다는 소식을 섬에서 전해들은 그의 추종자 500여 명도 모두 자살했다.

이연은 진노했다. 소선이 진심으로 자기에게 복종하지 않았기 때문이다. 소선은 39세의 나이에 저잣거리에서 참수형을 당했다. 그는 비참하게 죽었지만 일국의 왕으로서 백성들의 안위를 진심으로 걱정했으며 서슬이 시퍼런 칼날 앞에서도 할 말은 하는 올곧은 군주였다.

장강(長江)과 회하(淮河) 사이의 광대한 지역은, 두복위(杜伏威 · ?~624)가 다스리고 있었다. 어렸을 적에 가랑이가 찢어지게 가난하여 좀도둑질로 먹고 살았다. 대업 9년(613) 죽마고우 보공석(輔公祏 · ?~624)과 함께 장백산(長白山: 산동성 장구·章丘에 있는 산)에서 산적 생활을 하다가 반란을 일으켰다. 일자무식이었지만 워낙 싸움을 잘했고 의리를 중시한 까닭에 단기간에 장강 중하류와 회하 지역을 지배하는 반란군의 우두머리가 되었다.

대업 14년(618) 우문화급이 강도성에서 반란을 일으켜 수양제를 시해했다. 그는 두복위를 역양태수(歷陽太守)로 임명하여 자기편으로 끌어들이려고 했다. 하지만 두복위는 우문화급의 제의를 단호히 거절했다. 오히려 동도 낙양에 있는 황태주(皇泰主) 양동에게 신하를 칭하여 초왕(楚王)으로 책봉되고 동도대총관(東道大總管)에 제수되었다.

그런데 같은 해 꼭두각시 황제였던 양동이 왕세충에게 살해당했다. 두복위는 천하 통일의 대세가 당나라로 기울고 있음을 간파하고 이연에게 투항했다. 이연은 그를 오왕(吳王)으로 책봉하고 그의 세력 기반인 오(吳) 지방을 계속 다스리게 했다.

무덕 6년(623) 두복위가 장안에 입조해 있을 때, 그의 죽마고우이자 부하장수였던 보공석이 단양(丹陽: 지금의 강소성 남경)에서 황제를 칭하고 국호를 송(宋)이라 했다. 다음 해(624) 그는 당군에게 연패를 당하여 참수를 당했다. 그런데 이때 장안성에 있었던 두복위가 갑자기 의문사를 당했다. 사실 그는 보공석의 반란과 아무런 관련이 없었는데도 모함을 받고 억울하게 죽었다. 이세민이 황제로 등극한 정관(貞觀) 원년(627)에 이르러서야 누명을 벗었다. 이세민은 그의 억울한 죽음을 안타깝게 생각하여 그의 장례를 국공(國公)의 의식으로 다시 치르게 했다.

이연은 무덕 7년(624)에 이르러 삭방(朔方: 지금의 섬서성 횡산현·橫山縣, 정변현·靖邊縣 일대)에서 황제를 칭한 양사도(梁師都·571~628)의 지방 정권을 제외하고는 중원과 강남을 대부분 통일하는 대업을 이루었다. 『구당서·권일 고조(高祖)』에 이런 기록이 있다.

> "무덕 7년(624) 봄 1월 14일 고려왕 고무(高武)를 요동군왕으로, 백제왕 부여장(扶餘璋)을 대방군왕으로, 신라왕 김진평(金眞平)을 낙랑군왕으로 책봉했다."

고무는 고구려 27대 국왕 영류왕(榮留王·?~642), 부여장은 백제 30대 국왕 무왕(武王·재위 600~641), 김진평은 신라 26대 국왕 진평왕(眞平王·재위 579~632년)을 지칭한다. 당시 영류왕은 수나라와 오랜 전쟁 끝에 국력이 쇠약해지자 중원의 지배자로 등장한 당나라의 이연과 우호 관계를 맺어야 할 상황이었다. 백제와 신라도 양국 간의 오랜 전쟁의 와중에 당나라 세력을 끌어들일 필요가 있었다. 어쨌든 이 기록에 의하면 이때부터 당나라의 세력이 한반도에 영향을 끼쳤음을 부인할 수 없다.

5. 당나라의 기틀을 다지다

이연은 당나라의 기틀을 다지기 위하여 수나라의 정치 제도를 근간으로 삼아 3성(省), 6부(部), 24사(司) 중심의 중앙 행정기구를 만들었다. 3성은 상서성(尚書省)과 중서성(中書省) 그리고 문하성(門下省)을 가리킨다. 상서성은 전국에 정령(政令)을 내리고 집행하는 기관이다. 그 아래에는 이부(吏部), 호부(戶部), 예부(禮部), 병부(兵部), 형부(刑部), 공부(工部) 등 6부가 있다. 각 부마다 4사(司)를 두어 업무를 분장하게 했다. 중서성은 황제가 반포하는 조서의 초안을 책임지며 국가의 주요 정책을 결정하는 기관이다. 문하성은 중서성에서 기초한 조서의 내용을 심의하며 적합하지 않은 내용이 있으면 고치는 심의 기관이다. 또 조정에 어사대(御史臺)를 설치하여 문무백관을 감독하고 탄핵하게 했다.

지방의 행정 조직은 기본적으로 주(州)와 현(縣)으로 나누었다. 주의 최고위직은 자사(刺史)이다. 자사는 주에 소속된 현의 관리들의 실적을 평가하고 과오를 징계하는 권한을 가지고 있으며 아울러 지역 인재를 천거해야 하는 책임이 있다. 현의 우두머리는 현령(縣令)이다. 현령은 현의 모든 일을 실질적으로 관장한다. 현 아래에는 향(鄉)과 이(里)의 조직을 두었다. 이처럼 중앙 정부로부터 향리(鄉里)에 이르기까지 체계적으로 이루어진 국가 조직은 당고조 이연의 통치 기간에 완성되었다.

이연이 당나라를 건국할 무렵에 백성들의 삶은 피폐하기 그지없었다. 수양제의 폭정과 연이은 전란의 참혹한 참상이 빚어낸 결과였다. 당나라 초기에 전국의 호(戶)는 200여만 호에 불과했는데 수나라 때와 비교하면 4분의 1에도 미치지 못했다. 광대한 토지는 황무지로 변했으며, 국가 재정 수입의 원천인 조세 제도는 유명무실했다.

이연은 균전제(均田制)와 조용조제(租庸調制)를 실시했다. 균전제는 모든 성인 남자에게 일정한 토지를 분배하는 제도이다. 이는 토지의 소유권과 점유권을 인정했으므로 황무지 개간의 원동력이 되었다. 이에 따라 곡물 생산량이 폭발적으로 증가했다. 조용조제는 곡물, 포목 등을 바치고 일정한 기간에 부역의 의무가 있는 조세 제도이다. 당나라 초기에 이 두 제도는 비교적 합리적이고 투명하게 운영되어 민폐를 줄이고 재정 수입을 안정적으로 확보할 수 있었다.

이연은 수나라 때부터 본격적으로 시작한 과거제를 더욱 발전시켰다. 과거 시험은 이부(吏部)에서 주관했으며 평민도 응시할 수 있었다. 유가 경전이 주요 시험 과목이며, 진사과(進士科)에 합격한 사람을 진사라고 칭했다. 진사는 고위 관리로 임용되었다. 당나라 초기에 출신 성분을 따지지 않고 유가 경전에 정통하거나 시무(時務)와 시책(時策)에 탁월한 식견을 가진 인재들을 등용한 것은 황제 중심의 중앙 권력을 강화하고 지방 호족 세력을 억제하는 데 크게 기여했다.

이연이 진양에서 처음 군사를 일으킬 때 휘하의 병력은 3만여 명이었다. 그 후 세력을 확대하여 관중으로 진격한 후에는 20여만 명의 대군을 거느리게 되었다. 당나라 건국 후에는 병사가 더 늘어났다. 평상시에 수십만 대군을 유지하기 위하여 엄청난 군량미를 조달하는 일이 결코 쉽지 않았다. 더구나 전쟁이 없을 때 병사들이 놀고먹는 부작용이 있었다.

이연은 이런 폐단을 없애고자 부병제(府兵制)를 시행했다. 병사들이 농사철에는 집에서 농사를 짓고 농한기에는 훈련을 받거나 정해진 장소로 가서 군복무를 하는 일종의 '병농합일(兵農合一)' 제도이다. 군대에서 복무하는 기간에는 조세를 면제받았다. 다만 전쟁이 나면 개인이 무기와 식량을 준비해야 했다. 성인 남자가 농사일과 군사 복무를 겸할 수 있게 된 것은 인력을 효율적으로 사용하여서 생산과 국방, 두 가지 문제를 동시에 해결할 수 있게 했다.

6. 현무문 사변을 막지 못하고 태상황으로 물러나다

이연은 한평생 처첩 20명, 아들 22명, 딸 19명을 두었다. 처첩들 가운데 태목황후(太穆皇后) 두씨(竇氏)가 본처이다. 그녀의 아버지는 북주(北周·557~581), 서위(西魏·535~556), 수(隋·581~619) 등 세 왕조에 걸쳐 고위직을 역임한 두의(竇毅·519~582)이다. 생모는 북주 무제(武帝) 우문옹(宇文邕·543~578)의 누나 장공주(長公主)이다. 두씨도 집안 배경이 대단했음을 알수 있다.

두의는 용모가 빼어난 어린 딸을 무척 사랑했다. 가끔 측근들에게 이런 말을 했다.

"내 딸아이는 예쁠 뿐만 아니라 학식도 갖추고 있어서 평범한 사내에게는 시집을 보낼 수 없구나. 장차 어떤 인물을 사위로 얻으면 좋겠는가?"

그는 고민 끝에 공작 두 마리를 병풍에 그리게 했다. 멀리서 화살을 쏘아 공작의 눈을 정확하게 맞춘 자를 사위로 삼기로 결정했다. 화살을 잘 쏜다는 사내 수십 명이 찾아와 쏘았지만 모두 빗나갔다. 하루는 이연이 찾아와 화살로 공작의 두 눈을 꿰뚫었다. 두의는 크게 기뻐하고 그를 사위로 삼았다. 이 이야기가 사위로 선택되었다는 뜻을 담은 '작병중선(雀屏中選)'이라는 성어가 되었다. 이연이 신궁이어서 두의의 사위가 되었다는 얘기이지만 사실은 두씨와 이씨 두 권문세가의 혼인동맹이었다.

두씨는 이건성, 이세민, 이현패, 이원길 등 아들 4명을 낳았다. 이현패는 요절했으며, 큰아들 이건성이 명실상부한 적장자이다. 이연이 진양에서 처음으로 병사를 일으킬 때 둘째아들 이세민의 지략과 전공이 없었다면 성공할 수 없었을 것이다. 당나라를 건국한 자는 이연이었지만, 이연을 황제로 만든 자는 이세민이었다. 이연은 황제로 등극하기 전부터 이세민의 탁월한 공적을 칭찬할 때면, 그를 자신의 후계자로 삼겠다는 암시를 은연중에 했다.

하지만 이연은 개국 황제가 된 후 이건성을 태자로 책봉했다. 귀족 가문에서 태어나 성장한 그는 유가의 종법(宗法) 사상에 투철했다. "후계자는 큰아들을 세우지 작은아들을 세우지 않으며, 본처가 난 적장자를 세우지 후처가 난 서자를 세우지 않는다."는 원칙을 말한다. 따라서 이건성이 이세민보다 능력이 뒤지고 전공도 적었지만, 어쨌든 적장자였으므로 그를 후계자로 삼았다. 객관적으로 보면 이연의 선택은 정당했다. 그래서 누구도 감히 이의를 제기할 수 없었다.

문제는 이세민이었다. 이연은 그를 진왕으로 책봉한 후 태자의 자리를 엿보지 못하게 군권을 제한해야 했다. 하지만 이연이 중국을 통일했어도 전쟁이 완전히 종식되지 않았다. 더구나 북방의 강국, 돌궐의 침략 위협에 시달리고 있었기 때문에 군사 능력이 뛰어난 이세민에게 의지하지 않을 수 없었다.

이연은 이건성을 태자로 책봉한 뒤 점차 초심을 버리고 사치와 향락에 빠졌다. 어쩌면 큰아들은 이미 태자가 되어 황위 계승 문제를 순조롭게 해결했고, 둘째아들은 제국의 안전을 지키는 든든한 버팀목으로 성장했기 때문에, 인생 말년에 그처럼 주지육림 속에서 지냈는지도 모른다. 그는 전국의 문인, 지사, 명망가들이 둘째아들의 휘하로 집결해도 모르는 척했다. 당나라의 병권은 이연이 가지고 있었던 게 아니라 사실은 이세민이 장악했다. 이세민은 아버지의 사후에 자신이 황제가 되겠다는 야망을 품고 있었다.

태자 이건성에게는 친동생 이세민이 눈엣가시였다. 이세민의 군권이 날로 강해지자 불안감을 감추지 못했다. 이건성은 또 다른 친동생 이원길과 연합하여 이세민을 제거할 기회만 노리고 있었다.

무덕 9년(626) 봄 돌궐이 변경 지방을 침략했다. 이건성은 제왕 이원길이 진왕 이세민의 군사를 거느리고 출정해야 한다고 이연에게 간청했다. 이건성과 이원길이 짜고 이세민의 주력군을 변방으로 출정시킨 후 이세민을 제거할 속셈이었다. 그런데 태자가 거주하는 동궁에서 의전과 법령을 관장하는 관리, 왕질(王晊)이 진왕 이세민에게 몰래 찾아와 말했다.

"태자가 이번 제왕의 출정을 틈타 진왕의 군사를 제압하고 곤명지(昆明池)에서 병사를 매복하여 진왕을 죽이려는 음모를 꾸미고 있습니다."

왕질은 이세민의 첩자였다. 이세민이 오래 전부터 그를 매수하여 태자 이건성의 일거수일투족을 감시했는데도, 이건성은 전혀 눈치를 채지 못했다. 등잔 밑이 어두웠던 것이다.

이런 형제간의 갈등 속에서 왕질의 밀고에 흥분한 이세민은 결단을 내리지 않을 수 없었다. 형과 동생을 죽이고 태자의 자리를 찬탈하려고 했다. 이연은 황제이자 아버지로서 아들들의 갈등을 풀어야 했지만 우유부단한 태도로 일관했다.

무덕 9년(626) 6월 마침내 이세민이 장안성 현무문(玄武門)에서 이른바 '현무문 사변'을 일으켜 형과 동생을 죽였다. 충격을 받은 이연은 어쩔 수 없이 이세민을 태자로 책봉하고 조서를 내렸다.

"앞으로 국가의 일은 대소사를 막론하고 모두 태자 이세민에게 위임하여 처리하게 한 후 짐에게 아뢰어라!"

현무문 사변은 황제의 권력이 이세민으로 넘어가는 결정적 계기가 되었다. 현무문 사변이 발생한 지 2개월 만에 이연은 61세의 나이에 결국 이세민에게 황위를 양위하고 태상황으로 물러났다. 그 후 이연은 대안궁(大安宮)에서 거주하면서 정치에 일절 관여하지 않았다. 제국의 모든 권력이 이미 아들에게 넘어간 상황에서 아들의 눈치를 보지 않을 수 없었다.

당태종 이세민은 황권을 찬탈하기 위해 친형과 친동생을 죽인 잔혹한 인물이었다. 아버지 이연도 자신의 절대 권력 행사에 방해가 되면 제거 대상이 될 수 있었다. 하지만 이세민은 차마 그렇게 할 수 없었다. 아버지마저도 죽인다면 '천고의 패륜아'로 낙인찍힐 게 분명했다. 그는 이런 악명을 뒤집어쓰지 않기 위해 아버지를 주지육림에 빠져 지내게 했다. 원래 이연은 주색잡기를 좋아한 호색한이 아닌가. 이세민이 아버지를 위해 장안성 밖에 거대한 대명궁(大明宮)을 짓기 시작한 일도 효심의 표현이었겠지만, 그 이면에는 아버지의 향락과 사치를 만족시켜 정치적으로 무능한 인간을 만들려는 의도가 있었다. 어느 날 당태종이 대신들에게 이런 말을 했다.

"종실의 아들들을 모두 군왕으로 책봉한 일이 천하에 유리한 일인가?"

눈치가 빠른 대신들이 부당하다고 아뢰었다. 당태종이 말했다.

"그렇소. 짐이 천자가 된 까닭은 천하의 백성을 부양하기 위해서였소. 어찌 백성을 고생시켜 짐의 종실을 부양할 수 있겠소?"

이연은 당나라를 건국한 후 이씨 종실의 후손들을 각 지방의 군왕으로 책봉했다. 이는 천하를 통일한 개국 군주의 특권이자 일반적 정치 행위였으므로 이연이 정치를 잘못한 일이 아니었다. 당태종은 옳은 말을 했지만 민심을 얻고 자신의 치적을 돋보이기 위하여 은근히 아버지를 비판했다.

당태종은 또 아버지의 측근 배적(裴寂·573~629)을 삭탈관직하고 정주(靜州: 지금의 사천성 왕창현·旺蒼縣)로 유배를 보냈다. 배적은 이연이 진양에서 처음으로 병사를 일으킬 때 큰 공을 세운 공신이었다. 당나라 건국 직후에는 개국공신으로서 재상의 관직을 맡았고 위국공(魏國公)으로 책봉되었다. 당시 그보다 더 나은 대우를 받은 공신은 아무도 없었다. 하지만 당태종은 아버지가 아직 살아있는데도 아버지의 측근을 조정에서 쫓아냈다. 배적이 다시 장안으로 돌아가고 싶다는 상소문을 올렸다. 당태종은 이렇게 말했다.

"재능과 학식이 평범한 네가 태상황의 총애를 받지 않았다면 어찌 고관대작이 될 수 있었겠는가. 지난 무덕(武德) 연간에 벌어진 수많은 악법과 기강 문란은 모두 너의 책임이다. 하지만 짐은 옛정을 고려하여 너에게 중벌을 내리지 않았는데도, 너는 또 무슨 불만이 있단 말이냐?"

간접적으로는 아버지의 시대를 부정하는 언사였다. 이연은 이런 둘째아들을 아주 불편하게 생각했다. 큰아들과 넷째아들을 죽인 둘째아들이 어찌 자식으로 보였겠는가. 태상황이 반드시 왕림해야 할 국가의 중요 연회자리가 아니면 대안궁에서 나오지 않았다. 궁궐에서 온갖 사치와 향락을 누렸지만 거의 감금 상태로 지내다가 정관(貞觀) 9년(635)에 향년 69세를 일기로 붕어했다.

아버지의 '업적 지우기'에 나선 당태종 때문에, 이연은 사후에 아들 덕에 황제가 되었고 주지육림에 빠져 지내다가 죽었다는 혹평을 들었다. 하지만 이연이 진양에서 병사를 일으킨 지 1년여 만에 당나라를 건국하고 왕조의 기틀을 다진 일은, 중국 역사에서 어느 개국 황제도 이루지 못한 위업이었다.

물론 이세민을 아들로 둔 덕분에 그처럼 짧은 시간에 새 왕조를 건국했지만, 당나라 건국의 주인공은 역시 이연이었다. 훗날 그가 자신이 이룬 업적을 객관적으로 평가받지 못하는 이유는 중국 역사에서 가장 위대한 성군으로 추앙을 받는 당태종 이세민의 위업에 그의 존재감이 미약했기 때문이 아닌가 한다. 너무나 똑똑하고 잘난 아들을 둔 까닭에 오히려 아버지의 명성이 상대적으로 가려졌다고 생각한다.

당태종 이세민

제 2 장

당태종 이세민

1. 당나라 건국의 최고 공신이 되다

2대 황제 당태종(唐太宗) 이세민(李世民·598~649)은 무공(武功: 지금의 섬서성 무공현)에서 당고조 이연의 둘째아들로 태어났다. 생모는 당고조의 본처, 태목황후 두씨이다. 부모는 명문거족 출신이며, 그는 서자가 아닌 적자로 태어났으므로 출신 성분이 대단히 좋았다. 이세민이 네 살 때 관상을 잘 본다는 한 서생이 찾아와 그의 관상을 보고 이연에게 말했다.

"이 아이는 용봉의 자태와 제왕의 풍채를 타고 났소. 스무 살이 되면
반드시 세상을 구하고 백성을 편안하게 할 것이오."

서생의 말에 고무된 이연은 '제세안민(濟世安民: 세상을 구하고 백성을 편안하게 한다)'이라는 말에서 세(世) 자와 민(民) 자를 따와 둘째아들의 이름을 세민(世

民)으로 지었다고 한다. 이세민은 머리가 워낙 총명했고 무사 집안의 혈통을 이어 받은 덕분에 문무를 겸비한 청년으로 성장했다. 그는 특히 『육도삼략』, 『손자병법』 등 병서를 탐독했다. 아버지와 병법을 논할 때면 언제나 자신만의 깊은 식견으로 아버지를 놀라게 했다.

대업 11년(615) 이세민은 아버지와 함께 돌궐의 황제, 시필가한(始畢可汗·?~619)에게 안문(雁門: 지금의 산서성 대현·代縣)에서 포위된 수양제를 구한 적이 있었다. 그의 나이 18세 때의 일이었다. 이때부터 이세민은 전쟁터를 종횡무진 누비며 수많은 전공을 쌓았다.

대업 13년(617) 5월 이연이 진양(晉陽: 지금의 산서성 태원)에서 처음으로 병사를 일으켜 수나라 타도의 역성혁명을 도모했을 때에도 막후에서 아버지 이연의 결단을 촉구하고 지사들을 은밀히 규합했으며, 작전 계획을 주도면밀하게 짠 인물이 바로 이세민이었다. 이연은 혁명이 성공하자 둘째아들 이세민을 우령군대도독(右領軍大都督)으로 임명하고 수나라의 동도(東都), 낙양을 공격하게 했다.

의녕 2년(618) 5월 이연은 수공제(隋恭帝) 양유(楊侑·605~619)를 몰아내고 당나라를 건국했다. 큰아들 이건성은 별다른 전공을 쌓지 못했지만 태자로 책봉되었다. 적장자였기 때문이다. 당나라 개국에 가장 많은 공을 세운 이세민은 상서령과 우익위대장군에 임명되었고 아울러 진왕(秦王)으로 책봉되었다. 이세민은 은근히 태자로 책봉되기를 기대했으나 무위로 끝나자 분루를 삼켜야 했다.

당나라 개국 초기에는 영토가 관중과 하동 일대에 한정되었다. 광활한 대지가 아직도 군웅의 분할 통치 아래 있었다. 군웅할거를 종식시켜 진정한 통일 국가를 완성해야 하는 대업이 당고조 이연의 어깨를 짓눌렀다. 이연은 이세민을 선봉에 세웠다.

무덕 원년(618) 이세민은 천수원(淺水原: 지금의 섬서성 장무·長武)에서 농서(隴

西) 지방의 할거세력인 설거(薛擧)와 설인고(薛仁杲) 부자의 군대를 격파하여 농서 지방을 수중에 넣었다. 무덕 3년(620)에는 송금강(宋金剛)과 유무주(劉武周)의 연합 세력을 괴멸시켜 병주(幷州: 지금의 산서성 태원)와 분주(汾州: 지금의 산서성 습현·隰縣)의 실지를 수복했다.

무덕 3년(620) 7월부터 4년(621) 5월에 이르는 기간에 낙양과 호뢰관(虎牢關: 지금의 하남성 사수진·汜水鎭)에서, 이세민은 중원의 양대 할거세력인 왕세충(王世充)의 정군(鄭軍)과 두건덕(竇建德)의 하군(夏軍)을 연이어 섬멸하여 화북 지방을 완전히 장악했다. 명주(洺州: 지금의 하북성 영년현·永年縣)에서 한동왕(漢東王)을 자칭한 유흑달(劉黑闥)과 산동 지방에서 노왕(魯王)을 자칭한 서원랑(徐圓朗)도 모두 이세민에게 대패를 당하고 죽었다.

이세민의 군사가 장안으로 개선할 때마다 수많은 백성들이 길가로 몰려나와 열광적으로 환영했다. 이세민은 황제처럼 위풍당당했으며 문무백관은 그에게 머리를 조아렸다. 무덕 4년(621) 이연은 그를 천책상장(天策上將)으로 책봉하고 식읍 3만 호를 하사했다. 천책상장의 직위는 친왕(親王)과 삼공(三公: 태위·太尉, 사도·司徒, 사공·司空)보다 높았으며, 천자와 태자 다음 갔다.

이연은 또 이세민의 천책부(天策府) 설치를 특별히 윤허했다. 천책부는 낙양에 있는 이세민의 관저이다. 그의 휘하의 장수들이 집결하는 장소이기도 했다. 사실상 이때부터 당나라의 병권은 이세민이 장악했다. 이세민은 천책부에 문학관(文學館)을 설치하여 문인, 책사 등 천하의 뛰어난 인재들을 영입했다. 진왕부(秦王府)와 문학관에는 언제나 입신양명을 꿈꾸는 인재들로 북적거렸다. 그들은 주군 이세민을 위하여 견마지로를 아끼지 않았다. 이세민은 장안 조정에 버금가는 통치 조직을 운영하기 시작했다.

이세민이 이처럼 막강한 권력을 쥘 수 있었던 것은 아버지 이연의 적극적인 지지 덕분이기보다는 스스로 개척하고 용감히 싸워 승리를 쟁취한 결과였다. 따라서 그의 권력 기반은 반석처럼 단단했다. 누구도 심지어는 이연마저도 그의 권력을 통제할 수 없었다. 아버지가 아들의 눈치를 보고 형이 동생을 시기하며 동생이 형을 얕잡아 보는 상황에서 마침내 현무문 사변이 폭발했다.

2. 형제간의 갈등 속에서 현무문 사변을 일으켜 황제가 되다

이연이 당나라를 건국하는 과정에서 장남 이건성의 공적이 차남 이세민에 비해서 크게 뒤진 것은 사실이다. 하지만 이건성도 결코 무능한 인물은 아니었다. 이연이 진양에서 병사를 일으키기 전에, 이건성은 아버지의 명령을 받들어 하동(河東) 지역에서 인재를 규합하는 데 역량을 발휘했다. 아버지가 서하(西河)를 공략하고 곽읍(霍邑)을 취한 후 장안성으로 입성할 때도 아버지의 곁에서 무공을 쌓았다. 또 태자로 책봉된 후에는 북방의 강국 돌궐의 침입을 막았다. 돌궐과 결탁하고 한동왕(漢東王)을 자칭한 유흑달(劉黑闥)을 사로잡아 죽인 공로도 있었다.

이연이 적장자 계승의 원칙에 따라 장남 이건성을 태자로 책봉한 것은 당연한 조치였다. 조정 중신들은 이연의 선택에 칭송을 아끼지 않았다. 이건성이 적장자였고 인품과 능력도 대당제국의 황제가 되기에 부족하지 않았기 때문이다. 이선성은 장차 황위 계승을 염두에 두고 태자의 거처인 동궁(東宮)을 중심으로 자신을 추종하는 인사들을 규합했다. 동궁은 '작은 조정'이라고 할 정도로 국정의 또 다른 중심이 되었다.

그런데 진왕 이세민의 진왕부와 천책부에도 장수, 책사, 문인들이 넘쳐났다. 그들은 이세민을 따라 싸움터를 전전하면서 그가 얼마나 위대한 영웅인지 깨달았다. 이세민이 진왕으로 만족할만한 그릇이 아니라고 생각했다. 그를 황제로 추대하기 위하여 온갖 지략을 짰다.

태자와 진왕 사이의 모략과 음모가 서서히 고개를 들기 시작했다. 두 사람은 같은 부모에서 태어난 친형제지간이었으므로 얼마든지 타협을 통해 골육상쟁의 비극을 피할 수 있었을 것이다. 하지만 "권력은 부자지간에도 공유할 수 없다."는 말이 있지 않은가. 더구나 이연은 허구한 날 주색잡기에 빠져 아들들의 갈등을 조정할 능력이 없었다. 만약 태목황후 두씨가 살아있었다면 중재자로 나설 수 있었을 것이다. 하지만 두씨는 남편 이연이 황제가 되기 전에 사망했다.

이건성은 진왕 이세민의 위세가 태자인 자신을 능가하는 지경에 이르자 두려움을 느끼지 않을 수 없었다. 진왕을 제거하지 않으면 언젠가는 그가 자신의 목에 칼을 들이댈 게 분명했다. 이건성은 또 다른 친동생 제왕 이원길을 자기 진영으로 끌어들였다.

이원길은 20세를 갓 넘긴 나이였지만 야망은 두 형 못지않았다. 무사의 기질을 타고나 날래고 용감했으며 사람됨이 교만하고 사치가 심했다. 그는 큰형 이건성보다는 작은형 이세민을 '라이벌'로 생각했다. 작은형을 혼자 상대하기에는 힘이 부쳤으므로 큰형의 은밀한 제의를 받아들였다. 먼저 진왕을 제거하고 난 뒤 상대하기 쉬운 태자를 몰아낼 속셈이었다.

이건성과 이원길은 각자 딴 생각을 품은 채 이세민의 세력에 함께 대항하기로 모의했다. 어쨌든 아버지가 황위를 어느 아들에게 넘길지 결정하기 때문에 아버지의 마음에 드는 일이 가장 중요했다. 또 아버지에게 끊임없이 이세민을 헐뜯어 부자지간을 이간질해야 했다.

이연은 후궁 19명을 거느리고 사치와 방탕한 생활을 즐겼다. 후궁들 가운데 이연의 여덟째아들 이원형(李元亨)을 낳은 윤덕비(尹德妃)와 아홉째 아들 이원방(李元方)을 낳은 장첩여(張婕妤)가 황제의 총애를 독차지했다. 두 젊은 후궁은 온갖 교태로 회갑을 넘긴 이연의 애간장을 녹였다. 이건성과 이원길은 뇌물과 젊은 혈기로 두 여인을 사로잡았다. 그녀들은 늙은 황제가 채워주지 못한 욕정을 태자, 제왕과 함께 은밀히 불태웠다. 『신당서·열전 제사(第四)』에 이런 기록이 있다.

"고조(이연)께서 인생 말년에 총애하는 후궁들이 많았다. 그들 가운데 특히 장첩여와 윤덕비가 가장 많은 총애를 받았다. 두 후궁의 친척들은 태자 이건성의 동궁과 제왕 이원길의 제왕부에서 시중을 들었다. 이건성과 이원길은 한패가 된 후 고조의 비빈들과 은밀히 내통하여 그들의 지위를 견고히 했다. 당시는 천하가 아직 평정되지 않았던 때라, 진왕 이세민은 언제나 장졸들을 이끌고 싸움터를 누볐기 때문에 고조의 비빈들을 만날 기회가 거의 없었다."

"진왕이 동도 낙양을 평정하자, 고조께서 비빈들을 동도로 보내 궁녀들과 부고(府庫)에 있는 진귀한 보물들을 조사하게 했다. 그런데 비빈들은 진왕에게 보물들의 일부를 몰래 달라고 요구했고 그녀들 집안의 형제들에게 관직을 내려달라고 부탁했다. 하지만 진왕은 부고의 재물들은 모두 장부에 기록했기 때문에 줄 수 없으며, 관직도 전공을 세우지 않은 자에게 절대 하사할 수 없다고 말하며 거절했다. 이런 일이 있고 난 이후에 비빈들의 진왕에 대한 원성이 그치지 않았다."

"얼마 후 고조께서 진왕을 섬동도행대(陝東道行臺)로 임명하고 낙양 지방을 다스리게 했다. 진왕은 기름진 논밭을 회안왕(淮安王) 이신통(李神通)에게 하사했다. 그런데 장첩여가 그 토지를 자기 아버지에게 하사해달라고 고조에게 간청했다. 고조는 그녀의 간청을 윤허하고 친히 조서를 써서 동도로 보냈다. 하지만 이신통은 하사받은 토지를 내놓지 않았다."

"장첩여가 고조에게 진왕을 모함했다. '황상께서 소첩의 아버지에게 토지를 하사하라는 조서를 내렸는데도, 진왕이 그것을 가로채 다른 사람에게 주었다고 하옵니다.' 진노한 고조는 당장 진왕을 궁궐로 불러들여 꾸짖었다. '내 조서가 너의 명령보다 못하단 말이냐?' 하루는 고조께서 총신 배적(裴寂)에게 이렇게 말했다. '아들놈이 오랫동안 병권을 장악하면서 유생들의 간교한 가르침에 빠져 품성이 나빠지고 말았으니 예전의 내 아들과 같지 않구나.'"

"어느 날 진왕부의 관리 두여회(杜如晦)가 말을 타고 윤덕비 아버지의 집 앞을 지나갔다. 윤덕비 아버지는 말에서 내리지 않고 지나간 두여회의 행위를 아주 불쾌하게 생각했다. 자기 딸이 황상의 총애를 한몸에 받고 있는데도 진왕부 소속의 일개 책사가 어떻게 감히 그런 무례한 행동을 할 수 있냐는 불만이었다. 그는 즉시 하인들을 거느리고 두여회에게 달려가 말에서 끌어내린 뒤 그를 두들겨 팼다. 심하게 구타를 당한 두여회는 손가락 한 개가 끊어지고 말았다."

"그런데 행패를 부린 일이 엉뚱한 방향으로 번지지 않을까 두려워한 윤덕비의 아버지는 딸에게 진왕의 측근들이 자신을 능멸한다고 말했다. 윤덕비가 고조에게 고자질했다. 고조는 진상을 제대로 파악하지도 않고 진왕에게 불같이 화를 내며 말했다. '네 측근들이 감히 내 비빈의 집안을 능멸했으니 일반 백성에게는 얼마나 모질게 학대하겠느냐?' 진왕은 전후 사정을 자세히 아뢰었으나, 고조는 아랑곳하지 않았다. 이때부터 아버지와 아들의 관계가 점차 멀어지지 시작했다."

원래 역사서, 특히 중국 역사서는 엄정한 춘추필법(春秋筆法)에 의해 기술한 것이라고 말하는데도 은근히 승자를 찬미하고 패자를 비난하는 '프레임'이 있다. 『신당서』의 이 내용이 당태종 이세민을 미화하고 태자 이건성을 무능하고 방탕한 인물로 미리 설정해놓고 서술하지 않았다고 볼 수 없다. 하지만 이세민과 이연 후궁들 간의 갈등이 심각했으며, 이건성, 이원길이 그녀들과 연합하여 비대하게 커진 이세민의 권력에 대항했음을 알 수 있다.

이건성의 측근들 중에는 위징(魏徵·580~643)이라는 아주 유능한 책사가 있었다. 무덕 5년(622) 유흑달이 돌궐과 결탁하여 산동 지방을 침략한 적이 있었다. 위징은 태자 이건성이 적장자이지만 진왕 이세민보다 공적이 적은 것을 걱정했다. 그래서 이건성에게 친히 유흑달을 토벌하여 공을 세우라고 건의하고 전략을 짜주었다. 이건성은 그의 토벌 작전에 따라 유흑달을 사로잡아 죽이고 산동 지방을 평정하는 전공을 세웠다. 그 후 이건성은 언제나 위징을 곁에 두고 자문을 구했다.

이세민의 세력이 통제할 수 없을 정도로 커지고 있음을 직감한 위징은 이건성에게 하루빨리 그를 제거해야 한다고 충고했다. 어느 날 이건성과 이원길은 위징과 함께 독살 음모를 꾸미고 이세민을 동궁으로 초청하여 연회를 베풀었다. 방심한 이세민이 독주를 마시고 쓰러졌다. 마침 그를 수행한 회안왕 이신통이 이세민을 재빨리 부축하고 연회석을 빠져나갔다. 이세민은 이신통의 신속한 응급조치 덕분에 목숨을 가까스로 건질 수 있었다.

무덕 9년(626) 돌궐이 북방의 변경 지방을 침입했다. 이건성은 제왕 이원길이 진왕의 군사를 이끌고 가서 돌궐의 침략을 막게 해야 한다고 이연에게 건의했다. 아울러 진왕 수하의 맹장, 위지경덕(尉遲敬德), 진숙보(秦叔寶), 정교금(程咬金) 등 세 장수를 이원길의 휘하에 두도록 간청했다. 이건성은 이원길이 진왕의 장수들과 정예부대를 통제하는 틈을 타서 이세민을 살해할 음모를 꾸민 것이다. 이연은 태자의 이런 위계를 눈치 채지 못하고 그의 간청을 윤허했다.

동궁에서 진왕 살해의 음모를 꾸미고 있다는 첩보가 진왕의 첩자에 의해 진왕부에 전해졌다. 진왕의 측근 장손무기(長孫無忌)와 방현령(房玄齡)은 진왕에게 먼저 손을 써서 태자와 제왕을 제거해야한다고 강력히 주장했다. 이세민은 골육상잔의 비극을 피하고 싶었다. 하지만 측근들의 거듭된 주장에 용단을 내리지 않을 수 없었다.

이세민과 측근들은 궁리 끝에 황제의 어명으로 태자와 제왕을 궁궐로 유인한 후 죽이자고 모의했다. 그렇다면 황제를 진노하게 할 만한 사건을 만들어야 했다. 태자, 제왕과 윤덕비, 장첩여의 '불륜' 관계를 이용했다. 이세민은 이연에게 네 사람이 몰래 간통하고 있다고 고자질했다. 이연은 처음에는 반신반의했으나 이세민의 구체적인 얘기를 듣고 기절초풍했다. 어쨌든 황제의 비빈들은 황제 아들의 법적인 계모가 아닌가. 정말로 그들이 '근친상간'했다면 도저히 용서할 수 없는 패륜이었다.

이연은 다음 날 아침 조회를 열어 친국하기로 했다. 그런데 눈치 빠른 장첩여가 재빨리 동궁으로 궁인을 보내 태자에게 밀고했다. 이건성은 이원길을 불러 대책을 논의했다. 이원길이 말했다.

"형님, 빨리 장안성 곳곳에 우리 군사를 배치하고 병을 핑계로 조회에
나가지 말아야 합니다."

이건성이 대답했다.

"장안성은 우리 군사가 주둔하고 있는 데 무엇을 두려워하겠느냐."

당시 이건성은 정예병 2천여 명을 특별히 선발하여 장안과 동궁을 지키게 했다. 그들은 장림문(長林門)에 주둔하고 있었으므로 그들을 장림병(長林兵)이라고 불렀다. 장림병은 이미 제왕 이원길의 호위병과 한통속이었다. 이런 연유로 태자와 제왕이 거느린 병력이 진왕부의 군사보다 훨씬 많았다. 더구나 황궁으로 들어가려면 반드시 통과해야 하는 현무문(玄武門)은 이건성의 부하 장수 상하(常何·588~653)가 지키고 있었다. 이처럼 장안성을 완벽하게 통제하고 있는데도 어명을 따르지 않으면 오히려 자신의 죄를 시인하는 꼴이 된다. 그래서 이건성은 이원길과 함께 조회에 참석하여 아버지 이연의 면전에서 이세민의 모함을 폭로하기로 했다.

무덕 9년(626) 음력 6월 4일, 태자와 제왕은 말을 타고 현무문을 들어갔다. 그런데 태자 일행을 영접해야 할 상하가 보이지 않았다. 그들은 상하가 이세민에게 매수된 사실을 까맣게 모르고 있었다. 하지만 분위기가 심상치 않음을 직감하고 황급히 말머리를 돌려 빠져나가려고 했다. 현무문 안에서 잠복하고 있던 이세민이 소리쳤다.

"태자와 제왕은 왜 조회에 나가지 않고 달아나는가."

이세민과 부하들은 도망가는 태자를 향해 화살을 날렸다. 화살 한 발이 태자의 목을 관통했다. 태자가 현장에서 즉사한 모습을 본 이원길은 포위망을 뚫고 자신의 거처인 무덕전(武德殿)으로 피신하려고 했다. 그곳에서 호위 군사를 이끌고 이연에게 달려가 이세민의 반란을 급보할 생각이었다. 이원길이 먼저 황제를 호위하면, 형을 죽인 이세민은 대역죄로 처단될 수밖에 없는 급박한 상황이었다. 이연이 노년에 아무리 무능했더라도 그의 말 한마디에 이세민의 운명이 달린 것이다.

위지경덕은 무덕전으로 달아나는 이원길을 가까스로 쫓아가 죽였다.

이세민은 위지경덕에게 황제의 신변을 지키게 했다. 형과 동생을 죽이는 일은 성공했지만 아버지를 장악하지 못하면 거사가 실패로 끝날 수 있었기 때문이다. 이연은 자식들 간의 피비린내 나는 살육이 벌어지고 있는 비극을 모른 채 황궁의 호수에서 유유자적하게 뱃놀이를 즐기고 있었다. 위지경덕이 무장한 장졸들을 거느리고 이연에게 달려왔다. 그들을 보고 깜짝 놀란 이연은 그에게 왜 무장했냐고 물었다. 그는 이렇게 대답했다.

"진왕이 태자와 제왕이 일으킨 반란을 제압했사옵니다. 황상 폐하의 옥체가 걱정되어 신을 보내 보위하라고 했사옵니다."

진왕의 반란이 태자와 제왕의 반란으로 둔갑하는 순간이었다. 이연은 몸을 바들바들 떨었다. 자식들 간의 골육상쟁이라니, 상상도 못한 일이 벌어진 것이다. 두 아들이 반란을 일으켜 살해되었다는 급보는 칼로 그의 폐부를 찌르는 것 같은 고통을 안겨주었다. 하지만 이미 엎질러진 물이었다. 진왕을 추궁하면 오히려 자신의 안위도 어떻게 될지 모르는 상황이었다. 사태가 이렇게 전개된 이상 진왕의 손을 들어주지 않을 수 없었다. 그는 즉시 모든 장졸들은 진왕의 지휘를 받으라고 하명했다.

주군을 잃은 장림병들은 순식간에 오합지졸로 변하여 각자도생하기에 급급했다. 이세민은 부하 장수들을 동궁과 제왕부로 보내 태자의 아들 5명과 제왕의 아들 5명을 모조리 참수했다. 친조카 10명을 무자비하게 살해한 것이다. 태자와 제왕의 잘린 머리가 성루에 걸렸다. 살인의 광풍이 한바탕 몰아친 후 도성은 다시 평온을 되찾았다. 당나라 역사의 물줄기를 바꾼 '현무문 사변'은 이렇게 이세민의 승리로 끝이 났다.

이연은 현무문 사변이 일어난 지 3일 만에 이세민을 태자로 책봉했다. 같은 해 8월 이세민에게 황위를 물려주고 태상황으로 물러났다. 중국 역사상 최고의 성군이라는 당태종 이세민의 시대가 이렇게 친형제들을 죽이고 시작된 것이다.

『구당서』, 『신당서』, 『자치통감』 등 역사서는 태자 이건성과 제왕 이원길을 무능하고 방탕한 인물로 묘사했다. 당고조 비빈들과 불륜을 저지른 패륜아로 낙인을 찍었다. 따라서 진왕 이세민이 그들을 죽이고 황제가 된 것은 '역사 발전의 필연'이라는 논리를 전개했다. 하지만 정말로 태자와 제왕이 패륜아였는지는 사실이 아닐 가능성이 높다. 구중궁궐에서 오직 황제의 간택만을 손꼽아 기다리는 황제의 여인들이 궁인들의 눈을 피해 황제의 아들과 놀아났다는 얘기는 이세민의 황위 찬탈을 정당화하기 위해 지어냈을 것이다.

사실 현무문 사변의 핵심은 차기 황권을 놓고 동궁과 제왕부의 연합 세력과 진왕부 사이의 정치 투쟁이었다. 이세민은 두 형제보다 뛰어난 능력과 지략을 가지고 있었으며, 그의 휘하에는 천하의 인재들이 많았기 때문에 결국 정치 투쟁에서 승리한 것이다.

훗날 당태종은 '정관(貞觀)의 치(治)'라는 전대미문의 태평성대를 열었으나, 태자를 죽이고 아버지에게 황권을 강제로 빼앗았다는 오명을 씻을 수 없었다. 당태종이 집권하지 않았다면 당나라의 성세(盛世)는 없었을지도 모른다. 하지만 그가 저지른 패륜도 영원히 중국 역사의 어두운 부분으로 남아있다.

3. 능력이 뛰어난 인재라면 출신 배경을 따지지 않고 중용하다

당태종은 형제들을 죽이고 황제로 등극하자마자 깊은 고민에 빠졌다. 태자 이건성과 제왕 이원길을 추종했던 무리를 어떻게 처리해야 하는가.

당태종의 측근들은 발본색원을 주장했다. 잔당을 척결해야 만이 정관(貞觀)의 새 시대를 열 수 있다는 논리였다. 하지만 태자에게 충성했던 신하들이 무슨 죄인가. 그들은 황위 계승의 적법성을 가진 태자를 위해 싸우다가 죄인이 되었다. 엄밀히 따지면 당태종의 불법적 황위 찬탈에 가담한 자들이 대역죄를 지은 것이다.

당태종은 이건성과 이원길의 '흉악하고 반역적인 죄'를 처단했지, 그들을 따른 자들의 죄는 모두 불문에 부치겠다는 조서를 반포했다. 정국의 빠른 안정을 위해서는 한때 적이었던 자들도 포용해야 했다. 현무문 사변 후에도 당태종에게 저항 의지를 드러낸 자들이 무기를 버리고 복종했다. 또 깊은 산중으로 달아나 신분을 숨기고 사는 책사들도 다시 장안으로 돌아오기 시작했다.

당태종의 통치 시절에 간관(諫官)으로 유명한 위징(魏徵·580~643)이라는 신하가 있었다. 원래 그는 와강군의 수령 이밀의 책사였다. 성격이 지나칠 정도로 강직하고 세상의 이치를 통찰하는 식견과 문재(文才)가 대단히 뛰어났다. 무덕 2년(619) 이밀과 함께 당고조 이연에게 투항했다. 그런데 이밀의 부하 장수였던 이적(李勣·594~669)이 중원 지방에서 여전히 세력을 떨치고 있었다. 위징은 이연에게 자신이 이적을 설득하여 당나라로 귀부시키겠다고 간청했다. 이연은 마다할 이유가 없었다.

어명을 받은 위징은 여양(黎陽: 지금의 하남성 준현·浚縣)으로 가서 이적에게 서찰을 보내 천하의 대세를 설명하면서 왜 당나라로 귀부해야하는지 이치를 따져 자세히 설명했다. 마침내 이적이 산동, 하남 일대를 이연에게 바치고 귀부했다.

싸우지 않고 광대한 지역을 수중에 넣은 이연은 이때부터 위징의 능력을 주목하기 시작했다. 태자 이건성은 위징이 제갈량 같은 인물임을 알아차리고 그를 동궁으로 초대하여 후하게 대접했다. 위징은 적법한 절차에 따라 태자가 된 이건성을 위해 견마지로를 아끼지 않았다.

위징은 현무문 사변이 일어나기 전에 진왕 이세민의 야심을 눈치챘다. 태자에게 그를 제거하지 않으면 반드시 변란을 당할 거라고 충고했다. 하지만 태자의 치밀하지 못한 성격 때문에 결국 먼저 손을 쓴 진왕에게 살해당했다. 포로로 잡힌 위징은 언제 죽을지 모르는 운명으로 전락했다. 당태종이 위징을 문초했다.

"너는 왜 우리 형제들을 이간했느냐?"

위징은 눈썹 하나 까닥하지 않고 대답했다.

"태자께서 내 계책대로 하셨다면 지금의 비극은 없었을 것이오."

구차한 변명을 늘어놓을 줄 알았던 위징이 그처럼 당당하게 말하는 모습을 본 당태종은 호탕한 웃음을 지었다. 영웅은 영웅을 알아본다고 했던가. 당태종은 즉시 그를 사면하고 첨사주부(詹事主簿)로 임명했다. 훗날 위징은 당태종을 보필하여 정관의 성세를 여는 데 결정적인 공적을 세웠다. 재상과 간관(諫官)으로서 천고에 명성을 날렸다. 당태종은 자기를 죽이려고 했던 적마저도 포용하고 중용했기 때문에, 중국 역사에서 어진 임금과 강직한 신하 사이에 수많은 이야깃거리를 남긴 위징이라는 걸출한 인물이 탄생한 것이다.

왕규(王珪·570~639)라는 인물이 있었다. 그는 수나라 때 비서내성(秘書內省)을 지낸 관리였다. 숙부 왕규(王頍)가 수양제를 타도하는 정변에 가담했다가 피살되자 종남산(終南山)으로 달아나 10여 년 동안 은거했다. 이연은 당나라 건국 후에 왕규의 인품이 고상하고 명예와 이익을 따지지 않는 선비라는 얘기를 듣고 그를 태자중윤(太子中允)으로 임명했다. 태자중윤은 동궁에서 태자의 의전과 문장을 담당하는 직책이다. 이연은 덕망이 높은 왕규에게 자신의 후계자인 이건성을 잘 보필하도록 했다. 이건성도 그를 극진하게 대우했다.

현무문 사변 직후에 주군을 잃은 왕규는 목숨이 경각에 달렸다. 뜻밖에도 당태종은 그를 간의대부(諫議大夫)로 임명했다. 왕규가 평소에 태자에게 바른 말을 하는 강직한 신하였음을 당태종이 눈여겨보았기 때문이다. 뛰어난 인재는 과거를 불문하고 반드시 중용하여 국가의 동량으로 활용하는 것이 당태종의 용인술이었다. 정관 원년(627) 당태종은 신하들에게 이렇게 당부했다.

　"한고조 유방이 무력으로 천하를 통일했지만 한나라가 오랜 세월 동안
　유지될 수 있었던 까닭은 현명한 신하들을 많이 등용했기 때문이오. 짐
　은 어질고 현명한 군주는 아니지만 경들의 직언과 충고를 받아들여 천하
　를 안정시키고 싶소."

왕규가 말했다.

　"황상께서 언로를 열고 간언을 거리낌 없이 받아들이신다면, 신이 어
　찌 전심전력으로 황상을 보필하지 않겠습니까."

당태종은 간관들도 재상과 함께 입조하여 의정 활동에 참여하게 했다. 간언을 맡은 신하들은 이때부터 황제의 면전에서 직접 의견을 피력할 수 있는 기회를 얻었다.

훗날 왕규는 '당나라 초기 4대 재상 중의 한 명'이라는 찬사를 들었을

정도로 명재상으로 활동했다. 당태종이 왕규의 진가를 알아보지 못했다면, 왕규는 태자 이건성을 모신 죄로 참수형을 당했거나 초야에 은거하다가 사라졌을 것이다.

당나라 초기에 최고의 맹장이자 현무문 사변 때의 일등공신이었던 위지경덕(尉遲敬德·585~658)도 원래는 이세민의 '사람'이 아니었다. 무예가 뛰어난 그는 수나라 말기에 마읍(馬邑: 지금의 산서성 삭주·朔州)에서 병사를 일으킨 유무주(劉武周·?~620)의 휘하에서 맹활약했다.

무덕 2년(619) 위지경덕은 주군 유무주를 따라 유차(榆次: 지금의 산서성 유차), 평요(平遙: 지금의 산서성 평요), 개주(介州: 지금의 산서성 개휴·介休) 등을 연이어 점령하고 당나라의 성지나 다름없는 진양(晉陽: 지금의 산서성 태원)을 위협했다.

당고조 이연은 유무주 군사의 전광석화 같은 진격에 너무 놀라 대하(大河) 이동(以東) 지역은 포기하고 관서(關西) 지방만 지키려고 했다. 당나라 영토의 절반을 유무주에게 내주고 자신은 지역의 패권자로 군림하려는 생각이었다. 하지만 진왕 이세민이 아버지의 소극적 태도에 불만을 품었다. 정예병 3만 명을 이끌고 가게 하면 자신이 반드시 고토를 회복하겠다고 간청했다. 이연은 둘째아들에게 희망을 걸었다. 이세민은 백벽(柏壁: 지금의 산서성 신강·新絳)에서 유무주의 주력군을 섬멸했다.

이때 개휴현(介休縣)에서 고립무원의 처지에 빠진 위지경덕은 당군과 결전을 준비하고 있었다. 이세민이 대군을 이끌고 공격하면 개휴현성 함락은 시간 문제였다. 그런데 이세민은 위지경덕이 수많은 당군을 죽인 적장이지만 용감하고 충직한 장수였기 때문에 그를 자기 부하로 삼고 싶었다. 측근을 위지경덕에게 보내 자신의 뜻을 밝혔다. 위지경덕이 투항하자, 이세민은 그를 즉시 우일부통군(右—府統軍)으로 임명했다. 인재 욕심이 많은 이세민의 포용이었다.

그 후 위지경덕은 이세민과 함께 동도 낙양으로 진격하여 황위를 찬탈한 왕세충을 포로로 잡은 전공을 세웠다. 이세민의 명성이 날로 높아지자, 불안한 마음을 감출 수 없었던 이건성은 위지경덕을 포섭하고 싶었다. 그에게 수레에 가득 실은 금은보화와 밀서를 보냈다.

"그대의 도움을 받아 우리 두 사람 사이의 우정을 돈독히 하고 싶소."

이건성은 뇌물로 위지경덕을 매수할 속셈이었다. 위지경덕의 답변은 이러했다.

"저는 원래 미천한 집안에서 자란 천민이었습니다. 수나라 말기에 천하가 대란의 소용돌이에 빠졌을 때 당조(唐朝)에 반역한 지역에서 오랫동안 지내왔기 때문에 죽어도 시원찮은 죄를 지었습니다. 하지만 진왕께서 저의 목숨을 살려주는 은혜를 베풀었습니다. 또 저의 이름을 진왕부의 명부에 올려주었습니다. 저는 진왕의 은혜에 보답하기 위해 제 몸을 희생하기로 맹세했습니다. 제가 태자 전하를 위해 쌓은 공적이 조금도 없으므로 후한 예물을 받을 수 없습니다. 만약 제가 사사로이 태자 전하와 교류한다면, 이는 두 마음을 품고 이익을 얻기 위해 충성을 망각하는 행위입니다. 태자 전하께서는 어찌 이런 인간이 필요하겠습니까?"

위지경덕의 단호한 거절에 분노한 이건성은 위지경덕을 죽이려고 시도했지만 실패했다. 태자가 위지경덕을 뇌물로 매수하려고 했다가 실패했다는 얘기를 들은 이세민은 위지경덕에게 이런 말을 했다.

"공의 마음은 높은 산과 같소. 북두칠성까지 닿는 뇌물을 준다고 하더라도 공은 변절하지 않을 것임을 나는 잘 알고 있소. 설사 공이 무슨 예물을 받았다고 하더라도 무슨 의심할만한 일이겠소."

"일단 사람을 썼으면 의심하지 말고 의심스럽다면 쓰지 말라(用人不疑, 疑人不用)"는 용인술을 이세민은 활용할 줄 알았다. 군주와 신하 사이에 이러한 절대적 신용 관계가 있으면, 신하는 자신을 알아 준 군주를 위해 기꺼이 목숨을 바친다.

훗날 위지경덕은 우무후대장군의 직위에 오르고 악국공(鄂国公)으로 책봉되는 영광을 누렸다. 인생 말년에는 권문세가와의 교제를 끊고 신선술에 몰두하며 먼저 세상을 떠난 당태종을 추모하면서 은거했다. 사후에는 당태종의 소릉(昭陵)에 배장(陪葬)되었다. 신하로서 최고의 영예를 누린 것이다. 『여씨춘추(呂氏春秋)·거사(去私)』에 이런 내용이 있다.

"진평공(晉平公)이 기황양(祁黃羊)에게 물었다. '남양(南陽)에 현령 자리가 비어있는데 누구를 현령으로 임명하면 좋겠소?' 기황양이 대답했다. '해호(解狐)가 적임자입니다.' 진평공이 말했다. '해호는 당신의 원수가 아닌가?' 기황양이 대답했다. '주군께서는 남양 현령으로 누구를 임명하는 게 좋겠냐고 물었지, 나의 원수가 누구냐고 묻지 않았습니다.' 진평공이 대답했다. '옳은 말이오.' 해호가 임용되자, 국인(國人)들은 모두 진평공을 찬양했다."

"얼마 후 진평공이 또 기황양에게 물었다. '군대의 일을 관장할 관리가 없는데 누구를 임명하면 좋겠소?' 기황양이 대답했다. '기오(祁午)가 적임자입니다.' 진평공이 말했다. '기오는 당신의 아들이 아닌가?' 기황양이 대답했다. '주군께서는 군대의 일을 관장할 관리로 누구를 임명하는 게 좋겠냐고 물었지, 나의 아들이 누구냐고 묻지 않았습니다. 진평공이 대답했다. '옳은 말이오.' 기오가 임용되자, 국인들은 모두 진평공을 찬양했다. 나중에 공자가 이 얘기를 듣고 말했다. '기황양의 말은 참으로 옳구나! 밖에서 인재를 등용할 때 자기에게 위해를 가한 원수를 마다하지 않았으며, 안에서 인재를 등용할 때 자기 아들이라고 해서 피하지 않았다. 기황양은 공정한 사람이라고 말할 수 있다.'"

최고 권력자는 국가 경영에 도움이 되는 인재라면 자기 원수마저도 과감하게 등용해야 하며, 자기 아들이라도 타인의 비난을 두려워하지 말고 활용해야 한다는 얘기이다. 이른바 '인재(人材) 제일주의'의 용인술을 말한 것이다.

하지만 오늘날에도 자기 원수를 요직에 임용했다는 얘기를 들은 적이 거의 없다. 또 아들이나 친인척을 중용하면 정실인사를 했다고 엄청난 비난을 받을 것이다. 공자가 말한 용인술은 능력 여부를 따져야 하지 사사로운 감정을 배제하라는 것이다.

당태종의 처남 장손무기(長孫無忌·594~659)가 성공할 수 있었던 배경에는 당태종의 이런 용인술이 있었다. 장손무기는 어렸을 때 아버지를 여의고 여동생 장손씨(長孫氏)와 함께 외삼촌 고사렴(高士廉·575~647)의 손에서 자랐다. 그의 뛰어난 재능을 알아 본 고사렴은 그를 친자식처럼 정성을 다해 키웠다. 수나라에서 고위 관리를 지냈던 고사렴은 가솔을 거느리고 당나라에 투항했다. 진왕 이세민은 문무를 겸비한 장손무기에게 큰 호감을 가졌다. 두 사람은 처음 만나 천하의 대세를 논하자마자 포부와 배짱이 통했다. 한 평생 생사를 함께하기로 맹세한 뒤, 장손무기는 이세민의 그림자가 되었다.

고사렴도 이세민이 보통 인물이 아님을 간파하고 외조카 장손씨를 그에게 시집보냈다. 훗날 장손씨가 이세민의 본처 장손황후(문덕황후)이다. 황후로서 당태종이 선정을 베푸는 데 큰 영향을 끼쳤다. 따라서 장손무기는 당태종의 손위처남이 된다. 당태종이 현무문 사변을 일으키기 직전에, 행대고공낭중 방현령이 비부랑중 장손무기에게 이런 말을 했다.

"지금 동궁, 제왕부와 진왕부 간의 갈등이 돌이킬 수 없을 정도로 심각하오. 아무런 대비도 하지 않고 있다가 하루아침에 불행이 닥치면, 어찌 진왕부만 몰락하는 일로 끝나겠소? 국가의 사직도 지키지 못할까 두렵소. 옛날에 주공(周公)이 주나라의 사직을 지켰던 것처럼, 공께서 진왕에게 국가를 안정시켜야 한다고 권하기 바라오. 국가 존망의 위기는 바로 지금이오."

장손무기가 대답했다.

"나도 공과 같은 생각을 오랫동안 했지만 감히 말할 수 없었소. 지금 공이 한 말씀은 내 마음과 완전히 부합하오. 제가 진왕을 찾아뵙고 우리의 뜻을 전하겠소."

책사 방현령은 장손무기가 누구보다도 진왕 이세민과 가까운 관계였기 때문에 그에게 이세민을 설득하게 했다. 이세민은 형제간의 골육상쟁을 피하기 위해서 거사를 망설였지만, 결국 손위처남의 집요한 설득으로 현무문 사변을 일으켰다.

이세민이 황제로 등극한 후, 장손무기는 조국공(趙國公)으로 책봉되었고 공신 24명 가운데 일등공신에 거명되었다. 정관 연간에 좌무후대장군, 이부상서 등 조정의 요직을 역임했다. 그런데 어떤 신하들은 그가 장손황후의 친오빠인 것을 문제 삼아 상소했다. 권력이 황후의 친척에게 집중되면 조정의 기강이 문란해지고 변고가 일어날 수 있다는 우려였다. 장손무기도 사공(司空)으로 책봉되었을 때 조정의 논란을 의식하여 사의(辭意)를 표명했다. 당태종은 신하들에게 이렇게 말했다.

"짐은 재능이 뛰어나고 품행이 단정한 자에게만 관직을 수여하오. 만약 그렇지 못한 자라면 짐의 가장 가까운 친척에게도 관직을 수여하지 않았소. 양읍왕(襄邑王) 이신부(李神符)가 그 좋은 예이오. 재능이 뛰어난 자가 있으면 짐의 원수이더라도 버리지 않고 중용했소. 위징(魏徵)이 그 좋은 예이오. 장손무기가 황후의 오라버니라서 짐이 그를 총애했다면, 그의 자녀에게 많은 재물을 주면 그만이지 어찌 그에게 중책을 맡길 필요가 있겠소? 짐은 그의 재능과 품행을 보았을 따름이오. 장손무기가 총명하고 책략이 뛰어난 인재임은 경들도 잘 알고 있소. 그래서 짐이 그에게 중책을 맡겼소."

당태종의 용인술과 관직 임용의 기준이 가장 잘 나타난 말이다. 다시 말해서 재능이 뛰어나고 품행이 단정한 자가 관리로 적합한 인물이다. 이 조건을 충족한 자라면 자기 원수이거나 자신과 가장 가까운 친척이든 관계없이 중책을 맡기겠다는 뜻이다. 당태종의 이러한 생각은 훗날 역대 왕조 황제들의 관리 임용에 큰 영향을 끼쳤다. 물론 그의 용인술을 왜곡한 황제들도 적지 않았다.

장손무기는 당태종 사후인 당고종 현경(顯慶) 4년(659)에 허경종(許敬宗)의 모함을 받고 금주(黔州: 지금의 사천성 중경·重慶)로 추방된 후, 목을 매고 자살했다. 그가 자살한지 1년 후에 복권되어 그를 끝까지 신임한 당태종의 소릉(昭陵)에 배장(陪葬)되었다. 충신은 죽어서도 자신을 알아준 군주와 사후 세계에서도 영원히 함께 하기를 바라는 것이다.

당나라 역대 황제 평전

4. 신하의 간언을 진심으로 받아들이고 실천하다

오늘날 중국인들은 이구동성으로 당태종을 중국 역사상 최고의 성군으로 꼽는다. 그가 천고의 성군으로 찬양을 받는 가장 중요한 이유는 신하의 간언을 진심으로 받아들이고 실천했기 때문이다. 정관 12년(638) 간의대부 왕규(王珪·570~639)가 당태종에게 간했다.

"3품 이상의 관리들이 친왕(親王)을 우연히 만났을 때 수레에서 내려야
하는 관례는 예법에 부합하지 않습니다."

국정에 직접 참여하지 않는 황제의 아들이나 형제가 조정의 대임을 맡고 있는 중신들을 간섭하지 못하게 할 목적으로 왕규가 이렇게 말했다. 하지만 당태종은 대단히 불쾌한 낯빛을 띠며 말했다.

"경들은 신분이 존귀하고 지위가 높다고 해서 짐의 아들들을 무시하는
거요?"

위징도 친왕 권력의 비대함이 국정에 끼치는 해악을 조목조목 설명했다. 결국 당태종은 왕규의 주장에 수긍했다. 어느 날 당태종은 왕규와 함께 한담을 나누고 있었다. 당태종은 곁에서 시중을 드는 아름다운 궁녀를 가리키며 왕규에게 말했다.

"이 궁녀는 원래 여강왕(廬江王) 이원(李瑗)의 첩이었소. 이원이 이 여자
의 남편을 죽이고 자기 첩으로 삼았소."

왕규가 자리를 피하면서 말했다.

"폐하께서는 이원이 이 여자를 첩으로 삼은 일이 정당하다고 생각하십니까?"

당태종이 대답했다.

"남을 죽이고 그의 아내를 취한 일은 당연히 옳지 못한 행동인데도, 경은 어찌하여 짐에게 시시비비를 물어보는가?"

왕규가 대답했다.

"옛날에 제(齊)나라 환공(桓公·?~기원전 643)은 곽(郭)나라 곽공(郭公)이 신하의 옳은 말을 듣기를 좋아했지만 받아들이지 않았기 때문에 망한 이유를 알고 있었습니다. 하지만 환공도 옳은 말을 하는 신하들을 배척했습니다. 따라서 관중(管仲·기원전 723~기원전 645)은 환공도 곽공과 다르지 않다고 생각했습니다. 지금 이 아름다운 궁녀가 폐하의 곁에서 시중을 들고 있습니다. 폐하께서는 마음속으로는 이원의 행동이 옳다고 생각하시는 게 아닌가 합니다."

춘추시대(春秋時代·기원전 770~기원전 476) 때, 지금의 산동성 요성(聊城) 일대에 소국 곽(郭)나라가 있었다. 기원전 670년 제나라에게 멸망했다. 어느 날 제나라 환공이 망한 곽나라의 땅에 가서 한 시골 노인에게 곽나라가 망한 이유가 무엇이냐고 물었다. 시골 노인이 대답했다.

"곽나라의 주군은 선량한 사람을 우대했으며 악인을 싫어했지요."

"그렇다면 곽나라 군주는 어질고 현명한 임금이오. 그런데 왜 나라를 망쳤소?"

"곽나라 군주는 선량한 사람을 우대했지만 그를 쓰지 않았으며, 악인을 싫어했지만 그를 쫓아내지 않았기 때문에 나라를 망친 것이오."

왕규는 『관자(管子)』에 나오는 이 이야기로 당태종에게 생각은 바르지만 행동은 바르지 않은 군주는 국가를 망칠 수 있다고 간접적으로 경고했다. 당태종은 호탕하게 웃으면서 즉시 그녀를 가족의 품으로 돌려보내게 했다.

태상소경(太常少卿) 조효손(祖孝孫)은 어명을 받들어 궁인들에게 음악을 가르쳤다. 그런데 가르친 음악이 당태종의 마음에 들지 않았기 때문에 질책을 받았다. 왕규와 온언박(溫彦博)이 당태종에게 간했다.

"효손은 고상한 선비입니다. 폐하께서는 궁인들에게 음악을 가르치라고 어명을 내리셨는데도 또 그를 책망하는 것은 옳지 않다고 생각합니다."

당태종이 진노했다.

"짐은 경들을 심복으로 생각하고 있다. 경들은 마땅히 짐을 충성과 정직으로 섬겨야하는데도, 감히 신하의 편을 들고 임금을 기만하는 행위를 하고 있다. 지금 경들은 효손을 위해서 유세를 하고 있는가?"

온언박은 사죄를 하고 물러났으나, 왕규는 물러나지 않고 말했다.

"폐하께서는 충성과 정직이라는 말로 신을 꾸짖었습니다. 지금 신의 간언에 어찌 사사로운 감정이 개입되어 있겠습니까? 이번 일은 폐하께서 신을 저버린 것이지, 신이 폐하를 저버린 게 아닙니다."

당태종은 아무 말도 하지 못했다. 다음 날 당태종이 방현령에게 말했다.

"자고이래로 제왕이 마음을 비우고 신하의 간언을 받아들이는 것은 참으로 어려운 일이오. 어제 짐이 온언박과 왕규를 나무란 일이 있었소. 지금 짐은 잘못을 뉘우치고 있소. 경들은 이번 일 때문에 하고 싶은 말을 다하지 못하는 경우가 없기를 진심으로 바라오."

당태종이 성군의 길을 걷도록 가장 많은 간언을 한 신하는 한때 그를 죽이려고 했던 위징이다. 그의 정직하고 당당한 성품에 호감을 느낀 당태종은 수시로 위징을 어탑(御榻)으로 불러들여 천하의 일을 물어보았다. 황제의 면전에서는 미사여구로 그의 성덕을 무조건 찬양하는 게 신하들의 일반적인 태도였다. 하지만 위징은 자신의 솔직한 의견을 밝히는 데 조금도 주저하지 않았다. 때로는 황제의 비위를 거스르는 말도 서슴지 않았다.

당태종은 위징이 올린 시책(時策) 200여 개를 실행할 때마다 어느 한 개도 잘못되지 않자 기쁨을 감추지 못했다. 즉시 위징을 상서우승 겸 간의대부로 임명하고 측근에서 자신을 보좌하게 했다. 그런데 포로로 잡혔지만 하루아침에 '벼락출세'하여 당태종의 총애를 독차지하고 있는 위징을 시기하는 자들이 있었다. 그의 약점을 잡아야 했다. 그가 자신의 친척들을 감싸고 돈다고 비난했다.

당태종은 어사대부 온언박에게 사실 여부를 조사하게 했다. 온언박은 그에 대하여 비난한 내용이 사실이 아님을 확인했지만 당태종에게는 이렇게 말했다.

"위징은 신하로서 행적을 분명히 하지 못하고 의심을 살만한 일을 멀리 하지 못하여 비방을 받았습니다. 그가 사심을 품지 않았지만 질책을 받을만한 짓을 했습니다."

위징이 개인적으로 파벌을 조성하여 나쁜 짓을 저지르지 않았지만 의심을 받을 만한 행동을 했으므로 그를 책망해야 한다는 얘기였다. 당태종은 위징에게 온언박을 보내 앞으로는 행동거지를 각별히 조심하라고 훈계했다. 며칠 후 위징이 입조하여 당태종에게 말했다.

"임금과 신하는 마음을 합쳐 의리로 한몸이 되어야 한다고 신은 들었습니다. 그런데도 황상께서는 올바른 도리를 저버리시고 오로지 신하의 행적만을 따지십니다. 만약 임금과 신하 모두 이렇게 생각하면 국가의 흥망을 알기 어렵습니다."

신하의 개인적인 일이 중요한 게 아니라 임금과 신하가 서로 믿고 마음을 합쳐야 만이 국정을 제대로 수행할 수 있지, 서로 의심하면 국가가 망할 수도 있다는 주장이다. 그의 자극적인 말에 깜짝 놀란 당태종은 안색을 바꾸고 말했다.

"내가 잘못 생각했소."

위징은 다시 절을 하고 말했다.

"폐하께서는 신이 양신(良臣)이 되기를 원합니까, 아니면 충신(忠臣)이 되기를 원합니까?"

"충신과 양신은 무슨 차이가 있소?"

"후직(后稷), 계(契), 고도(皋陶) 등은 양신이며, 용봉(龍逢), 비간(比干) 등은 충신입니다. 양신은 자신의 명예를 스스로 높이고 임금도 그에게 높은 작위와 관직을 수여했기 때문에, 자손대대로 부귀영화를 누릴 수 있습니다. 이와 반면에 충신은 주살되고 구족(九族)이 멸망하는 비극을 만났습니다. 또 충신은 자기가 섬기던 임금이 거대한 죄악에 빠졌을 때 국가와 함께 망하여 이름을 헛되이 했습니다. 따라서 양신과 충신의 차이는 참으로 크다고 할 수 있습니다."

후직은 순임금 시대에 농업을 담당한 신하였다. 나중에 주(周) 나라를 건국한 주족(周族)의 시조가 되었다. 계는 불을 관장한 신하였다. 훗날 상(商)나라를 건국한 상족(商族)의 시조가 되었다. 고도는 형법을 제정한 신하였다고 한다. 오늘날 중국에서 후직은 농업의 신, 계는 불의 신, 고도는 사법의 신으로 추앙을 받고 있다.

위징의 견해로는 '양신'이란 이 전설상의 인물들처럼 임금을 잘 받들어 위대한 업적을 쌓아서 후세에 영예로운 이름을 영원히 남기고 그의 후손들이 대대손손 부귀영화를 누리게 하는 신하이다.

용봉은 하(夏)나라의 마지막 왕이자 폭군으로 악명을 떨친 걸왕(桀王)에게 간언했다가 피살된 신하이다. 비간은 상(商)나라의 마지막 왕이자 주지육림(酒池肉林)의 이야기로 유명한 주왕(紂王)의 폭정에 고언을 아끼지 않은 신하이다. 훗날 두 사람은 충신의 '대명사'로 추앙을 받았다.

그런데 그들은 주군을 위해 헌신했지만 결국 자신을 망치고 국가의 멸망을 막지 못한 책임이 있으므로 위징이 볼 때는 충신이 양신보다 못하다는 주장이다. 따라서 임금의 신하가 된 자는 임금을 잘 보좌하여 성공한 임금으로 만들고 자신의 명예를 후세에 길이 남겨야 하지, 망해가는 국가의 군주를 만나 간언을 하다가 헛되이 목숨을 잃는 비극이 없어야 한다. 당태종은 위징의 말에 크게 공감하고 그에게 비단 5백 필을 하사했다.

수나라 때 통사사인(通事舍人)을 지냈던 정인기(鄭仁基)의 딸이 절세의 미인이었다. 장손황후(문덕황후)는 그녀를 남편 당태종의 후궁으로 추천했다. 당태종은 그녀를 충화(充華: 황제가 거느린 구빈·九嬪 중의 하나)로 책봉하겠다는 뜻을 밝혔다. 그런데 위징은 그녀가 이미 육씨(陸氏) 집안의 남자와 정혼했다는 얘기를 듣고 황급히 당태종에게 아뢰었다.

"폐하께서는 백성의 부모로서 그들을 어루만지고 총애해야 합니다. 그들이 근심하는 일을 근심하고 좋아하는 일을 좋아해야 합니다. 옛날부터 도덕을 숭상하는 군주는 백성의 마음을 자기 마음으로 삼았습니다. 따라서 군주는 궁궐의 높은 누각에서 거처하면서 백성이 자기 집이 있어서 편안하게 살고 있는지 알고 싶었습니다. 기름진 음식을 먹으면서 백성이 기아와 추위에 고생하지 않는지 알고 싶었습니다. 또 비빈들을 돌아볼 때마다 백성이 배필을 만나 가정을 제대로 이루고 있는지 알고 싶었습니다. 백성의 임금이 된 자는 마땅히 이렇게 해야 합니다. 지금 정씨의 딸은 예전에 육씨 집안의 남자와 정혼했다고 합니다."

"그런데도 폐하께서는 정황을 자세히 살피지 않고 그녀를 후궁으로 취하시려고 합니다. 이 일이 세상에 널리 알려진다면, 어찌 백성의 부모가 된 자의 도리이겠습니까? 신이 들은 얘기가 정확하지 않을 수 있습니다. 하지만 폐하의 성덕(聖德)을 훼손하는 일이 있을까 두려워하여 신의 생각을 숨기지 않고 말씀드립니다. 군주의 일거수일투족은 반드시 사관에 의하여 기록됩니다. 폐하께서는 더욱 심사숙고하시어 일을 처리하시기 바랍니다."

정씨 처녀에 대해 아무 것도 모르고 있었던 당태종은 깜짝 놀랐다. 즉시 자신의 잘못을 인정하는 조서를 친히 쓰고 난 뒤 그녀를 정혼한 남자에게 돌려보내게 했다. 그런데 뜻밖에도 좌복사 방현령, 중서령 온언박, 예부상서 왕규, 어사대부 위정 등 조정 중신들이 이의를 제기했다.

"정씨 처녀가 육씨와 정혼했다는 분명한 증거가 없기 때문에 지금 준비하고 있는 혼례 의식을 중도에 그만 둘 수 없습니다."

예전에 정혼의 당사자였다는 육씨도 당태종에게 상소했다.

"예전에 저의 선친 육강(陸康)이 생존해있을 때 정씨 집안과 왕래하면서 수시로 재물을 주고받았지만, 양가가 혼인하여 인척 관계를 맺자고 한 약속은 원래 없었습니다. 그런데도 남들은 자세한 사정을 모르면서 떠들어대고 있습니다."

육씨가 상소했다는 소식을 들은 대신들은 당태종에게 하루빨리 혼례 의식을 거행하라고 상소했다. 당태종은 참으로 난감했다. 대신들의 주장이 일리가 있었을 뿐만 아니라, 정혼의 당사자였다는 육씨도 그런 일이 없다고 말했기 때문이다. 당태종은 위징이 판단을 잘못한 게 아닌가 생각하여 그에게 물었다.

"여러 신하들은 어쩌면 짐의 뜻을 따라줄지도 모르겠소. 그런데 육씨는 짐에게 상소하여 지난 일을 왜 이렇게 자세히 밝히는지 모르겠소."

위징이 대답했다.

"신은 그의 의도를 알겠습니다. 그가 폐하와 태상황제를 똑같이 보고 있습니다."

"무슨 뜻이오?"

"예전에 태상황제께서 처음 장안을 평정했을 때 신처검(辛處儉)의 미모가 뛰어난 아내를 취하여 총애하셨습니다. 당시 신처검은 동궁의 태자사인(太子舍人)이었지요. 태상황제께서 그 사실을 알고 몹시 언짢아하셨습니다. 그래서 신처검을 만년현(萬年縣)의 현령으로 쫓아냈지요. 그 후 신처검은 언제 죽을지 몰라 전전긍긍했습니다. 지금 육상(陸爽)은 폐하께서 자신을 관대하게 대하고 있음을 알고 있지만 나중에 폐하의 노여움을 사서 벌을 받을지도 모르는 두려움이 있기 때문에 그처럼 반복해서 자신의 뜻을 밝히고 있습니다. 그의 속마음이 바로 여기에 있으므로 폐하께서는 이상하게 생각하지 마시기 바랍니다."

당고조 이연은 천하의 호색한이었다. 위징은 이연이 신처검의 아내를 후궁으로 삼은 추문을 끄집어내어 당태종에게 간언을 했다. 만약 당태종의 도량이 바다처럼 넓지 않았다면, 위징은 중벌을 피할 수 없었을 것이다. 남이 자기 아버지의 과오를 들추어내는 일은 예나 지금이나 치욕이기 때문이다. 당태종은 너털웃음을 지으며 말했다.

"다른 사람의 생각이 이처럼 의미심장할 수도 있구려. 하지만 짐의 말은 항상 다른 사람들에게 믿음을 준다고 볼 수는 없구려."

그는 또 조정 중신들에게 이런 조서를 내렸다.

"오늘 정씨의 여자가 예전에 육씨 집안 남자와 정혼했다는 사실을 알게 되었소. 짐이 혼례를 준비하라는 조서를 반포할 때는 전후 사정을 알지 못했소. 이는 과인의 잘못이자, 관련 부서의 실수이기도 하오. 당장 혼례 의식 준비를 철회하시오."

당태종의 이런 조치를 찬양하지 않은 백성은 단 한 명도 없었다. 무소불위의 권력을 가진 황제가 과오를 자인하는 일이 얼마나 어려운 일인가. 하지만 당태종은 위징의 따끔한 충고를 받아들이고 자신의 행동을 진심으로 반성한 성군이었다.

정관 3년(629) 상서우복사 봉덕이(封德彝)가 중남(中男: 15~20세 이하의 남자) 가운데 18세 이상의 남자들을 모두 군대로 징집해야 한다고 상소했다. 당태종은 서너 차례 조서를 내려 시행하게 했는데도 위징이 반대했다. 진노한 당태종은 다시 조서를 내려 신체가 강건한 남자는 18세 이하라도 징집하라고 했다. 하지만 위징은 또 어명을 따르지 않았다. 당태종은 왕규와 위징을 초치하고 얼굴에 노기를 띠며 말했다.

"중남 가운데 신체가 정말로 왜소한 자는 징집할 필요가 없지만, 강건한 자는 징집해도 문제가 없소. 그런데도 경들은 완강하게 반대하고 있소. 짐은 그 이유를 모르겠소."

위징이 정색을 하고 말했다.

"연못의 물을 다 빼고 물고기를 잡으려고 하면 다 잡을 수 있지만 내년에는 잡을 물고기가 없으며, 숲을 다 불태우고 짐승을 잡으려고 하면 다 잡을 수 있지만 내년에는 잡을 짐승이 없다는 얘기를 신이 들었습니다. 만약 백성들의 가정 중에서 둘째아들 이상을 모두 징집한다면 장차 조세와 부역은 누가 부담할 수 있겠습니까?"

"더구나 해마다 국가를 지키는 병사들의 전투력이 저하되는 이유는 병사의 숫자가 적어서 그러는 게 아니라, 그들에 대한 예우가 부족하고 군법을 멋대로 시행하여 사기를 저하시켰기 때문입니다. 만약 징집 제도를 지키지 않고 나이가 어린 남자들도 징집하여 군대의 잡역으로 충당한다면, 그 인원은 많겠지만 결국은 무용지물입니다. 이와 반면에 징집 연령이 되었고 신체가 강건한 남자들만을 선발하여 예우한다면, 일당백의 힘을 발휘할 것입니다. 따라서 어찌 병력이 많을 필요가 있겠습니까?"

"백성의 군주가 된 자로시 징심과 믿음으로 모든 일을 처리하여 관리와 백성이 교만하고 거짓을 일삼는 마음을 갖게 하지 않겠다고 폐하께서는 항상 말씀하셨습니다. 폐하께서 등극한 이래 세 가지 큰일을 하셨습니다. 하지만 그것들 모두 믿음을 주지 못한 일이었습니다. 그런데도 어찌 백성에게 신의를 얻었다고 말씀하시는지요?"

당태종은 어이가 없었다. 자신은 불철주야 오로지 백성을 위해 헌신했는데도 잘못한 일들이 있다고 질책을 당했으니 말이다. 백성에게 믿음을 주지 못한 무슨 과오가 있었냐고 물었다. 위징은 이렇게 대답했다.

"폐하께서 즉위 초에 '백성이 오랫동안 관부(官府)에 바치지 못한 재물과 조세는 모두 면제한다.'는 조서를 반포했습니다. 아울러 조세를 담당하는 관리에게 면제 항목을 나열하게 했습니다. 하지만 관리들은 진왕부(秦王府)의 재물은 관가의 것이 아니라고 생각하고 여전히 백성에게 재물을 거두어들였습니다. 폐하께서 진왕(秦王) 신분에서 천자로 등극하시는 동안 진왕부의 재물이 관가의 것이 아니라면, 그것들은 도대체 어디서 나온 것입니까?"

"또 폐하께서는 관중 지방에 거주하는 백성에게는 조세를 2년 동안 면제해주고, 그 밖의 지방에서 거주하는 백성에게는 1년 동안 면제해주겠다는 조서를 반포했습니다. 성은을 입고 기뻐하지 않은 백성은 단 한 명도 없었습니다. 그런데 얼마 지나지 않아 폐하께서는 또 조서를 반포했습니다. '올해 백성들 대부분은 조세를 납부했도다. 만약 지금부터 조세를 면제해주면 이미 조세를 납부한 백성은 천자의 은혜를 입을 수 없도다. 따라서 올해는 모든 백성이 조세를 납부해야 하며, 조세 면제는 내년부터 시행한다.' 이처럼 조세 정책이 오락가락하기 때문에 백성이 의심하지 않을 수 없습니다. 그리고 백성에게 이미 조세를 징수했는데도 또 그들을 군대로 징집했습니다. 백성의 고통이 이처럼 심한 상황에서 내년부터 조세를 면제해주겠다고 말하니, 어찌 백성에게 신용을 얻을 수 있겠습니까?"

"또 한 지방의 통치는 자사, 현령 등이 담당하고 있습니다. 이는 폐하께서 해마다 그들에게 조세, 병역 같은 일을 위탁하기 때문입니다. 그래서 장정을 징집하는 업무는 그들의 책무인데도, 폐하께서는 그들이 부정을 저지르지 않을까 끊임없이 의심하고 있습니다. 이는 어찌 신용으로 국가를 다스린다고 할 수 있겠습니까?"

당태종이 빙그레 웃으며 말했다.

"예전에 짐은 경이 고집이 세어 사리를 잘 분별하지 못한다고 생각했소. 하지만 지금 국가가 백성에게 불신을 당하고 인정이 통하지 않는 이유에 대한 경의 의견을 들으니, 어느 한 가지도 틀린 말이 없구려. 짐의 생각이 깊지 못했고 과오 또한 적지 않았구려."

당태종은 즉시 중남을 징집하라는 어명을 철회했다. 자신의 잘못을 따끔하게 지적한 위징에게는 금항아리 한 개를 하사했다.

정관 4년(630) 평소에 '기질(氣疾: 폐질환)'을 앓았던 당태종은 동도 낙양의 궁궐을 중수(重修)하게 했다. 궁궐을 새로 짓는 게 아니라 수나라 때 지어진 낡은 궁궐을 보수 공사하여 그곳에서 정기적으로 휴식을 취하면서 국정을 다스릴 목적이었다.

그런데 뜻밖에도 중모현(中牟縣)의 현승(縣丞) 황보덕참(皇甫德參)이 감히 장안 도성으로 달려와 백성들의 고통을 가중시키는 대규모의 토목 공사를 일으켜서는 절대 안 된다고 상소했다. 지방의 하급 관리가 자신의 결정에 격렬한 언사로 시시비비를 따진 것에 당태종은 진노했다. 그는 대신들에게 이렇게 말했다.

"국가가 그 일개 현승에 불과한 황보덕참의 말을 듣고 아무 일도 하지 않는다고 해서 그놈이 만족하겠느냐?"

국가의 막중대사는 지방의 하급 관리가 관여할 일이 아니라는 뜻이었다. 당태종의 노기충천한 모습을 본 위징은 황급히 황보덕참을 변호하는 상소를 올렸다.

"황보덕참의 언사는 참으로 과격합니다. 하지만 비방에 가까운 과격한 언사를 사용하지 않으면 폐하의 관심을 끌 수 없기 때문에 그렇게 하였습니다. 지방의 현승에 불과한 그가 용기를 내어 간언한 내용이 폐하의 귀에 거슬렸더라도 그의 충정을 이해해주시기 바랍니다."

당태종은 묵묵부답이었다. 지방의 하급 관리에게 모욕을 당한 분노가 아직 풀리지 않았던 것이다. 마침 이때 섬서성, 하남성 일대에 큰비가 내려 민가와 전답이 물이 잠겼다. 당태종은 즉시 궁궐 중축을 중지시키고 중축에 필요한 자재를 수해 현장으로 보내 사용하게 했다. 백성들은 모두 황제의 은혜를 칭송했다.

정말로 당태종은 민심의 동향에 아주 민감했다. 백성들의 원성이 들릴 조짐이 보이면 발 빠르게 대처했다. 여느 황제와는 다르게 신하들을 책망하게 하는 게 아니라, 자신의 과오를 인정하고 수습하는 지혜를 발휘했다. 최고 권력자가 과오를 인정하는 일은 결코 쉽지 않다. 하지만 당태종은 과오를 시인하면 오히려 황제의 위상이 더 올라간다는 사실을 알았다. 황보덕참의 무례한 언사를 용서한 이면에는 이런 수준 높은 통치술이 있었던 것이다.

정관 10년(636) 당태종이 그토록 사랑한 장손황후가 사망하자 그녀를 자신이 죽으면 들어갈 소릉(昭陵)에 안장하고 시호(諡號)를 문덕황후로 정했다. 아내를 잃은 슬픔을 달랠 길이 없었던 당태종은 황궁 안에 높은 누각을 짓게 했다. 매일 누각에 올라가 멀리서나마 소릉을 바라보며 아내를 그리워했다. 하루는 당태종이 위징과 함께 누각에 올라가 소릉을 바라보며 말했다.

"저기 능이 잘 보이는가?"

위징이 대답했다.

"신은 노안(老眼)이어서 잘 보이지 않습니다."

당태종이 손가락으로 소릉을 가리키며 정확한 위치를 알려주자, 위징은 이렇게 말했다.

"아, 저 능이 소릉인가요? 신은 폐하의 아버님이신 당고조의 헌릉(獻陵)인 줄 알았습니다."

위징의 능청맞은 말뜻을 알아챈 당태종은 눈물을 흘리며 누각을 철거하게 했다. 물론 높은 누각에 올라간 위징도 소릉을 한눈에 알아보았다. 그런데 그는 노안을 핑계로 소릉이 안 보이는 척했다. 왜 그랬을까. 유가에서는 부부간의 사랑보다 부모에 대한 효성을 더욱 중요하게 여긴다. 더구나 온 백성을 편안하게 해야 하는 천명을 받은 황제는 매일 부모를 그리워할 수는 있어도 자신이 사랑하는 황후가 사망했다고 해서 시름에 잠겨서는 안 된다. 그래서 위징은 고의로 소릉을 헌릉으로 생각했다고 말했다.

위징이 당태종에게 전한 '메시지'는 하루라도 빨리 장손황후를 그리워하는 마음을 접고 정사에 매진하라는 것이었다. 오늘날의 관점에서 보면 당태종은 '로맨티스트'의 일면을 가지고 있었다면, 위징은 유가 사상가의 완고한 성격을 가지고 있었다.

정관 17년(643) 위징이 병으로 사망했다. 당태종은 5일 동안 조회(朝會)를 열지 않고 그의 죽음을 애도했다. 훗날 당태종은 측근들에게 이런 말을 자주 했다.

"무릇 청동(靑銅)을 거울로 삼으면 자기 의관(衣冠)을 단정히 할 수 있으며, 옛날의 일을 거울로 삼으면 국가의 흥망성쇠를 알 수 있으며, 사람을 거울로 삼으면 득실(得失)을 분명히 밝힐 수 있소. 짐은 항상 이 세 거울을 가지고서 과오를 방지할 수 있었소. 위징이 서거했으니 이제 짐은 거울 한 개를 잃어버렸구려."

위징이 죽은 뒤 2년 후인 정관 19년(645)에 당태종은 친히 고구려 정벌에 나섰다. 중국 역사서는 당태종이 대승을 거두고 개선했다고 기술하고 있으나, 사실은 고구려를 굴복시키려는 야망이 좌절되었다. 이 시기에 당태종이 신하들에게 이런 말을 했다.

"만약 위징이 살아있었다면 고구려 정벌을 못하게 했을 것이오."

고구려 정벌이 실패했고 후회하고 있다는 간접적인 표현이다. 역사에는 가정이 없다고 하지만, 정말로 위징이 당태종보다 오래 살았다면 당태종의 말처럼 당나라의 고구려 침략이 없었을지 모른다. 또 고구려가 멸망하지 않았다면 한국 역사는 또 어떻게 전개되었을지도 모른다.

5. 정관의 치: 중국 역사상 최고의 전성기가 시작되다

　　정관(貞觀)은 당태종 집권 시기(627~649)의 연호이다. 이 시기부터 당태종의 증손자, 당현종(唐玄宗) 이륭기(李隆基·685~762) 시대의 '개원(開元)의 치(治)'까지를 중국 역사상 전무후무한 황금기를 구가했던 시대로 중국의 역사학자들은 규정하고 있다. 오늘날에도 중국의 집권자들이 이른바 '중국몽(中國夢)'을 실현하기 위하여 온갖 역경을 이겨내야 한다고 '인민'들에게 주장하면서 '시대의 롤모델'로 삼는 시기가 바로 정관 연간에서 시작되어 개원의 치로 완성되는 태평성대이다.

　　오늘날 중국인에게 중국 역사상 가장 위대한 황제를 꼽으라고 하면, 대체적으로 진시황제와 당태종 그리고 강희제, 이 세 명의 이름이 거론된다. 그런데 가장 위대한 '성군'이 누구냐고 물어보면 주저 없이 당태종을 선택하는 사람들이 대부분이다. 아무래도 한족이 대다수를 차지하는 중국에서 '천고일제(千古一帝)'라는 최고의 명예를 얻은 강희제가 만주족 출신이기 때문에 당태종보다 조금은 저평가되는 게 아닌가 한다.

　　어쨌든 당태종이 친형제들을 살해한 극악무도한 패륜을 저지르고서도 '성군'으로 추앙을 받고 '정관의 치'를 열 수 있었던 힘은 어디에서 나왔을까. 그는 중국을 통일한 수나라가 38년이라는 아주 짧은 기간에 망한 원인을 정확하게 알고 있었다. 수양제의 무모한 대외 원정과 대규모의 토목 공사는 백성의 삶을 파탄시켰으며, 순민(順民)을 폭민(暴民)으로 변하게 하여 결국은 수나라를 전하 대란의 소용돌이로 빠지게 한 것이다. 전국 시대의 사상가 순자(荀子)의 "백성은 물이며, 군주는 배이다. 물은 배를 띄울 수 있지만, 또한 전복할 수도 있다."라는 말을, 당태종은 입에 달고 살았다.

　　봉건 시대에 왕조의 힘은 세금 징수에서 나오며 세금 액수는 대부분 농업 생산량에 의해 결정되고 농업 생산의 주체는 농민, 즉 백성이므로 백성을 다스리는 군주는 그들이 아무런 걱정 없이 농사를 지으며 생계를 유지할 수 있도록 보장해주어야 한다. 그래서 당태종은 국가에 아주 위급한 일이 발생하지 않는 이상, 농민들이 농사를 짓는 시간을 절대 빼앗지 않았다. 또 인구가 적으면 아무리 좋은 정책을 써도 효과가 없으므로 정관 초기에 세 가지 조치를 시행했다.

첫째, 궁녀 5천여 명을 자기 집으로 돌아가게 했다. 왕조 시대에 궁녀만큼 불행한 존재도 없었다. 얼핏 생각하면 화려한 궁궐에서 호의호식하는 것 같지만 실상은 정반대였다. 한 평생 구중궁궐에 갇혀 지내면서 단 한 사람, 황제의 향락과 사치를 위한 소모품이었다. 우연히 황제의 은총을 입어 '용의 아들'을 낳으면 팔자를 고칠 수 있었지만, 그런 행운은 하늘에서 별 따기였다. 수만 명의 궁녀들은 보고도 못 본 척 듣고도 못 들은 척해야 했으며 만약에 입이 가벼워 소문을 내다가 발각되면 잔혹한 형벌을 피할 수 없었으며, 인간의 본능을 억제한 채 '처녀 귀신'으로 늙어 죽었다. 당태종은 궁녀들의 신분을 바꿔주고 그들이 사가로 돌아가 일반 평민처럼 결혼하여 가정을 이루게 했다. 이에 따라 출산 붐이 일어나고 궁궐의 경비를 절약하는 부수 효과도 있었다.

둘째, 수나라 말기에 돌궐 군사에 끌려가거나 전란을 피해 돌궐로 달아난 백성들이 아주 많았다. 정관 3년(629) 행군부총관 장공근(張公謹·594~632)이 당태종에게 말했다.

"북방의 돌궐 지역에는 고향을 떠난 중국인들이 아주 많이 살고 있습니다. 근래에 그들은 험준한 산을 병풍으로 삼고 거주지를 지키고 있습니다. 만약 천자의 군사가 출병하면, 그들은 반드시 호응할 것입니다. 이런 이점이 돌궐을 정복해야 할 여섯 번째 이유입니다."

당태종은 장공근의 건의를 받아들여 돌궐의 변방 지역을 공략하게 했다. 돌궐의 변방 지역에 한족이 많이 거주했기 때문에 정벌이 성공할 수 있었다. 그들을 다시 당나라의 호구로 편입하여 인구를 늘릴 수 있었다. 정관 5년(631)에는 돌궐에 금과 비단을 주고 끌려간 남녀 8만여 명을 데리고 왔다. 인구를 늘리기 위한 조치였다. 정관 연간에 새외(塞外) 지역에서 떠돌다가 당나라로 귀국한 인구가 무려 2백여만 명에 달했다. 당태종의 위무 정책이 없었다면 불가능한 일이었다.

셋째, 당태종은 조혼 정책을 강력하게 실시했다. 남자는 20세, 여자는 15세를 넘기기 전까지 모두 결혼하게 했다. 지방 관리들은 자신의 관할 지역에서 호구(戶口)를 늘리지 못하면 불이익을 당했으므로 백성들의 혼인을 적극적으로 장려했다. 또 배우자를 잃은 자에게는 재혼을 독려했고, 결혼한 여자가 남자아이를 출산하면 조(粟) 1석(石)을 하사했다. 이런 일련의 인구 증가 정책 덕분에 정관 연간에 인구가 2천여만 명에 육박했다. 수나라 말기의 인구가 1천여만 명에 밑돌은 사실을 감안하면, 불과 2~30년 사이에 2배로 증가했다.

최고 권력자가 신이 아닌 이상, 아무리 좋은 정책을 펴도 그것을 뒷받침해 줄 수 있는 유능하고 청렴한 관리가 없으면 실패하기 마련이다. 당태종은 인재의 중요성을 어느 황제보다도 절실하게 알고 있었다. 수나라 때 처음 실시한 과거제(科擧制)를 더욱 보강하여 인재 선발의 등용문으로 활용했을 뿐만 아니라, 수시로 현자(賢者)를 구하는 조서를 반포하여 과거에 합격하지 못한 수많은 유생들이 입신양명할 수 있는 길을 열어주기도 했다.

당태종은 언제나 신하들의 솔직한 간언을 들었으며 백성과 국가를 위한 고언이라면 설령 자신의 비위에 거슬리더라도 문책하지 않고 오히려 칭찬하고 격려했다. 당태종은 국가의 대사를 혼자만의 판단으로 결정하면 얼마나 위험한지 잘 알고 있었다. 그래서 신하들의 언로(言路)를 열어주고 그들의 충고를 겸허하게 받아들였다.

관중(管仲), 이사(李斯), 소하(蕭何), 제갈량(諸葛亮), 방현령(房玄齡), 위징(魏徵), 왕안석(王安石), 구준(寇准), 야율초재(耶律楚材), 장거정(張居正) 등 10명을, 오늘날 중국인들은 중국 역사상 가장 위대한 10대 재상으로 꼽고 있다. 이들 가운데 방현령과 위징이 바로 당태종 시대에 활약한 명재상이다. 정관 연간에는 이 두 사람뿐만 아니라 두여매, 장손무기, 양사도, 온언박 등 명재상으로 이름을 날린 사람이 넘쳐났다. 당태종이라는 현명하고 어진 군주가 있었기 때문에 인재가 봇물 터지듯 쏟아져 나온 것이다.

황제와 조정 중신들은 한마음으로 솔선수범하고 백성들을 위한 정책을 수시로 반포했다. 윗물이 맑아야 아랫물이 맑듯이 지방 관리들도 청렴한 생활을 하면서 민생을 돌보지 않을 수 없었다. 당태종은 수시로 조정의 관리를 지방으로 파견하여 도독, 자사 등 지방관들의 공과를 상세하게 파악하게 했다. 그것을 근거로 신상필벌을 명확하게 했다. 또 민생 현황을 수시로 점검하기 위하여 5품 이상의 경관(京官)들을 순서대로 중서성(中書省)에서 숙직하게 했다. 황제가 지방의 사정까지 손금 보듯 낱낱이 알고 있었으니, 관리들은 청렴결백하고 업무에 충실할 수밖에 없었다. '법'이란 모든 사람에게 공평하게 적용해야 하고 세상을 다스리는 정의의 기준으로 당태종은 인식했다.

"국가의 법률은 제왕 일가의 법이 아니라 천하의 모든 사람들이 준수해야 한다. 따라서 모든 일은 법에 의거하여 처리해야 한다."

최고 권력자가 법을 준수하지 않으면, 법은 관리들이 백성의 재물을 수탈하는 도구로 전락하며 급기야는 이른바 '유전무죄, 무전유죄'의 폐해를 낳는다. 당태종은 스스로 근검절약하는 생활을 하여 신하들에게 모범을 보였다. 국가의 중대사를 결정할 때마다 신하들의 의견을 충분히 반영하여 자만과 독단을 경계했다. 어느 시대나 범죄를 저지른 자가 없을 수 없다. 관아에서 형벌을 집행할 때는 왕공귀족과 백성의 신분 차이를 조금도 고려하지 못하게 했다. 형벌의 최고형인 사형을 언도받은 자가 있다는 얘기를 들은 당태종은 이런 말을 했다.

"사람은 한번 죽으면 다시 살아날 수 없소. 따라서 형벌 집행은 신중을 기해야하며 최대한 관대하게 처리해야 하오."

역사 기록에 의하면 정관 3년(629)에 전국에서 사형을 언도받고 처형된 자가 겨우 29명에 불과했다고 한다. 당태종 사후에 태어나 직언으로 유명했던 역사학자 오긍(吳兢·670~749)이 펴낸『정관정요·권일·정체(政體)』에서 정관 시대를 이렇게 평가했다.

"관리들은 대부분 청렴결백했고 모든 일을 신중하게 처리했다. 당태종은 왕공, 후궁들의 가족을 철저하게 통제하여 일탈 행위를 하지 못하게 했다. 권문세가와 부호들은 모두 당태종의 위엄에 눌려 감히 지위가 낮은 사람들의 재물을 갈취하거나 능멸하지 못했다. 상인. 나그네들이 먼 길을 떠나면 도적들이 그들의 재물을 약탈하는 일이 더 이상 없었다. 전국 관아의 감옥은 항상 텅 비어 있었고, 들판에 소, 말 등 가축을 풀어놓아도 훔치는 자가 없었다. 집의 대문을 잠그지 않아도 도둑이 들어오지 않았다. 또 해마다 풍년이 들어 쌀 1두의 가격이 3~4전에 불과했다. 백성이 장안에서 영남, 영서 지방으로 가든지, 아니면 산동 지방에서 남쪽 먼 바다로 가든지 양식을 가지고 갈 필요가 없었다. 여행 도중에 얼마든지 양식을 얻을 수 있었기 때문이다. 행인들이 산동 지방의 촌락을 지나갈 때면 반드시 후한 대접을 받았으며, 떠날 때는 선물을 받기도 했다. 이런 정관 연간의 태성성대는 역사상 처음이었다."

중국 역사상 당태종의 정관 시대, 23년이 관리의 부정부패가 가장 적었으며 백성들이 가장 편안한 삶을 산 시기로 기록되는 이유는 바로 '성군(聖君)'에 가까운 당태종 이세민이 있었기 때문이다. 오늘날 법치 제도는 봉건시대와는 비교할 수 없을 정도로 완벽하게 발전했다. 더구나 '인권'이 가장 중요한 시대적 가치가 되었다. 그럼에도 지금의 위정자들 가운데 자질이 과연 1,450여 년 전에 살았던 당태종보다 뛰어난 사람이 몇 명이나 있을까. 역사는 때때로 퇴보하는 경향도 있지 않은가 한다.

6. 장손황후의 현명한 내조를 받다

절대 권력을 쥔 당태종도 사람인지라 신하들의 고언을 들을 때면 분노가 폭발한 적이 한두 번이 아니었다. 더구나 어떤 신하는 공명심을 과시하기 위해 쓸데없는 일로 상소하여 당태종의 진노를 사게 했다. 그럼에도 당태종이 감정을 억누르고 이성적 판단을 할 수 있었던 것은, 중국 역사에서 가장 훌륭한 황후라는 평가를 받는 그의 아내 장손황후(長孫皇后·601~636)의 현명한 내조 덕분이었다. 시호는 문덕황후(文德皇后)이다.

장손황후는 수나라 문제 원년(601)에 하남성 낙양에서 태어났다. 아버지 장손성(長孫晟)은 우효위장군이었다. 어머니 고씨(高氏)는 북제(北齊) 때 낙안왕(樂安王)이었던 고매(高勱)의 딸이다. 당나라 정관 연간에 재상을 지냈던 장손무기(長孫無忌)가 그녀의 친오빠이다. 장손씨 가문은 북제와 수나라 때 권문세족이었다.

수나라 대업 5년(609) 장손성이 세상을 떠났다. 장손씨와 장손무기는 외삼촌 고사렴(高士廉)의 손에서 자랐다. 고사렴은 어린 장손씨를 애지중지했다. 그런데 장손무기는 어렸을 적에 당국공 이연의 둘째아들 이세민과 유별나게 친했다. 고사렴은 종종 자기 집으로 놀러온 어린 이세민을 보고 보통 인물이 아님을 알았다. 예나 지금이나 권문세가들 간의 정략결혼은 흔한 일이다. 고사렴은 당국공 이연의 집안과 혼인 관계를 맺어서 수나라 말기의 한치 앞을 내다볼 수 없는 혼란한 세상에서 권력을 유지하고자 했다. 이연도 같은 생각이었다.

대업 9년(613) 이세민과 장손씨는 양가 집안의 뜻에 따라 백년가약을 맺고 부부가 되었다. 당시 이세민은 만나이로 15세, 장손씨는 아직 처녀꼴도 나지 않은 12세 계집아이였다. 두 사람은 금슬이 아주 좋았다. 그런데 당국공 집안의 안주인이자 이세민의 친어머니 두씨(竇氏)가 장손씨를 둘째며느리로 받아들인 지 얼마 안 되어 세상을 떠났다. 이세민은 어머니를 잃은 슬픔에서 벗어나지 못했다. 장손씨는 어린나이임에도 남편을 다독였을 뿐만 아니라 이연을 지극정성으로 섬겨 시아버지의 사랑을 독차지했다.

대업 13년(617) 이연이 태원유수로 부임할 때 이세민 부부를 데리고 갔다. 총명하고 싹싹한 둘째며느리 장손씨에게 집안의 대소사를 맡게 했다. 장손씨는 남편의 원대한 꿈이 무엇인지 잘 알고 있었다. 남편이 태원에서 호걸, 지사들과 사귈 때면 항상 가정에서 조언을 아끼지 않았다. 남편을 위하는 일이라면 어떤 일도 마다하지 않았다.

무덕(武德) 원년(618) 마침내 이연이 장안에서 당나라를 건국하고 황제로 등극했다. 당나라 건국에 결정적 공을 세운 이세민은 진왕으로 책봉되었다. 장손씨도 진왕비로 책봉되었다. 이연은 당나라를 건국한 이후에도 중원과 남방을 완전히 통일하지 못했다. 아들들 가운데 가장 지략이 뛰어나고 용감한 진왕에게 여러 지방을 정벌하게 했다. 진왕이 진왕부를 비우고 출전에 나섰을 때, 장손씨는 사실상 진왕부의 내정을 관장했다. 그녀의 용의주도한 일처리 덕분에 진왕은 승승장구할 수 있었다.

무덕 4년(621) 이연은 이세민의 공적을 인정하여 천책상장(天策上將)으로 책봉했다. 천책상장은 왕공보다 지위가 높았다. 태자 이건성과 제왕 이원길은 이세민의 독주에 불안을 느끼고 아버지의 후궁들과 결탁하여 이세민을 모함했다. 이연은 둘째아들 이세민의 황권 찬탈을 의심하기 시작했다. 이때 장손씨는 시아버지에게 남편의 결백함을 눈물로 호소했다. 또 시아버지의 후궁들에게 뇌물을 바치고 굴종하는 태도를 보임으로써 남편을 적극 변호했다.

하지만 태자, 제왕과 진왕 간의 갈등은 날이 갈수록 격화되었다. 더구나 태자 이건성이 제왕 이원길과 짜고 진왕 이세민을 제거하려는 음모가 발각되었다. 이세민은 골육상쟁의 비극을 피하고 싶었다. 하지만 장손씨는 남편에게 사사로운 정을 끊고 대의를 위해 결단해야 한다고 주장했다. 그녀는 진왕비로서 남편 형제들의 권력 투쟁에 적극적으로 나설 수 없었지만, 친오빠 장손무기와 함께 진왕부의 은밀한 곳에서 책사와 장수들을 소집하고 거사를 준비했다.

무덕 9년(626) 6월 이세민이 장안성 현무문(玄武門)에서 현무문 사변을 일으키기 직전에, 장손씨는 남편의 갑옷을 손수 챙겨주었다. 또 거사를 앞둔 장졸들 앞에서 그들의 충성심을 높이 평가하고 생사를 함께 하자고 말했다. 장손씨의 진심 어린 호소에 감격하지 않은 자가 없었다. 현무문 사변이 성공한지 2개월 만에 이세민은 아버지를 태상황으로 물러나게 하고 황위를 계승했다. 이세민의 황위 계승에 보이지 않는 공적을 세운 장손씨도 황후로 책봉되었다.

장손황후는 육궁(六宮)의 안주인으로서 내명부의 기강을 바로 세우고 후궁들이 화목하게 지낼 수 있도록 했다. 후궁들 간에 반목이 생기면 천하의 대사를 관장하는 남편의 마음을 불편하게 할 수 있다는 우려 때문이었다. 그녀는 틈만 나면 책을 읽었다. 유가 경전은 말할 것도 없고 제자백가의 서적도 통달했다. 당태종과 장손황후는 국가를 다스리는 도리에 대하여 토론을 즐겨했다. 당태종이 아내의 의견을 물어보면, 그녀는 상냥한 미소를 지으며 자신의 생각을 조심스럽게 밝혔다.

장손황후는 역사서를 통해 외척의 발호가 얼마나 많은 폐해를 낳았는지 잘 알고 있었다. 당태종이 처가 친척들에게 작위를 내려주려고 할 때마다 장손황후의 반대 때문에 포기한 적이 한두 번이 아니었다. 현무문사변의 일등공신이자 정관 연간에 요직을 맡았던 장손무기가 당태종에게 여러 차례 사의 표명을 하고 고향으로 돌아가 조용히 은거하겠다고 청원한 까닭도, 여동생 장손황후의 충고 때문이었다. 하지만 당태종은 장손무기를 끝까지 중용했다.

훗날 당태종과 장손무기의 관계는 "내부 사람을 추천하는 데 자신의 친척을 배제하지 않고, 외부 사람을 천거하는 데 원수를 배제하지 않는다."는 용인술의 전형적인 모범 사례가 되었다.

장손황후는 당태종이 잘못된 생각을 할 때마다 성질 급한 남편의 비위를 건드리지 않으면서 간접적인 충고를 아끼지 않았다. 하루는 당태종이 특별히 아끼는 준마가 병들지 않았는데도 갑자기 죽었다. 진노한 당태종은 당장 말을 관리하는 궁인을 죽이라고 했다. 장손황후는 분기탱천한 남편에게 궁인을 죽이지 말라고 직언하면 오히려 화를 더 키울 것 같았다. 고민 끝에 이렇게 말했다.

"옛날에 제(齊)나라 경공(景公)이 자기 애마가 죽자 말을 키우는 하인을 죽이려고 했습니다. 그런데 안자(晏子)가 하인의 죄를 이렇게 열거했습니다. '네가 말을 키우다가 죽인 것은 너의 첫 번째 죄이다. 경공께서 이번 사건으로 너를 죽인 일이 백성에게 알려지면 백성은 반드시 경공을 원망할 것이다. 이것이 너의 두 번째 죄이다. 또 각 지방의 제후들이 알게 되면 반드시 우리나라를 얕잡아 볼 것이다. 이것이 너의 세 번째 죄이다.' 경공은 이 말을 전해 듣고 즉시 그 하인을 석방했다고 합니다. 설마하니 폐하께서는 이 얘기를 모르시지는 않겠지요?"

장손황후는 안자가 간접 화법으로 제나라 경공을 설득한 내용을 인용하여 당태종에게 충고했다. 당태종은 겸연쩍은 표정을 지으며 사과했다. 사실 황궁에서 잡일을 하는 사람들은 만에 하나, 실수하면 언제 죽을지 모르는 운명이다. 그들은 '사람 취급'을 받지 못했으며 동시에 황제와 황실 종친을 위한 부속품에 불과했다. 따라서 항상 전전긍긍하며 살아야 했다. 그렇지만 장손황후는 그들도 소중한 '인격체'임을 자각하고 그들의 인권 보호를 소홀히 하지 않았다. 황궁에 이런 안주인이 있었기 때문에 윗사람, 아랫사람 모두 서로 감싸고 화목을 도모할 수 있었다.

당태종이 선정을 베풀기 위해서는 무엇보다도 직언을 하는 신하가 필요하다는 사실을 장손황후는 알고 있었다. 위징, 방현령 등 청렴결백하고 직언을 서슴지 않는 신하들에게 충언을 당부하고 그들을 적극 지지했다. 부부의 금슬이 좋았던 두 사람은 3남 3녀를 낳았다. 당태종은 자식들 가운데 장락공주(長樂公主) 이려질(李麗質·621~643)을 눈에 넣어도 아프지 않을 정도로 사랑했다.

장락공주가 시집을 갈 나이가 되자, 당태종은 장손무기의 아들 장손충(長孫沖)과 짝을 맺어주기로 결정했다. 장손무기가 장손황후의 친오빠이므로 장락공주와 장손충은 이종사촌 관계였다. 지금은 이해할 수 없는 '근친혼'이지만 당시는 전혀 문제가 되지 않았다. 장손황후도 두 사람의 성혼을 기뻐했다. 정관 5년(631) 당태종은 대혼을 앞두고 신하들에 말했다.

> "장락공주는 장손황후의 소생이오. 짐과 황후가 특별히 총애하는 공주이오. 이제 사가로 시집을 가게 되었으니 예물 가짓수를 규정보다 두 배로 늘리고 싶소."

당태종의 마음을 헤아린 대신들은 당고조 이연의 여섯째딸 방릉공주(房陵公主·619~673)가 시집갈 때 마련한 예물보다 두 배 더 준비하겠다고 아뢰자, 당태종은 흔쾌히 윤허했다. 하지만 위징이 반대했다. 방릉공주는 장락공주의 고모인데, 조카의 예물이 고모보다 많은 것은 예법에 어긋난다는 이유에서였다.

당태종은 내전으로 돌아와 장손황후에게 짜증을 냈다. 위징이 예법으로 남편의 공정하지 못한 판단을 바로잡으려 한다고 장손황후는 생각했다. 남편이 사적인 감정으로 일을 처리하면 기강이 문란해지지 않을까 염려했다. 그래서 장락공주의 대혼은 예법대로 해야 한다는 위징의 주장을 적극적으로 변호했다. 당태종도 아내의 말을 듣지 않을 수 없었다. 그녀는 또 위징에게 비단 4백 필을 상으로 내려주고 말했다.

> "평소에 공이 정직하다는 소문을 자주 들었소. 오늘 그것이 사실임을 알게 되어 상을 하사하오. 앞으로도 공은 항상 변함없는 마음으로 황상에게 간언을 해주기 바라오."

당태종이 사소한 실수를 해도 위징이 사사건건 물고 늘어질 수 있었던 이유는 바로 장손황후라는 든든한 '버팀목'이 있었기 때문이었다.

하루는 당태종이 후원에서 비단으로 눈을 가린 채 궁녀들과 함께 '꿩잡이 놀이'를 하고 있었다. 궁녀들의 간드러진 웃음소리 속에서 꿩을 잡으려고 허둥대는 그의 모습이 정말로 가관이었다. 마침 위징이 멀리서 그 모습을 보고 다가오고 있었다. 당태종은 너무 놀란 나머지 황급히 꿩을 용포 안으로 감추었다. 두 손으로 용포를 단단하게 감싸고 아무 일도 하지 않은 것처럼 딴청을 폈다. 지엄한 황제가 궁녀들의 치맛자락을 잡고 놀은 사실이 발각되면 또 위징에게 '꾸지람'을 들을 게 분명했기 때문이다.

그런데 위징은 별로 중요하지도 않은 일을 일부러 시간을 끌며 장황하게 아뢰었다. 당태종은 용포 안에서 꿈틀거리는 꿩을 누르느라 진땀을 흘렸다. 한참 후 위징이 말을 마치고 떠나자, 당태종은 겨우 위기의 순간을 모면했다. 그런데 꿩을 어찌나 세게 눌렀던지 꿩이 죽고 말았다. 궁녀들 앞에서 창피를 당한 당태종은 씩씩거리며 내전으로 돌아와 장손황후에게 벌컥 화를 냈다.

"내가 언젠가는 꼬투리를 잡아 그 시골뜨기 영감탱이를 반드시 죽여 버리고 말겠어."

장손황후가 그가 누구냐고 묻자, 당태종은 이렇게 대답했다.

"위징, 그놈은 언제나 나를 능멸하고 있어."

장손황후는 아무 말도 하지 못했다. 위징을 변호하는 말을 하면 오히려 남편의 분노를 더 키울 수 있었기 때문이다. 잠시 후 그녀가 국가의 경축일에나 입는 대례복 차림으로 나타나 남편에게 큰절을 올렸다. 그 모습을 의아하게 생각한 당태종이 아내에게 무슨 축하할 일이 있냐고 물었다. 그녀의 대답은 이러했다.

"군주가 영명하면 신하가 정직하다는 얘기를 들었습니다. 위징이 감히 직언을 할 수 있는 것은 폐하께서 영명하시기 때문입니다. 따라서 소첩이 어찌 폐하에게 하례를 드리지 않을 수 있겠습니까?"

아내의 현명하고 사려 깊은 행동에 당태종의 분노는 눈이 녹듯 사라졌을 뿐만 아니라, 아내에 대한 사랑과 믿음도 더욱 깊어졌다. 정관 10년(636) 장손황후는 36세의 젊은 나이에 병사했다. 남편 당태종과 23년 동안 짧지도 길지도 않은 결혼 생활을 마감한 것이다. 사랑하는 아내를 잃은 슬픔을 감당할 수 없었던 당태종은 친히 비문을 지어 그녀를 애도했다. 또 자신이 사후에 들어 갈 소릉에 임시로 안장한 뒤 궁인들에게 그녀를 살아있는 사람처럼 섬기게 했다.

장손황후는 남편과 함께 경전을 읽으면서 국가를 다스리는 도(道)를 논할 정도로 풍부한 학식과 삶의 지혜를 가진 여자였다. 남편이 분노하면 언제나 그의 체면을 세워주면서 부드러운 말과 은유적이고 간접적인 표현을 통해 자신의 의견을 밝혔다. 당제국의 황후로서 얼마든지 천하의 부귀영화를 누릴 수 있었지만 매사에 근검절약하고 조심하는 태도를 취하여 황궁 여인들의 모범이 되었으며 급기야는 만백성이 존경하는 국모가 되었다. 또 권력이 얼마나 위험하고 잔인한 무기인지 그녀는 잘 알고 있었다. 황실 외척의 발호가 국가를 망친 역사의 교훈을 결코 잊지 않았기 때문에 당태종이 아내의 친척에게 작위를 내려주겠다고 해도 한사코 반대했다.

당태종은 아내를 '가우(嘉偶)' 또는 '양좌(良佐)'로 표현했다. 가우는 마음과 뜻이 잘 맞는 아름다운 배필이며, 양좌는 군주를 충심으로 보필하는 신하를 말한다. 그녀는 당태종의 사랑스러운 아내이자 충신이었다는 얘기이다.

수나라 때 통사사인(通事舍人)을 지냈던 정인기(鄭仁基)의 아름다운 딸을 장손황후가 남편의 후궁으로 추천한 사실을 상기하면 후궁을 간택하는 일도 적극적으로 간여한 것 같다. 지금의 관점으로는 남편의 '성적 욕망'을 충족시켜주는 그런 일에 본부인이 나선다는 것은 상상도 할 수 없다. 하지만 동아시아 고대 사람들의 의례, 예법, 문물제도 등을 집대성한 『예기(禮記)』의 「혼의(昏義)」편에 이런 내용이 있다.

"옛날에 천자의 황후로 6궁(宮), 3부인(夫人), 9빈(嬪), 27세부(世婦), 81어처(御妻)를 세워서 천하의 내치(內治)를 살피고 지어미의 순종을 분명하게 밝혔다. 따라서 천하가 화목하고 집안이 순조롭게 다스려졌다."

쉽게 말해서 천자는 합법적으로 126명의 여자를 아내로 맞이할 수 있다는 얘기이다. 장손황후도 이런 제도를 알고 있었을 것이다. 그녀는 봉건 시대의 거역할 수 없는 규범을 받아들였다. 어쩌면 그것을 적극적으로 활용하여 남편이 한눈을 팔지 않고 국사에 매진할 수 있도록 한 게 아닌가 한다.

아내를 잃은 당태종은 방황했다. 그래서 위징이 그에게 하루빨리 아내를 잃은 슬픔에서 벗어나라고 충고했다. 그가 노년에 안질을 핑계로 사직을 하고 고향에 은거하고 싶다는 상소를 여러 번 올린 이유도 장손황후가 서거하여 자신을 변호해 줄 수 있는 후원자가 없었기 때문이었을 것이다.

7. 정복군주로서 성공과 좌절: 돌궐, 서역과 고구려를 침략하다

위진남북조(220~589) 시대에 북방의 한족 왕조들은 대부분 투르크계 유목민족이 세운 돌궐(突厥)에게 속국을 자칭하고 조공을 바쳤다. 이 시대의 진정한 황제 국가는 중앙아시아와 동북아시아의 광활한 대평원을 지배한 돌궐이었다. 서기 581년 수문제 양견이 수나라를 건국한 뒤에야 비로소 돌궐에게 조공을 바치지 않고 독립할 수 있었다.

서기 538년 돌궐이 동동궐과 서돌궐로 분열되었다. 하지만 동동궐은 여전히 중원의 한족 왕조인 수나라에 가장 위협적 세력이었다. 동돌궐의 영웅 시필가한(始畢可汗·?~619)이 수나라를 패망 일보 직전까지 유린했기 때문에, 당고조 이연은 그 혼란한 틈을 타서 당나라를 건국할 수 있었다. 당고조 이연과 당태종 이세민도 용맹함에 있어서는 시필가한의 적수가 되지 못했다. 또 한 때는 두 사람이 시필가한에게 신하로서 충성을 맹세하는 치욕을 당하기도 했다.

당태종이 황제로 등극할 무렵에도 동돌궐은 여전히 당나라 국경 밖의 북방 지역에서 강력한 패권자로 군림하고 당나라를 압박했다. 그런데 동돌궐은 시필가한이 사망한 후에 내분이 일어나 국력이 쇠약해졌다. 당태종에게는 엄청난 행운이었다. 그에게 공포심을 안겨준 시필가한이 없는 동돌궐과 자웅을 겨루고 싶었다.

정관 4년(630) 당태종은 병부상서 이정(李靖·571~649)에게 10만 대군을 이끌고 가서 동돌궐을 정벌하게 했다. 딩군의 신출귀몰한 작전에 음산(陰山: 지금의 내몽골 음산산맥)에서 대패를 당한 동돌궐의 황제 힐리가한(頡利可汗·579~634)이 장안으로 끌려와 당태종에게 항복했다. 동돌궐을 멸망시킨 이세민은 감격에 겨워 신하들에 말했다.

"군주가 근심하는 일이 있으면 신하는 치욕을 느끼며, 군주가 치욕을 당한 일이 있으면 신하는 기꺼이 목숨을 바친다고 들었소. 예전에 당나라가 처음 기반을 다질 때 태상황제께서는 백성을 위하여 어쩔 수 없이 돌궐에게 신하를 칭했소. 나는 항상 이 치욕을 뼈저리게 느끼고 언젠가는 반드시 돌궐을 멸망시키겠다고 맹세했소. 복수하기 위해 자리에 앉아도 불안했으며 밥을 먹어도 밥맛을 몰랐소. 오늘에서야 우리 군사가 단기간에 싸울 때마다 승리하여 힐리가한을 굴복시켰소. 마침내 지난 날 신하를 칭한 치욕을 말끔히 씻을 수 있게 되었구려."

당태종은 항복한 힐리가한을 죽이지 않고 우위대장군으로 임명했다. 그를 우대하여 돌궐의 잔여 세력을 포섭하고자 했다. 아니나 다를까, 돌궐족 추장들은 당태종을 '천가한(天可汗)'으로 받들어 모시고 신하를 자칭했다.

오늘날의 청해성 및 감숙성 남부를 지배한 토욕혼(吐谷渾)이라는 왕조가 있었다. 몽골계 유목민인 선비족이 세운 나라이다. 18대 왕 모용과려(慕容誇呂·531~591)가 '칸(Khan)'을 자칭하고 여러 차례 중원 지방을 공략했다. 수나라 개황 16년(596) 수문제 양견은 광화공주(光化公主)를 토욕혼의 19대 왕 모용세복(慕容世伏·?~597)에게 시집보냈다. 혼인동맹을 맺어서 변방의 안정을 도모할 목적이었다.

당나라 정관 연간에 이르러 20대 왕 모용세윤(慕容世允·?~635)이 변경 지방을 자주 침범했다. 당태종은 사신을 보내 그를 회유하려고 했지만 오히려 란주(蘭州)와 곽주(廓州) 지방이 토욕혼의 군사에게 유린을 당하는 치욕을 겪었다. 또 서역으로 가는 당나라 사신들이 번번이 피살을 당했다. 마침 선주자사(鄯州刺史) 이현운(李玄運)이 상소했다.

"토욕혼의 좋은 말들은 모두 청해(靑海)에서 방목하여 키운다고 합니다. 우리의 경무장한 군사가 청해를 기습하면 엄청난 이익을 얻을 수 있습니다."

　북방의 소수 민족들은 모두 기병 위주의 군사 편제를 운용했다. 말을 다루는 데 천부적 소질을 타고난 그들은 순식간에 당나라 변경 지방을 약탈하고 돌아갔다. 물론 당나라도 기병이 있었으나 싸움에 필요한 좋은 말이 많이 부족했다. 그래서 청해의 광활한 초원을 기습하여 그곳에서 자라는 준마들을 빼앗자고 건의한 것이다.

　정관 8년(634) 당태종은 더 이상 토벌을 망설일 이유가 없었다. 당나라 최고의 명장, 이정(李靖·571~649)에게 대임을 맡기고 싶었다. 당시 이정은 60세를 넘긴 노인이었으며 조정의 요직을 맡고 있었다. 그는 달도 차면 기운다는 세상의 이치를 꿰뚫고 있었다. 족질(足疾)을 이유로 모든 관직에서 물러나 은거하고 싶다고 상소했다. 당태종은 그가 평소에 얼마나 청렴하고 정직한 충신인지 잘 알고 있었다. 중서시랑 잠문본(岑文本)을 그의 저택으로 보내 이런 말을 전하게 했다.

　"짐이 고금의 역사를 두루 살펴보니 높은 관직에 있으면서 안분지족하는 사람들은 참으로 드물다는 사실을 알게 되었소. 그들은 우매한 사람이든 총명한 사람이든 모두 자신의 능력을 정확히 알지 못하오. 업무를 감당할 능력이 없는데도 억지로 관직을 맡으려고 하며, 중병에 걸렸는데도 기필코 관직을 사수하고 직권을 포기하지 않소. 하지만 경은 세상의 이치를 깨닫고 매사를 신중히 하며 근신하고 있소. 이는 참으로 아름답고 찬양을 받을 일이오. 짐은 경의 미덕을 세상에 널리 알리고 한 시대의 모범으로 삼고 싶소."

당태종은 이정에게 하사품 천 개, 준마 두 필 그리고 영수목(靈壽木)으로 만든 지팡이 한 개를 특별히 하사했다. 그리고 족질이 다 나을 때까지 편히 쉬도록 했다. 황제의 이런 은총을 받고 신하가 어찌 감격하지 않을 수 있는가. 정말로 당태종은 꼭 필요한 인재라면 늙은 신하라도 어떻게 해서든 자기 뜻대로 움직이게 하는 능력을 타고난 군주였다.

이정은 노구를 이끌고 토욕혼의 정벌에 나섰다. 당태종은 후군집(侯君集·?~643), 이도종(李道宗·602~653) 등 장수들에게도 출정을 명하였다. 모용세운은 백전노장 이정의 적수가 되지 못했다. 당군에게 대패를 당한 그는 사막으로 달아났지만 부하에게 피살되었다. 당태종은 모용세운의 아들 모용순(慕容順·?~635)을 평서군왕(西平郡王)으로 임명하여 토욕혼을 속국으로 만들었다.

고창(高昌)은 서역(西域)의 불교국가이다. 오늘날의 신강성 투루판(Turfan·吐魯番·토로번) 지역을 다스렸다. 자연 환경이 극도로 열악한 투루판 분지에 있는 소국이었지만 동서양의 교통로를 연결하고 문물을 교류하는 데 대단히 중요한 국가였다.

고창의 국왕 국문태(麴文泰·?~640)는 정관 4년(630)에 아내 우문씨(宇文氏)와 함께 당나라로 입조하여 신하를 자처했다. 당태종은 이역만리에서 찾아온 두 사람을 크게 반겼다. 또 우문씨에게 이씨(李氏) 성을 하사하고 종친으로 삼은 후 상락공주(常樂公主)로 책봉했다.

그런데 국문태는 고창으로 돌아간 뒤 서돌궐과 동맹을 맺고 당나라의 서역 교통로를 차단했다. 당태종은 국문태의 배신에 이를 갈았다. 토욕혼 정벌에 공을 세운 후군집에게 정벌을 명령했다. 정관 14년(640) 고창은 후군집이 이끈 군사에게 멸망했다. 당태종은 고창 지역에 고창현을 설치하고 안서도호부에서 다스리게 했다. 이때부터 당나라는 서역의 지배권을 확보하여 동서 무역을 안정적으로 할 수 있었다.

그런데 후군집이 고창성을 공략하면서 노획한 왕궁의 보물들을 가로 챈 사건이 벌어졌다. 그가 장안으로 돌아온 후 죄상이 낱낱이 밝혀져 감옥에 갇혔다. 조정 대신들은 이구동성으로 그를 일벌백계로 다스려야한다고 주장했다. 하지만 당태종은 진왕 시절부터 자신을 따라다니며 수많은 전공을 세웠던 그를 죽이기가 너무 애석했다. 고민 끝에 그의 죄를 용서했다. 하지만 후군집은 당태종의 사면 조치 덕분에 목숨을 건졌음에도 분노를 삭이지 못했다. 당태종을 황제로 만드는 데 일등공신인 자기가 보물을 좀 챙겼다고 해서 그렇게 함부로 대할 수 있냐는 분노였다.

당시 태자 이승건(李承乾·619~645)은 방탕한 생활로 아버지에게 미움을 사서 언제 폐위를 당할지 모르는 운명이었다. 아버지에게 불만을 품은 후군집을 동궁으로 끌어들였다. 두 사람은 무서운 음모를 꾸미기 시작했다. 당태종의 총애를 독차지하고 있는 위왕(魏王) 이태(李泰·620~652)를 죽이고 황위를 찬탈할 음모였다. 하지만 두 사람을 추종하는 세력이 없었다. 얼마 후 반란 음모가 발각되었다. 당태종은 장남 이승건을 차마 죽이지 못하고 폐위한 뒤 검주(黔州: 지금의 사천성 팽수현·彭水縣)로 귀양을 보냈다. 후군집은 저잣거리에서 참수형을 당했다.

당태종은 지난 날 함께 고난의 세월을 보낸 공신들을 기리기 위하여 황궁 삼청전(三淸殿) 옆에 능연각(凌烟閣)을 짓고 그곳에 개국 공신 24명의 초상화를 그리게 했다. 이정과 후군집은 '능연각이십사공신(凌烟閣二十四功臣)'에 이름을 올린 최고의 공신이었다.

이정은 조정의 중신으로서 막강한 권력을 가시고 있었지만 언제나 근신하고 안분지족했기 때문에 편안한 노후를 보낼 수 있었다. 그가 향년 79세를 일기로 세상을 떠나자, 당태종은 통곡해 마지않았다. 이와 반면에 경거망동하고 자기 분수를 몰랐던 후군집은 형장의 이슬로 사라진 것이다. 그는 싸움만 잘했지 지혜와 학식이 부족했다고 한다.

동돌궐과 서역을 당나라의 세력권에 넣은 당태종은 이제 고구려를 주목하기 시작했다. 고구려가 어떤 나라인가. 수양제 양광이 무려 3차례나 침략했지만 모두 실패하여 결국은 수나라가 망했지 않은가. 고구려도 수나라의 100만 대군과 싸우면서 국력이 쇠잔해졌지만 여전히 동북아시아의 강국이었다.

당태종은 영웅 기질이 너무나 강한 황제였다. 고구려를 굴복시키지 못하면 천하의 진정한 영웅이 될 수 없다는 망상에 빠졌다. 더구나 고구려에는 연개소문(淵蓋蘇文·603~666)이라는 장수가 천하의 명장이라는 얘기를 듣고 강한 승부욕이 발동했다. 어쩌면 같은 시대에 태어나서 활약한 두 영웅의 충돌은 필연적이었는지도 모른다.

연개소문은 고구려 27대 국왕 영류왕(榮留王·?~642)을 시해하고 그의 조카 고보장(高寶藏·?~682)을 왕으로 추대했다. 고보장이 고구려의 마지막 왕 보장왕인데 꼭두각시 왕에 불과했다. 자신을 '대막리지'라고 자칭한 연개소문이 사실상 고구려를 통치했다.

정관 19년(645) 당태종은 연개소문이 영류왕을 시해하고 백성을 학대한다는 것을 구실로 삼아 친히 육군(六軍)을 거느리고 고구려를 침략했다. 중국 역사서는 당군이 여러 전투에서 승리했다고 기록했지만 사실은 고구려군의 강력한 저항에 부딪쳤다. 같은 해 9월에 벌어진 안시성(安市城: 오늘날의 요녕성 대석교시·大石橋市) 전투가 가장 대표적인 예이다. 당태종은 안시성을 겹겹이 포위하고 수십일 동안 맹렬하게 공격했다. 하지만 고구려 군민들의 결사 항전에 결국 성을 함락하지 못했다. 고구려군뿐만 아니라 당군의 피해도 막대했다. 당태종은 서둘러 철군할 수밖에 없었다. 이때의 사정을 『자치통감』은 이렇게 기록했다.

"요좌(遼左) 지방에 추위가 닥쳐서 초목이 마르고 물이 얼어붙었다. 병

사와 말이 더 이상 머무를 수 없었고 또 군량이 거의 다 떨어지자 황상께
서는 어쩔 수없이 철군을 명했다."

당태종은 날씨 핑계를 대고 철수한 것이다. 당태종이 물러날 때 안시
성 성주가 성곽에서 그를 향해 작별 인사를 했다. 당태종은 성주가 적장
이지만 그의 용감함과 충성심을 높이 평가하여 그에게 비단 100필을 하
사했다. 성주가 양만춘(楊萬春)이라는 얘기가 있으나 정사(正史)의 기록에는
없다. 가공의 인물일 가능성이 크다. 어쨌든 당태종에게는 외국 군대와
직접 싸워 이기지 못한 최초의 실패였다.

장안으로 돌아온 당태종은 고구려를 정복하지 못한 좌절감에 빠졌다.
그런데 이 시기에 이미 당나라에 복종한 신라가 사신을 보내 고구려와 백
제의 침략에 시달리고 있으니 하루빨리 두 나라를 정벌해달라고 간청했
다. 정관 21년(647) 당태종은 또 고구려 침략을 결정했다. 이번에는 친히
대군을 이끌고 가지 않았다. 우진달(牛進達·595~651)을 청구도행군대총관으
로 임명하고 산동성 내주(萊州)에서 바다를 건너 고구려로 진격하게 했다.
동시에 이적(李勣·594~669)을 요동도행군대총관으로 임명하고 요동 지역에
서 진격하게 했다. 당군은 육지와 해상에서 양공 작전을 폈으나 2차 침략
전쟁에서도 고구려를 굴복시키지 못했다.

고구려도 소수의 병력으로 대군과 싸우느라 많은 피해를 입었다. 같
은 해(647) 12월 보장왕은 둘째아들 막리지 고임무(高任武)를 당나라로 보내
고구려가 당나라의 속국 신라를 공격한 것에 사죄하고 화의를 청했다. 당
태종은 흔쾌히 받아들였다.

하지만 그 후에도 고구려와 백제가 여전히 신라를 공격하자, 정관 22
년(648)에 당태종은 또 고구려 침략을 결정했다. 고신감(古神感)은 해상에서
진격했으며, 설만철(薛萬徹·?~653)은 압록강의 박작성(泊灼城)을 공격했다.

3차 침략 전쟁도 무위로 끝나고 말았다. 당태종은 끝내 고구려를 굴복시키지 못했다. 3차에 걸친 원정이 모두 실패한 직후인 정관 23년(649) 5월에 52세를 일기로 취미궁(翠微宮) 함풍전(含風殿)에서 붕어했다.

당태종이 환갑을 넘기지 못한 나이에 사망한 직접적인 이유는 단약(丹藥)에 중독되었기 때문이다. 젊은 나이 때에는 단약을 먹고 불로장생을 추구한 황제들을 경멸했다고 한다. 그런데 왜 그가 불로장생을 추구하게 되었을까. 세상의 모든 일이 자기 뜻대로 되었는데 오직 고구려 정복 전쟁만이 실패했다. 한평생 영웅 의식에 사로잡혀 산 그가 느낀 좌절감이 상당히 심각했을 것이다. 그래서 그는 현실의 고통에서 벗어나 신선이 되고자 단약에 손을 댔는지도 모른다. 또 그에게 직언을 마다하지 않았던 위징과 장손황후가 먼저 세상을 떠난 것도 당태종의 판단을 흐리게 했다. 당태종은 세상을 떠나기 몇 달 전에 위징이 살아있었다면 고구려 정벌을 못하게 했을 거라고 신하들에게 말했다. 그는 고구려 정벌을 후회한 채 파란만장한 삶을 마감했다.

제 **3** 장

당고종 이치

당고종 이치

1. 성장 과정과 황위 계승

당태종은 아들 14명과 딸 21명을 두었다. 이 많은 아들 가운데 장남 이승건(李承乾·619~645)과 넷째아들 이태(李泰·620~652) 그리고 아홉째아들 이치(李治·628~683)가 당태종의 본처 장손황후의 소생이므로 황위 계승권을 가지고 있었다. 이 세 명 가운데 적장자 이승건이 황위 계승의 영순위였다. 더구나 그는 어렸을 적에 아주 총명했기 때문에 부모의 사랑을 독차지했다. 유가의 대의명분과 적장자 계승의 원칙을 목숨처럼 중요하게 생각하는 대신들도 당제국의 차기 황제는 이승건임을 믿어 의심치 않았다.

봉건 시대에 황제가 아무리 무소불위의 권력을 휘둘렀어도 태자를 책봉하는 일만큼은 원리원칙을 따지는 대신들의 말을 듣지 않을 수 없었다. 만약 적장자가 아무런 문제가 없는데도 자기가 총애하는 다른 아들을 태자로 책봉하면, 목숨을 건 신하들의 신랄한 비판을 감수해야 했다.

이는 정국의 불안으로 이어졌으며 급기야는 왕조의 패망으로 나타나기도 했다.

무덕 9년(626) 당태종은 황제로 즉위하자마자 8세에 불과한 이승건을 태자로 책봉했다. 그가 장남을 서둘러 태자로 책봉한 이유는 자명했다. 태상황제 이연, 황제 이세민, 태자 이승건으로 이어지는 당나라 황통(皇統)의 적법성을 천하에 공포하여 정국의 안정을 도모하기 위해서였다. 또 이승건이 제왕의 자질을 타고났으므로 일찍부터 그에게 '후계자 교육'을 시킬 목적이었다.

당태종과 장손황후는 태자 교육에 혼신의 노력을 다했다. 이강, 방현령, 위징 등 당시 최고의 학자와 충신들을 태자의 스승으로 초빙하여 태자를 가르치게 했다. 이승건은 부모의 기대에 조금도 어긋남이 없이 학업에 열중했다. 태자가 조금이라도 나태한 태도를 보이면 장손황후가 엄격하게 훈계했다. 부모 모두 고난의 세월을 극복하고 황제와 황후의 자리에 올랐다. 제국의 창업보다 수성이 더 어려우며 아울러 백성들에게 신망을 잃으면 언제라도 망할 수 있다는 역사적 교훈을 알고 있었다. 따라서 당나라의 미래가 달린 태자 교육에 심혈을 기울인 것이다.

당태종은 지금 같으면 초등학교 5학년쯤 되는 나이인 12세의 태자 이승건에게 상서성(尚書省)에서 송사(訟事)를 직접 듣고 처리해보게 했다. 정관 9년(635) 태상황 이연이 붕어하여 국상(國喪)을 치를 때는 태자에게 국정의 일부를 맡기기도 했다. 또 순행을 나갈 때면 태자를 도성에 머물게 하고 감국(監國)하게 했다. 감국이란 태자가 황제를 대신하여 국성을 다스린다는 뜻이다.

이승건은 어린 나이임에도 태자의 책무를 성실히 수행했다. 하지만 부모뿐만 아니라 신하들도 미래의 황제가 될 자신에게 끊임없이 성군의 길을 걸어야 한다는 강압적 요구에 엄청난 부담을 느꼈다. 정관 10년(636) 큰

아들 교육에 그토록 엄격했던 장손황후가 세상을 떠났다. 이승건은 새장에서 빠져나온 새처럼 자유를 만끽하기 시작했다. 이때 그는 사춘기였다.

태자의 숙부 한왕(漢王) 이원창(李元昌·?~643)이 태자의 환심을 사려고 이름이 칭심(稱心)이라는 미소년을 동궁으로 보냈다. 칭심은 여자처럼 생긴 남자아이였는데 악기를 잘 다루었다. 태자는 그 아이를 보자마자 사랑에 빠졌다. 이미 태자비가 있는데도 매일 밤 칭심과 함께 잠자리에 들었다. 이른바 '동성애'를 한 것이다. 태자가 동궁에서 이상한 짓을 한다는 소문이 당태종의 귀에 들어갔다.

진노한 당태종은 칭심을 칼로 찔러 죽였다. 태자의 추문을 덮고 태자가 정신을 차리기를 바랐다. 하지만 태자는 엉뚱한 행동을 했다. 동궁 한쪽에 작은 사당을 지어놓고 칭심을 추모했다. 궁인들에게 아침저녁으로 제사를 지내게 하고 수시로 그곳에 들러 통곡했다. 심지어 몇 달 동안 조회(朝會)에 나가지 않고 사당 주변을 배회했다.

당태종은 태자의 이런 행동에 크게 실망했으나 그에 대한 기대를 버리지 않았다. 큰아들에 대한 아버지의 연민이었다. 그런데도 이승건은 점차 미치광이처럼 변했다. 그에게 직언을 아끼지 않은 스승 장현소(張玄素·?~664)를 죽이려고 자객을 보냈다. 또 동궁에 돌궐 황제의 처소를 꾸며놓고 돌궐 황제처럼 행동하기도 했다. 당제국의 태자가 돌궐인의 복장을 하고 칼로 고기를 썰어먹는 기이한 행동은 신하들을 경악하게 했다. 그는 툭하면 이렇게 말했다.

"내가 천자가 되면 하고 싶은 대로 할 거야. 간언을 하는 놈은 다 죽여버리겠다. 내가 어찌 한 5백 명을 못 죽이겠느냐?"

태자가 이런 지경에 이르자, 당태종은 태자 폐위 문제를 심각하게 고민하지 않을 수 없었다. 원래 그는 넷째아들 위왕(魏王) 이태를 가장 총애했다. 이태는 문학과 예술 분야에서 천부적 재능을 발휘했다. 당태종은 이태의 왕부에 특별히 문학관(文學官)을 설치하게 했다. 유명한 학자, 문인, 예술가 등이 문학관에 모여 학술과 문예를 발전시켰다. 아버지의 총애를 등에 업은 이태도 태자의 자리를 은근히 엿보기 시작했다. 중신들은 황제가 지나치게 이태를 편애한다고 상소를 끊임없이 올렸다.

이승건은 아버지의 마음이 동생 이태에게 쏠리고 있음을 눈치 채고 잠을 이루지 못했다. 폐서인(廢庶人)이 되면 죽은 목숨만 못한 게 괴로웠다. 살아남기 위해서는 세력을 규합해야 했다. 이원창, 후군집 등 아버지에게 불만을 품은 자들을 동궁으로 끌어들였다. 그들은 무서운 음모를 꾸미기 시작했다. 당태종의 총애를 독차지하고 있는 이태를 죽이고 황위를 찬탈할 음모였다. 하지만 그들을 추종하는 세력이 없었다. 반란 음모가 발각되었다. 당태종은 큰아들 이승건을 차마 죽이지 못하고 폐위한 후 검주(黔州)로 귀양을 보냈다. 이복동생 이원창은 사약을 마시고 죽었으며, 후군집은 저잣거리에서 참수형을 당했다.

이제 태자의 물망에 오른 황자는 넷째아들 이태와 아홉째아들 이치였다. 당태종은 이태를 태자로 책봉하려고 했다. 하지만 당태종의 오른팔이나 다름없는 장손무기와 중서령 저수량(褚遂良·596~658) 등 조정 중신들이 반대하고 나섰다. 이태가 재능은 뛰어나지만 성격이 경박하고 충동적이어서 부적합하다는 얘기였다. 이와 반면에 진왕(晉王) 이치는 타고난 성품이 선량하며 어질고 지혜로우며 부모에게 효도하며 형제간의 화복을 중시할 뿐만 아니라 학문도 깊으므로 천하 백성들의 어버이가 되기에 충분하다고 역설했다.

당태종이 고구려 원정에 실패하고 회군했을 때 부상당한 몸에 생긴 고름이 주먹처럼 커진 적이 있었다. 이치가 입으로 피고름을 빨아내어 겨우 사지 절단을 면했다. 그래서 당태종도 아홉째아들 이치의 효성이 얼마나 지극한지 잘 알고 있었다. 하루는『효경』을 공부하고 있는 이치에게 물었다.

"『효경』의 내용 가운데 어떤 말이 가장 중요하느냐?"

이치가 대답했다.

"효도이옵니다. 젊었을 때는 부모님을 극진하게 모시고 중년이 되었을 때는 임금을 섬기며 노년이 되었을 때는 명예를 날리는 것이 효도라고 생각하옵니다. 조정에 나갔을 때는 충심으로 임금을 보필하고 물러났을 때는 자신의 과오를 바로잡는 것이, 군자가 진정으로 임금을 섬기는 일이라고 생각하옵니다. 이렇게 해야 만이 덕행을 널리 펼 수 있고 악행을 고칠 수 있사옵니다."

당태종은 크게 기뻐하며 말했다.

"네가 말한 대로 행동하면 아버지와 형을 잘 섬기는 어진 신하가 되겠구나."

당태종은 친형제들을 죽인 죄책감에 시달리고 있었다. 자식들 세대에서는 골육상잔의 참극이 절대 일어나지 않기를 바랐다. 큰아들 이승건이 대역죄를 저질렀음에도 죽이지 않은 것이 바로 이런 이유 때문이었다. 이치는 아버지의 뜻을 세심하게 헤아렸다. 자기는 신하로서 한평생 아버지와 형들을 섬기며 근신하며 살겠다는 얘기였다.

당태종이 태자 책봉 문제로 근심하고 있을 때, 이태가 이치를 협박한다는 소문을 들었다. 갑자기 친형제들을 살해한 뼈아픈 기억이 떠올라 그를 괴롭혔다. 이태를 책봉하면 그가 또 자기처럼 친형제들을 죽일지도 모른다는 두려움이었다. 자식들의 서열을 무시하고 심성이 선량한 이치를 선택하면 적어도 그런 비극을 피할 수 있지 않을까.

정관 17년(643) 4월 당태종은 이치와 장손무기, 방현령, 이적, 저수량 등 한평생 자기와 생사고락을 함께한 충신들을 대전으로 불러들였다. 그들에게 이치를 태자로 책봉하겠다는 뜻을 밝혔다. 이치는 몸을 바들바들 떨며 두려워했지만, 그들은 모두 황제의 뜻에 찬동했다. 당태종은 반대하는 신하가 있는지 여론을 살피게 했다. 다른 신하들도 이구동성으로 진왕이 어질고 효성이 지극하므로 천하의 어버이가 되는 데 조금도 부족함이 없다고 말했다. 며칠 후 이치는 황궁의 승천문에서 문무백관의 하례를 받으며 태자의 자리에 올랐다.

훈구대신들이 모두 이치를 적극적으로 지지한 데에는 까닭이 있었다. 이태가 평소에 황제의 총애를 등에 업고 그들을 업신여겼기 때문이다. 만약 이태가 황위를 계승하면 가장 먼저 아버지 시대에 부귀영화를 누렸던 그들을 숙청하지 않을 거라고 장담할 수 없었다. 이와 반면에 이치는 천성이 착하고 고분고분하여서 그들이 보필하기가 편했다. 더구나 이치는 훈구대신들을 무척 존경하고 따랐다. 두 황자의 이런 차이가 결국은 이치가 친형 이태를 밀어내고 후계자가 되게 한 것이다. 예나 지금이나 훈구 세력은 언제나 차기 대권주자가 자기들의 이익을 보장해 줄 것이라는 확신이 섰을 때 비로소 그를 적극적으로 밀어주는 법이다.

당태종은 이승건과 이태가 모반을 일으키지 않을까 두려웠다. 그렇지만 차마 두 아들을 죽일 수 없었다. 이승건은 검주(黔州)로 귀양을 보내고, 이태는 유폐시켰다. 두 아들을 추종한 무리는 모조리 죽였다. 그 후 이승건은 정관 19년(645)에 우울증을 앓다가 아버지보다도 먼저 세상을 떠났다. 당태종은 단장(斷腸)의 고통을 느꼈다. 아무리 못난 태자였더라도 어쨌든 큰아들이 아니었던가. 하루 조회를 열지 않고 국공(國公)의 의식으로 장례를 치르게 했다.

이태는 당태종이 사망하기 2년 전인 정관 21년(647)에 복왕(濮王)으로 책봉되었다. 왕으로서 실권은 없었지만 복록은 누릴 수 있는 자리였다. 가장 사랑한 아들에 대한 아버지의 배려였다. 당고종 이치가 즉위한 후인 영휘(永徽) 3년(652)에 세상을 떠났다.

이승건은 27세 때, 이치는 33세 때 요절했다. 당고종이 두 형을 핍박해서 제명을 다하지 못한 것은 아니었지만, 봉건왕조 시대에 동생이 서열을 무시하고 제왕이 되면 형들은 죽어야 하거나 숨어 살아야 했다. 이승건과 이태도 천명이 자신들을 외면했음을 알고 스스로 죽음을 재촉했을 것이다.

당태종은 이치의 순조로운 황위 계승을 위해 만반의 조치를 다했다. 먼저 장손무기, 방현령, 이적 등 충신 중의 충신들에게 태자의 곁에서 정사를 보필하게 했다. 조회를 열 때면 이치에게 직접 현안을 듣고 처리하게 했다. 또 태자의 군권 장악과 위엄을 높이기 위하여 지방 절도사들은 태자의 명령을 따르게 했다. 태자가 정사를 돌볼 때면 옛날얘기를 꺼내어 귀감을 삼게 했으며 조언을 아끼지 않았다.

태자는 아버지와 충신들의 가르침을 충실하게 따랐다. 정관 23년(649) 5월 당태종이 붕어하자, 이치는 22세의 나이에 당나라의 3대 황제로 등극했다. 태자로 책봉된 지 5년만이었다.

2. 정관 시대의 성세를 이어가다

당태종은 임종을 앞두고 태자 이치와 장손무기, 저수량을 침전으로 불러들였다. 장손무기와 저수량에게 태자를 잘 보필하여 당제국의 번영을 구가하라는 유언을 남기고 파란만장한 삶을 마감했다. 두 고명대신은 태자 앞에서 무릎을 꿇고 충성을 맹세했다. 장손무기는 태자의 외삼촌이기도 했다. 당태종 이세민을 황제로 추대하는 데 결정적 공을 세운 일등 공신이었으며, 당태종이 누구보다도 총애하고 아낀 신하였다.

"여자는 자기를 사랑해 주는 남자를 위해 화장을 하고, 남자는 자기를 알아주는 이를 위해 목숨을 바친다."는 얘기가 있다. 장손무기는 정말로 여동생의 남편인 당태종을 위하여 한평생 견마지로의 공을 아끼지 않았다. 군주와 신하 사이의 아름다운 우정을 얘기한다면 두 사람이 가장 모범적인 예가 될 것이다. 자기보다 나이가 무려 34세나 적은 조카 당고종 이치를 위해 헌신하는 일이, 장손무기는 인생 말년에 당태종이 베풀어준 성은에 대한 보답이라고 생각했다. 당태종이 병석에서 일어나지 못하고 있을 때 태자 이치를 불러 이런 말을 한 적이 있었다.

> "너는 이적(李勣)에게 은혜를 베푼 적이 없다. 내가 그를 변방의 한직인 첩주도독(疊州都督)으로 쫓아내겠다. 내가 죽은 뒤 네가 황제가 되면 그를 중용해라! 그러면 이적은 너의 은혜에 감동하여 충성을 다할 것이다."

이적은 장손무기와 함께 당태종을 황제로 추대한 최고의 명장이 아닌가. 정관 연간에 조정의 요직을 역임했을 뿐만 아니라 태자 이치의 스승이기도 한 권력자였다. 당태종은 자신의 사후에 그가 태자 이치의 말을 듣지 않고 전횡을 부리지 않을까 두려웠다. 그래서 태자가 황제가 된 후 그에게 은혜를 베푸는 방법으로 그의 새 황제에 대한 충성심을 이끌어내려고 했다.

정관 23년(649) 6월 이치는 사람의 일생 중 가장 건강한 나이라고 할 수 있는 22세 때 황제로 등극했다. 다음 해(650)부터 연호를 영휘(永徽)로 정했다. 당제국의 영원한 번영을 바라는 마음을 담은 연호였다.

당고종은 아버지의 유업을 철저히 계승했다. 즉위 직후에 첩주도독으로 쫓겨난 이적을 조정의 요직인 상서좌복사(尚書左僕射)로 임명했다. 당고종의 성은에 감동한 이적은 눈물을 흘리며 젊은 황제에게 충성을 맹세했다. 당태종의 아들을 위한 용인술이 이처럼 심모원려했다. 조정의 요직은 모두 당태종 시대의 충신과 원로들로 채웠다. 장손무기, 이적, 저수량 등이 당고종의 측근에서 정사를 충심으로 보필했다. 당고종도 아버지 당태종처럼 충신들의 직언을 기꺼이 받아들였다. 하루는 그가 금군을 거느리고 사냥을 나갔다가 소나기를 만났다. 기름을 칠한 방수포로 만든 비옷을 급히 입었으나 속옷까지 빗물에 젖고 말았다. 짜증이 난 당고종이 신하에게 물었다.

"방수포로 어떻게 비옷을 만들어야 한 방울의 빗물도 새지 않게 할 수 있겠소?"

신하의 대답은 이러했다.

"기와로 비옷을 만들면 새지 않겠지요."

신하에게 일침을 맞은 당고종은 그 후부터 대규모 인력을 동원해야 하는 수렵 활동을 그만두었다.

영휘 3년(652) 현존하는 중국 봉건왕조 시대의 법전 중에서 가장 짜임새 있고 오래된 성문법인『당률소의(唐律疏議)』가 편찬되었다. 봉건왕조 시대에는 제왕의 어명이 곧 백성의 생사여탈을 결정했다. 중앙과 지방 간의 법 적용도 일률적이지 않아 많은 혼란이 있었다. 하지만 이 성문법이 완성된 후로는 형사 재판의 공정성을 어느 정도 보장했고 백성들이 불이익을 당하는 일을 크게 줄일 수 있었다.

당고종은 아버지 당태종이 인생 말년에 불로장생을 추구하고 단약을 상복하여 몸을 망친 일을 모르고 있지 않았다. 다만 자식으로서 아버지가 그처럼 탐닉하는 일에 감히 왈가왈부할 수 없었을 뿐이다. 당고종은 몸이 무척 허약했다. 단약과 불노초의 유혹에 빠질 수 있었지만, 그는 신하들에게 이렇게 말했다.

"정말로 단약을 먹고 죽지 않은 사람들이 있다면, 지금 그들은 모두 어디에 있는가?"

당고종은 병을 치료할 수 있는 본초학에 대하여 깊은 관심을 가졌다. 당시 당나라는 서역에서 다양한 약재들이 많이 수입되었다. 그것들과 전통적인 중국 약재들을 체계적으로 연구하고 정리할 필요성이 대두되었다. 그는 학자들을 동원하여 약재와 약학을 연구하게 했다. 현경(顯慶) 4년(659)『신수본초(新修本草)』54권이 완성되었다. 이 책은『당본초(唐本草)』라고 부르기도 한다. 중국에서 국기의 주도로 만든 가상 오래된 본초학 분야의 전문서적이다. 지금은 전해지지 않지만 그 일부 내용이 후대의 의학서적에 많이 실려 있으며, 특히 명나라 때 이시진(李時珍·1518~1593)이 편찬한『본초강목(本草綱目)』의 기초가 되었다.

영휘 4년(653) 둔갑술을 배운 진석진(陳碩眞·620~653)이라는 여자가 절강

일대에서 문가황제(文佳皇帝)를 자칭하고 농민 반란을 일으켰다. 정관 연간 말기에 3차에 걸친 고구려 원정과 지방 탐관오리들의 수탈에 불만을 품은 농민들을 사이비 종교로 끌어들여 일으킨 폭동이었다. 진석진의 농민군은 반란을 일으킨 지 두어 달 만에 진압되었다. 그녀는 포로로 잡혀 형장의 이슬로 사라졌다.

그런데 이 찻잔속의 태풍으로 끝난 민란은 아버지의 정책과 유업을 계승하면 아무런 문제가 없을 거라고 생각한 당고종에게 큰 충격을 주었다. 아무리 태평성대를 구가하고 있더라도 백성을 착취하면 반드시 민란이 일어난다는 사실을 깨달았다.

당고종은 민심을 다독이기 위하여 고구려 원정과 대규모 토목 공사를 중지하는 조서를 반포했다. 백성들의 고혈과 피땀을 요구하는 국가의 대사업이 중지되자 민심이 다시 회복되었다. 또 정관 연간부터 3일에 한번씩 열었던 조회를 매일 열었다. 날마다 국정 현안을 직접 파악하고 처리하기 위한 조치였다.

현경 2년(657) 당고종은 소정방(蘇定方·592~667)에게 숙적 서돌궐을 정벌하게 했다. 양군은 예지하(曳至河: 지금의 신강성 이리합·伊犁哈 일대)에서 접전을 벌인 끝에 당군의 승리로 끝났다. 이로써 서돌궐이 멸망하고 서역의 광활한 지역이 당나라 판도로 흡수되었다.

또 당고종이 재위하고 있을 때인 서기 660년에는 백제가 멸망했으며, 668년에는 고구려가 멸망했다. 당나라는 당태종 사후에 한반도 침략을 중지했으나 신라의 적극적인 개입 요청으로 다시 한반도의 통일 문제에 끼어들었다. 그런데 평소에 온갖 지병을 달고 살았던 당고종은 이 시기에 두통과 어지럼증에 시달려 정무를 제대로 관장할 수 없었다. 또 당뇨합병증으로 인한 백내장이 악화되어 사물을 볼 수 없는 지경까지 이르렀다.

당고종의 황후이자 훗날 중국 역사상 유일무이한 여황제로 등극한 무측천(武則天·624~705)이 사실상 남편 당고종을 대신하여 당나라를 통치했으며 백제와 고구려를 멸망시켰다. 오늘날 당고종은 정복군주로 평가를 받지 않지만, 당나라의 실질적인 황제였던 무측천의 현란한 권모술수와 휘하 장수들의 용맹함 덕분에 당제국의 판도를 서쪽으로는 지금의 우즈베키스탄 동부 지역부터 동쪽으로는 한반도 북부 지역까지, 북쪽으로는 바이칼 호수부터 남쪽으로는 베트남 북부 지역까지 넓혔다. 어쨌든 당나라는 그의 통치 기간에 가장 넓은 영토를 확보한 것이다.

3. 궁중의 여인들이 피비린내 나는 암투를 벌이다

당고종 이치의 원배(元配) 황후는 왕황후(王皇后·628~655)이다. 그녀의 작은할머니는 당고조 이연의 친여동생 동안공주(同安公主)이다. 아버지는 나산령(羅山令) 왕인우(王仁祐), 어머니는 위국부인(魏国夫人) 유씨(柳氏)이다. 왕씨 집안은 당고조 때부터 황실과 혼인을 맺은 명문가였다. 이치가 진왕(晉王)이었을 때 그의 혼사 문제가 황실에서 거론되었다. 육궁의 어른인 동안공주는 용모가 아름답고 행실이 바른 왕씨를 진왕의 왕비로 당태종에게 추천했다. 당태종은 고모의 선택을 흔쾌히 받아들였다. 왕씨는 집안으로 보나 인물과 성품으로 보나 왕비가 되기에 조금도 손색이 없었다. 이치도 그런 아내를 무척 사랑했다.

정관 23년(649) 진왕 이치가 마침내 낭나라 3대 황제로 등극했다. 왕씨도 영휘 원년(650)에 황후로 책봉되었다. 당고종과 왕황후는 서로 사랑하는 아름다운 배필이었다. 왕황후는 국모로서 소임을 다하여 남편뿐만 아니라 신하들의 존경을 한몸에 받았다.

하지만 왕황후에게는 치명적인 결점이 있었다. 황제의 아들을 낳지 못했다. 황후가 황제의 사랑을 독차지하고 지체가 아무리 높다 해도 황위를 계승할 아들을 끝내 낳지 못하면 하루아침에 쫓겨나거나 궁녀와 다를 바 없는 신분으로 전락하기 마련이었다. 그래서 봉건 시대에 여자는 아들에 의해서 귀해지거나 천해진다는 얘기가 나온 것이다.

당고종은 아들 8명을 두었다. 그들 가운데 큰아들 이충(李忠·643~664)은 당고종 이치가 태자였을 때 동궁의 시녀 유씨(柳氏)와 눈이 맞아 낳은 아들이다. 생모의 신분이 워낙 천했지만 어쨌든 이치의 큰아들이자 당태종의 첫손자였다. 태자가 동궁의 신하들을 초청하여 큰아들의 탄생을 축하하는 연회를 열었다. 그런데 뜻밖에도 당태종이 친히 연회에 왕림하여 신하들에게 말했다.

"짐에게 비로소 손자가 생겼구나. 오늘은 너희들과 함께 마음껏 즐겨보자."

이윽고 술에 취한 당태종이 덩실덩실 춤을 추었다. 연회에 참석한 사람들도 거나하게 술을 마시면서 황제와 함께 춤을 추며 어울렸다. 연회가 끝난 후에는 모두 황제의 하사품을 받았다.

태자비 왕씨는 남편과 시아버지가 궁녀 유씨가 낳은 아들을 위해 연회를 열었다는 얘기를 듣고 남몰래 흐느껴 울었다. 아들을 낳지 못한 여자가 조금이라도 질투하는 기색을 보이기만 하면 아무리 지체가 높은 태자비라도 언제 폐위될지 모르는 운명으로 전락할 수 있었다. 남편이 황제로 등극한 후, 자신도 황후가 되었지만 태자 책봉 문제를 생각하면 불안한 마음을 떨칠 수 없었다. 아들을 낳지 못한 황후의 한 맺힌 가슴앓이였다. 하루는 왕황후의 외삼촌 유석(柳奭·?~659)이 그녀에게 말했다.

"황후는 걱정 마세요. 이충의 생모는 신분이 천하기 때문에 절대 황후의 자리에 오를 수 없어요. 황후는 이충의 법적인 어머니가 아닌가요. 그 아이를 친아들처럼 보살피고 태자로 옹립해야 합니다."

유석은 병부시랑, 중서시랑, 중서령 등 조정의 요직을 역임한 중신이었다. 특히 정관, 영휘 양조에 걸친 권력자 장손무기와 가까운 관계였다. 봉건왕조 시대에 궁녀가 제왕의 아들을 낳으면 키울 권한이 없었다. 법모(法母)인 황후나 왕비가 양육권을 가지고 있었다. 이충이 서자 출신이지만 적장자가 없고 서자들 가운데 장남이므로 당연히 황위를 계승해야 한다고 유석은 생각했다. 조금도 틀리지 않은 판단이었다. 장손무기, 저수량 등 조정 중신들도 유석과 같은 생각이었다. 왕황후는 이충에게 모든 것을 걸었다.

영휘 3년(652) 신하들의 건의를 받아들인 당고종은 10세의 나이인 이충을 태자로 책봉하고 온 나라에 대사면을 반포했다. 이렇게 하여 태자 책봉은 별 문제없이 끝났다. 그런데 당고종이 점차 왕황후를 멀리하고 태자 시절에 비빈으로 맞아들인 소숙비(蕭淑妃·?~655)를 총애하기 시작했다.

소숙비는 자태가 요염한 여자였다. 당고종과 운우지정을 나눌 때면 그의 혼을 빼놓았다. 그녀는 당고종이 황제로 등극하기 1년 전인 정관 22년(648)에 넷째아들 이소절(李素節·648~690)을 낳았다. 또 의양공주(義陽公主)와 고안공주(高安公主)도 낳았다. 당고종은 자기에게 1남 2녀를 안겨준 그녀를 더욱 총애했다.

왕황후는 남편을 소숙비에게 빼앗긴 치욕을 견딜 수 없었다. 아무리 치장을 요염하게 하고 기다려도 남편이 찾아주지 않았다. 그녀는 이미 태자비 시절부터 남편의 바람기를 알고 있었다. 소숙비가 남편의 지극한 총애를 등에 업고 언제 자기 자리를 노릴지 모르는 위급한 상황이었다. 남편을 소숙비의 품에서 떼어내기 위해서는 무슨 짓이라도 해야 했다. 갑자기 무재인(武才人: 훗날의 무측천)이 생각났다.

무재인은 14세 때 입궁하여 오품재인(五品才人)의 품계를 받고 당태종의 후궁이 된 여자였다. 당태종은 정관 말기에 몸이 병약해지자 태자 이치를 곁에서 머물게 했다. 친히 제왕의 도를 전수할 생각이었다. 그런데 당태종을 모시던 무재인과 이치가 몰래 불륜을 저질렀다. 무재인은 아버지의 후궁이므로 이치에게는 어머니뻘이 된다. 그런데 무재인은 이치보다 겨우 네 살 더 많은 농염한 여인이었다.

정관 23년(649) 당태종은 두 사람의 관계를 전혀 눈치 채지 못한 채 세상을 떠났다. 황제가 죽으면 그의 아들을 낳지 못한 후궁들은 모두 불교에 귀의하여 비구니가 되어야 했다. 무재인도 감업사(感業寺)로 쫓겨나 삭발을 했다.

왕황후는 남편이 무재인과 간통한 사실을 알고 있었다. 무재인을 이용하여 소숙비를 제거하려고 했다. 정관 24년(650) 당고종이 당태종을 추모하기 위해 감업사에 행차했을 때 무재인을 만났다. 왕황후가 배후에서 두 사람이 우연을 가장하여 만날 수 있게 했다. 당고종과 무재인은 뜨거운 밤을 보냈다.

당고종은 환궁한 후에도 무재인을 그리워했다. 하지만 이미 비구니가 된 '아버지의 여인'을 곁에 둘 수 없었다. 뜻밖에도 왕황후가 무재인을 다시 궁궐로 불러들이라고 종용했다. 육궁(六宮)의 안주인인 황후가 그렇게 말하니, 당고종은 대신들의 반대에도 아랑곳하지 않고 무재인을 환궁하게 했다.

무재인은 자신을 구원한 왕황후를 지극 정성으로 모셨다. 왕황후의 비위를 맞추는 일이라면 그녀의 발가락도 핥을 정도였다. 왕황후는 무재인을 심복으로 생각했다. 남편을 가끔 만나면 무재인이 얼마나 선량하고 효성이 지극한지 끊임없이 말했다. 무재인도 방중술로 젊은 황제의 몸과 마음을 녹였다. 당고종은 무재인을 2품 소의(昭儀)로 책봉했다. 소숙비는 점차 황제의 눈 밖에 났다. 왕황후의 소숙비 배척 음모가 멋지게 성공했다.

하지만 당고종의 총애를 받기 시작한 무소의는 보통 사람의 상상을 초월한 잔혹한 여자였다. 그녀는 황제의 후궁에 만족하는 소심하고 순종적인 여자가 아니라 놀랍게도 황제를 꿈꾼 여걸이었다. 왕황후로서는 늑대를 몰아내려다가 호랑이를 불러들인 꼴이 되었다. 하루아침에 표독하게 변한 무소의를 보고 소름이 돋았다. 먼저 손을 쓰지 않으면 황후 일가가 멸족을 당할 수 있었다. 하지만 그녀는 무소의의 상대가 되지 못했다.

영휘 5년(654) 무소의가 당고종의 장녀 안정사공주(安定思公主)를 낳았다. 대신과 후궁들이 모두 하례를 올리는 분위기 속에서 왕황후도 갓난아이를 찾아가보지 않을 수 없었다. 그녀가 무소의의 침전으로 가서 그 갓난아이를 몇 번 어루만진 후 나왔다. 그런데 놀랍게도 무소의가 혼자 있는 틈을 타서 자기가 난 딸의 숨통을 끊고 이불로 덮었다.

잠시 후 얼굴에 희색이 만면한 당고종이 딸을 보러 왔다. 무소의는 환한 웃음을 지으며 당고종을 침전으로 모셨다. 무소의가 이불을 들추어보고 갑자기 대성통곡했다. 침실에서 자고 있는 줄만 알았던 딸이 이미 죽어 있는 모습을 본 당고종은 경악했다. 즉시 궁녀들에게 누가 다녀갔냐고 추궁했다. 왕황후가 방금 전 사람들이 아무도 없을 때 다녀갔다고 말했다.

자식을 낳지 못한 왕황후가 질투에 눈이 멀어 딸을 죽인 게 아니냐는 생각을 한 당고종은 진노했다. 왕황후를 총애했으면 먼저 사실 여부를 확인했을 것이다. 하지만 그는 이미 무소의의 손에 놀아났다. 무소의는 당고종에게 왕황후에 대한 온갖 험담을 늘어놓았다. 왕황후는 눈물을 흘리며 결백을 호소했지만 무소의의 간계에 걸려들어 이미 멀어진 남편의 마음을 돌릴 수 없었다.

당고종은 왕황후를 폐위하고 무소의를 황후로 책봉하려고 했다. 조정은 순식간에 찬반양론으로 분열되었다. 이의부(李義府·614~666), 허경종(許敬宗·592~672) 등이 당고종을 지지했다. 장손무기, 저수량 등 고명대신들은 왕황후가 명문가 출신이며 품행이 단정하므로 폐위를 당할 이유가 없다고 주장했다. 반면에 무소의는 미천한 신분 출신이며 더구나 선황제를 섬긴 후궁이었으므로 절대 황후가 될 수 없다고 했다.

당고종은 고명대신들의 격렬한 반대에도 불구하고 영휘 6년(655)에 자신의 뜻대로 왕황후를 폐위하고 무소의를 황후로 책봉했다. 당나라가 이때부터 무황후의 국가가 되리라고 예견한 사람은 단 한 명도 없었을 것이다. 무측천이라는 중국 역사상 전무후무한 여황제는 이렇게 역사의 전면에 등장한 것이다.

한편 왕황후와 소숙비는 무황후를 살해하려고 했다는 누명을 쓰고 궁궐 한 귀퉁이의 음침한 방에 갇혀 유령처럼 지냈다. 어느 날 당고종은 한때 총애했던 두 여인이 불현 듯 생각나 유폐된 곳으로 가보았다. 굳게 닫힌 방문 아래에 음식을 넣어주는 작은 구멍이 있었다. 두 여인을 불러보았다. 방안에서 살려달라는 희미한 소리가 들렸다. 당고종은 측은한 생각이 들었다. 조만간에 풀어주겠다는 약속을 하고 떠났다.

당고종의 동태를 파악한 무황후는 눈에 살기가 돌았다. 그들을 당장 죽이지 않으면 그들이 심약한 당고종의 동정심을 자극하여 무슨 일을 벌일지 몰랐다. 대역죄인이 감히 황제에게 청원했다는 것을 구실로 형리에게 곤장 100대를 때리게 했다. 엉덩이가 갈기갈기 찢어졌다. 그래도 분이 안 풀렸는지 그들의 사지를 자르고 몸뚱이를 거대한 술항아리에 집어넣게 했다. 그들은 간장에 조린 고기처럼 몸이 짓눌린 채 죽었다. 당고종은 그들이 얼마나 잔인하게 죽임을 당했는지 알고 있었지만 모르는 척했다. 그는 이미 무황후의 손에 놀아나는 허수아비 황제로 전락했기 때문이다.

4. 무황후가 권력을 장악하고 충신들을 죽이다

당고종이 왕황후를 폐위하고 무소의를 황후의 자리에 앉히려고 할 때의 일이다. 이때 무소의는 당고종을 손아귀에 넣고 있었다. 그녀에게 단단히 홀린 당고종은 빨리 자기를 황후로 책봉하라는 그녀의 앙탈에 왕황후 폐위를 결심하지 않을 수 없었다. 하지만 조정 중신들, 특히 장손무기가 문제였다. 장손무기가 누구인가. 당고종의 외삼촌이자 당태종을 황제로 추대한 일등공신이며 누구보다도 강직한 충신이 아닌가. 무소의를 황후로 책봉하면 그가 결사적으로 반대할 게 명약관화했다. 무소의는 황제가 장손무기를 제대로 통제하지 못하면 황권이 위협을 받을 수 있다고 당고종에게 말했다. 하지만 당고종은 그를 굴복시킬 자신이 없었다.

무소의도 장손무기가 어떤 사람인지 너무나 잘 알고 있었다. 그가 반대하면 모든 일이 수포로 돌아갈 수 있었다. 그녀는 당고종에게 장손무기를 관직과 재물로 매수하자고 했다. 어느 날 당고종과 무소의가 친히 장손무기의 저택으로 찾아갔다. 황제의 갑작스런 행차에 크게 당황한 장손무기는 서둘러 향연을 베풀었다. 술이 몇 순배 돌아 취기가 오르자, 당고종은 느닷없이 장손무기의 첩이 낳은 세 아들을 조산대부(朝散大夫)로 임명했다. 이 관직은 종5품 아래로 그리 높지 않았지만 황제가 신하의 첩의 아들에게 수여하는 것은 아주 드문 일이었다. 또 수레 열 대에 가득 실은 금은보화를 하사했다.

장손무기는 비로소 두 사람이 찾아온 이유를 알았다. 왕황후는 당태종과 장손황후가 간택한 황후이며 자식을 낳지 못한 결점이외는 잘못한 것이 없으므로 폐위가 불가하고, 이와 반면에 무소의는 선황제를 섬긴 여자이므로 절대 황후가 될 수 없다고 주장했다. 무소의를 황후로 책봉하면 황실을 더럽히는 일이라고 비판했다. 당고종과 무소의는 뜻을 이루지 못하고 돌아가는 수밖에 없었다. 얼마 후 무소의는 어머니 양씨(楊氏)를 장손무기에게 보내 다시 뇌물로 자기 사람을 만들려고 했지만 그의 확고부동한 뜻을 꺾을 수 없었다.

당고종은 황제로 등극한 직후에는 장손무기, 저수량 등 고명대신들의 가르침을 잘 따랐다. 하지만 왕황후를 폐위시키려는 일이 그들의 반대 때문에 자신의 뜻대로 되지 않자 좌절감에 빠졌다. 바로 그때 무소의가 심약한 당고종을 부추겼다. 고명대신들의 월권행위를 방치하면 이씨의 당제국이 무너질 수도 있다는 무서운 충고였다. 당고종은 그녀에게 모든 것을 의지했다.

무소의는 장손무기의 반발을 무마할 수 없게 되자 그와 쌍벽을 이루는 명장이자 충신 이적(李勣·594~669)에게 접근했다. 영휘 6년(655) 당고종이 조정 중신들을 어전으로 불러들였다. 이른바 '폐왕입무(廢王立武)'를 논의하기 위해서였다. 쉽게 말해서 왕황후를 폐위하고 무소의를 황후로 책봉하겠다는 당고종의 뜻이었다. 장손무기, 저수량, 유석(柳奭), 한원(韓瑗) 등 훈구대신들이 씩씩거리며 어전에 당도했다. 그들은 목숨을 걸고 당고종의 처사를 반대할 각오였다. 그런데 단 한 사람, 이적만이 병을 핑계로 모습을 보이지 않았다. 그는 이미 무소의에게 매수되었다.

어전 회의가 시작되자마자 아나나 다를까, 반발이 격렬했다. 특히 장손무기 못지않은 강골인 저수량은 당고종 앞에서 관모를 벗고 머리를 바닥에 여러 차례 심하게 찧었다. 당고종은 저수량의 머리에 피가 낭자한 모습을 보고 진노했다. 하지만 워낙 반대가 격렬하여 자신의 뜻을 이루지 못했다. 다음 날 당고종은 이적을 조용히 불러 말했다.

"짐은 무소의를 황후로 책봉하고 싶소. 하지만 저수량이 완강하게 반대하여 뜻을 이루지 못했소. 저수량은 고명대신이라 짐이 함부로 할 수 없소. 장차 이 일을 어떻게 처리하면 좋겠소?"

이적이 대답했다.

"이 일은 전적으로 폐하의 집안일입니다. 어찌 외부인에게 자문을 구
할 필요가 있겠습니까?"

황실의 일은 황제가 알아서 할 일이지 신하가 간섭해서는 안 된다는
논리였다. 당고종은 뛸 듯이 기뻤다. 조정의 원로 중신 이적이 이렇게 말
한 이상, 누구도 감히 이의를 제기할 수 없었다. 영휘 6년(655) 10월 왕황
후는 폐위되고 무소의가 황후로 책봉되었다. 이제 무황후의 시대가 시작
되었다.

당고종과 무황후는 이적의 공로를 잊지 않았다. 이적은 무황후가 사
실상 당나라를 통치하던 시기에 고구려 침략의 선봉에 서서 전공을 쌓았
다. 사공(司空), 태자태사(太子太師) 등 요직을 역임했으며 영국공(英国公)으로
책봉되었다. 총장(總章) 2년(669) 그가 76세를 일기로 병사하자, 당고종과
무황후는 무려 7일 동안 조회를 열지 않고 그를 추모했다. 훈구대신들 중
에서 유일하게 무황후를 지지한 덕분에 죽을 때까지 부귀영화를 누릴 수
있었다.

이 시기부터 사실상 당나라의 지배자가 된 무황후는 자신의 황후 책
봉을 반대한 자들을 모조리 제거할 음모를 꾸몄다. 먼저 고명대신들과 싸
우기 위해서는 자신의 세력이 필요했다. 예부상서 허경종, 중서사인 이의
부 등 권력의 향배에 민감한 기회주의자들이 무황후의 '충견'을 자처했다.
그들은 무황후의 사주를 받고 장손무기를 제거할 음모를 꾸몄다.

현경 4년(659) 낙양 사람 이봉절(李奉節)이 태자세마 위계방(韋季方)과 감

찰어사 이소(李巢)가 조정 중신들과 결탁하여 전횡을 부리고 있다고 상소했다. 당고종은 허경종에게 진상을 파악하게 했다.

허경종은 두 사람을 잔혹하게 고문했다. 그가 그들에게 요구한 것은 장손무기와 짜고 모반을 꾸몄다는 거짓 진술이었다. 사실 그들은 평소에 장손무기를 존경해서 따른 충직한 신하였다. 모반은 꿈에도 생각할 수 없었다. 위계방은 자살을 시도하여 장손무기를 보호하려고 했지만 실패했다. 허경종이 당고종에게 장손무기가 역모를 꾸민 증거가 있다고 아뢰었다. 당고종이 말했다.

"우리 집안이 불행하여 친척들 중에서 아직도 이런 악행을 저지르는 자가 있구나. 몇 년 전에 나의 이복누나 고양공주(高陽公主)가 방현령의 아들 방유애(房遺愛)와 모반을 꾸미며 죽임을 당한 적이 있었는데도, 오늘 또 외삼촌이 악심을 품었구나. 가까운 친척들이 역모를 꾸몄으니 내가 너무 부끄러워서 차마 백성들을 볼 면목이 없구나."

영휘 4년(653) 당태종의 17번째 딸, 고양공주가 남편 방유애와 모반을 획책한 적이 있었다. 이 사건은 찻잔 속의 태풍으로 끝났지만 당고종에게 적지 않은 충격을 주었다. 아버지 당태종이 가장 총애한 딸이자 자신의 이복누나였기 때문이다. 당고종이 신세 한탄을 하며 외삼촌이 연루되었다는 역모 사건을 어떻게 처리해야 할지 모르자, 허경종이 단호하게 아뢰었다.

"애송이에 불과한 방유애가 여자와 모반을 꾸몄다고 해서 어찌 성공할 수 있었겠습니까? 하지만 장손무기는 다릅니다. 그는 선황제와 함께 천하를 쟁취했습니다. 사람들은 모두 그의 지략에 복종했으며, 그는 30

여 년 동안 재상을 맡았습니다. 백성들 모두 그의 위세를 두려워하고 있습니다. 그의 위세는 만물을 복종시키고, 지략은 대중을 움직일 수 있습니다. 만약 그가 모반의 음모가 탄로 난 것을 눈치 채고 급히 계책을 세워 그를 따르는 악의 무리에게 명령을 내린다면 종묘사직이 위태로워지지 않을까, 신은 두렵습니다. 폐하께서는 하루라도 빨리 결단을 내리시어 그를 잡아들이고 엄한 형벌로 다스려야 합니다."

당고종이 울면서 말했다.

"나는 차마 외삼촌의 죄를 물을 수 없소. 만약 그를 죽인다면 후대의 양심적인 사가들은 내가 친척과 화목하게 지내지 못해서 이런 비극이 일어났다고 비판할 것이오."

당고종은 선뜻 결단을 내리지 못하고 장손무기가 정말로 연루되었는지 더 조사하게 했다. 무황후가 허경종을 은밀하게 불러 다그쳤다. 빨리 황제를 설득하여 장손무기를 죽이라는 얘기였다. 두 사람은 다시 각본을 짰다. 다음 날 허경종이 또 당고종에게 아뢰었다.

"한(漢)나라 때 박소(薄昭·?~기원전 170년)는 한문제(漢文帝·기원전 203~기원전 157)의 외삼촌이자 공신이었습니다. 그가 살인죄를 저지른 일이 있었습니다. 한문제는 문무백관에게 소복을 입고 박소를 위해 곡을 하게 한 뒤 박소를 자살하게 했습니다. 한문제께서 사사로운 정에 얽매이지 않고 박소를 죽였기 때문에 오늘날에도 그를 현명한 군주로 평가하고 있습니다."

한문제가 눈물을 머금고 박소를 죽였듯이 장손무기를 처단하라는 얘기였다. 이때 당고종이 장손무기를 불러 친국했다면 무황후와 허경종의 음모가 드러났을지도 모른다. 하지만 그는 거동조차 제대로 하지 못할 정도로 몸이 쇠약했다. 무황후와 허경종의 압박을 견디지 못한 당고종은 장손무기를 차마 죽이지 못하고 검주(黔州: 지금의 사천성 팽수현·彭水縣)로 귀양을 보냈다.

무황후는 장손무기를 제거했지만 그가 아직 살아있다는 게 부담스러웠다. 한편으로는 당고종에게 장손무기가 얼마나 위험한 인물인지 각인을 시켰다. 다른 한편으로는 허경종에게 장손무기를 죽이라는 상소를 계속 올리게 했다. 당고종은 제정신이 아니었다. 조정이 이미 무황후의 손아귀에 들어간 것을 확인한 허경종은 중서사인 원공유(袁公瑜)를 검주로 보내 장손무기에게 스스로 목숨을 끊게 했다. 당나라 건국의 일등공신이었던 장손무기는 이렇게 무황후의 흉계에 의해 파란만장한 생을 마감했다.

무황후에게 반기를 들었던 저수량도 그녀의 저주를 피해갈 수 없었다. 현경 2년(657) 계주(桂州: 지금의 광서성 계림·桂林)의 도독(都督)으로 좌천되었다. 당고종이 한때 자신의 고명대신이었던 그의 공로를 인정하여 차마 죽이지 못하고 한직으로 몰아낸 것이다. 그런데 허경종과 이의부가 또 무황후의 사주를 받고 음모를 꾸몄다. 이번에는 중서령 내제(來濟·610~662), 문하시중 한원(韓瑗·606~659) 등이 계주에 있는 저수량과 짜고 반란을 일으키려고 했다고 당고종에게 아뢰었다. 원래 내제와 한원도 무소의가 황후로 책봉되는 것을 반대한 신하였다. 그래서 무황후가 두 사람을 저수량과 엮어 일거에 제거하려고 했다.

계주는 도성 장안에서 너무 멀리 떨어진 곳이라 왕래와 연락조차 쉽지 않았다. 그들이 역모를 획책했다는 것은 말도 안 되는 주장이었다. 하지만 무황후의 강변에 질린 당고종은 또 어쩔 수 없이 저수량을 애주(愛州)

로 보냈다. 애주는 지금의 베트남 북부 타인호아(Thanh Hoa)이다. 저수량은 현경 4년(659)에 울분을 참지 못하고 머나먼 남방의 변방 도시에서 향년 64세를 일기로 사망했다.

내제는 정주(庭州: 지금의 신강성 창길회족자치구)의 자사로 쫓겨났다. 용삭(龍朔) 2년(662)에 서돌궐의 침략을 방어하다가 전사했다. 한원은 지금의 해남도 인 진주(振州)의 자사로 쫓겨났다. 현경 4년(659)에 진주에서 병사했다.

그런데 이 시기에 허경종은 한원이 사망한 사실을 모르고 또 그와 왕 황후의 외삼촌 유석을 모함했다. 당고종은 한원을 경사로 압송하게 했다. 사자는 진주에 도착한 뒤에야 비로소 한원이 사망한 사실을 알았다. 한원 은 부관참시를 당하고 그의 일가는 노예로 전락했다. 상주자사(象州刺史)로 쫓겨난 유석도 이때 어명을 받고 자살했다.

무황후는 권력을 장악하자마자 당태종 시대의 훈구대신들 가운데 자 기에게 맞선 자들은 모조리 숙청했다. 당태종과 함께 중국 천하를 쟁취했 던 수많은 영웅호걸, 충신지사들이 당태종의 후궁에 불과했던 가냘픈 여 자, 무황후에게 모조리 숙청을 당했다.

무황후는 남편 당고종을 이용하여 훈구세력을 일소하고 자신의 새 시 대를 여는 데 필요한 인물들을 중용하여 급기야는 당나라를 없애고 무주 (武周·690~705)를 세워 중국 역사상 유일무이한 여황제로 등극했다. 그녀가 어떻게 이런 엄청난 역사의 반전을 일으킬 수 있었을까. 천하를 정복하는 자가 남자라면, 남자를 정복하는 자는 여자이기 때문일까.

제 **4** 장

중국의 유일무이한 여황제 무측천

제4장

중국의 유일무이한 여황제 무측천

1. 당태종의 후궁으로 들어가 당고종의 황후가 되다

무측천은 무덕 7년(624)에 이주(利州: 지금의 사천성 광원·廣元)에서 태어났다. 장안에서 태어났다는 얘기도 있다. 아버지는 당나라 개국공신 무사확(武士彠577~635)이며, 어머니는 수나라의 황실 출신 양씨(楊氏)이다. 무사확은 정관 9년(635)에 세상을 떠났다. 과부가 된 양씨는 어린 딸을 키우며 모진 고생을 했다.

당태종의 본처 장손황후가 서거한지 2년째 되는 해인 정관 11년(637)에 천하의 미인들을 황제의 후궁으로 간택하는 일이 있었다. 이때 당태종은 무측천의 미모가 빼어나다는 얘기를 듣고 그녀를 황궁으로 불러들여 오품재인(五品才人)으로 책봉했다. 그녀는 당태종의 성적 노리개가 되었다. 그녀가 입궁하기 전에 어머니가 눈물을 흘리자, 그녀는 이렇게 말했다.

"천자를 모시게 되었으니 어찌 엄청난 행운이 아니겠어요. 그런데도 어머니는 하필이면 이런 좋은 날에 눈물을 흘리는지요?"

황후도 언제나 두렵고 공손한 마음으로 천자를 모신다. 자칫하다간 하루아침에 폐위되고 일가가 멸문의 화를 당하기 때문이다. 그런데도 당시 14세의 어린 처녀에 불과했던 무재인이 이런 말을 했다는 것은, 그녀가 얼마나 무모하면서도 당찬 야심을 품고 있었는지 짐작할 수 있다.

당태종과 무재인의 관계가 어떠했는지는 알려지지 않았지만, 훗날 무재인이 술회한 얘기가 하나 있다. 당태종은 '사자총(獅子驄)'이라는 말을 기르고 있었다. 그런데 그 말이 어찌나 몸집이 비대하고 사나운지 그것을 감히 길들일 사람이 없었다. 말을 조련하는 데 탁월한 기술을 지닌 자들도 쩔쩔매는 광경을 본 무재인이 당태종에게 말했다.

"소첩이 사자총을 길들이기 위해서는 쇠채찍과 쇠몽둥이 그리고 비수, 이 세 가지 물건이 필요합니다. 쇠채찍으로 때려도 길들여지지 않으면 쇠몽둥이로 머리를 때리겠습니다. 그렇게 했는데도 길들여지지 않으면 비수로 목구멍을 찔러 죽이겠습니다."

한평생 숨을 죽이고 살아야 하는 후궁의 이런 잔인하고 과단성 있는 얘기를 들은 당태종은 한편으로는 그녀의 사내대장부보다 강한 패기를 칭찬했지만, 다른 한편으로는 그녀의 잔인한 성격에 크게 놀랐다. 그녀가 빼어난 미모에도 불구하고 당태종의 후궁으로서 낮은 품계인 오품재인에 머물렀던 이유는, 당태종이 그녀의 이런 성격을 우려하여 가까이 하지 않았기 때문이 아닌가 한다.

천하를 호령했던 당태종도 정관 22년(648)에 이르러 병세가 완연했다.

죽을 날이 얼마 남지 않았음을 직감한 그는 태자 이치에게 황위를 물려줄 결심을 하고 자신의 곁을 지키게 했다. 이치는 아버지의 침전에서 병간호하는 무재인과 자주 마주쳤다. 무재인은 법적으로는 이치의 어머니뻘이 되는 당태종의 후궁이었으나, 이치보다 겨우 네 살 더 많은 농염한 여자였다. 무재인은 이치를 은밀히 유혹했다. 당태종 사후에 이치가 황위를 계승할 게 분명했기 때문이다. 이치는 그녀의 고혹적 자태에 홀렸다. '연인 관계'로 발전한 두 사람은 사경을 헤매는 당태종의 앞에서 두려울 게 없었다.

정관 23년(649) 당태종은 두 사람의 불륜을 전혀 눈치 채지 못한 채 세상을 떠났다. 예상대로 태자 이치가 황위를 계승했다. 무재인은 다른 후궁들처럼 감업사(感業寺)로 들어가 비구니가 되어야 했다. 그런데 아들을 낳지 못한 왕황후는 남편 당고종의 총애를 한몸에 받고 있는 소숙비를 제거하기 위해 무재인을 끌어들였다.

당고종은 왕황후의 은밀한 지원 덕분에 '아버지의 여인'이었던 무재인을 궁궐로 불러들이고 이품소의(二品昭儀)로 책봉했다. 무소의는 자신을 구원해준 왕황후를 지극정성으로 모셨다. 하지만 당고종을 '사랑의 포로'로 만든 뒤부터는 황후의 자리를 노리기 시작했다.

영휘 5년(654) 무소의는 자기가 낳은 갓난아이를 몰래 이불로 덮어 죽인 뒤, 그 살인죄를 왕황후에게 덮어씌웠다. 당고종은 사건의 진상을 제대로 파악하지도 않고 영휘 6년(655)에 자신의 뜻대로 왕황후를 폐위하고 무소의를 황후로 책봉했다. 왕황후와 소숙비, 두 사람은 당고종의 총애를 쟁취하고자 암투를 벌였지만 뜻밖에도 왕황후가 끌어들인 무황후에게 살해당했다. 당나라가 이때부터 무황후의 국가가 되리라고 예견한 사람은 그녀 이외에는 단 한 명도 없었을 것이다.

2. 남편 당고종을 대신하여 당나라를 통치하다

현경 5년(660) 당고종은 어지럼증이 발작하여 정무를 처리할 수 없었다. 무황후에게 섭정을 맡겼다. 무황후는 병약한 당고종을 대신하여 모든 정사를 자기 멋대로 처리했다. 당고종이 원하는 일도 그녀의 뜻과 다르면 시행되지 않았다. 대신들은 황후의 전례 없는 만기친람에 불만을 품었다. 당고종도 가끔 그녀의 전횡에 진노했지만 그녀를 통제하지 못했다.

인덕(麟德) 원년(664) 무황후가 몰래 도사를 황궁으로 불러들여 정적들을 저주하는 굿판을 벌이게 했다. 당고종의 측근들도 저주의 대상이 되었다. 환관 왕복승(王伏勝)이 당고종에게 밀고했다. 진노한 당고종은 그녀를 즉시 폐위하려고 했으나 반발이 두려웠다. 은밀히 재상 상관의(上官儀·608~665)를 불러 그녀를 탄핵하게 했다. 조정 대신들의 여론을 빌미로 그녀를 폐위할 생각이었다. 황제의 뜻을 받든 상관의가 상소했다.

"천하의 모든 백성들이 황후의 전횡에 분노하고 있습니다. 마땅히 황
후를 폐위하여 민심에 따라야합니다."

당고종은 즉시 상관의에게 무황후를 폐위하는 조서를 작성하게 했다. 그런데 무황후에게 매수된 당고종의 시종들이 황급히 그녀에게 내막을 아뢰었다. 무황후는 당고종에게 달려가 온갖 교태를 부리며 억울함을 호소했다. 그녀의 호소에 마음이 약해진 당고종은 폐위 문제를 없던 일로 약속했다. 또 그녀가 원망하지 않을까 두려워하여 말했다.

"애초에 짐은 황후를 폐위할 생각이 없었소. 이번 일은 상관의가 시킨
일이오."

당고종은 상관의에게 책임을 떠넘겨서 황후의 비위를 맞출 수 있었지만, 천하의 황제가 보인 졸렬한 행동에 실망하지 않은 자가 없었다. 졸지에 희생양으로 전락한 상관의는 무황후의 보복을 피할 길이 없었다. 무황후는 역모 사건을 조작하여 정적을 제거하는 데 천부적 수완을 발휘한 여자였다. 결국 상관의는 조작된 역모 사건에 걸려 감옥에서 비참하게 죽었다.

이때부터 천하의 대권은 무황후의 손에 들어갔으며 관리를 임용하거나 쫓아내는 일 또는 생사여탈은 그녀의 말 한마디로 결정되었다. 신하들은 살아남기 위해서는 황제의 어명보다도 황후의 지시에 복종해야했다. 백성들은 당나라 천하에 두 황제가 있다고 쑤군댔다.

인덕(麟德) 2년(665) 10월 당고종은 무황후와 함께 봉선(封禅) 의식을 거행하러 산동성 태산(泰山)으로 행차했다. 한족이 가장 숭배하는 오악지존(五岳之尊), 태산에서의 봉선 의식은 중국 역사에서 엄청난 정치적 함의가 있었다. 오직 천하를 태평하게 다스린 제왕만이 하늘과 땅의 신에게 제사를 지냄으로써 비로소 천지신명에게 천자(天子)로 인증을 받는 고도의 정치적 행위였다.

중국 역사에서 수많은 군주가 있었으며 봉선 의식을 거행한 자도 적지 않았으나, 명실상부하게 태산에서 거행한 군주는 진시황, 한무제, 한광무제, 당고종, 당현종, 송진종 등 6명에 불과했다. 무측천도 훗날 여황제가 되어 이 장엄한 제천(祭天) 의식을 거행했지만, 장소가 태산이 아니라 하남성 숭산(嵩山)이었다.

원래 당고종은 봉선 의식을 거행할 생각이 없었다. 하지만 무황후가 그를 설득했다. 역대 왕조 가운데 당나라만큼 태평성대를 이룬 왕조가 또 어디에 있었냐는 얘기이었다. 사실 그녀의 말은 틀리지 않았다. 중국은 당고종 시대에 이르러 역사상 전무후무한 번영을 구가했기 때문이다.

당고종과 무황후가 거느린 행렬은 수백 리에 달할 정도로 장관이었다. 문무백관은 말할 것도 없고 돌궐, 페르시아. 천축, 신라, 왜국 등에서 파견한 사신들도 동참했다.

원래 황후는 제천 의식에는 참여할 권한이 없었다. 황제가 초헌(初獻)을 올리면, 공경대부가 아헌(亞獻)을 올리는 게 관례였다. 그런데 무황후는 자신이 직접 아헌을 올리겠다고 주장했다. 당고종은 윤허하는 수밖에 없었다. 공경대부들은 아연실색했지만 감히 불만을 토로할 수 없었다. 조금이라도 불쾌한 낯빛을 보이는 자가 있으면 죽음을 면치 못했기 때문이다.

상원(上元) 원년(674) 무황후의 뜻에 따라 당고종의 존호는 천황(天皇), 그녀는 천후(天后)로 불렸다. 그녀가 남편과 함께 당나라 천하를 친히 다스리겠다는 선언이었다. 그런데 그녀는 천하의 대권을 장악하기 위하여 권모술수를 부리고 정적들을 죽인 희대의 잔인한 여자였으나, 어떻게 하면 민심을 얻을 수 있고 국가를 태평성대로 이끌어 갈 수 있는 정치적 식견과 능력이 대단히 탁월했다. 그녀가 황제의 명의로 반포한 이른바 '건언십이사(建言十二事)'의 내용은 이렇다.

"첫째, 농사를 장려하고 부역을 경감한다. 둘째, 경기 지방에 거주하는 백성은 부역을 면제받는다. 셋째, 더 이상 전쟁을 일으키지 않으며 도덕으로 천하를 교화한다. 넷째, 국가의 관공서에서는 사치와 낭비를 금지한다. 다섯째, 공사에 소요되는 재화와 인력을 아낀다. 여섯째, 언로를 널리 창달한다. 일곱째, 타인을 비방하는 행위를 근절한다. 여덟째, 왕공(王公) 이하의 관리들은 모두 『노자』를 공부해야 한다. 아홉째, 아버지가 살아계실 때 어머니가 돌아가시면 아버지가 돌아가실 때처럼 참최(斬衰)를 입고 3년 상을 치른다. 열째, 상원(上元) 연간 이전에 직첩(職牒)을 받은 훈관(勳官)은 지은 죄가 있어도 추궁하지 않는다. 열한 번째, 경관(京官) 가

운데 8품 이상 되는 관리에게는 녹봉을 늘려준다. 열두 번째, 오래 근무
한 관리들 가운데 재능은 뛰어나지만 지위가 낮은 자에게는 승진의 기회
를 준다."

농사를 장려하고 백성들에게 가장 큰 고통을 주는 부역과 징집을 경
감시켜주는 일을 무천후는 국정의 핵심 과제로 삼았다. 다음으로는 '언론
의 자유'를 보장했다. 올곧은 신하와 사대부들에 대한 유화책이었다. 또
모든 관리들에게 『노자』를 공부하게 한 것은 중요한 정치적 함의를 지닌
다. 건봉(乾封) 원년(666) 그녀는 당고종의 명의로 노자를 태상현원황제(太
上玄元皇帝)로 추증했다. 노자의 본명이 이이(李耳)가 아닌가. 당나라 황제와
같은 성씨(姓氏)이므로 황제로 추증했다고 하지만 사실은 다른 이유가 있
었다.

유가는 남존여비 사상을 근간으로 하고 있기 때문에 여자가 천하를
다스리는 일은 도저히 받아들일 수 없었다. 따라서 그녀는 자신의 통치에
대한 정당성을 확보하기 위하여 사상적으로 유가보다 훨씬 유연하고 융
통성이 있는 노장사상을 통치 철학으로 삼았다. 훗날 그녀가 여황제로 등
극한 후에 불교에 심취하여 수많은 불사(佛事)를 일으킨 것도, 불교의 평등
사상이 그녀의 통치 기반을 다지는 데 유리했기 때문이다.

유가의 상례(喪禮)에 따르면 아버지가 돌아가시면 거친 베옷으로 만든
상복을 입고 3년 상을 치른다. 이 기간에 입는 상복을 '참최(斬衰)'라고 한
다. 어머니가 돌아가시면 1년 상을 치르는데 이 기간에 입는 상복을 '자
최(齊衰)'라고 한다. 무천후는 이런 제도가 남녀평등에 위배된다고 보았다.
어머니에 대한 상례도 아버지와 똑같아야한다는 혁신적 주장이다. 어쩌
면 그녀는 중국 역사에서 최초로 남녀평등을 주장하고 실천한 여자가 아
닌가 한다.

마지막으로 열째부터 열두 번째는 관리들을 우대하는 내용이다. 관리가 국가의 중추이므로 그들의 호응을 얻지 못하면 국정 운영이 어렵다. 이 점을 잘 알고 있었던 무천후는 그들을 파격적으로 대우하여 자기 세력으로 끌어들였다.

이 '건언십이사'의 의미를 크게 세 가지로 나누면, 민심을 얻고 남녀평등을 실현하며 관리들을 우대하는 것이다. 정말로 무천후의 국가를 경영하는 놀라운 책략이다. 이것이 반포되어 시행되자 당고종의 덕을 찬양하지 않는 자가 없었다. 일반 백성들이야, 당고종이 무천후의 꼭두각시라는 사실을 어떻게 알 수 있었겠는가.

무천후는 백성은 "먹을거리를 하늘로 삼는다."는 사실을 꿰뚫고 있었다. 백성은 의식주가 풍족하면 순민(順民)으로 변하고 그렇지 않으면 폭민(暴民)으로 변하는 법이다. 백성을 순박하고 선량하게 하려면 민생을 해결해야 했다. 전답을 개간하여 농가에 양식이 넘쳐나게 한 관리에게는 반드시 포상했으며, 농민을 착취하여 유랑민이 생기게 한 관리에게는 가혹한 형벌을 내렸다.

당고종은 유약하고 무능한 황제였으나, 중국이 그의 시대에 역사상 전례 없는 번영을 누릴 수 있었던 배경에는 무천후의 뛰어난 통치술이 있었기 때문이다. 유가의 이념이 지배했던 봉건왕조 시대에 여자는 국가를 통치하는 주체가 될 수 없었다. 하지만 무천후는 이런 태생적 한계를 극복하고 남편을 통해 대리 통치를 했다. 남편이 세상을 떠난 후에는 황태후로서 당나라의 천하를 좌지우지했다. 급기야 아들 낭예송 이단을 폐위하고 중국 역사상 전무후무한 여황제로 등극했다.

3. 자신의 통치에 저항하는 자들을 모조리 살해하다

무측천은 문무백관, 종실, 외척, 도사, 승려, 심지어는 각 성씨(姓氏)의 대표와 번왕들의 추대를 받고 67세의 나이에 여황제로 등극했다. 여자로서 고희에 가까운 이 나이면 젊었을 때의 미모는 사라지고, 얼굴은 주름투성이였을 것이다. 또 손자의 재롱을 즐기며 인생의 황혼을 보낼 나이가 아니겠는가.

하지만 그녀는 달랐다. 매일 밤 젊은 남자 기생들의 '성적 서비스'를 받으며 젊음을 유지했다. 또 화장술이 어찌나 뛰어났던지 그녀를 모신 측근들도 광채가 나고 향기가 진동하는 모습에 취하여 도무지 나이를 가늠할 수 없었다. 무측천은 권력뿐만 아니라 타고난 미모도 죽을 때까지 유지한 신비로운 여자였다.

그런데 무측천이 아무리 영웅, 호걸들을 마음껏 농락하는 지혜와 술책, 그리고 사내대장부들을 능가하는 강인한 의지를 가지고 있었더라도, 후궁 출신이 당나라를 뒤엎고 주나라를 세운 역사의 대반전에 대하여 불만을 가진 인사들이 전혀 없었던 것은 아니었다.

영국공(英國公) 이경업(李敬業·636~684)이 무측천에게 저항한 대표적 인물이었다. 그의 또 다른 이름은 서경업(徐敬業)이다. 조부 이적(李勣)은 당나라 개국 공신 24명 가운데 한 명이었으며, 부친 이진(李震)은 당고종 시대에 고위 관직을 역임했다. 명문가에서 태어나 승승장구하던 이경업은 홍도 원년(683)에 당고종이 붕어한 뒤 무측천이 황태후의 신분으로서 황제를 멋대로 바꾸는 전횡에 분노했다.

이경업은 급사중 당지기(唐之奇), 장안주박 낙빈왕(駱賓王), 첨사사직 두구인(杜求仁) 등 자신과 뜻이 맞는 친구들과 무황태후를 비난하면서 울분을 토로했다. 그들은 조정의 고위 관리이자 유가의 이념에 충실한 사대부이기도 했다. 특히 낙빈왕은 초당사걸(初唐四傑: 낙빈왕·왕발·양형·노조린) 중의 한 명으로 당나라 초기를 대표하는 유명한 시인이었다.

당시 무황태후의 수족들이 조정 곳곳에 깔려 있었던 터라, 그들의 수상한 행동은 즉시 그녀에게 보고되었다. 무황태후는 이경업은 유주사마(柳州司馬)로, 당지기는 괄창령(栝蒼令)으로, 낙빈왕은 임해승(臨海丞)으로, 두 구인은 이현령(黟縣令)으로 좌천시켰다.

당나라가 무씨 일족의 천하가 된 상황에서 이경업을 따르는 무리는 더 이상 희망이 없음을 깨달았다. 무황태후가 당중종 이현(李顯)을 폐위하고 당예종 이단(李旦)을 꼭두각시 황제로 앉힌 지 몇 개월 후인 문명(文明) 원년(684) 9월에, 이경업을 중심으로 한 사대부들이 양주(揚州)에서 반란을 일으켰다. 낙빈왕은 「서경업을 위하여 무조(武曌)를 토벌한다」는 유명한 격문을 돌렸다. 그 일부 내용은 이렇다.

"지금 조정을 농락하고 있는 무씨는 성품이 모질뿐만 아니라 출신도 비천한 여자이다. 애초에 태종 황제의 첩으로 입궁한 후 황제를 유혹하여 총애를 받았다. 그 후에는 태자가 거주하는 동궁을 들락날락거리며 음란한 짓을 일삼았다. 붕어하신 고종 황제와 몰래 간통을 저지른 것을 감쪽같이 속이고 황제의 총애를 독차지할 음모를 꾸몄다. 입궁한 비빈과 미녀들은 모두 그녀의 간교한 질투에 걸려들지 않은 여자가 없었다. 또 무씨는 거짓말을 잘하고 남을 헐뜯는 데 천부적 소질을 타고났으며 교활한 여우처럼 황제를 농락했다. 마침내 무씨는 황후의 화려한 예복을 입고 황후로 책봉되었으니 우리 임금을 패륜아로 만들고 말았다."

"더구나 무씨는 독사처럼 독을 품고 있고 승냥이처럼 표독하고 잔인한 여자이다. 간신을 가까이하고 충신을 살해했으며 친오빠와 조카도 자기 마음에 들지 않는다는 구실로 죽였다. 심지어 임금을 시해하고 황후를 독살한 극악무도한 짓을 서슴지 않고 했다. 이러한 인간은 신과 사람이 모두 증오하며, 하늘과 땅이 도저히 용납할 수 없다. 이처럼 극악무도한 악녀가 흑심을 품고 황위 찬탈을 노리고 있다. 선황제께서 총애한 아들을 별궁에 유폐시켰으며, 무씨 일족에게 중임을 맡겨 국정을 농단하고 있다."

'무조'는 무황태후의 원래 이름이다. 그녀를 '악녀'로 간주한 낙빈왕은 그녀가 얼마나 많은 악행을 저질렀는지 일일이 밝히고 그녀를 타도해야 한다고 주장했다. 무씨 일족에게 미움을 사서 지방으로 쫓겨난 관리들과 여자가 조정을 좌지우지하는 행위를 아주 못마땅하게 생각했던 유생, 농민들이 일시에 이경업의 반란군에 가담했다.

그들은 여릉왕(廬陵王)으로 강등된 당중종 이현을 천자로 복위시킨다는 명분을 내걸었다. 당중종을 닮은 가짜 황제를 모시고 낙양으로 진격하여 무황태후를 제거하려고 했다. 반란군의 숫자가 10여만 명에 이르자 무황태후도 긴장하지 않을 수 없었다. 즉시 좌위장군 이효일(李孝逸)을 양주도 대총관으로 임명하고 30만 대군으로 반란군을 진압하게 했다. 그런데 반란군의 지도자들은 대부분 문인, 사대부 등 전투 경험이 없는 자들이었으므로 토벌군의 적수가 되지 못했다.

이효일은 하아계(下阿溪: 지금의 안휘성 천장·天長)에서 바람을 이용한 화공 작전으로 반란군을 진압했다. 이경업은 패잔병을 이끌고 해곡(海曲: 지금의 강소성 태주·泰州)에서 바다를 건너 신라로 달아나려고 했지만 그의 부하 장수 왕나상(王那相)에게 살해당했다. 왕나상은 그의 잘린 머리를 조정에 바치고 투항했다.

무황태후는 이경업의 조부이자 개국공신 이적을 부관참시하게 했다.

이경업 등 반란군 지도자들의 잘린 머리는 저잣거리의 높은 장대에 매달아 놓게 했다. 그들의 친족도 남녀노소를 막론하고 떼죽음을 당했다. 무황태후의 권위에 도전한 자들은 얼마나 비참하게 죽고 멸문의 화를 당한다는 것을 백성들에게 보여준 무서운 경고였다.

무황태후가 반란군의 진압에 골머리를 앓고 있을 때 중서령 배염(裴炎·?~684)에게 대책을 물은 적이 있었다. 원래 배염은 무황태후가 당중종을 폐위하고 당예종을 꼭두각시 황제로 옹립할 때, 그녀를 지지한 공로로 재상의 지위에 오른 인물이었다. 그는 그녀의 하문에 이렇게 대답했다.

"천자(당예종)께서 이미 성인이 되었는데도 친히 정사를 돌보고 있지 않기 때문에 소인배에게 반란을 일으키는 구실을 제공했습니다. 만약 천자로 하여금 정사를 돌보게 한다면 반란군은 토벌하지 않아도 저절로 와해될 것입니다."

간단히 말해서 무황태후에게 권력을 아들 당예종에게 넘기고 물러나라는 주장이었다. 그는 무황태후의 권력욕이 얼마나 강하고 무엇을 원하고 있는지 전혀 눈치 채지 못한 순진한 사람이었다. 무황태후는 총신 배염의 이런 주장에 진노했다. 배염은 하루아침에 제거되어야 할 대상이 되었다. 무황태후의 환심을 사서 승진의 기회를 노린 어사 최찰(崔詧)이 즉시 그를 탄핵했다.

"배염은 고명대신으로서 반란군을 토벌할 생각은 하지 않고 오히려 태후에게 권력 이양을 요구하고 있습니다. 그 자가 모반의 뜻을 품은 게 분명합니다."

무황태후는 배염을 감옥에 가두고 모반죄를 추궁하게 했다. 결국 배염은 억울한 누명을 쓰고 참수형을 당했다. 그를 변호한 봉각시랑 호원범(胡元範), 봉각사인 유제현(劉齊賢), 좌무위대장군 정무정(程務挺) 등 조정 중신과 이름난 장수도 유배를 당하여 자살하거나 살해당했다.

무황태후의 전횡에 가장 분노한 집단은 당나라의 이씨 종친이었다. 당태종 이세민의 노리갯감에 불과했던 무황태후에게 국정이 농락당하는 모습을 보고 얼마나 많은 치욕을 느끼고 분개했겠는가. 기왕(紀王) 이신(李愼·628~689), 한왕(韓王) 이원가(李元嘉·630~688), 곽왕(霍王) 이원궤(李元軌·?~688), 상락공주(常樂公主·?~688)는 모두 당태종의 이복동생들이자 종실의 어른이었다. 당연하게도 그들의 항렬과 권위는 무황태후보다 높았다. 무황태후는 자기에게 굴종하는 이씨에게는 실권이 없는 관작을 수여했고, 그렇지 않은 자에게는 제거하기로 결심했다.

수공(垂拱) 4년(688) 무태황후는 각 지방의 여러 왕들을 낙양의 낙수(洛水)에서 거행하는 자신의 황제 등극 의식에 참가하게 했다. 이씨 왕들은 그녀가 황제로 등극한다는 소식을 듣고 경악했다. 그녀가 황제로 등극하면 이씨 왕들은 멸족을 당할 게 분명했다. 이원가가 종실 왕들에게 은밀히 사자를 보냈다.

"태후가 황제의 옥좌를 노리고 있소. 만약 성공하면 이씨 왕들을 모조리 죽일 것이오. 먼저 병사를 일으켜 그녀를 제거하는 게 우리의 살길이오. 그렇게 하지 않으면 이씨는 멸종될 것이오."

월왕(越王) 이정(李貞·627~688)의 아들, 낭야왕(瑯琊王) 이충(李沖)이 여러 왕들의 뜻을 받들어 군사 5천여 명을 거느리고 제주(濟州: 지금의 산동성 치평·荏平)를 공격했다. 하지만 그는 무황태후의 진압 명령을 받은 제군절도(諸軍節

度) 장광보(張光輔)의 적수가 되지 못했다. 10만 대군을 거느린 장광보는 이충의 반란군을 궤멸시켰다. 아들이 전사했다는 소식을 들은 월왕 이정은 상락공주와 함께 황급히 군사를 일으켜 대항했으나 패배했다. 이정은 독주를 마시고 자살했다. 이신, 이원가, 이원궤, 상락공주 등 이씨 종친들도 반란에 연루되어 자살하거나 살해당했다.

당고종 이치의 셋째아들 택왕(澤王) 이상금(李上金·?~690)과 넷째아들 허왕(許王) 이소절(李素節·648~690)이 무황태후의 미움을 샀다. 두 사람이 그녀에게 불만을 품어서 그런 게 아니었다. 이상금의 생모 양궁인(楊宮人)과 이소절의 생모 소숙비(萧淑妃)가 질투에 눈이 먼 무황태후에게 살해당했기 때문에 그들의 아들도 죽을 수밖에 없는 운명이었다. 이상금과 이소절은 목숨을 부지하기 위해 전전긍긍했지만 결국은 모반죄를 뒤집어쓰고 죽었다. 무황태후는 당고종을 함께 모셨던 두 후궁을 살해하고 난 후 그들의 아들도 죽인 것이다.

무황태후는 황제로 등극하기 전후에 이씨 왕들을 모조리 제거했다. 그들은 당태종 이세민의 이복동생들이거나 당고종 이치의 이복형제들이었다. 당태종의 후궁이었던 무황태후가 어떻게 기세등등한 이씨 왕들을 '싹쓸이'할 수 있었을까. 그녀는 모략과 용인술의 천재였다. 제거해야 할 세력이 있으면 무씨 일족을 통해 모반죄를 꾸미게 한 뒤 일망타진했다. 이와 반면에 자기에게 충성을 다하는 신하에게는 은전을 아낌없이 베풀었다. 또 능력이 뛰어난 자들을 중용하여 대임을 맡겼으며 그들의 간언을 마다하지 않았다.

무황태후는 백성이 곧 국가의 근본이며 존재 이유이므로 그들의 민생고를 해결하면 여자도 천하의 대권을 쥘 수 있다고 보았다. 그녀는 백성을 위한 여러 가지 정책을 주도면밀하게 폈다. 백성이야, 황제가 여자이면 어떠랴. 등 따뜻하고 배부르면 그만이다. 이런 이유로 이씨 왕들이 반란을 일으켰을 때 그들을 따르는 백성이 거의 없었다.

4. 당나라의 국호를 폐지하고 무주를 건국한 후 여황제로 등극하다

홍도(弘道) 원년(683) 당고종이 향년 56세를 일기로 자미궁(紫微宮)에서 붕어했다. 병약하고 무능했지만 마음이 너그럽고 관용을 베풀 줄 알았다. 정치적으로는 아내 무황후에게 황제의 권력을 이양할 정도로 소극적 태도를 보였으나 천하의 영웅, 호걸들을 제압한 그녀의 탁월한 정치적 수완 덕분에 그의 시대는 '정관의 치'를 계승한 태평성대로 자리매김할 수 있었다.

당고종과 무측천 사이에는 이홍(李弘·652~675), 이현(李賢·655~684), 이현(李顯·656~710), 이단(李旦·662~716) 등 아들 4명이 있었다. 이들 가운데 이홍이 당고종의 다섯째아들인데 무측천에게는 큰아들이 된다. 무측천이 황후로 책봉될 때 이홍도 태자로 책봉되었다. 상원(上元) 2년(675) 4월 태자 이홍이 합벽궁(合璧宮)의 기운전(綺雲殿)에서 한창 젊은 나이인 24세 때 갑자기 죽었다. 급서의 원인은 밝혀지지 않았지만 무황후가 황제로 등극하기 위하여 친아들을 극비리에 독살했다고 주장하는 사람도 있다.

이홍 사후에 당고종의 여섯째아들이자 무황후의 둘째아들인 이현(李賢)이 21세의 나이에 태자로 책봉되었다. 그 후 이현은 무황후의 전횡에 저항하다가 폐서인되고 궁중에 유폐되었다. 이때 태자를 추종했던 무리는 살해되거나 변방으로 쫓겨났다. 문명(文明) 원년(684) 파주(巴州)로 쫓겨난 이현은 또 모반의 혐의를 뒤집어쓰고 29세의 나이에 자살했다. 그를 자살로 몰고 간 자는 다름 아닌 어머니 무황후였다.

이현(李賢)이 폐서인된 직후인 영륭(永隆) 원년(680)에 당고종은 자신의

당나라 역대 황제 평전

일곱째아들이자 무황후의 셋째아들 이현(李顯·656~710)을 태자로 책봉했다. 이 이현(李顯: 당고종의 여섯째아들, 이현·李賢과 한글 이름이 같음)이 4대 황제 당중종이다. 무황후는 아들의 황위 계승 직후에 무황태후로 추대되었다. 당중종은 어머니 무황태후에게 미움을 사서 황제의 옥좌에 앉은 지 두 달도 못되어 여릉왕(廬陵王)으로 강등되어 쫓겨났다.

사성(嗣聖) 원년(684) 무황태후는 막내아들 이단(李旦·662~716)을 꼭두각시 황제로 앉혔다. 이단이 곧 5대 황제 당예종(唐睿宗)이다.

당예종은 있으나마나 한 황제였다. 조금이라도 무황태후의 비위를 상하는 일이 생기면 형들처럼 제거될 수 있다는 두려움에 떨었다. 무황태후가 시키면 시키는 대로 하면서 명철보신했다. 천하의 모든 사람들은 당나라의 진정한 황제가 무황태후임을 알고 있었다. 무황태후도 수렴청정의 방법으로 국가를 통치하는 일이 귀찮았다. 영휘 6년(655) 황후로 책봉된 이래 30년이 넘는 긴 세월 동안 국정을 실질적으로 다스렸지만 언제나 황제가 아닌 황후, 천후, 황태후 등의 신분이었다. 이제 황제로 등극하여 명실상부한 천하의 최고 권력자가 되고 싶었다.

이 시기에 무황태후의 원대한 꿈을 저지할 사람은 아무도 없었다. 당나라 천하의 영웅, 호걸들 가운데 그녀에게 저항한 자들은 모두 살해되거나 추방당했다. 오로지 복종한 자만이 그녀의 은총을 입어 승승장구할 수 있었다.

무측천은 천수(天授) 원년(690) 음력 9월 9일 중양절에 황제로 등극했다. 자신의 존호는 성신황제(聖神皇帝), 국명은 수(周)로 정했다. 중국역사에서는 무주(武周)라고 칭한다. 그리고 낙양을 신도(神都)로 명명하고 무주의 도성으로 삼았다. 그녀는 황제가 되었으므로 어쨌든 황위를 계승할 태자가 필요했다. 당나라 5대 황제였던 막내아들 이단을 태자로 책봉했다.

그런데 이단은 이씨가 아닌가. 성이 다른 사람이 무씨(武氏) 왕조의 후계자가 될 수는 없었다. 무측천은 고육지책으로 이단에게 무씨 성을 하사하여 이 모순을 해결했다. 당나라의 황제였던 이단은 어머니에 의해 하루 아침에 태자로 전락하고 성이 바뀐 비운의 주인공이 되었다.

무측천은 이씨의 당나라를 무씨의 주나라로 바꾸는 환골탈태의 변화를 주도했다. 먼저 천자는 7대 조상까지 태묘에 모신다는 예법에 따라 무씨의 역대 조상들을 황제로 추증했다. 무측천의 아버지 무사확은 태조효명고황제로 추증되었다. 지방의 번왕들도 모두 무씨 일가로 교체했다. 무측천의 두 조카 무승사(武承嗣)는 위왕(魏王), 무삼사(武三思)는 양왕(梁王)으로 책봉되었다. 두 사람은 무측천의 총애를 등에 업고 수족이 되어 황제에 버금가는 권세를 누렸다. 그녀의 다른 친척들도 친소 관계에 따라 전국 각지의 군왕으로 책봉되었다. 당나라 황실의 이씨들은 대부분 살해되거나 평민으로 강등되는 수모를 겪었다.

왕조가 망하면 태묘도 제사가 끊기고 황폐화되는 법이다. 하지만 무측천은 자신의 시아버지 당태종과 남편 당고종을 모신 태묘를 차마 없앨 수 없었다. 고심 끝에 당나라의 도성 장안에 있는 태묘를 향덕묘(享德廟)로 명명하고 제사를 지내게 했다. 한 왕조에 두 개의 태묘가 존재할 수 없었다. 그렇지만 그녀는 자기가 천명에 따라 이씨의 당나라를 계승하고 주나라를 건국했다는 역사적 정통성을 확보하기 위하여 그렇게 한 것이다.

5. 혹리를 동원하여 공포 정치를 자행하다

수공(垂拱) 2년(686) 무측천은 구리로 만든 상자, 동궤(銅匭) 4개를 낙양의 자미성 곳곳에 설치하게 했다. 지휘고하를 막론하고 어떤 사람이라도 상소문을 써서 동궤에 넣으면, 그녀가 그것을 친히 열람하고 국정에 반영하겠다는 의지의 표현이었다. 지위가 낮은 신하나 초야에 은거하고 있는 선비들은 국가와 백성을 위한 뛰어난 책략을 가지고 있어도 최고 통치자인 무측천에게 아뢸 방법이 없었기 때문에 이런 조치를 취했다. 오늘날의 '국민신문고'와 같은 조직을 운영하여 언로를 열어 놓았다.

또 전국의 모든 백성들이 억울한 일을 당하거나 관리들의 부패를 목격하면 언제라도 상경하여 밀고할 수 있는 제도를 만들었다. 지방에서 밀고하러 올라온 백성들에게는 역참을 이용할 수 있게 했고 음식을 제공했다. 밀고자가 농민, 천민 등 하층민일지라도 그들이 밀고한 내용이 심각한 사안이면, 무측천이 친히 접견했다. 밀고한 내용이 사실로 판명나면 밀고자에게 관직을 하사하거나 후한 상을 내렸다. 설사 사실이 아닌 것으로 판명이 나도 무고죄를 추궁하지 않았다.

이에 따라 조정 중신은 말할 것도 없고 지방 관리들도 언제나 긴장하면서 맡은 업무를 성실하게 수행해야 했다. 만약 그들이 위법 행위를 저지르거나 백성들을 착취하여 막대한 부를 쌓다가 밀고에 걸려들면 멸문의 화를 피할 수 없었다.

무측천은 밀고에 걸려들어 감옥에 갇힌 자들에게는 혹리를 동원하여 잔혹한 형벌을 내렸다. 혹리의 취조를 받은 자들 가운데 살아남은 자는 거의 없었다. 소원례(索元禮 · ?~691), 내준신(來俊臣 · 651~697), 주흥(周興 · ?~691), 후사지(侯思止 · ? ~693) 등이 무측천에 의해 발탁된 악마와 같은 잔혹한 관리들이었다.

호인(胡人) 출신인 소원래는 무측천의 남자 기생 설회의(薛懷義)의 수양아버지였던 인연으로 무측천에게 접근할 수 있었다. 성격이 워낙 포악하고 잔인했으며 남을 해코지하는 데 천부적 능력을 발휘하여 무측천의 총애를 받았다.

당시 시어사 어승엽(魚承曄)의 아들, 어보가(魚保家)라는 인물이 있었다.

그는 물건을 제작하는 능력이 아주 뛰어났다. 무측천에게 자신이 제작한 동궤를 바치고 여론 수렴을 건의했다. 무측천이 그의 건의에 따라 동궤를 곳곳에 설치하게 한 뒤 신하의 상소와 백성의 밀고를 친히 관장했다. 어보가는 이 공로로 출세의 가도를 달렸다. 그런데 어느 날 익명의 투서가 동궤 안에 들어왔다. 내용인 즉, 이경업이 반란을 일으킬 때 어보가가 반란군을 위해 장검, 쇠뇌, 활 등의 무기를 제작했다는 것이다.

무측천은 소원례에게 어보가를 취조하게 했다. 소원례는 옥지(獄持)와 숙수(宿囚)라는 잔혹한 고문 수법을 개발했다. 옥지는 죄인의 머리를 쇠로 만든 작은 상자에 넣어 움직이지 못하게 고정시키고 팔다리를 회전하는 열십 자 모양의 형틀에 묶어놓고 난 뒤 고문하는 방법이다. 만약 죄인이 죄를 실토하지 않으면 형틀을 조금씩 돌려서 머리와 팔다리를 틀어지게 했다. 형틀을 한 바퀴 돌리면 머리와 목이 짓이겨지고 몸에서 잘리는 상상을 초월하는 고문이다. 숙수는 죄인을 굶기고 잠을 재우지 않는 고문이다. 또 갈빗대를 부러뜨리며 바늘로 손톱을 찌르며 머리카락을 매달아놓고 불로 귓속을 지지며 물고문을 자행했다.

죄를 지은 자는 말할 것도 없고 설령 죄를 짓지 않은 자가 허위 자백을 해도 살아남을 수 없었다. 결국 어보가는 허위로 자백할 수밖에 없었으며 저잣거리에서 허리를 잘리는 형벌을 당하고 죽었다. 무측천의 사주를 받은 소원례는 무측천의 절대 권력 행사에 조금이라도 방해가 되는 자가 있으면 닥치는 대로 죽였다. 그에게 살해당한 자들이 수천여 명에 달하자 백성의 원성이 자자했다. 그런데 백성이 국가의 근본임을 누구보다도 잘 알고 있었던 무측천은 민심의 향배에 아주 민감했다. 희생양이 필요했다. 자신을 위해 살인 광풍을 일으킨 소원례를 죽여서 난국을 타개했다.

건달 출신인 내준신은 소원례와 쌍벽을 이룬 혹리이다. 사건 조작에 타고난 솜씨를 발휘하고 밀고에 능하여 무측천의 신임을 받았다. 시어사, 어사중승, 태복경 등 고위 관직을 역임하고 밀고를 전담하는 기구인 추사원(推事院)을 설립했다. 추사원은 전국의 유명한 무뢰한들의 집합소였다. 추사원으로 끌려간 자들 가운데 살아나온 자는 거의 없었다.

내준신은 자신의 패거리와 함께 『고밀라직경(告密羅織經)』이라는 책을 편찬했다. 이것은 어떻게 죄명을 조작하고 사람을 고문하는 방법을 서술했을 뿐만 아니라, 각종 고문 기구와 그것의 사용법도 자세히 기술했다. 이것을 읽어 본 자들은 그 치밀한 사건 조작 방법과 잔혹한 고문 수단에 놀라 혼비백산했다. 누명을 쓰고 취조를 당하는 자는 차라리 빨리 죽여 달라고 애원할 정도였다. 조정 중신들조차 아침 조회에 나갈 때면 가족에게 오늘 무사히 살아서 돌아올지 모르겠다고 한탄하면서 유언을 남기기도 했다.

내준신은 무측천의 눈엣가시였던 당나라 이씨 종친들의 씨를 말리는 데 '사냥개' 노릇을 했다. 그에게 희생된 자들이 수천 명에 달했다. 무측천의 총애를 등에 업은 그는 더욱 기고만장했다. 자신의 비위에 조금이라도 거슬리는 자가 있으면 모반 사건을 조작한 뒤 가차 없이 죽였다. 그의 무고(誣告)에 걸려든 대장군 장건욱(張虔勖)과 대장군급사 범운선(范雲仙)이 억울함을 호소하는 상소문을 올렸다. 내준신은 상소문을 가로채고 호위무사를 보내 장건욱을 살해했으며 범운선의 혀를 잘라 죽였다. 그는 또 지독한 색마였다. 마음에 드는 여자가 있으면 처녀든 유부녀든 가리지 않고 취했다. 재상 이하 신하들의 미모가 뛰어난 치첩들도 그의 마수에서 벗어날 수 없었다. 마음에 드는 유부녀가 있으면 먼저 남편을 해코지한 뒤 그의 아내를 가로챘다.

무측천이 총애한 딸 태평공주(665~713)와 무씨 왕들마저도 권모술수에 능한 내준신의 전횡을 두려워하고 대책을 숙의했다. 내준신은 또 그들이 모반을 획책했다는 내용을 담은 밀고로 그들을 제거하려고 했다. 위기에 몰린 그들은 내준신과 원한 관계였던 위수충(衛遂忠)과 공모하여 그의 죄상을 낱낱이 밝힌 상소문을 올렸다. 무측천은 자신의 혈족까지 모함하려고 한 내준신을 용서할 수 없었다.

만세통천 2년(697) 내준신은 저잣거리에서 참수형을 당했다. 그 참수 광경을 지켜 본 군중은 시체로 달려들어 시체를 갈기갈기 찢어발겼다. 순식간에 뼈대만 남았다. 사실 내준신을 '인간백정'으로 만든 자는 다름 아닌 무측천이었다. 하지만 그녀는 자신의 과오를 감쪽같이 감추고 분노한 민심을 잠재우기 위하여 그에게 모든 죄를 뒤집어씌우고 죽였다. 그녀가 내린 조서는 이러했다.

"내준신의 8족을 모조리 주살하여 백성들의 원한을 풀고 그의 모든 가산을 법에 따라 몰수하라!"

우매한 백성들은 내준신의 배후에 무측천이 있었는지도 모르고 그녀의 준엄한 심판을 찬양했다. 그녀는 혹리를 앞세워 정적들을 무자비하게 제거했다. 그런데 혹리는 주제 파악을 하지 못하고 자기에게 위임한 권력에 도취되어 극악무도한 만행을 저지르면서 영원히 부귀영화를 누리겠다는 착각을 했다.

무측천은 선과 악을 구분하지 못한 여자가 아니었다. 내준신과 같은 자는 자신의 통치 기반을 강화하는 데 잠시 필요했을 뿐이지 이용 가치가 사라지면 언제라도 희생양으로 삼을 대상이었을 뿐이다.

주흥과 후사지도 내준신에 버금가는 혹리이다. 천수 2년(691) 또 다른 혹리 구신적(丘神勣·?~691)이 모반죄로 처형을 당했을 때, 주흥도 연루되었다. 무측천은 내준신에게 주흥을 비밀리에 취조하게 했다. 내준신과 주흥은 한때의 '동지'였다. 하루는 내준신이 아무 것도 모르고 있는 주흥에게 식사를 대접하면서 물었다.

"주공! 죄인이 끝내 죄를 자백하지 않으면 어떻게 해야 하오?"

주흥이 웃으면서 대답했다.

"아, 그거야 너무 간단한 일이지요. 죄인을 큰 항아리에 넣은 뒤 불을 때면 되지 않겠소?"

내준신은 즉시 하인에게 항아리와 장작을 가지고 오게 한 뒤 말했다.

"이제 폐하의 성지를 받들어 주공을 취조하겠소. 어서 항아리 안으로 들어가시지요."

혼비백산한 주흥은 모든 죄를 실토하겠으니 제발 살려달라고 애원했다. 무측천은 주흥이 자백했다는 얘기를 듣고 그를 죽이려고 했으나 지난 날의 공로를 참작하여 영남 지방으로 유배를 보냈다. 주흥은 유배 도중에 그에게 원한을 품은 자에게 살해당했다.

후사지는 길거리에서 밀전병을 팔던 무식쟁이 장사꾼이었다. 아무리 열심히 일해도 입에 풀칠하기도 어려운 생활이 지속되자 항주참군 고원례(高元禮)의 저택으로 들어가 종노릇을 했다. 하루는 어떤 지방 관리의 사주를 받고 서왕(舒王)과 배정(裴貞)이 역모를 꾸몄다고 밀고했다. 추사원으로 끌려온 서왕과 배정은 억울한 누명을 쓰고 죽었다. 밀고한 공로로 유격장군이 된 후사지는 무측천을 위해서라면 어떤 사악한 일도 서슴지 않고 자행했다.

한편 고원례는 자기 집안에서 종노릇을 하던 천박한 후사지가 하루아침에 벼락감투를 썼다는 얘기를 듣고 사시나무 떨듯 했다. 그가 혹시라도 꼬투리를 잡아 자신을 해코지할지도 모른다는 두려움 때문이었다. 고원례는 변신의 천재였다. 평소에 벌레 보듯 경멸했던 후사지를 '후대인'으로 높여 부르며 낯 간지러운 아부를 했다. 낯 놓고 기역 자도 모르는 후사지는 유식한 고원례의 도움이 절실하게 필요했다. 하루는 고원례가 후사지에게 말했다.

"후대인, 지금 조정에서는 격식을 따지지 않고 사람을 쓰고 있습니다. 만약 황상께서 후대인을 고위 관리로 임용하려고 하는데도 신하들이 글자를 모르는 후대인을 임용해서는 안 된다고 주장하면, '해태가 어찌 글자를 알겠습니까. 하지만 그 동물은 국가를 위해 선과 악을 구별하고 죄인들을 응징했습니다.'라고 말하면 됩니다."

해태는 시비와 선악을 판단하여 안다고 하는 상상의 돌물이다. 우리나라의 경복궁 앞에 있는 해태가 바로 그것이다. 아나나 다를까, 얼마 후 무측천이 후사지에게 말했다.

"짐이 너를 어사로 임명하려고 한다. 하지만 네가 너무 무식하다고 말하는 신하들이 많구나."

후사지는 고원례가 알려준 대로 대답했다. 무측천은 크게 기뻐하며 그를 어사로 임명했다. 고원례는 또 후사지에게 이렇게 일러주었다.

"황상께서 후대인이 경사에서 거주할 집이 없음을 아시고 죄를 지어 형벌을 받은 고관대작의 저택을 하사하시겠다고 말씀하시면, 황상의 은혜에 감읍하면서도 절대 저택을 받으면 안 됩니다. 그렇게 하면 황상께서 반드시 그 까닭을 물어보실 것입니다. '저는 황상에게 반역한 자들을 증오하기 때문에 그들의 저택에서 살고 싶지 않습니다.'라고 후대인이 말해야 합니다."

얼마 후 고원례의 예상대로 무측천이 후사지에게 반역자의 저택을 하사하겠다고 했다. 후사지가 성은에 감격하면서도 받지 않겠다고 했다. 무측천은 오히려 그에게 더 많은 재물을 하사했다. 후사지는 이렇게 고원례의 도움으로 무측천의 절대적 신임을 얻었다. 하지만 그도 권세를 누리다가 당나라 국부(國富)의 원천이었던 비단을 남용한 죄명으로 맞아 죽었다.

무측천은 자신의 통치 기반을 강화하기 위해서 혹리를 동원하여 잔혹한 통치를 했다. 그런데 그녀에게 혹리는 권력 유지의 도구였을 뿐이다. 백성들의 원성이 자자하면 제일 먼저 그들을 희생양으로 삼아 왕조의 안정을 도모했다. 혹리는 무측천의 간교한 술책을 모른 채 그녀를 위해 한바탕의 칼춤을 추다가 어느 날 갑자기 모두 '천하의 악인'이라는 오명을 쓰고 살해당했다. 사냥개는 토끼 사냥이 끝나면 주인에게 삶아 먹힌다는 중국 역사 특유의 불행한 교훈의 전형적 본보기가 되었다.

6. 적인걸을 중용하여 대임을 맡기다

무측천은 혹리를 동원하여 반대 세력을 잔혹하게 탄압했지만 유능한 인재를 중용해서 그에게 대임을 맡겨야 만이 무주(武周)의 천하가 태평성대를 이룰 수 있다고 보았다. 그녀의 황제 재위 15년 동안 적인걸(狄仁杰·630~700)이라는 유명한 재상이 등장하여 무주 시대를 성공적으로 이끌 수 있었던 힘은 그녀의 탁월한 용인술과 인재를 아끼는 혜안에서 나왔다.

태원(太原) 출신 적인걸은 당고종 때 과거에 급제하여 관계(官界)에 진출했다. 성격이 워낙 강직하고 공명정대하여 지역민들의 칭송을 들었으나, 지방의 관아에서 활동했던 까닭에 명성이 널리 알려지지 않았다. 당고종 영휘(649~655) 연간 당대의 유명한 화가이자 하남도출척사(河南道黜陟使)였던 염립본(閻立本·601~673)이 지방 관아를 순회하면서 관리들의 고과(考課)를 평가할 때, 변주(汴州)에서 우연히 젊은 적인걸을 만나 몇 마디 대화를 나눈 끝에 이렇게 말했다.

"나는 화가이오. 내 마음 속에는 언제나 그림으로 그리고 싶은 인물과 그렇지 않은 인물이 있소. 그런데 그림으로 그리고 싶은 인물 가운데 한 눈에 반하여 당장 붓으로 그리고 싶은 인물은 여태껏 거의 없었소. 오늘 그대를 보니 즉시 그리고 싶은 충동을 억제할 수 없구려."

염립본은 적인걸의 살아있는 눈빛과 위풍당당한 모습에 반하여 이런 말을 했다. 그는 적인걸을 병주도독부의 법조(法曹)로 발탁했다. 이때부터 적인걸은 자신의 정치적 포부를 마음껏 펼치기 시작했다.

당고종 의봉(儀鳳) 연간(676~679) 적인걸이 관리의 탄핵을 관장하는 직책인 시어사(侍御史)를 맡고 있을 때의 일이다. 좌사랑중 왕본립(王本立)이 황제의 총애를 등에 업고 온갖 폐단을 일으켰다. 적인걸은 당고종에게 그를 의법 조치하겠다고 아뢰었다. 하지만 당고종이 그를 너그러이 용서하라는 조서를 내리자, 적인걸은 이렇게 아뢰었다.

"조정에 유능한 인재는 부족하지만 왕본립과 같은 자는 드물지 않습니다. 폐하께서는 어찌하여 이런 자를 아끼시어 법률을 훼손하려고 하십니까? 먼저 그를 처벌하시어 신하들에게 경계(警戒)를 삼게 해야 합니다."

군주가 아무리 총애하는 신하라도 그가 범법 행위를 하면 반드시 처벌하여 기강을 바로잡아야 한다는 주장이다. 당고종은 적인걸의 간언을 받아들이고 왕본립을 의법 조치하게 했다. 적인걸은 이 시기에 오늘날의 대법원에 해당하는 대리시(大理寺)의 시승(寺丞)의 직책을 맡고 있을 때, 소송 사건에 연루된 1만7천여 명을 재판하면서 억울함을 호소하는 자가 단한 명도 없었을 정도로 공무를 완벽하게 처리하여 명성을 날렸다.

무측천이 황제로 등극한지 1년 후인 천수 2년(691)에 적인걸은 동평장사(同平章事)로 임용되어 재상이 되었다. 하루는 무측천이 그에게 물었다.

"경이 여남(汝南)에서 예주자사(豫州刺史)로 있을 때 많은 업적을 쌓았다. 하지만 뜻밖에도 경을 비방하는 자가 있구나. 누가 경을 헐뜯고 있는지 알고 싶은가?"

적인걸의 대답은 이러했다.

"만약 폐하께서 신이 잘못했다고 생각하시면 신은 과오를 고치겠습니다. 폐하께서 신의 과오가 없다고 생각하시면 이는 신의 행운입니다. 저를 비방한 자가 누구인지 알고 싶지 않습니다. 오히려 그를 좋은 친구로 삼고 싶습니다."

이른바 '일인지하(一人之下), 만인지상(萬人之上)'이라는 재상의 지위에 오른 적인걸에게 그를 시기하고 비방하는 자가 어찌 단 한 명도 없었겠는가. 어쩌면 교활한 무측천이 그를 중상모략하는 자를 그에게 넌지시 알려주어서 신하들 간의 갈등과 충성 경쟁을 유도했는지도 모른다. 하지만 적인걸은 그녀의 술수에 말려들지 않았을 뿐만 아니라 정적(政敵)도 친구로 삼고 싶다는 넓은 도량을 보여서 무측천을 탄복하게 했다.

무측천의 신임을 얻은 적인걸도 혹리 내준신의 마수에 걸려든 일이 있었다. 장수(長壽) 원년(692) 적인걸이 모반을 꾸몄다는 죄명으로 감옥에 갇혔다. 당시의 형법에는 죄인이 즉시 죄를 인정하면 형벌을 감형해주는 조항이 있었다. 반역의 누명을 쓴 적인걸은 형리의 문초가 얼마나 잔혹한지 잘 알고 있었다. 일단 조작한 죄를 인정하여 목숨을 부지한 뒤 활로를 모색하기로 결심했다. 그는 내준신에게 이렇게 말했다.

"대주(大周)가 혁명을 일으킨 이래 만물이 더욱 새로워졌소. 나는 당나라의 옛 신하로서 주륙(誅戮)을 기꺼이 받아들이겠소. 모반을 꾸민 것은 사실이오."

적인걸이 억울한 누명을 썼다고 호소할 줄 알았던 내준신이 오히려 크게 당황했다. 그가 끝까지 버티면 잔혹한 고문으로 그를 죽일 계획이었기 때문이다. 내준신은 법률에 따라 죄를 자백한 그를 당장 죽일 수 없었다. 적인걸은 감옥에서 자신의 억울한 사정을 진술한 상소문을 썼다. 그의 아들 적광원(狄光遠)이 그것을 무측천에게 바쳤다. 무측천은 적인걸을 친히 심문했다.

"너는 무슨 이유로 모반을 인정했느냐?"

적인걸이 대답했다.

"신이 모반을 인정하지 않았다면 이미 잔혹한 고문을 당해 죽었을 것
이옵니다."

무측천은 또 그에게 「사사표(謝死表)」를 왜 썼냐고 다그치자, 그가 이렇
게 대답했다.

"「사사표」는 신이 쓴 게 아니옵니다."

「사사표」는 적인걸이 무측천을 몰아내고 당예종의 복벽(復辟)을 위해
죽음도 기꺼이 받아들이겠다는 내용을 담은 표문이다. 내준신이 적인걸
의 모반죄를 꾸미기 위해 조작한 것이었다. 결국 그것이 위조한 문서로
판명되었다. 적인걸은 누명을 벗을 수 있었다. 하지만 무측천은 내준신의
죄를 추궁하지 않았다. 아직은 그가 조정 중신들을 통제하는 데 이용 가
치가 있었기 때문이다. 적인걸은 팽택(彭澤)의 현령으로 좌천되었다. 그가
남에게 의심을 살만한 행동을 했다는 이유에서였다.

신공(神功) 원년(697) 적인걸은 다시 동평장사(同平章事)로 임용되어 재상
이 되었다. 성력(聖曆) 원년(698) 돌궐의 군대가 하북 지방을 유린했다. 무
측천은 적인걸을 하북도안무대사(河北道安撫大使)로 임용하고 소요를 진압
하게 했다. 적인걸은 돌궐의 군대를 북방으로 몰아낸 후 돌궐에 부역한
백성들의 죄를 묻지 않고 오히려 그들을 위무하여 하북 지방을 안정시
켰다.

적인걸이 재상의 직무를 맡고 있었을 때의 일이다. 어떤 태학생(太学生)
이 황제를 알현하여 자신의 시무(時務)에 대한 의견을 밝히고 싶다고 상소

했다. 무측천이 그의 간청을 윤허했다. 적인걸이 아뢰었다.

"오로지 군주만이 사람을 죽이고 살리는 권력을 가지고 있습니다. 그 생사여탈권은 절대 다른 사람에게 넘길 수 없습니다. 공문서를 처리하거나 법령을 반포하는 일은 모두 관련 부서에서 관장하게 해야 합니다. 이를테면 상서성에서 형사 사건을 처리할 때 좌승과 우승이 범인을 체포하는 일을 관여하지 않으며, 좌승상과 우승상이 죄인의 죄를 판결하지 않습니다. 하물며 천자야, 더 말할 나위가 있겠습니까? 지금 태학생이 자신의 의견을 피력하고 싶다고 합니다. 이는 국자감승과 주박이 처리해야 할 일이지 폐하께서 간여하실 일이 아닙니다. 만약 폐하께서 그의 간청을 윤허하시면 앞으로 수천 명이나 되는 국자감 태학생들이 모두 알현을 간청할 것입니다. 그러면 폐하께서 얼마나 많은 조서를 내려야 그들을 만족시킬 수 있겠습니까. 명문 규정을 그들에게 알려주시기만 하면 됩니다."

무측천은 국가의 모든 사무를 친히 관장하는 이른바 '만기친람(萬機親覽)'의 방법으로 통치했다. 이는 백성의 바람을 곧바로 국정에 반영하고 신하들의 '꼼수'를 방지하는 효과가 있었지만, 당나라와 같은 거대한 제국을 다스리는 데에는 한계가 있었다. 적인걸은 바로 이 점을 지적했다. 황제는 생사여탈권이라는 절대 권력만을 행사하면 되지, 국가의 실무는 해당 부서의 관료들에게 맡겨야 한다고 주장했다. '시스템'을 통한 국정 운영을 바란 것이다. 무측천은 그의 건의를 기꺼이 받아들였다.

불교를 숭배한 무측천은 거대한 불상을 세우려고 했다. 그런데 관부에서는 불상 건립에 필요한 막대한 재화를 감당할 수 없었다. 그녀는 전국의 모든 승려들에게 매일 시주를 받아 지원금을 보내라는 조서를 내렸다. 적인걸이 그녀에게 간했다.

"국가에서 노역을 동원할 때 귀신을 부릴 수는 없으며 반드시 인력이 필요합니다. 또 곡식이나 공사에 필요한 물건은 하늘에서 저절로 떨어지는 게 아니라 땅에서 생겨나는 것입니다. 이러한 것들은 민폐를 끼치지 않고서 달리 얻을 수 있는 방법이 있겠습니까? 더구나 지금 변방이 안정되지 않았습니다. 폐하께서는 변방의 소요를 진압하는 데 백성들을 징집하여 그들의 고통을 가중시키고 있습니다. 징병을 완화해야 하며 불상건립과 같은 급하지 않은 일을 줄여야 합니다. 설령 폐하께서 인부를 사서 불상을 건립하여서 가난한 백성들을 구제하더라도, 그것은 그들로 하여금 농사철을 놓치게 하는 폐단이 있습니다. 이는 국가의 근본을 버리는 행위입니다. 거대한 불상 건립은 관부의 협조 없이는 이루어질 수 없습니다. 따라서 관부에 비축해 놓은 막대한 재화가 필요할 뿐만 아니라 엄청난 인력도 소모될 것입니다. 만약 어느 한 지방에서 재난이 발생한다면 어떤 방법으로 이재민들을 구제하시겠습니까."

무측천은 즉시 불상 건립을 취소했다. 수공(垂拱) 4년(688) 당태종의 여덟째아들 월왕(越王) 이정(李貞)이 여남(汝南)에서 무측천의 황제 즉위식에 반발하여 군사를 일으켰으나 실패했다. 이 사건에 연루된 자가 6~700여 명, 재산을 몰수당하고 가족까지 벌을 받은 호구가 5,000여 호에 달했다. 사형사(司刑使)가 적인걸에게 즉시 법률에 따라 죄인들을 처벌하라고 명령했다. 하지만 적인걸은 죄인들 가운데 억울한 누명을 쓴 자들이 적지 않음을 안타깝게 여기고 형벌을 완화하기 위하여 무측천에게 비밀리에 아뢰었다.

"신이 진작에 폐하께 상소문을 올려 사건의 진상을 밝히고자 했습니다. 그런데 신이 올리고자 한 상소문이 예기치 않게 역적을 동정하지 않을까 하는 두려움이 있었습니다. 하지만 억울한 누명을 쓴 자들이 있다는 사실을 알고 있는데도 말하지 않으면, 이 또한 폐하께서 어진 정치를 베풀고 백성을 사랑하는 성스러운 마음에 위배되는 괴로움이 있습니다. 신의 이러한 근심 때문에 상소문을 여러 번 썼다가 찢었으며 올바른 생각을 정하지 못했습니다. 하지만 죄인들 가운데 일부는 본의 아니게 연루된 자들입니다. 폐하께서 그들이 부득이하게 연류된 정황을 살피시어 그들의 죄를 용서해주시기를 삼가 엎드려 간절히 바라옵니다."

이정은 무측천이 황제로 등극하기 직전에 그녀의 권위에 도전했으나 실패했다. 무측천은 즉위 직후에 적인걸의 간언을 받아들였다. 자신의 권력 기반을 강화하기 위해서는 무자비한 탄압만이 능사가 아니고 반대편에 썼던 자들에게 관용을 베풀 줄 아는 통 큰 황제라는 것을 백성들에게 보여 줄 필요가 있었기 때문이다.

적인걸의 건의 덕분에 특별히 사면된 죄수들은 잔혹한 형벌을 면하고 풍주(豊州)로 유배를 떠나게 되었다. 그들이 유배 도중에 영주(寧州)에서 잠시 머무르고 있을 때, 한 노인이 그들을 위로하며 말했다.

"적사군(狄使君: 적인걸을 높여 부른 호칭)께서 너희들을 살려주었다지?"

그의 말에 동감한 죄수들은 적인걸의 공덕을 찬양한 비석 아래에서 한참 동안 감격의 눈물을 흘렸다. 그들은 적인걸의 공덕을 기리기 위하여 3일 동안 재계(齋戒)한 뒤 비로소 영주를 떠났다. 또 유배지에 도착한 후에도 적인걸을 위한 송덕비를 세웠다. 하루는 무측천이 적인걸에게 물었다.

"짐이 어진 선비를 뽑아서 쓰려고 하는데 누가 좋겠소?"

적인걸이 대답했다.

"신은 폐하께서 어떤 직책에 맞는 인재를 쓰려고 하시는지 아직 모르겠습니다."

무측천이 대답했다.

"재상의 직책을 맡을 수 있는 인재가 필요하오."

적인걸이 대답했다.

"인품이 고상하고 풍류를 즐기는 인물을 쓰시려면 소미도(蘇味道)와 이교고(李嶠固)가 적임자입니다. 탁월한 재능과 지혜를 가진 인물을 쓰시려면 형주장사(荊州長史) 장간지(張柬之)가 적임자입니다. 그는 늙었으나 재상의 재목입니다."

소미도와 이교고보다는 장간지가 재상감이라는 얘기였다. 하지만 무측천은 장간지를 재상으로 임명하지 않고 낙주사마(洛州司馬)로 발탁했다. 그 후 무측천이 또 적인걸에게 인재 추천을 요구했다. 직인걸이 대답했다.

"신이 장간지를 추천한 적이 있습니다. 하지만 폐하께서 아직 그를 임용하지 않았습니다."

무측천이 장간지를 이미 승진시켰다고 말하자, 적인걸은 이렇게 말했다.

"신은 장간지를 재상으로 추천한 것이지 사마로 추천한 게 아닙니다."

재상의 재목인 장간지를 사마로 등용한 것이 잘못되었다는 은근한 비판이었다. 무측천은 장간지를 추관시랑(秋官侍郎)으로 임명한 후 다시 재상으로 중용했다. 적인걸의 말대로 장간지는 당나라의 재상이 되기에 조금도 부족함이 없는 인물이라는 사실을 무측천이 뒤늦게 깨달았기 때문이다.

이해고(李楷固)와 낙무정(駱務整)은 당군을 여러 차례 무찌른 거란의 용맹한 장수이었다. 만세통천 2년(697) 거란의 통치자 손만영(孫萬榮·640~697)이 당군에게 패하여 죽었을 때 두 사람은 당나라에 투항했다. 조정의 대신들이 그들을 당장 죽여서 원한을 갚자고 주장했다. 하지만 적인걸이 반대했다.

"그들은 천하에 제일가는 용감한 장수들이오, 그들은 거란의 장수로서 직분을 다했을 따름이오. 만약 그들을 은덕으로 포용한다면 그들은 우리 당나라를 위하여 견마지로의 공을 아끼지 않을 것이오."

당나라에 피해를 끼친 적장이라도 능력이 뛰어난 장수라면 포용하여 당나라의 유능한 장수로 활용해야 한다는 주장이었다. 하지만 적인걸의 친한 친구들마저도 그의 주장에 반대했다. 적인걸이 그들에게 말했다.

"국가에 이익이 되는 일이라면, 내가 어찌 개인의 이익을 도모하겠소?"

두 장수를 살려주는 일은 오로지 국가를 위한 일이지 개인의 이익이나 사사로운 감정 때문이 아니라는 얘기였다. 무측천은 그의 손을 들어주었다. 그 후 두 장수는 당나라 장수로 임용되어 거란의 잔당을 일소하는 데 큰 전공을 세웠다. 적인걸의 심모원려를 무측천이 알아차리고 반영한 결과였다.

무측천은 자기보다 나이가 여섯 살이나 적은 적인걸을 무척 존경했다. 그를 부를 때면 언제나 이름을 직접 부르지 않고 '국노(國老)'라고 칭했다. 적인걸은 몸이 노쇠해지자 여러 차례 사직을 간청했다. 하지만 무측천은 끝내 윤허하지 않았다. 다만 그의 건강을 크게 염려하여 그가 무릎을 꿇지 않고 자기를 배알하게 했으며 아울러 다른 신하들에게는 국가의 중대한 일이 아니라면 연로한 그에게 보고하지 말게 했다.

구시(久視) 원년(700) 적인걸은 향년 71세를 일기로 세상을 떠났다. 무측천은 3일 동안 조회를 열지 않고 그를 추모했다. 그녀가 국가의 대사를 처리할 때면 언제나 이렇게 한탄했다.

"하늘은 어찌하여 이렇게 빨리 나의 국노(國老)를 빼앗아 갔는가!"

적인걸 사후에 무측천도 총명한 기운을 잃고 점차 노쇠하고 무능한 할머니로 변해갔다. 하지만 무측천 사후에도 당나라가 계속 번영을 누릴 수 있었던 힘은 적인걸이 그녀에게 추천한 장간지(張柬之·625~706), 요숭(姚崇·651~721), 환언범(桓彦範·653~706) 등 충신들에게서 나왔다.

7. 남자 기생을 총애하여 국정을 문란하게 하다

무측천은 천수(天授) 원년(690) 67세의 나이에 여황제로 등극했다. 여자가 이 나이면 여성으로서 무슨 성적 매력을 추구하겠는가. 하루하루 건강하게 살면 그만이다. 더구나 평균 수명이 40세가 안 되었던 고대 사회에서 고희에 가까운 여자가 젊은 미남자들을 끼고 즐겼다는 얘기를 도무지 납득할 수 없다.

하지만 당나라 천하의 주인이 된 무측천은 달랐다. 그녀는 애초부터 남편 당고종의 시중이나 드는 순종적인 황후가 되기를 거부했다. 황제로 등극한 후에는 남자 황제처럼 자신을 즐겁게 해주는 '성적 도구'가 필요했다. 남자 황제에게 젊고 아리따운 여자가 제공되었다면, 그녀에게는 남자 기생이 필요했다. 따지고 보면 그녀는 남존여비사상을 철저하게 배격하고 여자도 남자처럼 즐길 '성적 권리'를 스스로 쟁취했다.

성력(聖曆) 원년(698) 무측천은 공학감(控鶴監)이라는 기구를 설립했다. 구시 원년(700)에 그것을 봉진부(奉宸府)로 개칭하고 자신이 가장 총애한 장역지(張易之·?~705)를 봉신령(奉宸令)으로 임명했다. 이곳은 할머니 무측천을 즐겁게 하는 남총(男寵)을 전문적으로 모집하고 양성하는 관청이었다.

제일 먼저 그녀를 열락의 도가니에 빠지게 한 남총은 설회의(薛懷義·662~694)였다. 그의 원래 이름은 풍소보(馮小寶)이다. 약초를 팔아서 생계를 도모한 장사꾼이었다. 약초를 많이 먹어서 그런지 정력이 세고 몸이 무쇠처럼 단단했다. 우연한 기회에 어느 권문세가의 시녀의 눈에 들었다. 그와 시녀는 남의 눈을 피해가며 정욕을 불태웠다.

그런데 시녀의 주인은 당고조 이연의 딸, 천금공주(千金公主)였다. 어느 날 두 사람의 불륜 행각이 천금공주에게 들통 나고 말았다. 천금공주는 두 사람을 당장 죽이려고 했다. 하지만 풍소보의 건장한 체격을 보고 그를 죽이기가 아까운 생각이 들었다. 당시 그녀는 권력을 장악한 무측천에게 잘 보여야 할 처지였다. 늙은 할머니에게 젊은 사내를 바치는 것만큼 좋은 선물갓 없었다. 마침내 무측천의 환심을 사기 위하여 풍소보를 그녀에게 바쳤다.

여러 해 동안 적막한 밤을 보낸 무측천은 풍소보를 보자마자 군침을 흘렸다. 풍소보는 밤마다 그녀의 충실한 성적 노예가 되었다. 하지만 무측천이 아무리 무소불위의 권력을 가지고 있더라도 외간남자를 궁중의 침전으로 불러들이는 일이 쉽지 않았다. 무측천은 독실한 불교신자였다. 유명한 고승을 수시로 궁궐로 불러들여 불법(佛法)을 들었다. 여자를 '돌덩어리'로 보는 승려가 무측천의 처소를 들락거리는 일은 조금도 문제가 되지 않았다. 무측천은 풍소보를 승려로 만들고 아울러 설씨(薛氏) 성과 회의(懷義)라는 이름을 하사했다.

이때부터 설회의는 자미성에서 무측천을 위해 염불을 한다는 명목으로 거침없이 드나들었다. 그가 말을 타고 자미성을 출입할 때면 조정 대신들은 말할 것도 없고 무씨 왕들도 그에게 길을 양보할 정도로 위세를 부렸다. 모두 그를 설대사(薛大師)로 존칭했다. 무식쟁이 약초장사꾼에 불과했던 설회의가 하루아침에 당나라 불교의 선사(禪師)가 되었다.

중국 최초의 불교 사찰은 오늘날 낙양 근교에 있는 백마사(白馬寺)이다. 이 사찰은 동한 시대인 영평(永平) 11년(68)에 창건되었다. 수공(垂拱) 원년(685) 무측천은 설회의의 건의를 받아들여 백마사를 대규모로 중축하게 한 후 그를 주지로 임명했다. 그녀의 총애를 등에 업은 설회의는 국법을 어기고 각종 이권에 개입하여 막대한 부를 쌓았다. 이 시기에 백마사는 거대한 황실 사찰로서 최고의 번영을 구가했지만, 승려들이 현실 정치에 개입하여 온갖 폐단을 일으켰다. 그들은 불법(佛法)을 수호하는 수도승이 아니라 부처님의 탈을 쓴 탐관오리였다.

수공 4년(688) 무측천은 설회의에게 자미성 안에 호화로운 전당을 짓게 했다. 설회의는 인부 수만 명을 동원하여 3층 높이의 거대한 명당(明堂)과 천당(天堂)을 완공한 공로로 우위대장군으로 임명되었으며 얼마 후 악국공(鄂国公)으로 책봉되었다.

당나라 지배층의 사상은 유가였다. 유가는 남존여비 사상을 옹호했기 때문에, 무측천이 황제로 등극하는 일은 어불성설이었다. 무측천은 불도를 닦으면 누구나 부처님이 될 수 있으며 아울러 남녀평등을 주장하는 불교 사상을 이용하여 황제가 되고 싶었다.

그녀의 이러한 생각을 눈치 챈 설회의는 백마사의 승려들과 함께 무측천을 황제로 추대할 수 있는 이론적 근거를 수많은 불교 경전들 중에서 찾아야 했다. 급기야 『대운경(大雲經)』이라는 경전을 찾아냈다. 이 경전에는 여자 보살이 전륜성왕(轉輪聖王)이 되어 온 세상을 다스린다는 내용이 있었다. 유가를 숭상한 이씨의 당나라는 망하고 불교를 숭배한 무측천이 황제가 되어 천하를 다스리는 게 천명이자, 순리라고 주장하는 데 가장 적합한 불교 경전이었다. 무측천 시대에 중국 불교가 가장 융성했던 까닭은 아이러니하게도 그녀가 불교를 권력 쟁취와 통치 수단으로 활용했기 때문이다. 무측천이 황제로 등극한 직후에 설회의는 무주(武周)의 일등공신이 되었다.

불교의 기본 경전 가운데 하나인 『금강경』도 제대로 암송하지 못한 설회의는 백마사를 거점으로 삼고 자미궁을 드나들면서 온갖 행패와 추태를 벌였다. 그가 낙양의 거리에 나타나면 사람들은 꽁무니를 빼고 달아나기 일쑤였다. 조금이라도 그의 마음에 들지 않은 관리가 있으면 백마사로 끌고 가서 복날에 개 패듯 때렸다. 조정 중신들도 그를 만나면 전전긍긍했다.

어느 날 설회의가 졸개들을 거느리고 자미성으로 들어가는 중이었다. 마침 궁궐의 정문 앞에서 재상 소량사(蘇良嗣) 일행과 마주쳤다. 평소에 조정 중신들을 깔보았던 설회의는 그에게 오만방자한 태도를 취하며 먼저 궁문을 지나려고 했다. 그런데 소량사는 일국의 재상의 아닌가. 여자 황제의 노리개에 불과한 설회의에게 치욕을 당한 그는 마침내 분노가 폭발했다. 설회의에게 몰매를 가하게 했다. 졸지에 소량사의 하인들에게 구타를 당한 설회의는 피를 질질 흘리며 궁궐 밖으로 끌려 나갔다. 그 광경을 지켜 본 사람들은 통쾌하기는 했으나 소량사가 보복을 당하지 않을까 걱정했다. 뜻밖에도 무측천은 설회의를 불러 훈계했다.

"너는 마땅히 북문으로 출입해야 한다. 재상이 다니는 남아(南衙)의 정
문을 침범하지 말라!"

남아는 황궁 안에서 관공서가 밀집되어 있는 곳이다. 남아의 정문은 조정 대신들이 출입하는 대문이지 환관, 승려 등 고위 관리가 아닌 자들은 출입할 수 없다. 무측천이 사리를 분별하지 못한 황제였다면 자기 '정부(情夫)'를 욕보인 소량사를 처벌했을 것이다. 하지만 그녀는 설회의를 꾸짖어서 소량사의 체면을 세워주었다. 그녀가 남자 기생들을 옆구리에 끼고 방탕한 생활을 마음껏 즐겼더라도, 조정 중신들의 권위를 인정해주어서 정국의 안정을 유지했다. 그녀는 이러한 탁월한 용인술 덕분에 80세를 넘긴 나이까지 절대 권력을 유지할 수 있었다.

연재(延載) 2년(695) 설회의는 또 다른 남자 기생 심남구(沈南璆)를 노리개로 삼은 무측천의 총애를 잃었다. 그녀에게 분풀이할 목적으로 자신이 그녀를 위해 건축했던 명당과 천당에 불을 질러 잿더미로 만들었다. 무측천의 어명을 받은 무유녕(武攸寧)이 자미성의 요광전(瑤光殿)에서 그를 살해했다. 거리의 떠돌이 장사꾼에서 공경대부까지 출세했던 설회의는 무측천을 육체적으로 지배하면 천하가 자기 것이 될 거라는 망상에 빠졌기 때문

에 비참한 죽음을 당했다.

심남구는 황실의 어의였다. 무측천이 당고종 사후에 황태후였을 때 이미 60세를 넘긴 나이였다. 그녀는 날로 늙어가는 자신의 모습을 볼 때마다 서글픈 마음을 억누를 수 없었다. 당나라 천하의 대권을 장악하여 자신의 뜻대로 하지 못한 일이 없었지만 흘러가는 세월만큼은 잡을 수 없었다. 젊었을 때의 아름다운 얼굴과 농염한 몸매를 되살릴 수 있다면 어떤 일이라도 하고 싶었다. 바로 그때 심남구가 회춘의 욕망에 눈이 먼 그녀에게 아뢰었다.

"혈기의 쇠퇴는 약제나 침술로는 치료할 수 없습니다. 오직 원양(元陽)을 취하여 근본을 튼튼히 해야 만이, 비로소 음양이 조화를 이루고 혈기가 충족됩니다."

'원양'이란 한의학에서 인체 양기의 근본을 지칭하는 말이다. 쉽게 말하자면 남자의 정력을 의미한다. 젊은 남자의 성적 봉사를 받으면 회춘할 수 있다는 얘기였다. 무측천은 심남구를 두 번째 정부로 삼았다. 그런데 심남구는 허우대는 멀쩡했지만 정력이 약한 남자였다. 무측천을 하룻밤 모시면 쌍코피가 터졌다. 그는 그녀에게 강인한 남자로 보이기 위해 성욕을 일으키는 춘약(春藥)을 상복했다. 그런데 춘약이라는 것이 대체적으로 일시적 효과만 있을 뿐이지 상복하면 오히려 목숨을 단축하는 약이다. 결국 심남구는 무측천을 모시다가 급사하고 말았다.

무측천이 74세 때인 만세통천 2년(697)에 장창종(張昌宗·?~705)과 장역지(張易之?~705) 형제를 남자 기생으로 삼았다. 두 사람은 그녀가 인생 말년에 너무나 사랑하고 가장 의지한 남총이었다. 두 형제는 설회의, 심남구 등의 남자 기생들과는 다르게 신분이 높은 관리였다. 장창종은 얼굴이 연꽃처럼 아름답고 몸매가 호리호리했을 뿐만 아니라 피리, 비파 등 악기도 신들린 것처럼 연주했으며 춤 솜씨 또한 현란하기 그지없어서 보는 이의 혼을 빼놓을 정도였다.

장창종을 무측천에게 소개시켜 준 이는 다름 아닌 무측천의 사랑하는 딸, 태평공주(665~713)였다. 원래 그녀의 남편은 설소(薛紹·?~688)였다. 설소가 당나라 종실 이씨의 모반 사건에 연루되어 감옥에서 사망했다. 무측천은 딸에게 불행이 닥치지 않을까 걱정했다. 그녀는 고심 끝에 자기 당질인 무유기(武攸暨·663~712)의 아내를 죽이고, 딸을 무유기에게 다시 시집보냈다. 태평공주는 당나라 종친 이씨의 며느리에서 무씨 왕족의 며느리로 변신할 수 있었다.

그녀는 어머니 무측천 못지않게 남색을 밝힌 여자였다. 남편 무유기는 아내의 뜨거운 육체를 식혀 줄 능력이 없었다. 태평공주는 노골적으로 남자 기생들을 뽑아 육체의 향연을 벌였다. 그들 가운데 특별한 능력을 가진 남총이 있으면 주저하지 않고 어머니 무측천에게 바쳤다.

무측천은 기생오라비처럼 생긴 장창종을 처음 본 순간 한눈에 반했다. 장창종은 매일 밤 그녀에게 까무러치기 일보 직전의 쾌락을 선사했다. 하루는 그가 무측천에게 아뢰었다.

"저의 형, 역지는 재능이 저보다 뛰어납니다. 삼가 우리 두 형제가 폐하를 충심으로 섬기고자 합니다."

장역지도 동생 장창종처럼 다재다능한 미남자였다. 무측천은 즉시 그를 침전으로 불러들였다. 당시 20대 중반의 나이였던 두 형제는 80세에 가까운 무측천을 마음껏 주물렀다. 매일 밤 번갈아가며 무측천에게 '성적 서비스'를 제공했다. 무측천은 장창종에게는 춘관시랑(春官侍郎), 업국공(鄴

國公) 등, 장역지에게는 봉신령(奉宸令), 인태감(麟台監), 항국공(恒國公) 등의 벼슬을 각각 하사했다.

무측천의 몸과 마음을 철저하게 지배한 두 형제는 그녀의 처소를 완전히 장악했다. 죽음을 목전에 둔 나이가 된 무측천은 더 이상 젊었을 때의 현란한 통치술을 발휘할 수 없었다. 조정의 대소사를 모두 두 형제에게 위탁했다. 이른바 '문고리 권력'이 된 그들은 조정을 농락하기 시작했다. 신하들이 올린 상소문은 모두 그들의 사전 검열을 받아야 했다. 무씨 왕족도 그들의 허락 없이는 그녀를 배알할 수 없었다. 권력의 향배가 일시에 두 형제에게 쏠리자, 그들에게 아부하여 출세를 하려는 자들이 문전성시를 이루었다. 심지어 무씨 왕족 가운데 어떤 이는 장창종이 타는 말의 마부 노릇을 자처하기도 했다.

두 형제의 국정 농단을 바로잡으려 했던 신하가 없었던 것은 아니었다. 어사대부 위원충(魏元忠)이 그들의 죄행을 탄핵했다. 반격에 나선 장역지는 무측천에게 위원충과 사례승 고전(高戩)이 역모를 꾸몄다고 모함했다. 천자가 연로했으니 태자를 새 황제로 추대하기로 두 사람이 은밀히 약속했다는 무고였다. 무측천이 장역지에게 증거가 있냐고 물었다. 장역지가 대답했다.

"봉각사인(鳳閣舍人) 장설(張說)이 실토했습니다."

다음 날 무측천은 당사자들을 불러놓고 친국했다. 장역지가 모함한 사실이 드러났다. 하지만 그녀는 오히려 장역지를 감싸고 위원충과 장설을 지방의 한직으로 좌천시켰다. 사실 그녀가 아무리 난잡한 사생활을 즐겼을지라도, 충신을 알아보고 국가의 대소사를 공평하게 처리하는 황제였다. 하지만 이 시기에 이르러서는 평정심을 잃고 국정 혼란을 수습할 능력이 없는 무능한 황제로 전락했다. 어쩌면 80세가 넘은 할머니가 겪을 수밖에 없는 운명이 아닌가 한다.

인생 말년에 이른 무측천의 무능과 장씨 두 형제의 농단은 결국 무주 정권 15년의 종말을 맞이하게 했으며, 당나라가 다시 극적으로 부활하는 결정적 계기가 되었다.

8. 신룡정변: 무측천의 무주 시대가 끝나고 당나라가 부활하다

무측천은 나이 75세 때인 성력(聖曆) 원년(698)에 마침내 셋째아들 여릉왕 이현(李顯·656~710)을 태자로 책봉했다. 당제국의 운명이 걸린 중차대한 태자 책봉 문제를 놓고 그녀의 두 조카, 무승사(武承嗣·649~698)와 무삼사(武三思·649~707)가 고모의 낙점을 받고자 필사적으로 노력했다. 하지만 무측천은 우여곡절 끝에 조카보다 아들을 후계자로 지명했다. 그녀는 또 이현에게 무씨 성을 하사하여서 자신의 사후에 무씨와 이씨 간의 권력 투쟁을 방지하려고 했다. 하지만 이현이 무씨 성을 하사받았어도 근본이 이씨임은 부정할 수 없었다. 당나라의 부활을 꿈꾸는 이씨 왕족과 신하들에게는 희망의 '아이콘'이었다.

무측천은 후계자 문제를 해결하고 난 뒤에도 여전히 장역지와 장창종의 품에 안겨 흐느적거렸다. 신룡 원년(705) 천하의 수많은 영웅, 호걸들을 제압했던 천하의 무측천도 생로병사의 거역할 수 없는 운명에 부닞쳤다. 그녀가 병석에서 일어나지 못한다는 소문이 삽시간에 퍼졌다. 조정 대신들은 무측천을 배알하고 태자를 황제로 추대하는 일을 상의하려고 했다.

하지만 장역지와 장창종은 무측천의 침전을 장악하고 그녀와 대신들

간의 접촉을 차단했다. 심지어 태자 이현마저도 어머니가 위중한데도 병문안조차 할 수 없었다. 만약 태자와 대신들이 그녀의 임종을 지켜보지 못한다면, 장씨 형제가 얼마든지 유지(遺旨)를 조작하고 정변을 일으킬지도 모르는 지극히 위험한 상황이었다.

장씨 형제도 불안하기는 마찬가지였다. 두 사람은 오로지 절대 권력을 쥔 무측천의 총애를 등에 업고 국정을 좌지우지했기 때문에 그녀의 사후에 자신들의 운명을 걱정하지 않을 수 없었다. 세력 확장이 절실하게 필요했다. 위승경(韋承慶), 방융(房融), 최신경(崔神慶) 등 대신들이 장씨 형제에게 빌붙었다. 태자 이현을 새 황제로 추대하려는 장간지(張柬之), 환언범(桓彥範), 경휘(敬暉), 원서기(袁恕己), 최현위(崔玄暐) 등 대신 5명도 은밀하게 세력을 규합했다. 두 진영 간의 대립이 점차 격화되었다.

신룡 원년(705) 5월 장간지 등 대신 5명은 금군 500여 명을 이끌고 자미성을 장악했다. 이른바 '신룡정변(神龍政變)'을 일으킨 것이다. 그들은 즉시 무측천의 침전을 습격했다. 무측천은 그곳에서 장씨 형제의 간호를 받으며 잠을 자고 있었다. 무사들이 침전 밖으로 뛰쳐나온 장씨 형제의 목을 베었다. 갑작스러운 소란에 놀라 잠이 깬 무측천이 실눈을 뜨고 장간지에게 무슨 일이냐고 물었다. 장간지는 이렇게 아뢰었다.

"장역지와 장창종이 반란을 획책했습니다. 신 등은 태자의 명을 받고 두 역적을 주살했습니다. 반란의 무리를 진압하는 일이 노출될까 두려워하여 사전에 폐하께 아뢰지 않았습니다."

반정을 일으킨 대신들은 모두 무측천의 침소 앞에서 무릎을 꿇고 간청했다.

"영명하신 폐하께서 태자를 새 황제로 추대하셔야 만이 지금의 혼란을 극복할 수 있으며 천수를 누릴 수 있습니다."

그들의 언사는 간곡했지만 퇴위하지 않으면 죽이겠다는 명백한 협박이었다. 무측천은 이제 자신을 위해 충성할 수 있는 신하가 아무도 없다는 사실을 깨달았다. 죽음을 앞두고 저항을 하면 비참한 결말을 초래할 뿐이었다. 차라리 무주 제국의 여황제로서 통 큰 결단을 내려서 자신의 명예를 지키고 만백성을 위로하는 길이 마지막 소임이라고 생각했다. 그녀는 눈을 지그시 감고 말했다.

"짐은 너희들의 뜻을 헤아리겠다. 내일 퇴위 조서를 반포하겠다."

그녀는 다시 깊은 잠에 빠졌다. 태자를 따르는 대신들은 모두 감격의 눈물을 흘렸다. 만약 그녀가 끝까지 윤허하지 않았다면 당나라 조정은 내분에 휩싸여 엄청난 희생을 치렀을 것이다. 그녀의 용단 덕분에 조정은 신속하게 안정을 찾았다. 신룡정변이 일어난 지 3일 후 무측천은 태자 이현을 황제로 추대하라는 어명을 내렸다. 다음 날 이현이 황제로 등극했다. 그가 바로 당중종이다. 홍광 원년(683) 황제로 등극했다가 어머니 무측천의 미움을 받아 폐위된 후 22년 만에 또 어머니의 뜻에 따라 다시 황제로 추대된 것이다.

당중종이 복위 후에 대신 5명은 모두 왕으로 책봉되었으므로 신룡정변을 '오왕정변(五王政變)'이라고도 부른다. 당종중의 복위는 무측천의 무주 시대가 끝나고 이씨의 당나라가 부활하는 역사의 분기점이 되었다. 당중종은 어머니를 '측천대성황제(則天大聖皇帝)'로 받들어 모셨다. 무측천이 한 시기 동안 당나라를 멸망시킨 원흉이었으나 죽음을 앞두고 모든 것을 원위치로 되돌려 놓은 공로를 인정했기 때문에 그런 어머니에게 극존칭을 하사한 게 아닌가 한다.

당중종을 추대한 대신들은 무주 시대의 제도를 폐기하고 당나라 시대를 복원했다. 법률, 의식, 관복, 문자 등은 모두 무주 시대 이전의 당나라 제도를 따랐다. 무측천이 신도(神都)라고 명명한 낙양(洛陽)도 다시 동도(東都)로 불렸다.

무측천은 동도의 상양궁(上陽宮)으로 거처를 옮겼다. 그녀는 80세가 넘은 나이임에도 항상 완벽한 화장술로 자신의 늙고 추한 모습을 감추고 선녀처럼 아름답고 신비로운 자태를 띠었지만, 권력을 잃은 뒤에는 예전처럼 화려한 치장을 할 수 없었다. 하루아침에 허리가 구부러진 노파로 변한 그녀는 석양을 바라보며 인생이 얼마나 허무하고 덧없는지를 통감했다. 효성이 지극했던 당중종은 그런 어머니를 배알할 때마다 통곡했다. 신룡 원년(705) 11월 무측천은 82세의 나이에 천수를 누리고 붕어했다. 임종 직전에 당중종에게 이런 유언을 남겼다.

"나의 황제 호칭을 없애고 나를 측천대성황후로 칭하기 바란다. 그리고 내 능묘의 비석에는 어떤 글자도 새기지 말라!"

무측천은 왜 이런 유언을 남겼을까? 그녀는 무주를 건국하고 15년 동안 중국을 통치한 최초의 여황제였다. 따라서 그녀의 사후에 그녀에게 황제의 칭호를 부여하는 것은 당연하다. 하지만 그녀는 임종을 앞두고 황제가 아닌 남편 당고종의 황후로 돌아가기를 원했다. 이는 자신이 이미 망한 무주의 황제로서는 태묘의 제향(祭享)에 오를 수 없지만 당나라의 황후로서는 이씨 황실의 존숭을 받는 현실적 이유에서 나왔을 것이다. 그녀는 30여 년 동안 당나라의 천하를 마음껏 주무르고 난 뒤에 죽음을 앞두고 자기가 마땅히 돌아가야 할 자리는 당고종의 황후라는 것을 깨달았다.

무측천이 아무런 공적과 과오의 기록도 없는 이른바 '무자비(無字碑)'를 세우라고 한 것도 의미심장하다. 몇 가지 추론이 있다. 첫째, 자신이 이룩한 위대한 업적은 결코 문자로 표현할 수 없으므로 비석에 글자를 새기지 말라는 것이다. 그녀는 음란한 여자였으나 그녀의 시아버지 당태종의 '정관의 치'에서 손자 당현종의 개원성세(開元盛世)이어지는 중국 역사상 최고의 태평성대에서 중요한 역할을 했기 때문에 그녀의 정치적 업적을 과소평가할 수 없다.

둘째, 자신이 너무나 많은 과오를 범했기 때문에 기록을 남기지 못하게 했다는 얘기이다. 그녀의 가장 큰 잘못은 혹리를 동원하여 자기에게 복종하지 않는 자들을 잔혹하게 탄압한 것이다. 또 파벌을 조성하고 사치와 향락에 빠졌으며 아울러 불교 승려들의 정치 참여를 용인하여 국정을 문란하게 한 것도 중대한 과오였다.

셋째, 어쩌면 그녀는 자신의 공적과 과오에 대하여 당시 사람들의 평가를 원치 않고 후대 사람들이 객관적으로 자신을 평가하기를 기대하여 그랬는지도 모른다. 유가 사상이 지배하던 왕조 시대의 황제가 붕어하면 유가에 경도된 당대 최고의 문인들이 황제의 업적을 서술하기 마련이다. 그녀는 한평생 도교와 불교를 숭상했다. 이와 반면에 유가에 대해서는 부정적 관점을 가지고 있었다. 남존여비를 용인하는 유가의 관점에서 보면, 그녀는 악녀이자 패륜녀였다. 유가의 올곧은 사대부들은 당태종의 첩이었던 그녀가 어느 날 당태종의 아들 당고종의 아내로 변신하고 또 황권을 찬탈하기 위해 친아들마저 죽인 여자를 어떻게 '사람'으로 취급할 수 있었겠는가?

오늘날 중국의 역사드라마에서 무측천처럼 많은 이야깃거리를 남긴 인물은 많지 않다. 그녀에 대한 다양한 평가가 있으며 아직도 그녀의 인생에 대해서는 수많은 논쟁거리가 있다. 그렇지만 그녀는 봉건 시대에 여성의 한계를 뛰어넘고 포부를 자신의 의지대로 마음껏 펼친 위대한 영웅이었다. '영웅'이라는 호칭이 결코 남자에게만 부여되지 않는다는 역사적 사실을 그녀가 증명했다.

제 **5** 장

당중종 이현

제5장

당중종 이현

1. 두 친형의 비극을 목격하고 태자로 책봉되다

4대 황제 당중종 이현(李顯·656~710)은 당고종 이치의 일곱째아들이다. 생모는 그 유명한 무측천(624~705)이다. 당고종과 무측천 사이에는 이홍(李弘·652~675), 이현(李賢·655~684), 이현(李顯), 이단(李旦·662~716) 등 아들 4명이 있었다. 이들 가운데 이홍이 당고종의 다섯째아들인데 무측천에게는 큰 아들이 된다.

영휘 6년(655) 10월 당고종 이치는 장손무기, 저수량 등 훈구대신들의 반대에도 불구하고 왕황후를 폐위한 뒤 무소의를 황후로 책봉했다. 이 시기에 태자는 당고종의 서자 아들들 가운데 장남인 이충(李忠·643~664)이었다. 그의 생모 유씨(柳氏·?~655)에 대해서는 어떤 기록도 없는 것으로 보아, 그녀는 후궁으로서 전전긍긍하며 살다가 죽었거나 무황후에게 독살당한 게 아닌가 한다.

어쨌든 무황후가 실권을 장악하고 당고종의 아들을 낳은 상황에서, 이충은 폐기처분되어야 할 대상이었다. 현경 원년(656) 이충은 태자의 자리에서 쫓겨나 양왕(梁王)으로 책봉되었다. 현경 5년(660)에는 폐서인되었다. 인덕(麟德) 원년(664)에는 역모를 꾸몄다는 죄를 뒤집어쓰고 22세의 젊은 나이에 검주(黔州)에서 살해되었다.

사실 이충이 무슨 모반을 획책했겠는가. 무황후가 자기가 난 아들을 태자로 책봉하려고 했기 때문에 억울한 누명을 쓰고 죽었다. 당고종은 장남 이충이 무황후의 간계에 걸려든 것도 모르고 그를 죽이라는 어명을 내린 바보 황제였다.

새 태자를 책봉하는 일은 무황후의 뜻에 따라 일사천리로 진행되었다. 현경 원년(656) 이홍이 5세의 나이에 태자로 책봉되었다. 어린 이홍은 성군의 자질을 타고난 태자였다. 어려서부터 학문에 매진하여 박학다식했고 성품이 온화하고 인자했다. 또 효성이 지극하고 백성의 고통을 헤아릴 줄 아는 정치적 식견도 지니고 있었다.

당고종뿐만 아니라 대신들도 이구동성으로 태자를 칭찬했다. 그런데 정말 놀랍게도 생모 무황후만이 그런 아들을 달가워하지 않았다. 친아들인 태자가 성군의 자질을 타고났으면, 친어머니로서 얼마나 기쁘고 행복한 일이겠는가. 하지만 무황후는 그렇지 않았다.

함형(咸亨) 2년(671) 태자 이홍이 16세 때의 일이다. 당고종과 무황후가 동도 낙양으로 순행을 가면서 태자에게 감국(監國)을 맡겼다. 감국이란 태자가 황제를 내신하여 국정을 다스리는 일이다. 황제가 태자를 신임하지 않으면 절대 이루어질 수 없는 고도의 정치적 행위였다. 이홍은 아버지의 뜻을 받들어 감국을 충실히 수행했다.

어느 날 이홍은 소숙비의 소생인 의양공주(義陽公主·640~691)와 선성공주(宣城公主·649~714)가 생각났다. 왕황후와 소숙비가 무황후에게 살해당했을 때, 두 공주는 액정궁(掖庭宮)에서 유폐된 채 오랜 세월을 보냈다. 어쨌든 그들은 이홍의 이복누나였다. 이홍은 동정심이 많은 태자였다. 그들이 시집갈 나이가 훨씬 넘었는데도 아직도 갇혀 지낸다는 얘기를 듣고 아버지 당고종에게 선처를 호소했다. 또 두 이복누나의 배필을 정해주기를 바라는 마음을 전했다. 당고종은 첫째 딸과 둘째 딸에 대한 태자의 그런 따뜻한 마음씀씀이에 흡족했다.

그런데 뜻밖에도 무황후가 몹시 불쾌하게 생각하고 태자를 꾸짖었다. 태자가 궁중 여자의 일에 간섭했다는 이유를 들었으나, 사실은 자기가 죽인 소숙비의 딸들을 동정한 것에 불만을 품었다. 하지만 무황후도 황제와 태자의 체면을 세워줘야 했다. 그녀가 직접 나서서 두 공주의 배필을 결정했다.

의양공주의 남편은 당고종의 호위무사 권의(權毅·647~691)이다. 천수(天授) 2년(691) 그는 무측천(무황후)에게 반기를 들었다가 피살되었다. 대역죄인의 아내라는 죄명을 뒤집어 쓴 의양공주도 이때 세상을 떠났다. 선성공주의 남편은 영주자사(潁州刺史) 왕욱(王勖)이다. 그도 권의와 함께 무측천에게 대항했다가 피살되었다. 선성공주는 오랜 세월 동안 유폐된 채 지내다가 당예종(唐睿宗) 이단(李旦·662~716) 때 복권되었다. 당현종(唐玄宗) 이륭기(李隆基·685~762) 개원(开元) 2년(714)에 생을 마감했다.

당고종은 감국의 대임을 성실하게 수행한 태자 이홍에게 황위를 물려줄 결심을 했다. 상원(上元) 2년(675) 4월 이홍이 당고종과 무황후를 모시고 낙양으로 순행을 나갔다. 그런데 합벽궁(合璧宮)의 기운전(綺雲殿)에서 한창 젊은 나이인 24세 때 갑자기 죽었다. 그의 급사에 대하여 오늘날까지도 의견이 분분하다. 그는 아버지를 닮아서였는지 몸이 무척 허약하여 병을 달고 살았다. 따라서 질병 때문에 요절했다고 주장하는 사람이 있다. 이와 반면에 어떤 사람은 무황후가 황제로 등극하기 위하여 친아들을 극비리에 독살했다고 주장하기도 한다. 그녀가 살해했다는 얘기는 상식적으로는 도저히 이해할 수 없다. 하지만 이홍 사후에 태자로 책봉된 친아들 이현(李賢)을 죽인 역사적 사실을 고려하면, 이홍도 친모에게 독살당하지 않았다고 단정할 수 없다.

당고종은 태자의 갑작스러운 요절에 엄청난 충격을 받았다. 얼마나 비통하고 안타까워했던지 태자를 효경황제(孝敬皇帝)로 추증하고 천자의 의식으로 장례를 치르게 했다. 문무백관들은 36일 동안 상복을 입었다. 당나라 역사에서 아버지가 아들을 황제로 추증한 최초의 일이었다.

당고종의 여섯째아들이자 무황후의 둘째아들인 이현(李賢)이 21세의 나이에 태자로 책봉되었다. 그도 죽은 형, 이홍처럼 어렸을 적부터 재능이 남달리 뛰어나고 독서를 좋아해서 아버지의 총애를 받았다. 어느 날 당고종은 사공(司空) 이적에게 이런 말을 했다.

"이 아이는 벌써 『상서』, 『예기』, 『논어』 등 경전을 읽었다네. 옛날의 시부(詩賦) 10여 편을 암송했는데 한 번 암송한 내용은 절대 잊어버리는 법이 없었지. 하루는 내가 이현에게 『논어』를 읽게 했는데 '현현역색(賢賢易色)'의 구절을 여러 번 읽는 것을 보고 그 까닭을 물어보았네. 이 구절이 너무 마음에 들어 반복해서 읽었다고 대답했다네. 그래서 나는 이현이 총명함을 천부적으로 타고났음을 알게 되었지."

'현현역색(賢賢易色)'이란 현사를 만나면 병소의 낯빛을 바꾸고 그의 가르침과 말씀을 공손한 자세를 취하며 잘 따른다는 뜻이다. 아무리 무소불위의 권력을 가진 제왕이라도 성현과 어진 군자의 가르침을 따라야 만이 성군이 될 수 있다는 의미를 내포하고 있다. 당고종은 이 이치를 깨달은 이현을 자랑스럽게 생각하여 이적에게 자식 자랑을 했다.

당고종이 도성 장안을 비우고 순행을 나갈 때면 태자에게 감국을 맡겼다. 이현은 아버지의 기대에 조금도 어긋나지 않게 태자의 직분을 다했다. 태자세마 유납언(劉納言), 사의랑 위승경(韋承慶), 태자전선 승고정(丞高政) 등 이현을 보필하고 있는 대신들은 유가의 대의명분을 목숨처럼 여기는 올곧은 사대부들이었다. 이현의 강력한 지지자였던 그들은 무황후의 전횡에 불만을 품고 있었다.

이현은 죽은 형, 이홍과는 성격이 판이하게 달랐다. 이홍은 성품이 온화하고 효심이 지극했다면, 이현은 성격이 괄괄하고 패기가 넘쳤다. 친어머니 무황후가 얼마나 잔혹하고 냉정한 인물인지, 그는 평소에 잘 알고 있었다. 살아남기 위해서는 자신의 세력을 조금씩 키워나가지 않을 수 없었다. 무황후도 이현이 친아들이지만 그를 다루기가 쉽지 않았다. 친아들을 '마마보이'로 만들기 위하여 그에게 감당하기 어려운 과제를 주고 완수하지 못하면 호되게 질책했다. 이현은 겉으로는 복종했으나 속으로는 원망이 쌓여갔다.

당시 명숭엄(明崇儼)이라는 방술사가 있었다. 귀신을 불러 모으는 능력이 있고 관상을 잘 본다는 소문이 났다. 그의 현란한 방술에 매료된 당고종과 무황후는 그를 조정으로 불러들여 간의대부로 임명했다. 하루는 그가 무황후에게 태자 이현이 제왕의 관상이 아니라고 헐뜯었다. 그녀의 셋째아들 이현(李顯)과 넷째아들 이단(李旦)이 제왕의 재목감이라고 말했다.

태자 이현(李賢)은 이 얘기를 몰래 전해 듣고 안절부절못했다. 마침 이때 궁중에 이상한 소문이 퍼졌다. 태자의 생모가 무황후가 아니라 그녀의 친언니 한국부인(韓國夫人) 무순(武順·623~665)이라는 유언비어였다. 유부녀였던 무순은 무황후를 만나기 위해 궁궐을 출입하다가 당고종의 눈에 띄어 그와 몸을 섞은 불륜 관계였다.

이현(李賢)은 평소에 무황후가 자신을 그처럼 혹독하게 다루는 이유가

당나라 역대 황제 평전

친아들이 아니기 때문이 아닌가 하는 의심을 했다. 만약 사실이라면 자신도 언제 독살을 당할지 모르는 운명이었다. 이현은 앉아서 당할 수만은 없었다. 남조(南朝) 시대 송(宋·420~479)나라의 역사학자 범엽(范曄·398~445)이 편찬한 『후한서』의 주석 작업에 참여한 인사들을 중심으로 자신의 세력을 은밀히 끌어 모으기 시작했다.

의봉(儀鳳) 4년(679) 명숭엄이 자객에게 살해되었다. 누가 자객을 보냈는지 밝혀지지 않았지만, 무황후는 태자 이현을 의심했다. 태자가 거주하는 동궁에 수상한 움직임이 있음을 감지하고 그를 제거할 결심을 했다.

조로(調露) 2년(680) 무황후는 측근들에게 동궁을 수색하게 했다. 동궁에서 갑옷 수백 개를 찾아냈다. 그녀는 그것을 증거로 태자가 모반을 획책했다고 당고종에게 말했다. 정말로 태자가 모반의 음모를 꾸몄는지 알 수 없었다. 무황후에 의해 얼마든지 조작되었을 가능성이 있었다. 또 태자가 동궁의 남창 조도생(趙道生)과 난잡한 성행위를 즐기고 있다고 비난했다. '호색(好色)'은 예나 지금이나 정적을 제거하는 데 가장 효과적인 무기이다.

무황후는 당장 태자를 폐위해야 한다고 주장했다. 당고종은 총애하는 아들을 또 희생시키는 게 괴로웠다. 태자의 죄를 용서하려고 했다. 하지만 무황후는 단호했다.

"태자는 평소에 역모를 품었습니다. 대의(大義)에 따라 부모와 자식 간의 사사로운 정을 끊어야 합니다. 절대 용서할 수 없습니다."

무황후는 이런 여자였다. 자기의 권력 욕망을 충족하는 데 자식이라도 걸림돌이 되면 가차 없이 제거했다. 결국 이현(李賢)은 폐서인되었고 궁중에 유폐되었다. 이때 태자를 추종했던 무리는 살해되거나 변방으로 쫓겨났다. 문명(文明) 원년(684) 파주(巴州)로 쫓겨난 이현(李賢)은 또 모반의 혐의를 뒤집어쓰고 29세의 나이에 자살했다. 그를 자살로 몰고 간 자는 다름 아닌 친어머니 무황후였다.

이제 조정에는 그녀를 견제할만한 대신이 한 명도 남아있지 않았다. 완전히 무황후의 세상이 되었다. 이현(李賢)이 폐서인된 직후인 영륭(永隆) 원년(680)에 당고종은 자신의 일곱째아들이자 무황후의 셋째아들 이현(李顯·656~710)을 태자로 책봉했다. 표면적으로는 당고종이 책봉했지만, 사실은 무황후가 태자를 결정했다.

25세 때 태자로 책봉된 이현(李顯)은 어머니가 너무 무서웠다. 아무런 야심도, 목표도 없는 무능한 인간이었다. 그저 어머니가 시키는 대로 하면 그만이었다. 자신의 통치 기간에 연호를 무려 14번이나 바꾼 무능한 군주, 당고종 이치가 홍도(弘道) 원년(638)에 향년 56세를 일기로 세상을 떠났다. 무황후는 자기 노리갯감이나 다름없는 이현(李顯)을 황제의 옥좌에 앉혔다. 이 이현이 곧 4대 황제 당중종(唐中宗)이다.

무황후는 아들의 황위 계승 직후에 무황태후로 추대되었다. 일반적으로 황제의 어머니인 황태후는 육궁(六宮)의 가장 존귀한 어른으로서 최고의 대우를 받을 뿐이지, 조정의 정치에는 직접 관여하지 않았다. 하지만 무황태후는 신분은 황태후였으나 사실상 황제의 권력을 행사한 여자 황제였다.

2. 황제로 등극한 직후에 폐위되어 고난의 세월을 보내다

홍도 원년(683) 12월 당중종 이현(李顯)은 아버지 당고종이 붕어한 직후에 황위를 계승했다. 이때 그는 가장 정력적으로 활동할 나이인 28세였다. 태자 시절에는 친어머니 무황후의 눈치를 보면서 그녀가 시키는 대로 했다. 자칫하다간 두 형처럼 언제 죽을지 모르는 운명이었기 때문이다. 무황후는 태자를 자기 수족으로 만들었다.

이현(李顯)은 영왕(英王) 때 조씨(趙氏)를 왕비로 맞이했다. 조씨의 어머니는 당고조 이연의 19번째 딸 상락공주(常樂公主)이다. 당고종은 고모 상락공주를 우대했으며 며느리 조씨를 아꼈다. 무황후는 남편이 상락공주에게 호의를 베푸는 것에 불만을 품었다. 육궁의 안주인은 자신인데도, 상락공주가 황제의 위세를 등에 업고 월권하지 않을까 하는 두려움이 있었다. 상락공주가 남편 당고종의 고모였기 때문에 그녀를 해코지하기가 쉽지 않았다. 무황후는 며느리 조씨에게 분노의 화살을 쏘았다. 며느리가 자기에게 불손하게 행동했다는 것을 이유로 그녀를 폐위한 뒤 굶겨 죽였다.

이현(李顯)은 본처 조씨가 어머니에게 잔인하게 죽임을 당했을 때 죽은 듯이 숨을 죽이고 있었다. 어머니의 눈밖에 벗어나면 자신도 목숨을 보전할 수 없었기 때문이다. 그가 태자였을 때 보주참군(普州參軍) 위현정(韋玄貞)의 딸, 위씨(韋氏)를 태자비로 맞이했다. 태자비는 어머니 무황후의 엄격한 통제 아래에서 전전긍긍하던 태자의 유일한 안식처였다.

영순 원년(682) 태자비 위씨가 이현(李顯)의 장남 이중윤(李重潤)을 낳았다. 그 후에 또 영태(永泰), 영수(永壽), 장녕(長寧), 안락(安樂) 등 공주 4명을 연이어 낳았다. 이현은 자기에게 1남 4녀를 안겨준 위씨를 진심으로 사랑했다. 그가 황제로 등극한 직후에 위씨도 황후로 책봉되었다.

당중종은 어머니의 숨통을 조이는 속박에서 조금이라도 벗어나고 싶었다. 그가 아무리 무능한 황제였더라도 자신의 측근에게는 관직을 직접 수여하고 싶었다. 그는 위황후의 아버지 위현정을 예주자사(豫州刺史)로 발탁했다. 얼마 후에는 장인을 조정의 재상격인 시중(侍中)으로 임명하려고 했다. 장인을 끌어들여 자기 세력을 강화할 목적이었다. 또 유모의 아들에게 5품의 관직을 하사하려고 했다. 그런데 고명대신 배염(裴炎 · ?~684)이 강하게 반발했다. 황제가 사사로운 감정에 얽매어 관직을 멋대로 수여한다는 이유였다. 당중종이 진노했다.

"짐이 천하를 위현정에게 주겠다고 결정하면 문제될 게 없는데도, 하물며 시중 자리 하나 못주겠느냐?"

황제는 무소불위의 권력을 행사할 수 있는데도 장인에게 시중 자리하나 주는 것도 제대로 할 수 없냐는 불만이었다. 천하를 위현정에게 줄수도 있다는 얘기를 들은 배염은 너무 놀라 정신을 잃을 정도였다. 만약 무황태후가 이런 얘기를 들으면 날벼락이 떨어질 게 분명했다. 차라리 자기가 직접 그녀에게 사실을 아뢰는 편이 낫겠다고 판단했다.

배염의 보고를 받은 무황태후는 즉시 당중종을 여릉왕(廬陵王)으로 강등했다. 당중종은 황제의 옥좌에 앉은 지 두 달도 못되어 쫓겨났다. 그후 무황태후는 당고종의 여덟째아들이자 자신의 막내아들인 이단(李旦 · 662~716)을 꼭두각시 황제로 앉혔다. 이단이 곧 5대 황제 당예종(唐睿宗)이다.

한편 여릉왕 이현(李顯)과 여릉왕비 위씨는 균주(均州: 지금의 호북성 균현·均縣), 방주(房州: 지금의 호북성 방현·房縣) 등지에서 15년 동안 감금된 채 모진 고생을 했다. 이현은 무황태후가 자신의 처소로 사신을 파견했다는 얘기를 들을 때면 너무 놀라 자살을 시도한 적이 한두 번이 아니었다. 그럴 때마다 위씨는 남편의 극단적 행동을 저지하며 위로했다.

"불행과 행복은 끊임없이 변하는 법이옵니다. 죽을 때 죽을망정, 사신이 온다는 소식을 들을 때마다 어찌하여 이렇게 조급하게 처신하는지요."

이현은 위씨의 헌신과 침착한 대응 덕분에 겨우 목숨을 부지할 수 있었다. 두 사람은 서로를 의지하며 험난한 세월을 견뎌냈다. 이현은 아내에게 이런 말을 했다.

"나중에 내가 다시 황제로 등극하는 날이 있으면 당신이 원하는 일이라면 모두 들어주겠소."

이현 부부가 방주에서 고난의 세월을 보내고 있을 때 장안의 조정에서는 엄청난 변화가 일어났다. 무황태후는 당예종 이단을 철저하게 고립시키고 친정을 단행했다. 당시 그녀의 전횡에 저항한 낭야왕(琅琊王) 이충(李沖), 월왕(越王) 이정(李貞), 한왕(韓王) 이원가(李元嘉), 상락공주(常樂公主) 등 이씨 황실의 군왕들은 모조리 무황태후에게 살해당하거나 자살했다. 무황태후는 이씨 종친 권력자들의 씨를 말리고 오랜 세월 동안 꿈꾸었던 중국 최초의 여황제로 등극하는 길로 한발 더 다가섰다.

수공(垂拱) 4년(688) 무황태후의 조카 무승사(武承嗣)가 낙수(洛水)에서 발견했다는 백석(白石) 한 개를 무황태후에게 진상했다. 그 돌에는 이런 글씨가 쓰여 있었다.

"성모(聖母)께서 인간 세상에 강림하셨으니 제왕의 대업을 영원히 번창하게 하리라!"

무씨 일족이 무황태후를 황제로 추대하기 위한 사기극이었다. 천수(天授) 원년(690) 9월 마침내 무황태후는 문무백관, 종실, 외척, 도사, 승려,

심지어는 각 성씨(姓氏)의 대표와 번왕들의 추대를 받고 67세의 나이에 중국 역사상 전무후무한 여황제로 등극했다. 그녀는 자신의 존호는 성신황제(聖神皇帝), 국명은 주(周)로 정했다. 아울러 수도는 낙양으로 정하고 신도(神都)라고 칭했다.

당고조 이연과 당태종 이세민이 온갖 역경을 극복하고 건국한 당나라가 일개 후궁 출신에 불과했던 그녀의 손에 의하여 주나라로 바뀐 것이다. 중국 역사에서는 그녀가 건국한 주나라를 무주(武周)라고 칭한다. 당예종 이단은 황사(皇嗣)로, 원래 태자였던 이단의 큰아들 이성기(李成器)는 황손으로 격하되었다. 두 사람 모두 이씨 성을 버리고 무씨 성을 하사받았다.

이현은 방주에서 어머니가 주나라를 건국했다는 소식을 듣고 기절초풍했다. 자기 목숨도 얼마 남지 않았다고 비관한 그는 또 자살을 시도했으나, 부인 위씨의 적극적인 만류 덕분에 살아났다.

3. 다시 황제로 추대되었으나 위황후에게 독살당하다

무측천이 75세가 되던 해인 성력(聖曆) 원년(698)에, 그녀도 후계자 문제를 고민하지 않을 수 없었다. 막내아들 이단이 이미 태자로 책봉되었지만, 무씨 일족의 끊임없는 모함을 받아 살아있어도 산목숨이 아니었다. 더구나 그의 두 부인 황사비(皇嗣妃) 유씨(柳氏)와 덕비(德妃) 두씨(竇氏)가 무측천을 저주했다는 모함을 받고 살해되었기 때문에 이미 후계 구도에서 멀어진 상태였다.

무측천을 여황제로 추대하고 무씨 정권의 기반을 다지기위해 많은 사람들을 살해하고 온갖 악행을 저질러서 그녀의 총애를 한몸에 받고 있었던 두 조카, 문창좌상(文昌左相) 무승사(武承嗣·649~698)와 양왕(梁王) 무삼사(武三思·649~707)가 태자의 자리를 은근히 탐내고 있었다. 그들은 무측천에게 여러 차례 상소했다.

"자고이래로 천자의 지위는 성이 다른 사람이 계승할 수 없사옵니다."

무측천의 막내아들 태자 이단(李旦)을 폐위하고 무씨 성을 가진 자기들을 태자로 책봉해달라는 뻔뻔한 요청이었다. 무측천은 아들과 조카를 놓고 누구를 선택해야할지 결정을 내리지 못했다. 무측천 시대의 명재상 적인걸(狄仁杰·630~700)이 아뢰었다.

"태종께서는 수많은 고난을 극복하셨으며 친히 전장에 나가시어 천하를 평정하신 뒤 자손들에게 물려주셨습니다. 그리고 고종께서는 두 아들을 폐하께 위탁했습니다. 지금 폐하께서 이씨가 아닌 다른 성씨를 가진 사람을 태자로 책봉하시려는 생각은 하늘의 뜻에 위배됩니다. 더구나 아들은 조카보다 훨씬 더 가까운 관계가 아니겠습니까. 폐하께서 아들을 태자로 책봉하신다면 선황제들을 모신 태묘(太庙)에 영원히 배향(配享)되실 것입니다. 이와 반면에 조카를 태자로 책봉하신다면 천자가 된 조카가 고모를 태묘에 모셨다는 얘기를, 신은 아직 들어 본 적이 없습니다."

석인설은 숙음을 두려워하지 않고 바른 말을 잘하기로 유명한 신하였다. 무씨 천하가 된 세상에서 목숨을 걸고 직언했다. 무측천이 평소에 아무리 잔인하고 전횡을 부린 군주였더라도 자기에게 충언을 아끼지 않는 적인걸을 곁에 두고 아꼈기 때문에 그의 충고를 받아들였다.

성력 원년(698) 9월 무측천은 원래 황제였다가 쫓겨난 당중종 이현(李

顯)을 다시 태자로 책봉했다. 15년 동안 객지에서 숨을 죽이고 살다가 어머니의 어명에 의해 느닷없이 기사회생한 이현은 무씨 일족에게 잘 보이지 않으면 또 언제 참담한 꼴을 당할지 몰랐다.

무씨와 혼인 관계를 맺는 일이 그의 안전을 담보하는 가장 확실한 방법이었다. 자신의 여섯째 딸 영태공주(永泰公主)는 위왕 무승사의 큰아들 무연기(武延基)에게, 일곱째 딸 안락공주(安樂公主)는 양왕 무삼사의 둘째아들 무승훈(武崇訓)에게 시집보냈다. 무승사와 무삼사는 무측천이 가장 총애한 조카가 아닌가. 이현은 이런 혼맥으로 무씨 일족과 권력을 나누고 황위를 계승할 날만을 조용히 기다리고 있었다.

신룡(神龍) 원년(705) 정월 82세의 고령인 무측천이 병석에 누웠다. 수많은 정적들을 제거하고 여황제로 등극하여 천하를 호령했던 그녀도 피할 수 없는 생로병사의 운명 속에서는 늙고 병든 늙은이에 불과했다. 재상 장간지(張柬之·625~706), 대장군 이다조(李多祚), 위장군 설사행(薛思行) 등이 무측천이 중병에 걸린 틈을 타서 정변을 일으켰다. 그들은 무측천의 총애를 받는 남자 기생이자 조정을 좌지우지한 장역지(張易之)와 장창종(張昌宗), 두 형제를 살해하고 그녀가 거주하고 있는 자미성(紫微城)을 포위했다. 살 날이 얼마 남아있지 않음을 직감한 무측천은 그들의 퇴위 요구를 순순히 받아들였다. 이른바 '신룡정변(神龍政變)'의 성공이었다.

신룡(神龍) 원년(705) 1월 이현(李顯)은 정변을 성공시킨 대신들에 의해 다시 황제로 추대되었다. 이에 따라 국명은 다시 당(唐)으로 회복되었다. 무측천이 세운 무주(武周)는 15년 만에 역사 속으로 사라졌다. 같은 해 11월 무측천은 상양궁(上陽宮)에서 천수를 누리고 죽었다. 당중종은 어머니의 유언을 받들어 황제인 그녀를 황후의 신분으로 격하한 뒤 당고종의 황릉인 건릉(乾陵)에 합장했다.

당중종은 다시 즉위하자마자 민심을 수습하기 위하여 천하에 대사면을 반포했다. 그리고 자신과 고난의 세월을 함께 한 위씨(韋氏)를 황후로 책봉했다. 또 대신들의 반대에도 불구하고 이미 사망한 장인 위현정을 풍왕(酆王)으로 추증했다. 위현정은 위황후의 아버지가 아닌가. 당중종은 아내에 대한 고마움을 그렇게 표현했다. 이뿐만이 아니었다. 그는 위황후를 국정에 참여하게 했다.

당나라는 또 점차 여인의 천하로 바뀌고 있었다. 당중종 이현과 위황후 위씨의 사이에서 태어난 안락공주(安樂公主·685~710)는 당중종이 가장 총애한 딸이었다. 이현과 위씨가 방주(房州: 지금의 호북성 방현·房縣)로 쫓겨나는 도중에 낳았다. 위씨가 길가에서 아무런 준비 없이 갑자기 아이를 낳자, 당황한 이현은 황급히 보자기로 갓난아이를 받았다. 그래서 그녀의 이름을 이과아(李裹兒)라고 지었다. '과아(裹兒)'란 보자기로 싼 아이라는 뜻이다.

이현은 고난의 시절에 낳아 기른 안락공주 이과아를 지나치게 편애했다. 당나라 역사상 최고의 미인이라는 찬사를 들었던 안락공주는 버르장머리 없이 자랐다. 이현은 다시 황제로 추대된 직후에 안락공주에게 황제의 조서를 작성하고 반포하는 대임을 맡겼다. 정상적인 군주라면 도저히할 수 없는 행위였다. 안락공주는 어머니 위황후와 함께 조서의 내용을 멋대로 조작하여 국정을 농단했다. 그녀에게 뇌물을 바치는 자는 설령 무뢰한이나 하인이라도 관직을 얻을 수 있었다.

안락공주는 야심이 많은 여자였다. 아버지 당중종에게 태자 이중준(李重俊·?~707)을 폐위하고 자신을 황태녀(皇太女)로 책봉해달라고 끊임없이 졸랐다. 아버지가 세상을 떠나면 무측천처럼 여황제로 등극하고 싶었다. 이중준은 위황후의 소생이 아니었기 때문에 위황후와 안락공주 그리고 그녀의 남편 무승훈의 멸시를 받았다. 심지어 그들은 태자의 면전에서 그를 '노예'라고 부르며 호통을 친 적도 있었다.

위황후는 안락공주의 시아버지 무삼사와 은밀한 관계였다. 안락공주,

위황후와 무승훈, 무삼사는 한 패거리가 되어 조정의 권력을 장악했다. 당중종은 아내와 딸이 무씨 부자와 놀아나는데도 모르는 척했다. 오히려 무씨 부자가 자신을 해코지하지 않을까 늘 불안했다.

태자 이중준은 위황후와 무씨 일당의 전횡에 피가 거꾸로 솟았다. 먼저 그들을 죽이지 않으면 자기가 살해당할 게 명약관화했다. 신룡 3년(707) 정변을 일으켜 무씨 부자를 죽였지만 위황후의 반격을 받고 종남산으로 도망가는 길에 부하에게 피살되었다. 당중종은 태자의 잘린 머리를 제단에 바치고 무씨 부자의 영혼을 달래는 제사를 지내게 했다. 아들이 무씨 일당에게 저항하다가 살해되었는데도 말 한 마디 못하고 오히려 무씨 일가를 두둔한 천하의 바보 군주였다.

한편 안락공주는 남편 무승훈이 살해당하자 어머니 위황후의 권고로 무승사의 둘째아들 무연수(武延秀·?~710)에게 시집갔다. 무씨 집안과 권력을 공유하기 위한 수단이었다. 위황후는 남편이 얼마나 무능한 군주인지 누구보다도 잘 알고 있었다. 남편을 다루는 일이 손바닥을 뒤집는 것처럼 쉬웠다. 그녀에게 남편은 거추장스러운 존재에 불과했다. 그녀도 무측천처럼 음란하기 그지없는 여자였다. 마음에 드는 남자가 있으면 은밀히 침전으로 끌어들였다. 그녀가 음란한 짓을 일삼는다는 소문이 궁녀들을 통해 궁궐 밖까지 퍼졌다. 허주참군(許州參軍) 연흠융(燕欽融)이 당중종에게 상소했다.

"황후가 음란한 짓을 일삼고 국정에 간여하고 있습니다. 황후와 안락공주, 무연수, 종초객(宗楚客) 등이 한패거리가 되어 종묘사직을 위태롭게 하고 있습니다. 하루빨리 그들을 징벌하여 뜻밖의 재난을 대비해야 합니다."

당중종은 즉시 연흠융을 초치하여 상소한 내용이 사실이냐고 물었다. 연흠융은 조금도 주저하지 않고 위황후의 죄행을 낱낱이 밝혔다. 하지만 당중종은 묵묵부답으로 일관했다. 자기 아내가 바람을 폈다는데도 감히 그녀를 내칠 용기가 없었다. 연흠융은 궁문을 나가는 길에 위황후와 결탁한 중서령, 종초객의 사주를 받은 금군의 병사들에게 살해당했다. 진노한 당중종은 그들에게 이렇게 말했다.

"너희들은 종초객이 있다는 사실만 알고 짐이 있다는 사실은 모르느냐?"

당종중이 얼마나 무능했으면 이런 말을 했을까. 황제인 자신이 병사들에겐 중서령 종초객보다 못한 인물로 비추어진 현실이 참담했다. 그가 아무리 못난 남자였더라도 아내가 다른 사내의 품에서 놀아난 불륜은 참기 어려웠을 것이다.

황제가 자신을 뒷조사한다는 얘기를 들은 위황후는 안락공주를 황급히 불러들였다. 사실은 안락공주도 어머니처럼 남색을 밝혔다. 남편이 살아있을 때 이미 무연수와 불륜 관계를 맺고 있었다. 그 은밀한 내막을 알고 있었던 위황후는 무승훈이 살해당하자 안락공주를 무연수에게 다시 시집보낸 것이다. 두 모녀는 찰떡궁합이 되어 국정을 농단하고 정욕을 마음껏 채웠다.

위황후와 안락공주는 당중종을 독살하기로 결심했다. 그를 살해한 후 위황후는 무측천처럼 여자 황제로 등극하고 안락공주는 황태녀가 된다는 각본을 짰다. 경룡(景龍) 4년(710) 6월 당중종은 위황후가 만든 독이 들어있는 빵을 먹고 향년 55세를 일기로 갑자기 붕어했다.

그는 정말로 무능하고 어리석으며 나약한 군주였다. 무측천 사후에 다시 황제로 등극한 후에는 무씨 일족을 척결하고 위황후와 안락공주의 정치 참여를 막아야 했다. 하지만 그는 무씨 일족과 권력을 적당히 나누고 아내와 딸에게 국정을 위임한 뒤 자신의 안일만을 추구했다. 결국 그는 권력과 탐욕에 눈이 먼 아내와 딸에게 독살을 당했다. 중국 역사에서 아내와 딸에게 제거된 황제는 당중종이 유일한 인물이 아닌가 한다.

위황후는 당중종의 넷째아들 온왕(溫王) 이중무(李重茂·695~714)를 꼭두각시 황제로 옹립하고 섭정을 시작했다. 그녀는 시어머니 무측천 흉내를 냈지만, 불과 며칠 후에 당륭정변(唐隆政變)을 일으킨 임치왕(臨淄王) 이륭기(李隆基·685~762)의 군사에게 살해당했다. 당시 거울을 보며 눈썹화장을 하고 있었던 안락공주도 붙잡혀 참수를 당했다. 그녀의 나이 26세 때였다.

이륭기는 무측천의 손자이자 이단의 셋째아들이다. 그는 아버지 이단을 황제로 추대했다. 이단이 곧 당예종이며, 이륭기가 양귀비와의 사랑으로 유명한 당현종이다.

제 **6** 장

당예종 이단

당예종 이단

1. 무황태후에 의해 꼭두각시 황제가 되었다가 황태자로 전락하다

5대 황제 당예종(唐睿宗) 이단(李旦·662~716)은 당고종 이치의 여덟째아들이자 무측천의 넷째아들이다. 어렸을 때부터 학문에 매진하고 서예에 능하여 당고종의 총애를 받았다. 영순(永淳) 2년(683) 예왕(豫王)으로 책봉되었다. 사성(嗣聖) 원년(684) 무황태후가 당중종 이현을 여릉왕으로 강등시키고 이단을 꼭두각시 황제로 삼았다. 이단은 황제로서 아무런 권한도 없었으며 오직 어머니 무황태후의 지시에 순종할 수밖에 없었다. 심지어 황궁에 갇혀 지내면서 출입의 자유마저도 박탈당했다.

무황태후가 황제를 멋대로 바꾸고 국정을 농단하자, 영국공(英國公) 이경업(李敬業·636~684)이 그녀를 타도하고 당중종을 다시 황제로 추대한다는 기치를 내걸고 양주(揚州)에서 군사를 일으켰다. 무황태후가 반란군 진압에 골머리를 앓고 있을 때, 중서령 배염(裵炎·?~684)이 그녀에게 수렴청정을 그만두고 성년이 된 이단에게 권력을 이양해야 한다고 건의했다가 모반에 가담했다는 누명을 쓰고 참수당한 일이 있었다. 그는 무황태후의 야망이 얼마나 원대한지 전혀 몰랐기 때문에 그런 건의를 했다가 죽었다.

무황태후는 이경업의 반란을 진압한 후인 수공(垂拱) 2년(686)에 이단에게 권력을 이양하겠다는 조서를 반포했다. 하지만 이단은 조서의 내용이 어머니의 진심이 아님을 눈치챘다. 만약 친정을 시작하면 친형 당중종 이현이 그랬던 것처럼 어머니의 미움을 사서 언제 쫓겨날지 모르는 불안감에 사로잡혔다. 그는 그녀의 의심을 피하기 위하여 여러 차례 거절했으며 그녀에게 계속 국정을 맡아달라고 간청했다. 그녀는 아들이 굴종하는 모습으로 일관하자 마침내 황제를 폐위하고 자신이 여황제로 등극할 음모를 꾸몄다.

수공 4년(688) 그녀의 조카 무승사가 낙수(洛水)에서 우연히 발견했다는 흰 돌 한 개를 그녀에게 바쳤다. 그것에는 "성모(聖母)가 인간 세상에 강림하여 제왕의 위업을 영원히 떨친다."라는 글이 쓰여 있었다. 무씨 일족이 무황태후를 황제로 추대하기 위하여 조작한 글이었다. 하지만 무황태후는 낙수신(洛水神)의 뜻에 따라 황제가 되어야 한다는 증거물로 삼았다.

무황태후는 그것을 '하늘이 자신에게 수여한 성도(聖圖)'로 명명하고, 자신의 존호를 성모신황(聖母神皇)으로 정했다. 사실상 황제의 존칭을 쓴 것이다. 이단은 어머니의 황제 참칭에 찍소리도 못했다. 무황태후는 천수(天授) 원년(690) 음력 9월 9일 중양절에 여황제로 등극했다. 이단은 하루아침에 황제에서 어머니가 세운 주나라(무주)의 황태자로 격하된 후 무씨 성을 하사받았다.

2. 폐위와 살해 위협에 시달리며 고난의 세월을 보내다

　　무주의 황태자로 전락한 이단은 동궁에서 숨을 죽이고 살았다. 매사를 신중히 하고 근신했지만 무씨 일족에게 그는 눈엣가시였다. 그가 무씨 성을 하사받았어도 핏줄은 역시 이씨가 아닌가. 무씨들은 어떻게 해서라도 그를 폐위하고 그 태자의 자리를 자기들이 차지해야 했다. 위왕 무승사의 측근인 봉각사인 장가복(張嘉福), 낙주(洛州) 사람 왕경지(王慶之) 등 수백 명이 연명으로 무측천에게 상소했다.

　　"귀신은 제사상에 당연히 있어야 할 제물(祭物)이 아닌 것은 즐기지 않습니다. 백성은 자기 종족이 아닌 사람에게는 제사를 지내지 않습니다. 태자가 무씨 성을 하사받았어도 그의 뿌리는 역시 이씨입니다. 따라서 이씨를 폐위하고 무승사를 태자로 책봉해야 합니다. 저희들은 죽음을 무릅쓰고 눈물로 호소합니다."

　　무승사는 무측천의 조카이다. 고모를 황제로 추대하는 데 막후에서 공을 세워 위왕으로 책봉되었다. 무측천은 선뜻 결정을 내리지 못했다. 조카에게 황위를 물려주면 무씨의 명실상부한 무주의 적통을 이을 수 있지만 조카가 아들보다 가까울 수는 없었다. 그렇다고 해서 아들에게 물려주자니, 무씨 왕조가 이씨 왕조로 바뀌는 모순이 있었다. 물론 아들에게 무씨 성을 하사하여 이런 모순을 해결하려고 했지만 자신의 사후에 아들이 다시 이씨 성을 회복하는 날에는 무씨 일족은 멸문의 화를 당할 게 분명했다. 무승사는 이 점을 집중적으로 부각시켰다.

　　무측천은 조카의 감언이설에 현혹되어 태자를 바꾸려고 했다. 하지만 보국대장군 잠장천(岑長倩 · ?~691), 어사중승 격보원(格輔元 · ?~691), 판납언사구양통(歐陽通·625~691) 등 대신들이 들고일어났다. 태자가 아무런 잘못도 없는데도 폐위를 운운하는 것은 이치에 맞지 않다고 주장했다.

무승사는 혹리로 악명 높은 내준신(來俊臣)에게 은밀히 사주했다. 모반죄를 꾸며 정적을 제거하는 일은 중국인의 오랜 전통이자 악습이었다. 무승사의 태자 책봉을 반대한 자들은 모조리 반역의 누명을 쓰고 형장의 이슬로 사라졌다.

무측천의 총애를 받은 여자 종, 위단아(韋團兒)가 황태자 이단을 유혹했다. 이단의 몸과 마음을 사로잡으면 언젠가는 황후로 책봉될 수 있다는 망상에 빠진 여자였다. 이단은 그녀의 유혹에 넘어가지 않았다. 질투에 눈이 먼 그녀는 이단의 두 아내, 태자비 유씨(劉氏·?~693)와 덕비(德妃) 두씨(竇氏·?~693)를 제거하여 이단에게 보복하고 싶었다.

위단아가 유씨와 두씨가 무황태후를 저주했다고 모함했다. 무태황후는 사실 여부를 제대로 파악하지도 않고 두 며느리를 살해했다. 이단은 두 아내가 억울하게 죽었는데도 눈물조차 흘리지 못했다. 행여나 비통한 마음을 조금이라도 표현했다가 어머니의 눈밖에 벗어나는 순간, 어떤 불행이 닥칠지 모르는 상황이었기 때문이다. 얼마 후 위단아가 또 태자를 모함했다. 하지만 이번에는 사건의 진상이 밝혀졌다. 무황태후는 위단아를 잔인하게 죽였다. 자신이 위단아의 말만 듣고 두 며느리를 죽인 잘못에 대해서는 조금도 개의하지 않았다.

얼마 후 이단의 처지를 동정한 상방감 배비궁(裴匪躬)과 내상시 범운선(范雲仙)이 무황태후의 승인을 받지 않고 동궁으로 찾아가 태자를 위로했다. 진노한 무황태후는 두 사람을 저잣거리에서 허리를 자르는 형벌로 죽이게 했다. 이단은 동궁에 유폐된 채 실의의 나날을 보냈다.

성력 원년(698) 75세가 된 무측천은 자신의 사후 문제를 고민하지 않을 수 없었다. 무씨에게 황위를 잇게 할 것인가, 아니면 이씨인가? 하루는 무측천이 적인걸에게 물었다.

"어젯밤 짐이 꿈속에서 두 날개가 잘린 거대한 앵무새를 보았소. 무슨 까닭인가?"

적인걸이 대답했다.

"앵무새 무(鵡) 자에 들어 있는 무(武) 자는 폐하의 성씨이며, 두 날개는 두 아들을 상징합니다. 폐하께서 두 아들을 다시 일으켜 세우신다면 두 날개는 힘차게 펄럭일 것입니다."

무씨를 후계자로 삼지 말고 두 아들, 즉 여릉왕 이현과 태자 이단 중에서 후계자를 선택하라는 간언이었다. 아울러 이현은 무측천의 셋째아들이며 이단은 넷째아들이므로 이현을 선택해야 이치에 맞는다고 충고했다. 마침내 무측천은 아들을 차기 황제로 추대하기로 결정했다. 방주(房州)로 사신을 보내 여릉왕 이현을 황궁으로 불러들였다.

친형 이현이 황궁으로 돌아왔다는 소식을 들은 이단은 하루빨리 자신을 폐위하고 이현을 태자로 책봉해달라는 간청을 여러 차례 했다. 이미 대세가 이현에게 기울어진 상황에서 섣불리 행동했다가 어떤 불행을 자초할지 몰랐기 때문이다. 명철보신만이 음모와 배신이 판치는 조정에서 자신의 목숨을 보전할 수 있는 유일한 길이었다.

무측천은 이현을 태자로, 이단을 상왕(相王)으로 책봉했다. 이로써 후계자 선정 문제는 일단락되었다. 그녀는 자신의 사후에 이씨와 무씨의 권력 투쟁을 우려했다. 성력 2년(699) 이현, 이단 등 이씨 일족과 무삼사, 무승사 등 무씨 일족은 무측천이 지켜보는 가운데 영원히 화목하게 지내고 권력을 공유하겠다고 맹세했다. 하지만 권력은 부자지간에도 나눌 수 없다는 말이 있지 않은가. 무측천 사후에 두 성씨의 충돌은 불가피했다.

3. 아들 이륭기에 의해 다시 황제로 추대되다

무측천이 붕어하기 직전인 신룡 원년(705) 정월에 재상 장간지 등이 주도하여 일으킨 신룡정변이 성공하여 당중종 이현이 황제로 복위할 수 있었다. 같은 해 11월 무측천은 상양궁에서 천수를 누리고 죽었다. 이 시기에 상왕 이단도 남위금군을 거느리고 정변에 가담하여 공적을 세운 일로 태위, 동평장사 등의 관직을 하사받고 국정에 참여했다.

원래 당중종에게는 큰아들 이중윤(李重潤·682~701) 둘째아들 이중복(李重福·680~710), 셋째아들 이중준(李重俊· ?~707), 넷째아들 이중무(李重茂·695~714) 등 아들 4명이 있었다.

성력(聖曆) 원년(698) 무측천이 원래 황제였다가 쫓겨난 당중종 이현(李顯)을 다시 태자로 책봉했을 때, 이현의 장남 이중윤도 소왕(邵王)으로 책봉되었다. 이중윤은 풍채가 좋고 성격이 쾌활했다. 할머니 무측천에게 극진하게 효도하여 주목을 받았다. 대족(大足) 원년(701) 무측천의 총애를 독차지하고 국정을 농단하고 있었던 장창종(張昌宗), 장역지(張易之) 형제는 태자 이현의 장남 이중윤을 제거하려고 모함을 꾸몄다. 무측천의 손자 사랑이 사기들에게 불리하게 작용할 수 있었기 때문이다.

소왕 이중윤, 이중윤의 여동생 영태군주(永泰郡主) 이선혜(李仙蕙), 이선혜의 남편 위왕(魏王) 무연기(武延基) 등이 무측천이 황궁에서 음란한 짓을 일삼고 있다는 얘기를 하고 다닌다는 소문을 장씨 형제가 퍼뜨렸다. 사실이 아니었다. 하지만 손자가 할머니의 추문을 떠벌리고 다닌다는 얘기를 들은 무측천은 진노했다. 세 사람을 몽둥이로 때려죽이게 했다. 이중윤은 20세의 나이에 맞아죽었다.

태자 이현은 어머니 무측천이 자기 아들과 딸 부부를 죽였는데도 무측천의 잔혹한 보복이 두려워 자식을 잃은 비통한 심정을 드러낼 수 없었다. 이현이 황제로 복위한 후에야 비로소 이중윤을 의덕태자(懿德太子)로 추증하여 아들의 원한을 달래 주었다.

당중종은 무씨 정권에서 이씨 정권으로 바뀌는 혼란기 속에서, 어린 아들 3명 가운데 한 명을 태자로 책봉하여 제왕의 대업을 맡기기에는 너무 불안했다. 차라리 친동생 이단을 황태제(皇太弟)로 책봉하여 황위를 계승하게 하는 편이 낫다고 판단했다.

하지만 이단은 자신을 황태제로 책봉하려는 당중종의 계획을 따르지 않았다. 위황후와 안락공주 그리고 무씨 일족이 권력을 장악했고 당중종을 꼭두각시 황제로 부리고 있는 상황에서 섣불리 나섰다간 오히려 화가 자신에게 미칠 수 있다고 판단했기 때문이다.

당중종은 부득이하게 셋째아들 이중준을 태자로 책봉했다. 그런데 이중준은 위황후의 소생이 아니었으므로 위황후와 무씨 일당의 살해 위협에 시달렸다. 그는 신룡 3년(707)에 정변을 일으켜 무삼사와 무승훈을 죽였다. 하지만 위황후의 반격을 받고 종남산으로 도망가는 길에 부하에게 피살되었다.

경룡(景龍) 4년(710) 6월 당중종이 위황후와 안락공주에게 독살을 당했다. 위황후는 당중종의 넷째아들 온왕(溫王) 이중무를 꼭두각시 황제로 옹립하고 섭정을 시작했다. 당시 나이 16세였던 이중무도 위황후의 소생이 아니었다. 위황후가 시키는 대로 하지 않으면 언제 죽을지 모르는 운명이었다. 위황후는 시어머니 무측천처럼 천하를 다스리고 싶었다. 재상 종초객(宗楚客), 태상경 무연수(武延秀), 사농경 조리온(趙履溫), 국자제주 섭정능(葉

靜能) 등 그녀를 지지하는 자들은 은밀히 그녀의 여황제 등극을 모의했다.

위씨를 추종하는 세력과 당나라 이씨 종실 간의 충돌이 불가피했다. 황궁의 금군은 위씨들이 장악했다. 꼭두각시 황제 이중무를 죽여야 했다. 그런데 상왕 이단과 태평공주(665~713)가 걸림돌이었다. 태평공주는 무측천의 친딸이 아닌가. 당고종과 무측천은 그녀를 애지중지했다. 그녀는 친오빠 당중종의 황후 위황후의 황위 찬탈을 몹시 두려워했다. 그녀의 입장에서는 올케가 무측천처럼 여황제로 등극하면 이씨 성을 가진 자신은 살아남을 수 없었기 때문이다.

위황후를 추종하는 세력이 이단과 태평공주를 제거하려고 했다. 하지만 이단의 셋째아들 임치왕 이륭기(李隆基·685~762)가 당중종이 붕어한지 한 달 후인 당륭 원년(710) 7월에 고모 태평공주와 손을 잡고 먼저 정변을 일으켰다. 이른바 '당륭정변(唐隆政變)'이다. 이 정변의 성공으로 위황후와 안락공주는 궁중에서 피살되었다. 위황후를 추종한 자들도 모조리 참수형을 당했다.

이륭기의 정변 성공은 태평공주의 지원이 있었기에 가능했다. 이륭기는 아버지 이단을 황제로 복위시켰다. 당예종 이단은 친여동생 태평공주에게 식읍 1만 호(戶)를 하사하여 고마움을 표시했다. 그런데 그녀도 정치적 야심이 대단했다. 사사건건 국정에 간여하여 자기 의사를 관철시켰다. 만약 당예종이 국가의 대사를 단독으로 처리하면 직접 황궁으로 달려가 따지고 들었다.

당예종은 그녀와의 마찰을 피하기 위해 중요한 일을 결정할 때면 신하를 그녀에게 보내 의견을 구했다. 신하들이 아뢰는 일이 있으면 언제나 이렇게 물었다.

"태평공주와 상의한 일인가?"

당예종은 태평공주와 상의한 일이라는 얘기를 들으면 주저 없이 윤허했다. 조정의 또 다른 실세는 태자 이륭기였다. 당예종은 자신을 황제로 추대한 아들의 의견도 무시할 수 없었다. 이륭기는 고모 태평공주의 월권 행위를 알고 있었지만 애써 모른 척했다. 아버지가 사망하면 어차피 황위는 자신이 계승하므로 고모와 척지고 지낼 필요가 없었다.

당예종은 아들과 여동생 사이에서 곡예사가 줄을 타듯 했다. 그도 친형 당중종과 마찬가지로 줏대가 없는 황제였다. 심각한 문제가 잠복되어 있어도 표면으로 드러나지 않으면 그만이었다.

태평공주의 월권 행위와 분수에 넘치는 호사스러운 생활이 날로 심해졌다. 그녀는 황궁 밖에 거대하고 웅장한 대저택과 원림을 조성했다. 그녀의 권세가 황제를 능가한다는 소문이 경향 각지에 퍼졌다. 금은보화를 들고 그녀의 저택에 찾아온 자들이 장사진을 이루었다. 그녀의 말 한마디에 관리들의 임명과 해임이 결정되었다. 조정의 신하들도 그녀에게 뇌물을 바쳐야 만이 승진을 기대할 수 있었다. 심지어 설숭행(薛崇行), 설숭민(薛崇敏), 설숭간(薛崇簡) 등 세 아들을 왕으로 책봉하기도 했다.

태평공주는 애초에 나이가 자기보다 20세 아래인 태자 이륭기를 어린애 취급했다. 하지만 이륭기가 태자로서 시간이 지날수록 황제의 재목으로 성장하자 그에 대한 불편한 감정이 생겼다. 그가 황제가 되면 자신이 황제처럼 권세를 누릴 수 없었기 때문이다. 태자를 폐위시킬 목적으로 유언비어를 퍼뜨렸다.

"태자는 천자의 적장자가 아니므로 폐위되어야 한다."

틀린 말은 아니었다. 이륭기는 당예종 이단의 셋째아들이 아닌가. 그에게는 이성기(李成器)와 이성의(李成義), 두 이복형이 있었다. 이성기가 당예종의 적장자이다. 원래 당예종은 이성기를 태자로 책봉하려고 했다. 하지만 이성기는 사양했다.

"국가가 안정되어 있을 때는 당연하게도 적장자가 태자로 책봉되어야 합니다. 하지만 국가가 위기에 처해 있을 때는 공적을 세운 아들이 우선 입니다. 신은 절대 동생 이륭기의 위에 설 수 없습니다."

둘째아들 이성의도 큰아들과 뜻을 함께 했다. 두 사람은 당륭정변을 성공시킨 동생 이륭기가 황태자로 책봉되는 게 당연하다고 생각한 것이다. 이륭기는 이복형제들과 사이가 아주 좋았다. 큰 이불과 베개를 특별히 만들어 함께 잠을 잤을 정도였다고 한다.

태평공주는 이륭기를 끌어 내리고 권력욕이 약한 이성기를 태자로 옹립하려고 했다. 태자를 비방하는 유언비어를 퍼뜨렸을 뿐만 아니라 동궁의 궁인들을 매수하여 태자의 일거수일투족을 감시하기도 했다. 이륭기도 그녀의 적개심에 긴장하지 않을 수 없었다.

경운(景雲) 2년(711) 태평공주는 동평장사 두회정(竇懷貞 · ?~713)과 함께 태자를 해칠 음모를 꾸몄다. 원래 두회정은 위황후의 측근이었다. 당륭정변 때 위황후가 피살당하자 한때 위황후의 유모였던 자기 아내를 살해하여 죽음을 모면한 변절자였다. 그는 태평공주를 지지하는 붕당을 은밀히 결성했다. 그런데 평소에 강직하기로 소문이 난 재상 위안석(韋安石 · 651~714)이 걸림돌이었다. 그를 끌어들이지 못하면 태자 폐위가 어려웠다. 태평공주는 사위 당준(唐晙)을 위안석에게 여러 차례 보내 그를 포섭하려고 했으나 번번이 거절당했다. 위안석이 태평공주와 결탁하고 있다고 오해한 당예종은 은밀히 그를 불러 말했다.

"조정 대신들이 대부분 동궁을 지지하고 있다고 들었소. 그런데 경은 어찌하여 상황을 제대로 헤아리지 못하는가?"

태평공주가 위안석은 이미 자기 사람이라고 헛소문을 냈기 때문에 이런 오해가 생겼다. 위안석이 단호하게 말했다.

"폐하께서는 어찌하여 국가를 망치는 유언비어를 믿으십니까? 이는 필시 태평공주의 계략입니다. 태자는 종묘사직에 큰 공적을 세웠을 뿐만 아니라 성품 또한 어질고 효성이 지극하며 형제간의 우의를 돈독히 하여 천하의 모든 백성들의 칭송을 받고 있습니다. 폐하께서는 참언을 믿으시어 미혹에 빠지시는 일이 없으시기를 간절히 바랍니다."

당예종은 그의 말에 깜짝 놀라 말했다.

"짐은 이제야 사실을 알게 되었소. 경은 더 이상 이 일을 거론하지 마오."

태평공주는 몰래 두 사람의 대화를 엿듣고 위안석을 죽이려고 했으나 실패했다. 하루는 태평공주가 어가를 타고 가다가 광범문(光範門)에서 조정 중신들을 만나자 태자 폐위 문제를 공공연하게 거론했다. 중신들이 대경실색했다. 이부상서 송경(宋璟·663~737)이 태평공주에게 큰소리로 물었다.

"태자께서는 천하에 큰 공적을 세웠으며 종묘사직의 진정한 주인입니다. 그런데도 공주께서는 어찌하여 갑자기 그런 말씀을 하십니까?"

태평공주의 독선적 행위를 우려한 송경과 중서령 요숭(姚崇·651~721)이 당예종에게 비밀리에 아뢰었다.

"송왕 이성기는 폐하의 적장자이며, 빈왕 이수례(李守禮)는 고종 황제의 손자입니다. 그런데 태평공주가 두 왕과 결탁하여 태자 폐위를 운운하고 있습니다. 지금 태자는 불안한 마음을 감출 수 없다고 합니다. 송왕과 빈왕은 지방의 자사로 보내야 합니다. 또 기왕 이륭범(李隆範)과 설왕 이륭업(李隆業)은 그들의 좌우우림대장군의 직책을 거두어들이고 그들을 태자의 좌우위솔에 임명하여 태자를 섬기게 해야 합니다. 그리고 태평공주와 그녀의 남편 무유기(武攸曁)는 동도 낙양으로 보내 근신하게 해야 합니다."

태평공주와 그녀를 추종하는 세력의 발호를 억제하고 태자 이륭기의 안전을 위한 충언이었다. 당예종의 대답은 이러했다.

"지금 짐은 형제들이 없소. 혈육이라곤 오직 태평공주 한 명뿐이오. 어찌 하나밖에 없는 짐의 여동생을 멀리 떨어진 동도로 보낼 수 있겠소? 왕들에 대해서는 경들의 건의에 따라 처리하겠소."

태평공주가 노발대발했다. 송경과 요숭의 배후에 이륭기가 있다고 분노했다. 사실 그들은 종묘사직을 위해 충언을 했을 뿐이지 이륭기의 사주를 받은 게 아니었다. 하지만 고모의 반격을 두려워한 이륭기는 당예종에게 그들이 자기와 고모 사이를 이간질했다고 아뢰었다. 아직은 태평공주에게 대항할 역량이 부족했기 때문에 바른 말을 한 대신들에게 책임을 전가했다.

당예종은 그들을 지방의 자사로 좌천시켜서 여동생과 아들 사이의 충돌을 가까스로 막았다. 국가의 중대 사안이 발생할 때마다 미봉책으로 일관하고 명철보신하는 태도를 취하여 위기를 그럭저럭 넘기는 당예종의 성격을 단적으로 보여 준 사건이었다.

연화(延和) 원년(712) 7월 밤하늘에 혜성이 출몰했다. 중국의 왕조 시대에 혜성의 출현은 사람들에게 엄청난 공포를 안겨주었다. 사람들은 그것을 재앙의 전조로 여겼다. 변란이 일어나 왕조가 바뀌거나 천명에 따라 천자가 퇴위하고 새로운 천자가 등극한다고 생각했다. 태평공주는 이 천문현상으로 당예종과 태자 이륭기 사이를 이간질하고자 했다. 그녀의 사주를 받은 방술사가 당예종에게 아뢰었다.

"혜성의 출현은 낡은 것을 제거하고 새로운 것을 세우라는 하늘의 뜻입니다. 또 천자를 상징하는 별자리와 태자를 상징하는 별자리에 변고가 생겼으므로 태자가 천자로 등극해야 합니다."

태평공주는 또 태자가 혜성 출현을 빙자하여 황제의 자리를 노리고 있다는 유언비어를 퍼뜨렸다. 당예종이 유언비어를 사실로 믿고 진노하여 태자를 폐위하기를 바란 의도에서 이런 계략을 짠 것이다. 하지만 어찌 알았으랴? 평소에 황위를 태자에게 물려 줄 결심을 했던 당예종은 이렇게 말했다.

"짐은 덕망이 높은 태자에게 황위를 물려주어 재앙을 피하기로 결정했도다."

태자 폐위를 은밀히 바랐던 태평공주는 당예종이 오히려 태자에게 황위를 선양하겠다는 얘기를 듣고 크게 당황했다. 즉시 측근들과 함께 어전으로 몰려가 반대 의사를 강력하게 표명했다. 하지만 당예종의 결심은 확고부동했다. 태평공주도 더 이상 손을 쓸 수 없었다. 같은 해(712) 8월 당예종은 태자 이륭기에게 황위를 선양하고 태상황제가 되었다. 당현종 이륭기의 시대인 개원(開元) 4년(716)에 향년 55세를 일기로 병사했다.

당예종은 어머니 무측천의 철권통치 시대에 권력이 얼마나 비정하고 잔인한지 몸으로 체험했다. 어머니가 절대 권력을 쟁취하고 유지하기 위하여 아들마저도 죽인 그런 극악무도한 세상에서, 명철보신만이 그의 목숨을 지키는 유일한 방법이었다. 아들에 의해 황제로 복위한 후에도 강력한 권력을 행사하지 못하고 여전히 소극적인 삶을 살았다.

당예종은 절대 권력을 가진 황제임에도 권력 의지가 아주 약했으며 현실 정치에 무관심했다. 그가 진정으로 추구한 것은 도교의 도(道)였다. 경운(景雲) 2년(711) 천태산(天台山)에서 은거하고 있는 도사 사마승정(司馬承禎)을 황궁으로 초대했다. 황제와 도사가 나눈 대화 내용은 이러했다.

"음양 술수의 학문에 대하여 알고 싶소."

"이른바 도(道)는 줄어들고 또 줄어들어 급기야는 무위(無爲)에 이르는 경지를 말합니다. 따라서 신이 어찌 인위적인 노력을 통해 신묘한 음양 술수의 학문을 배울 수 있겠습니까?"

"몸과 마음을 수양하여 무위로 이끄는 것이 최고의 경지라면, 국가는 어떻게 다스려야 하는가?"

"국가는 심신(心身)과 같습니다. 만물의 자연 법칙에 순응하고 마음에 사사로움이 없으면, 천하는 저절로 다스려질 것입니다."

"그대의 생각보다 더 좋은 생각은 없구려."

두 사람이 나눈 이야기는 마치 철학자들의 심오한 대화 같다. 당예종이 사상가였다면 문제될 게 없을 것이다. 하지만 그는 당나라 백성들의 생계를 책임진 최고 통치자였다. 마땅히 현실을 직시하고 구체적인 대책을 세워야 했다. 하지만 그는 이런 무위자연의 인생관에 심취해 있었다. 국가는 결코 추상적이고 낭만적인 사고에 의해 다스려지지 않는다. 그는 백성들의 군주가 되기에는 부족한 인물이었다.

그가 아들 이륭기에게 '대권'을 물려주어서 아들로 하여금 당나라 역사상 최고의 전성기인 '개원성세(開元盛世)'를 열게 해준 일은 높이 평가할 만한 업적이다. 그렇지만 죽을 때까지 소극적인 삶을 살았기 때문에 역사의 족적을 남기지 못했다.

제 **7** 장

당현종 이륭기

당현종 이륭기

1. 위황후의 세력을 몰아내고 아버지를 황제로 복위시키다

6대 황제 당현종(唐玄宗) 이륭기(李隆基·685~762)는 동도 낙양에서 당예종 이단의 셋째아들로 태어났다. 생모는 두덕비이다. 그가 태어났을 때 당나라의 모든 권력은 무황태후에게 집중되었다. 당예종은 꼭두각시 황제였다. 이륭기는 수공(垂拱) 3년(687) 3세 때 황자의 신분으로서 초왕(楚王)으로 책봉되었다.

무황태후는 천수(天授) 원년(690)에 여황제로 등극했다. 당예종은 하루 아침에 황제에서 어머니가 세운 주나라(무주)의 황태자로 강등되었다. 이 륭기도 신분이 황자에서 황손으로 바뀌었다. 장수(長壽) 2년(693) 9세의 나이에 임치왕(臨淄王)으로 책봉되었다.

아버지 이단은 동궁에서 유폐된 채 10여 년 동안 악몽 같은 세월을 보냈다. 생모 두덕비도 할머니 무측천에게 살해당한 비극적 환경 속에서,

어린 이륭기는 마음의 지울 수 없는 상처를 받았다. 이단의 후궁, 두로씨(豆盧氏·661~740)가 그를 키웠다. 그녀는 음모와 배신이 난무하는 궁궐에서 어린 이륭기를 지키기 위하여 지극히 근신하는 삶을 살았다. 무측천에게 밉보이면 언제 죽을지 몰랐기 때문이다.

이륭기는 두로씨의 헌신적인 사랑과 극진한 보살핌 덕분에 어린 나이임에도 모진 풍파를 이겨낼 수 있었다. 훗날 당현종은 그녀가 임종을 앞두고 있을 때 친히 그녀의 사가로 찾아가 그녀의 곁을 지켰다. 사망한 후에는 3일 동안 조회를 열지 않고 그녀의 죽음을 추도했다. 어린 시절 자기를 지극정성으로 보살펴준 유모에 대한 보답이었다.

신룡(神龍) 원년(705) 재상 장간지 등이 일으킨 신룡정변이 성공했다. 무측천은 퇴위하고 당중종 이현은 다시 황제로 추대되었다. 이현과 이단은 친형제지간의 우애가 깊었다. 당중종의 복위는 무측천 시대에 아버지 이단과 함께 궁궐에서 유폐된 채 지내던 임치왕 이륭기에게 활로를 열어주었다.

이륭기는 23세 때인 경룡(景龍) 원년(707)에 노주(潞州: 지금의 산서성 장치·長治)의 별가(別駕)를 겸직하게 되었다. 궁궐을 벗어나 노주에서 관직 생활을 하면서 백성들의 고단한 삶을 알게 되었으며 그들을 위해 선정을 베풀었다. 또 뜻이 맞는 사대부들과 어울리면서 치국의 도를 논했다. 이는 그가 정치적으로 자립할 수 있는 절호의 기회가 되었다.

경룡 4년(710) 이륭기는 노주에서 경사 장안으로 돌아와 당중종의 친위군인 만기(萬騎)의 수장이 되었다. 당중종은 조카 이륭기에게 자신의 신변 안전을 맡긴 것이다. 그런데 당종중은 무능하고 나약한 군주였다. 황후 위황후와 딸 안락공주가 조정을 좌지우지했다. 위황후는 시어머니 무측천처럼 여황제로 등극하려는 야심을 숨기지 않았다. 딸 안락공주와 흉계를 꾸며 당중종을 독살했다. 위황후는 당중종의 넷째아들 온왕(溫王) 이중무(李重茂·695~714)를 꼭두각시 황제로 옹립하고 섭정을 시작했다.

당나라가 다시 '여인 천하'로 돌아갔다. 사태를 관망하고 있었던 이륭기는 혼자의 힘으로는 위황후에게 대적할 수 없었다. 고모 태평공주에게 도움을 청했다. 태평공주도 올케 위황후가 여황제로 등극하면 제일 먼저 자신에게 철퇴를 가할 거라는 두려움이 있었다. 두 사람은 정변을 일으켜 위황후 일당을 제거하기로 결심했다. 이륭기는 태평공주의 아들 설숭간(薛崇簡), 원총감(苑總監) 종소경(鍾紹京) 등과 계략을 세웠다. 정변을 감행하기 직전에 한 측근이 이륭기에게 건의했다.

"먼저 임치왕의 부친이신 상왕 전하에게 거사의 계획을 알리고 도움을 청해야 합니다."

이륭기는 속마음을 털어놓았다.

"나는 종묘사직을 지키고 천자와 아버님을 구하기 위해 거사를 일으키는 것이오. 성공하면 종묘사직을 보존할 수 있을 것이오. 실패하면 국가에 충성하고 아버님에게 효도하려다가 죽게 될 것이오. 아버님이 연루되는 일은 절대 없어야 하오. 이처럼 목숨을 걸고 하는 거사를 어찌 아버님께 아뢰어 심려를 끼쳐 드리게 할 수 있겠소? 만약 아버님께 아뢰어 동의를 얻는다면 이 또한 아버님을 지극히 위험한 일에 끌어들이는 불효이오. 또 아버님이 반대하면 우리의 계획은 실패할 것이오."

이륭기는 효자였다. 거사가 실패하면 자신이 모든 책임을 지고 자살할 생각이었다. 성공하면 아버지를 황제로 다시 추대할 계획을 세웠다.

당륭 원년(710) 7월 21일 밤 이륭기는 무장을 하고 황궁으로 잠입했다.

만기의 친위군들이 그의 지휘 아래 일사불란하게 움직였다. 황궁의 다른 금군들도 속속 이륭기의 수하로 들어왔다. 순식간에 황궁을 장악한 그들은 위황후의 처소를 급습하여 그녀의 목을 베었다. 안락공주, 무연수, 종초객 등 그녀를 따르는 무리는 모두 시퍼런 칼날에 목이 달아났다. 다음날 아침 이륭기는 피로 얼룩진 계단에 서서 반정(反正)의 성공을 선포했다. 아버지의 처소로 달려가서 아버지를 배알했다. 이단은 아들을 껴안고 울면서 말했다.

"너의 강인한 힘과 용기 덕분에 종묘사직을 지킬 수 있게 되었구나!"

이륭기는 자신과 사촌 관계인 당상제(唐殤帝) 이중무를 폐위하고 아버지 이단을 다시 황제로 추대했다. 당예종 이단은 아들을 황태자로 책봉했다. 이중무는 당현종 이륭기가 황제로 등극한 후인 개원 2년(714) 방주자사(房州刺史)로 쫓겨났다. 같은 해 7월 불과 20세의 나이에 사망했다. 아마 독살되었을 것이다. 요절할 수밖에 없는 운명이었다.

2. 황제 등극 후 고모 태평공주와의 권력 다툼에서 승리하다

선천(先天) 원년(712) 8월 당예종은 태자 이륭기에게 양위하고 태상황으로 물러났다. 바야흐로 당현종 이륭기의 시대가 시작되었다. 그런데 당예종은 이륭기에게 양위할 때 태평공주의 반발을 무마하기 위하여 그녀의 측근들을 대거 조정의 요직에 임용했다. 또 당현종에게 황권을 완전히 이양하지 않고 국가의 대사는 태평공주와 함께 상의하게 했다. 황제와 조정 대신들 사이에 불편한 기류가 감돌았다. 대신들은 젊은 황제의 어명보다

노회한 태평공주의 지시를 더 받들었다.

당현종은 태평공주의 지원에 힘입어 당륭정변을 성공시킬 수 있었다. 그래서 그녀가 원하는 일이라면 군말하지 않고 협조했다. 태평공주는 더욱 기고만장했다. 조카가 이미 황제가 되었는데도 월권행위를 서슴지 않았다. 당현종을 황제가 아닌 조카로 여기고 얕잡아 보았다. 자기 뜻대로 그를 얼마든지 조종할 수 있다고 생각했다.

한창 정력적으로 일할 나이인 28세 때 황제로 등극한 당현종은 안하무인으로 행동하는 고모를 눈엣가시로 여겼다. 하지만 어찌하겠는가. 고모의 도움이 없었다면 위황후의 세력을 제거하고 권력을 장악할 수 없었을 것이다. 더구나 태상황 아버지가 그녀를 두둔하는 상황에서 섣불리 나섰다간 오히려 고모를 해치려는 패륜아로 몰릴 수 있었다. 고모의 전횡을 보고도 못 본 척하는 수밖에 없었다.

조카가 자기의 위세를 두려워하여 전전긍긍하고 있는 허수아비 황제라고 태평공주는 생각했다. 궁정정변을 일으켜 그를 폐위하고 오빠 태상황을 압박하여 여황제로 등극하겠다는 야심을 품었다. 선천 2년(713) 7월 상서좌복사 두회정(竇懷貞), 좌우림대장군 상원해(常元楷), 좌금오장군 이흠(李欽) 등 측근들이 정변을 은밀히 모의했다.

반역의 무리가 밤마다 태평공주의 저택으로 모인다는 소문이 황궁 안팎에 파다하게 퍼졌다. 당현종은 당륭정변 때 공을 세운 측근, 형주장사 최일용(崔日用)을 장안으로 불러들여 대책을 숙의했다. 최일용이 말했다.

"태평공주는 오래전부터 반역을 꾀했습니다. 폐하께서 예전에 동궁에 계셨을 때 황상의 신하와 아들의 신분으로서 그녀를 토벌하고자 했다면 지략과 힘이 필요했을 것입니다. 하지만 지금 폐하께서는 황위를 정통으로 이어받은 천자이십니다. 지금 폐하께서 태평공주 일당을 일망타진하라는 명령을 내리신다면, 누가 감히 폐하의 성지를 따르지 않겠습니까?"

당현종이 대답했다.

"경의 말은 틀리지 않소. 그렇지만 태상황을 놀라게 하지 않을까 걱정이오."

당현종은 아버지 앞에서 고모와 피비린내 나는 싸움을 벌이는 게 두려웠다. 만약 아버지가 태평공주의 진영에 서면 자신의 목숨도 담보할 수 없었다. 그가 주저하는 모습을 보이자, 최일용은 다그치듯 말했다.

"천자의 진정한 효도는 온 세상을 안정시키는 데 있습니다. 만약 간악한 자가 정변에 성공하면 종묘사직은 폐허로 변하고 말 것입니다. 그렇게 되면 선황제들에게 효도하고 싶어도 할 수 없습니다. 먼저 북군(北軍)을 장악한 후에 반역의 무리를 토벌하면 태상황을 놀라게 하는 일은 없을 것입니다."

마침 시중 위지고(魏知古)가 당현종에게 밀고했다.

"태평공주의 사주를 받은 상원해 등 반란의 무리가 우림군(羽林軍)을 거느리고 무덕전(武德殿)을 습격하여 폐하를 시해할 음모를 꾸미고 있습니다."

위지고가 구체적 증거와 함께 반란을 일으킬 날짜까지 소상하게 아뢰었다. 당현종은 더 이상 망설일 수 없었다. 먼저 제압하지 않으면 또 무측천 같은 여자가 나타나 당나라를 말아먹을 게 분명했다.

용무장군 왕모중(王毛仲·?~731)에게 기병 300여 명을 거느리고 황궁을 장악하게 했다. 왕모중은 고구려 유민 출신이었다. 이륭기의 임치왕 시절에 가노(家奴)로 들어갔다. 힘이 장사이고 용감하여 싸우면 반드시 승리했다. 이륭기는 정치적 위기 때마다 그의 충성심과 용맹함 덕분에 살아남을 수 있었다. 왕모중은 이륭기 수하에서 가장 유능하고 주군의 총애를 받는 장수로 성장했다.

왕모중은 당현종의 어명에 조금도 어긋남이 없이 순식간에 황궁을 장악했다. 당현종은 내시 고력사(高力士) 등 측근들을 대동하고 무덕전에서 건화문(虔化門)으로 들어가 태평공주의 일당을 모조리 죽이게 했다. 마침 황궁 밖에 있었던 태평공주는 정변이 일어났다는 소식을 듣고 산중의 사찰로 달아나 몸을 숨겼다. 고립무원의 처지가 된 태평공주는 산사에 숨은 지 3일 만에 제 발로 걸어 나왔다.

'설마 조카 녀석이 나를 죽일 수 있겠어. 더구나 내 도움이 없었다면 그 녀석이 어떻게 천자가 될 수 있었겠어? 적당히 용서를 구하면 문제없을 거야.'

하지만 당현종의 생각은 단호했다. 역모를 꾸민 자는 혈족이라도 극형으로 다스리겠다고 했다. 당황한 태평공주는 오빠 이단에게 찾아가 목숨을 구걸했다. 태상황 이단은 아들 당현종에게 선처를 부탁했으나 거절당했다. 결국 태평공주는 사약을 마시고 죽었다.

아들이 여동생을 제거하는 정변을 사전에 전혀 모르고 있었던 태상황 당예종은 정변이 끝난 직후, 모든 황권을 아들 당현종에게 이양했다. 개원(开元) 4년(716) 향년 55세를 일기로 병사했다. 그가 아들과 여동생의 갈등을 풀지 못한 까닭은 그의 우유부단한 성격과 명철보신의 태도 때문이었다. 당현종은 이 정변의 성공을 통해 비로소 명실상부한 황제가 되었으며 본격적으로 자신의 통치 시대를 열었다.

3. 유능한 인재를 중용하여 국가 발전의 기반을 닦다

당현종은 태평공주의 세력을 일소한 해인 713년에 연호를 선천(先天)에서 개원(開元)으로 바꾸었다. 이제 당나라 천하를 자신이 오랫동안 꿈꿔온 이상 세계로 발전시키겠다는 의지의 표현이었다. 한 국가가 번영을 누리기 위해서는 예나 지금이나 최고 통치자가 유능한 인재들을 적재적소에 배치하여 그들로 하여금 능력을 마음껏 발휘하게 해야 한다. 그의 자질이 좀 부족해도 인재를 알아보는 능력이 뛰어나면 국가를 안정적으로 다스릴 수 있다. 그래서 '인사는 만사'라는 얘기가 나왔다. 만약 그의 자질과 능력이 뛰어날 뿐만 아니라 인재 등용에도 식견을 가지고 있으면 금상첨화이다.

당현종은 금상첨화에 해당하는 군주였다. 집권하자마자 능력이 뛰어난 자가 있으면 과거를 불문하고 그에게 중임을 맡겼다. 방현령, 두여매, 송경 등과 함께 '당나라의 4대 현명한 재상'으로 칭송을 받은 요숭(姚崇·651~721)이 제일 먼저 발탁되었다. 그는 원래 무측천의 총애를 받아 무주 시대에 재상을 지낸 인물이었다. 신룡 원년(705) 장간지 등이 일으킨 신룡정변에 참여한 공로로 당중종 시대에 조정의 중책을 맡았다. 당예종 시대에 이르러서 태평공주의 전횡에 맞서다가 여러 지방의 자사로 좌천되었다. 그런데 그가 다스리는 지역마다 백성들의 칭송이 끊이질 않았다. 매사에 공명정대했고 청렴결백했으며 백성을 위하는 일이라면 어떤 힘든 일도 서슴지 않았기 때문이다.

당현종은 평소에 요숭을 눈여겨보고 있었다. 신풍(新豊)에서 동주자사(同州刺史) 요숭을 만나 시책을 물었다. 요숭의 막힘없는 답변에 만족한 당현종은 그를 재상으로 임명하겠다는 뜻을 밝혔다. 하지만 대신들이 격렬하게 반대했다. 그가 구시대의 인물이라는 이유를 들었다. 당현종은 뜻을 굽히지 않았다. 요숭은 「십사요설(十事要說)」을 지어 당현종에게 바쳤다.

"첫째, 측천무후가 통치한 이래로 잔혹한 형법으로 천하를 다스리고 있습니다. 신은 폐하께서 어진 정치를 펴시기를 바랍니다. 이것이 가능하겠습니까? 둘째, 조정에서 청해(靑海)의 변경 지방으로 군사를 파견했다가 군사가 전멸을 당했는데도 아직도 정신을 차리지 못하고 있습니다. 신은 병사들이 변경 지방에서 더 이상 전공을 쌓지 않기를 바랍니다. 이것이 가능하겠습니까? 셋째, 근래에 간신들이 국법을 위반하고 있습니다. 그들은 모두 황제의 총애를 등에 업고 온갖 악행을 저지르고 있습니다. 신은 그들을 법으로 다스리고자 합니다. 이것이 가능하겠습니까? 넷째, 황후가 조정의 정치에 관여하여 황후를 섬기는 내시의 입에서 명령이 나옵니다. 신은 황후의 대변자인 내시가 국정을 간섭하지 못하게 하고 싶습니다. 이것이 가능하겠습니까? 다섯째, 황제의 외척이 백성의 재물을 빼앗아 황제에게 바쳐서 아부하고 있습니다. 공경대부와 절도사들도 점점 그들의 행위를 모방하고 있습니다. 신은 폐하께서 백성들이 국가에 바쳐야 하는 조세 이외의 재물은 모두 받지 않으시기를 바랍니다. 이것이 가능하겠습니까?"

"여섯째, 황제의 외척과 공주가 번갈아가며 권력을 장악하여 조정의 질서가 크게 문란해졌습니다. 신은 폐하의 친척이 고위 관직을 맡지 않기를 바랍니다. 이것이 가능하겠습니까? 일곱째, 예전 왕조의 군주가 대신들을 업신여겨서 임금과 신하 사이의 존엄한 관계를 훼손했습니다. 신은 폐하께서 예의로 신하들을 대하시기를 바랍니다. 이것이 가능하겠습니까? 여덟째, 연흠융(燕欽融)과 위월장(韋月將)은 충언을 아끼지 않았는데도 오히려 죄인으로 몰려 죽었습니다. 이때부터 바른 말을 해야 하는 간관(諫官)들은 말문을 닫았습니다. 신은 신하들이 모두 폐하의 뜻에 거슬리는 직언을 거리낌 없이 하기를 바랍니다. 이것이 가능하겠습니까? 아홉째, 측천무후는 대복선사(大福先寺)를, 선황제께서는 금선관(金仙觀)과 옥진관(玉眞觀)을 각각 건립하면서 막대한 자금을 낭비했습니다. 신은 불교 사찰과 도교 사원의 건립을 근절시키기를 바랍니다. 이것이 가능하겠습니까? 열째, 여록(呂祿), 염현(閻顯), 왕망(王莽), 양기(梁冀) 등 외척들이 난을 일으켜 한(漢)나라를 혼란에 빠지게 했습니다. 우리 당나라도 외척의 난이 심각했습니다. 신은 이러한 역사적 교훈을 만대의 법으로 삼고자 합니다. 이것이 가능하겠습니까?"

요숭은 무측천부터 당중종, 당예종에 이르는 통치 기간에 일어난 온갖 폐단을 열 가지로 요약했다. 당현종에게 이것들을 바로잡을 용의가 있냐고 물었다. 만약 자신의 제안이 받아들여지지 않는다면 황제의 부름에 응하지 않겠다는 뜻이었다. 이것들 가운데 황권(皇權)과 신권(臣權)이 조화를 이루어야 하며 아울러 언로를 보장해달라는 봉건 시대에는 감히 말하기 어려운 아주 민감한 내용이 있었다. 당현종은 그의 제안에 흔쾌히 동의했다. 요숭은 자기를 알아준 당현종을 위해 견마지로를 다했다.

개원 4년(716) 산동 지방에 하늘을 누렇게 덮은 메뚜기떼가 농작물을 닥치는 대로 갉아먹었다. 이른바 '황재(蝗災)'가 발생했다. 지방 관리들과 백성들은 메뚜기를 잡아 죽이지 않고 하늘에 제사를 지내면서 메뚜기떼가 사라지기만을 간절히 바랐다. 당시 사람들은 메뚜기떼의 출현이 하늘의 뜻이라고 여겼기 때문에 그렇게 행동했다. 심지어 당현종마저도 천명에 위배되는 일은 할 수 없다고 생각했다. 황문감(黃門監) 노회신(盧懷愼)이 요숭에게 말했다.

"메뚜기떼의 습격은 하늘이 내린 재앙이오. 어찌 사람의 힘으로 제압할 수 있겠소? 더구나 메뚜기를 너무 많이 죽이면 반드시 하늘의 조화를 깨뜨릴 것이오."

요숭은 그의 주장을 반박했다.

"옛날 초(楚)나라 때 회왕(惠王)은 거머리를 삼켜서 질병을 치료했으며, 손숙오(孫叔敖)는 뱀을 죽여서 복을 받았소. 지금 메뚜기떼를 박멸할 수 있는 좋은 기회이오. 그런데도 그것들을 내버려둔다면 그것들이 곡식을 모두 갉아먹을 것이오, 곡식이 한 톨도 남아있지 않으면 백성들은 무엇을 먹고 살 수 있겠소. 메뚜기들을 죽여서 사람을 구하다가 재앙이 닥치면 내가 전적으로 책임을 지겠소. 공에게 책임을 전가하는 일은 절대 없을 것이오."

노회신은 아무 말도 하지 못했다. 두 사람의 논쟁을 듣고 있던 당현종은 요숭의 말이 옳다고 생각하고 즉시 메뚜기들을 박멸하라는 조서를 내렸다. 그 후 해마다 메뚜기들이 나타났지만 피해가 크지 않았다. 요숭의 건의를 받아들인 당현종이 신속하게 어명을 내린 덕분이었다.

송경(宋璟·663~737)도 요숭처럼 무측천 시대부터 여러 관직을 역임했다. 당예종 때 태평공주가 태자 이륭기를 해치려는 음모를 꾸몄다. 이부상서 송경은 요숭과 함께 태평공주를 동도 낙양으로 추방해야 한다고 당예종에게 건의했다가 초주자사(楚州刺史)로 좌천되었다.

당현종은 그를 광주도독(廣州都督)으로 발탁했다. 광주에서 지방민들이 거주하는 초가집이 너무 남루하고 화재에 취약하다는 사실을 송경은 알았다. 흙을 구워 벽돌과 기와를 만드는 방법을 그들에게 가르쳤다. 그 후부터 그들은 크고 튼튼한 집에서 편안하게 살 수 있었다. 화재도 대폭 감소했다.

개원 4년(716) 당현종의 집권 초기에 정국의 안정을 이루는 데 공을 세웠으며 아울러 산적한 민생 문제를 원만히 해결한 요숭은 연로함을 이유로 당현종에게 고향으로 돌아가 은거하고 싶다는 뜻을 밝혔다. 당현종은 그를 계속 중용하고 싶었으나 나이가 많은 그의 간청을 들어주지 않을 수 없었다. 당현종은 그의 후임으로 누구를 임용하는 게 좋겠냐고 물었다. 요숭은 조금도 주저하지 않고 송경을 재상으로 추천했다.

요숭의 추천에 의해 재상이 된 송경은 유능한 인재를 적재적소에 발탁했다. 관리들이 직분에 맞게 공무를 성실히 수행하는 일을 가장 중시했다. 또 신상필벌의 원칙을 철저히 지켜서 관리들의 태만을 막았다. 설령 황제의 측근이라도 법을 어기면 엄하게 처벌했다. 하급 관리이라도 실적이 뛰어나면 파격적으로 승진시켰다.

아부하는 신하들이 당현종의 성총을 흐리게 하는 일을, 송경은 크게 우려했다. 따라서 신하들이 당현종에게 아뢰는 일이 있으면 반드시 간관(諫官)과 사관(史官)을 배석하게 했다. 때로는 당현종과 의견이 달라 서로 얼굴을 붉히고 논쟁을 벌이기도 했다. 당현종은 송경을 스승을 대하듯 했다. 송경이 어전에 들어오면 친히 맞이했고 나가면 전송했다.

당현종은 송경이 건의한 시책은 대부분 받아들였다. 이에 따라 황제의 친소 관계에 따라 관리를 중용하거나 간신배가 활개를 치는 악습이 사라졌다. 당나라 때 지방의 고위 관리들이 해마다 황궁으로 사자를 보내 황제와 재상에게 자기가 다스리는 지역의 사정을 보고하는 제도가 있었다. 지방의 현황을 정확하게 파악할 목적으로 생긴 제도였다.

하지만 지방의 고위 관리들은 보고를 핑계로 막대한 뇌물을 조정 중신들에게 몰래 바쳤다. 뇌물을 받으면 반드시 그에 따른 보답이 있기 마련이었다. 매관매직이 자연스럽게 성행했다. 송경은 당현종에게 전국 각지에서 보내온 공물이외의 물건은 절대 받아서는 안 된다고 아뢰었다. 황제가 먼저 모범을 보여야 신하들이 따라온다고 주장했다. 권문세가의 반발을 샀지만, 당현종은 그의 건의를 순순히 받아들였다.

어느 날 당현종과 송경 단둘이 식사 자리를 가졌다. 당현종은 시종에게 황금 젓가락 한 쌍을 송경 앞에 놓게 했다. 송경이 깜짝 놀라 말했다.

"폐하, 이것은 폐하의 젓가락입니다."

당시 황금으로 만든 식기는 오로지 황실에서만 쓸 수 있었다. 신하가 쓰면 대역죄인으로 몰리던 시대였다. 당현종이 만면에 미소를 지으며 말했다.

"경에게 황금을 하사한 게 아니오. 젓가락을 하사하여 그것처럼 강직한 경의 성품을 칭찬하고자 할 뿐이오."

당현종도 신하가 황금 젓가락은 쓸 수 없다는 사실을 잘 알고 있었기 때문에 그렇게 말했다. 송경은 집으로 돌아온 후 차마 그것을 사용할 수 없어서 가보로 소중하게 보관했다. 당현종이 송경의 강직함을 얼마나 높이 평가하고 우대했는지 알 수 있는 미담이다.

당현종의 신임을 받은 송경도 한때는 재상의 직에서 쫓겨난 적이 있었다. 당시 '악전(惡錢)'이 대량으로 유통되었다. 악전이란 민간에서 불법으로 주조한 주화이다. 국가에서 발행한 화폐가 있음에도 조세를 회피하고 재화를 은닉할 목적으로 찍어낸 돈이었기 때문에 국가 경제와 재정을 크게 어지럽혔다. 특히 도성 장안에서 멀리 떨어진 지방에서는 토호들이 관리들과 결탁하여 악전을 마구잡이로 찍어내어 치부의 수단으로 삼았다. 그래서 한 국가에서 지방마다 서로 다른 화폐가 유통되는 화폐 교란 현상이 일어났다.

송경은 당현종에게 악전을 근절해야 한다고 강력하게 주장했다. 그의 주장은 조금도 틀리지 않았다. 하지만 악전은 이미 '지하 경제'를 지탱하는 수단이 되었다. 황제에게 막대한 공물을 바치는 지방 세력가들의 부의 원천이기도 했다. 송경을 탄핵하는 상소가 빗발쳤다. 당현종은 고심 끝에 송경을 재상의 직에서 물러나게 했다. 충신 송경보다는 자신의 이익을 대변하는 권문세가의 손을 들어 준 것이다.

하지만 송경은 자신의 뜻을 조금도 굽히지 않았다. 옳은 일이라면 언제나 당현종에게 직언을 서슴지 않았다. 개원 17년(729) 당현종은 송경을 상서우승상으로 임명했다. 송경은 개원 25년(737)에 향년 75세를 일기로 세상을 떠나기 전까지 당나라와 당현종을 위해 충성을 다했다.

장열(張說·667~730)은 명성은 요숭과 송경에게는 미치지 못하지만 개원 시대의 명재상이다. 무측천이 친히 주재한 제과(制科)에서 그가 쓴 책론(策論)이 천하제일의 명문장이라는 극찬을 받고 장원 급제했다. 무측천, 당중종, 당예종에 이르는 시대에 고위 관직을 두루 역임했다. 당예종 시대인 경운(景雲) 2년(711)에 동중서문하평장사로 임용되어 재상의 반열에 올랐다.

당시 태평공주가 조정 대신들과 결탁하여 태자 이륭기를 폐위하려는 음모를 꾸몄다. 황궁의 분위기가 심상치 않게 돌아가고 있음을 느낀 당예종이 신하들에게 말했다.

  "5일 안에 황궁에서 변란이 일어날 거라고 술사가 말했소. 경들은 짐
  을 위해 만반의 대비책을 마련하시오."

  신하들이 서로 얼굴만 쳐다볼 뿐 어찌할 바를 모르고 있었을 때, 장열이 말했다.

  "음모를 꾸미는 자들이 폐하와 태자를 이간하려는 술책입니다. 폐하께
  서 태자에게 감국(監國)을 명하시어 임금과 신하 간의 분명한 지위와 신
  분을 정하시면, 흑심을 품은 무리는 저절로 겁을 먹고 불순한 행동을 하
  지 못할 것이며, 유언비어도 사라질 것입니다."

  당예종은 즉시 이륭기에게 감국을 명했다. 이륭기가 황제로 등극한
후 고모 태평공주와 권력 다툼을 벌일 때도, 상서좌상 장열은 당현종에게
장검 한 자루를 헌상했다. 망설이지 말고 태평공주 일당을 '싹쓸이'하라는
뜻이었다. 그런데 장열은 당현종의 총신으로서 출세의 가도를 달렸으나
성격이 괴팍하고 까다로워서 남과 잘 어울리지 못했다. 더구나 재물을 탐
하는 습성이 있어서 청렴한 관리들의 질시를 받았다. 특히 요숭과의 관계
가 아주 나빴다.
  당현종은 개원 초기에 요숭을 재상으로 임명하려고 했다. 장열은 다
른 대신들에게 요숭을 탄핵하게 했다. 하지만 당현종은 끝내 요숭을 재상
으로 임명했다. 요숭과의 권력 다툼에서 밀려난 장열은 상주자사, 악주자
사, 형주자사 등 지방의 자사로 전전했다.

개원 9년(721) 강국(康國: 지금의 우즈베키스탄) 출신 강대빈(康待賓)이 동돌궐의 일부 세력과 연합하여 반란을 일으켰다. 하곡(河曲) 일대의 육주(六州)를 파죽지세로 점령했다. 그를 따르는 군사가 수만 명에 이르렀다. 당현종은 삭방행군대총관 왕준(王晙)에게 토벌을 명했다.

이때 장열도 천병군대사의 직책으로 토벌에 참여했다. 그는 합하관(合河關: 지금의 산서성 흥현·興縣)에서 반란군을 기습하여 전멸시켰다. 포로로 잡힌 강대빈은 장안으로 압송되어 허리가 잘리는 형벌을 받았다. 장열의 신출귀몰한 전술에 탄복한 당현종은 그를 조정으로 불러들였다. 그에게 병부상서와 동중서문하평장사를 제수했다. 장열은 문관이었으나 무략과 병술이 대단히 뛰어나 국가 방위의 최고 책임자가 되었다.

개원 10년(722) 강대빈의 부하였던 강원자(康愿子)가 또 반란을 일으켰다. 당현종은 장열을 삭방절도대사로 임명하여 강원자를 토벌하게 했다. 강원자도 장열의 적수가 되지 못하고 생포되었다. 장열은 서북 변방의 소요를 사전에 차단하고자 하곡의 육주에 거주하는 돌궐인들을 강제로 중원 지방으로 이주시켜 거주하게 했다.

당시 60여만 대군이 변방에 주둔하고 있었다. 그처럼 많은 병사는 국가의 재정에 부담을 주었을 뿐만 아니라 농사철에 일손 부족의 큰 원인이 되기도 했다. 장열은 병력을 40만 명으로 감축하고 나머지 20만 명은 고향으로 돌려보내 농사를 짓게 하자고 상소했다. 당현종이 선뜻 결정을 내리지 못하고 망설이자, 그는 이렇게 아뢰었다.

"신은 변방에서 오랫동안 지낸 연유로 변방의 사정을 잘 알고 있습니다. 지금 변방의 장수들은 오로지 자신을 지키고 개인의 사욕을 위해서 병사들을 부리고 있습니다. 외적을 제압하는 힘은 할 일 없이 빈둥거리는 병사들이 많음에 있지 않습니다. 더구나 그들은 농사에 아무런 도움도 주지 못할 뿐입니다. 폐하께서 아직도 신을 의심하신다면, 신은 저의 가족 모두의 목숨을 걸고 이 개혁을 추진하겠습니다. 폐하께서 영명하신 위무를 떨치시면 사방의 오랑캐들은 모두 엎드려 복종할 것입니다. 병력 감축이 외적을 불러오는 일이 되지 않을까 걱정하실 필요가 없습니다."

병사가 많다고 군사력이 강하다는 얘기가 아니다. 오히려 소수의 정예병을 양성하여 외적의 침입에 대비하고 유휴 병력은 농사에 투입해야만이 국가를 부국강병으로 이끌 수 있다는 주장이다. 당현종은 그의 제의를 받아들였다. 이처럼 장열의 공로 덕분에 개원 시기에 변방의 안정을 이룰 수 있었으며, 백성들은 징병에 끌려 나가지 않고 생업에 종사할 수 있었다.

하지만 장열은 괴팍한 성격 탓에 동료들과 잘 어울리지 못하고 뇌물을 탐하는 습성 때문에 자주 탄핵을 당했다. 재상 요숭과 이런 일화가 있다. 요숭이 임종 전에 아들들에게 당부했다.

"장열은 나를 아주 증오하고 있다. 장차 내 명예를 훼손하고 너희들에게 보복할 것이다. 내가 죽으면 그는 예의상 조문하러 올 것이다. 너희들은 집에 보관하고 있는 진귀한 보물들을 모두 꺼내 그에게 보여주고, 그의 마음에 드는 보물이 있으면 가져가게 해라. 만약 그가 그것들을 쳐다보지도 않는다면, 너희들은 큰 불행을 당할 것이다. 반면에 그가 그것들을 마음에 들어 하면 즉시 그에게 주기 바란다. 아울러 내 비문을 써달라고 공손히 부탁해라. 그가 비문을 써주면 즉시 그 내용을 황상에게 아뢰고 비석에 새기기 바란다. 그는 일을 처리하는 데 나보다 좀 아둔한 편이다. 비문을 쓰고 난 후 며칠이 지나면 반드시 후회할 것이다. 비문의 내용을 고치겠다고 하면, 너희들은 그것을 이미 황상에게 아뢰었고 비석에 새겼다고 말하면 된다.”

요숭이 사망한 직후 아니나 다를까, 장열이 조문을 왔다. 요숭의 아들
들은 아버지의 당부대로 진귀한 보물들을 장열에게 보여주고 마음에 들
면 모두 가져가게 했다. 장열은 기쁨을 감추지 못했다. 그것들을 가지고
집으로 돌아온 즉시 요숭의 행적과 공적을 미사여구로 썼다. 워낙 글재주
가 뛰어났던 까닭에 그가 쓴 비문은 당대 최고의 명문이 되었다. 그런데
며칠 후 장열은 자기가 그토록 증오하던 요숭을 찬양한 것을 후회하기 시
작했다. 하인을 보내 비문을 수정하겠다는 뜻을 밝혔다. 하지만 이미 황
제의 윤허를 받아 비문이 새겨진 사실을 알고 탄식했다.

“죽은 요숭이 살아있는 장열의 천성을 간파했구나. 오늘에서야 비로소
내 재능이 그보다 못함을 알게 되었구나!”

개원 19년(730) 장열은 향년 64세를 일기로 병사했다. 당현종은 황궁의
광순문(光順門)에서 그의 죽음을 애도했으며 친히 신도비의 비문을 썼다.
장열은 결점이 많은 인물이었으나, 당현종은 그가 가진 장점을 눈여겨보
고 중용했다. 흠결이 있는 자도 국가 발전에 도움이 되면 주저하지 않고
그를 중용한 것이, 당현종의 뛰어난 용인술이었다.

당현종이 당나라 시대 최고의 전성기라는 ‘개원성세’를 열 수 있었던
까닭은 요숭, 송경, 장열 등 유능한 인재들을 재상으로 중용하고 그들의
능력을 마음껏 발휘할 수 있게 했기 때문이다. 개원 후기에 이르러 찬란
한 문명의 꽃을 피웠던 당나라가 점차 쇠퇴의 길로 접어든 이유도, 당현
종이 초심을 버리고 유능한 인재와 바른 말을 하는 신하들을 멀리했기 때
문이다.

국정은 최고 지도자 한 사람의 능력만으로 움직이는 게 아니다. 그를 올바르게 보좌하고 정책을 정확하게 수립하며 국정을 안정적으로 이끌고 갈 수 있는 유능한 관리들이 많아야만 국가는 비로소 번영의 길로 간다. 당현종의 성공과 실패는 바로 이 점에서 결정되었다.

4. 개원성세: 중국 역사상 최고의 태평성대를 열다

당현종과 같은 시대를 살았던 시성 두보(杜甫·712~770)가 광덕(廣德) 2년 (764)에 지은 「옛날을 회상하면서 지은 시, 두 수(首)」 가운데 두 번째 시를 읽어보면, 개원 시대가 얼마나 번창했는지 짐작할 수 있다.

예전에 번창했던 개원 시대를 회상하면	憶昔開元全盛日
작은 읍에도 1만여 가구가 있었다네	小邑猶藏萬家室
윤기 흐르는 하얀 쌀이 민가에 넘쳐나니	稻米流脂粟米白
창고마다 곡식을 가득 저장해놓았네	公私倉廩俱豊實
온 나라의 어느 길에도 도적이 없으니	九州道路無豺虎
사람들은 언제라도 편히 먼 길을 떠나네	遠行不勞吉日出
비단을 실은 수레가 길에 끊임없이 이어지고	齊紈魯縞車班班
남자는 적기에 밭을 갈고 여자는 누에를 친다네	男耕女桑不相失
궁중의 천자는 천지신명께 제사를 지내시며	宮中聖人奏雲門
천하의 친구들은 모두 화목하게 지낸다네	天下朋友皆膠漆
백여 년 동안 재난이 발생한 적이 없었으니	百餘年間未災變
예법과 음악이 흥성하고 법률이 완비되었다네	叔孫禮樂蕭何律
……	……

또 송(宋)나라의 문인 손수(孫洙·1031~1079)는 개원성세를 이렇게 묘사했다.

"개원 연간에는 태성성대가 오랫동안 지속되었다. 장안성 근교에 거주하는 백성들은 모두 근심 걱정이 없었으며, 비옥한 평야에는 수많은 사람들이 옹기종기 모여 살았다. 농부들이 가꾼 뽕나무밭과 삼밭은 마치 옷감처럼 조밀했다. 마을 사람들은 이웃집 닭이 울고 개가 짖는 소리를 한가롭게 들으면서 풍요로움을 즐겼다. 장안의 개원문(開遠門)을 나와 서역으로 떠날 때면 당나라의 변경까지 가는 길이 무려 1만여 리나 달했다. 사람들은 길에 물건이 떨어져있어도 주워 가지지 않았다. 여행자들은 양식을 가지고 다니지 않아도 어느 곳에서나 식사 문제를 해결할 수 있었다. 장정들은 무기가 어떻게 생겼는지도 몰랐다."

당나라가 개원 연간에 공전절후의 성세를 누릴 수 있었던 힘은 어디에서 나왔을까. 첫째, 당현종은 유능한 인재를 중용했으며 동시에 관리의 중요성을 인식하고 그들에 대한 인사 고과(考課) 제도를 확립한 것에서 나왔다. 그는 먼저 요숭, 송경, 장열 등 국가를 경략할만한 재능을 가진 인재들을 재상으로 중용하여 그들로 하여금 정치적 이상과 포부를 마음껏 펼치게 했다. 그는 절대 권력과 생사여탈권을 가진 황제임에도 자신을 스스로 낮추고 조정 중신들의 충언과 고언을 마다하지 않았다. 설사 자기를 진노하게 한 신하일지라도 그의 진언이 옳으면 기꺼이 받아들였다.

지금도 그렇지만 봉건왕조 시대에 '관리'의 중요성은 더 말할 나위가 없다. 제왕이 아무리 똑똑해도 그의 손발 역할을 하는 관리가 능력이 부족하고 부패하면 백성이 도탄에 빠진다. 더구나 중국처럼 "하늘은 한없이 높고 황제는 멀리 있는" 광활한 국가에서 지방 관리들의 역량은 백성의 삶을 결정하는 요인 가운데 하나이다. 사실상 그들은 중앙정부의 지시와 통제에서 벗어나 있기 때문에 얼마든지 가렴주구를 일삼을 수 있다.

개원 4년(716) 당현종은 새로 선발한 지방 현령들을 대명궁(大明宮) 선정전(宣政殿)으로 불러들였다. 그들이 치국의 도(道)와 지방민들에게 선정을 베푸는 방법을 제대로 알고 있는지 친히 문제를 내어 평가했다. 불합격한 현령들은 임용을 취소당했다.

이처럼 지방 관리에 대한 평가를 여느 황제보다도 중시한 당현종은 엄격한 고과제도를 확립했다. 매년 10월에 각 지방에 안찰사를 파견하여 백성들의 생활 형편을 살핀 후 지방 관리들을 평가했다. 위법 행위를 한 관리는 엄한 형벌로 다스렸으며, 선정을 베푼 관리는 파격적으로 승진을 시켰다. 이에 따라 부패하거나 놀고먹는 관리들은 자연스럽게 도태되었고 유능한 관리만이 성공할 수 있는 관료 조직이 완성되었다.

조정의 정치에서는 간관과 사관이 육부 상서들의 회의에 참석할 수 있게 했다. 간관은 얼마든지 황제와 각 부의 장관인 상서들의 발언에 이의를 제기할 수 있었다. 이는 임금과 신하 간의 자유로운 토론을 보장하기 위한 조치였다. 사관은 황제와 신하가 어전 회의에서 발언한 모든 내용을 정확하게 기록할 수 있었다. 후대에 정확한 기록을 남겨서 역사의 귀감을 삼고자 한 조치였다.

둘째, 징병 제도를 획기적으로 개선했다. 당나라 초기에는 부병제(府兵制)를 운용했다. 부병제란 농민이 농사철에는 농사를 짓고 농한기에는 군사 훈련을 받는 이른바 '병농합일(兵農合一)'이다. 전쟁이 일어나면 농민들이 스스로 무장을 갖추고 종군해야 했다. 이 제도는 전란이 없는 시대에 농민들의 생산 활동에 막대한 지장을 초래했다. 변방으로 끌려간 농민들은 군량미만 축내는 쓸모없는 사병으로 전락했을 뿐만 아니라 전투력 약화의 원인이 되기도 했다. 군영을 이탈하여 사방으로 도망간 부병(府兵)의 숫자가 날이 갈수록 많아졌다.

개원 11년(723) 당현종은 재상 장열의 건의를 받아들여 고용병 제도를 확립했다. 이에 따라 전문적인 군사 훈련을 받은 12만여 명의 직업 군인, 즉 위사(衛士)가 국가 방위를 책임지게 되었다. 징집된 농민들은 고향으로 돌아가 생업에 종사할 수 있었다. 또 당현종은 서북과 황하 이북의 광활한 지역에 둔전을 개발하게 하여 군량미 부족 문제를 완전히 해결했다.

셋째, 방방곡곡 어느 곳이나 농민들이 경작하지 않는 땅이 없었으며 그에 따라 곡물 생산량이 엄청나게 증가했다. 당나라 때 원결(元結·719~772)이 쓴 『원차산집(元次山集)』에 이런 내용이 있다.

"개원, 천보 연간에 농민들이 경작에 온 힘을 기울여 높은 산이나 깊은 산골짜기, 어느 지역도 쟁기질로 전답을 조성하지 않은 곳이 없었다. 백성들은 여러 해 동안 먹을 수 있는 양식을 곳간에 수북이 쌓아놓았다. 국가의 창고에 비축한 양식 가운데 부패하여 버린 것이 이루 다 헤아릴 수 없을 정도로 많았다."

당시 1인당 경작 면적이 9묘(畝: 1묘는 약 666.7㎡)였다. 오늘날 중국 농민의 1인당 경작 면적이 1.4묘임을 감안하면, 개원 시대의 농민들이 얼마나 많은 토지를 보유했는지 짐작할 수 있다. 농업 생산량이 증가하면 인구가 늘어나기 마련이다. 개원 20년(732) 4천6백여만 명이었다. 이는 당나라 초기에 비해 2배 가까이 증가한 숫자이다. 천보(天寶) 연간에는 무려 8천여만 명에 달했다.

넷째, 부패한 불교 세력을 타도하기 위해 도교를 선양했다. 무측천은 자신이 여황제로 등극할 수밖에 없는 이론적 근거를 불교 사상에서 찾았다. 불교를 통치 이념으로 삼고 맹목적으로 숭배했다. 불교는 무측천의 든든한 버팀목이 되었다. 따라서 중국 불교는 무측천 시대에 전성기를 구가했다. 이런 이유로 이 시기에 완공된 중국의 유명한 사찰들과 불상들이 아주 많다.

그런데 무측천 시대에 불교의 폐단이 아주 심각했다. 전국의 수많은 사찰들은 엄청난 토지를 보유하고 있으면서도 조세 감면 혜택을 받아 국가의 재정에 막대한 손실을 끼쳤다. 또 스님 행세를 하며 놀고먹는 자들이 수십만 명이나 달해 사회 문제가 되기도 했다. 유명한 사찰의 주지는 권력자와 결탁하여 국정을 농단했다. 지방 말직이라도 한 자리 얻으려면 주지를 찾아가 뇌물을 바치는 게 지름길이었다.

당현종은 집권하자마자 스님의 숫자를 엄격하게 제한하여 쓸데없이 많은 스님들을 환속하게 했다. 사찰이 보유한 막대한 토지를 회수하는 조치를 시행했을 뿐만 아니라 국가의 재정을 좀먹는 어떠한 대규모의 불사(佛事)도 일으키지 못하게 했다. 또 관리와 스님의 교류를 금지시켜 스님이 정치에 개입하지 못하게 했다.

원래 당나라의 국교는 도교였다. 당고조 이연은 "도교는 위대하고 불교는 협소하다."는 인식을 가졌다. 당태종 이세민은 "짐의 조상은 노자에서 비롯한다."고 말하여 자신이 노자의 후손임을 자랑스럽게 생각했다. 당현종은 불교를 억누르고 도교를 숭배했다. 도교의 창시자인 노자(老子·약 기원전 571~기원전 471)를 '현원황제(玄元皇帝)'로 추증했다. 그 자신이 열렬한 도교 숭배자이기도 했다.

> "정사를 돌보면서 여유가 생기면 『도덕경』, 『문자』, 『열자』, 『장자』 등 도교 서적을 항상 읽었다. 그 서적들의 문장은 간결하지만 의미가 정밀하며, 단어는 어렵지만 뜻이 심오하다. 따라서 도교 사상에 정통하면 국가를 바로 세우고 몸을 지킬 수 있다."

도교 사상을 통치 이념으로 삼겠다는 뜻이다. 장자(莊子)를 남화진인(南華眞人), 노자의 제자 문자(文子)를 통현진인(通玄眞人), 열자(列子)를 충허진인(冲虛眞人)으로 추증하여 숭배한 일도 당현종의 도교에 대한 깊은 신앙심의 표현이었다. 대체적으로 도교는 물욕을 멀리하고 청빈한 삶을 추구하는 특징이 있으므로 당시 부패한 불교 세력을 제압하는 데 가장 적합한 종교였다. 섭법선(葉法善·616~720) 등 당현종의 총애를 받은 도교의 도사들은 사치를 배격하고 청빈한 생활을 영위한 까닭에, 당나라 조정은 일시에 청렴의 기풍이 성행했다.

이밖에도 당현종은 몸소 근검절약을 실천하여 신하와 백성들이 재물을 아끼고 낭비를 줄이는 풍조를 조성하게 했다. 개원 2년(714) 태평공주의 저택을 수색하여 압수한 진귀한 보물과 화려한 비단을 모두 한곳에 쌓아두고 불을 지르게 했다. 수많은 귀중품들이 연기 속으로 사라지는 광경을 지켜본 신하들은 황제의 사치를 배격하는 확고부동한 의지에 놀라지 않을 수 없었다. 정삼품 이하의 관리와 비빈 이하의 후궁은 금옥으로 만든 장식물을 착용하지 못하게 했다. 궁녀도 반드시 필요한 사람이 아니면 모두 고향집으로 돌려보냈다. 지출을 줄이기 위한 조치였다.

외국과의 관계도 정벌보다는 방어와 우호 정책을 실시하여 변방의 안정을 이루었다. 당현종은 오늘날의 동북 삼성(三省: 요녕성·길림성·흑룡강성) 지역에 말갈도독부, 흑수도독부, 발해도독부 등을 설치했다. 이때부터 이 지역이 처음으로 중국의 강역에 편입되었다. 또 돌궐, 토번 등 이웃 국가들과의 관계 개선을 통하여 서역의 여러 국가들과 안정적으로 교역할 수 있었다. 당나라와 조공 관계를 맺거나 교역을 한 국가는 무려 70여 개 국가에 달했다.

당나라의 수도 장안은 인구가 100여만 명이나 되었다. 전 세계에서 규모가 가장 크고 웅장한 국제 도시였다. 신라, 일본, 돌궐, 토번, 인도 등 주변 국가는 말할 것도 없고 페르시아, 아랍, 유라시아 등 서역 국가에서 온 수많은 상인, 관리, 유학생들이 장안성으로 몰려왔다. 낙양, 난주, 양주, 광주 등 지방의 대도시에도 외국인들이 넘쳐났다. 개원 2년(714) 항구도시 광주에 시박사(市舶司)를 설치하고 시박사(市舶使)에게 관리하게 했다. 시박사(市舶司)는 오늘날의 세관에 해당한다. 육로의 실크로드를 통해서 뿐만 아니라 광주를 거점으로 하는 해상 무역도 활발하게 전개되었음을 알 수 있다.

개원 연간에 당나라의 세력은 남쪽으로는 오늘날 베트남 탄호아(Thanh Hoa), 북쪽으로는 러시아 안가라강(Angara River), 우즈베키스탄 부하라(Bukhara), 동쪽으로는 길림성 통화(通化) 지역까지 이르렀다. 국토 면적은 1,076만㎢에 달했다.

정말로 개원 연간(713~741) 28년은 중국 역사상 최고의 전성기였다. 당현종 이륭기에게 '성군(聖君)'이라는 칭호를 부여해도 조금도 어색하지 않을 정도로, 그는 국가와 신민들을 위해 혼신의 힘을 다했다. 하지만 달도 차면 기운다고 했던가. 당현종은 개원 후기부터 점차 초심을 잃고 사치와 향락에 빠진 군주로 변하기 시작했다.

5. 왕황후를 폐위하고 다시 황후를 책봉하지 않다

당현종은 한평생 황후, 비빈, 재인 등 38명의 여자를 거느렸다. 그들 사이에서 아들 30명, 딸 29명을 낳았다. 38명 가운데 살아생전에 황후로 책봉된 여자는 왕황후(王皇后·?~725)가 유일했다. 당현종이 임치왕(臨淄王)이었을 때 그녀를 정실부인으로 맞이했다. 그녀는 무척 정숙하고 선량했다. 때에 따라서는 과단성이 있고 용감한 여자였다. 남편이 정치적으로 위기에 몰릴 때마다 막후에서 지략을 발휘하여 남편을 구했다.

임치왕 이륭기가 위황후, 태평공주 등과 권력 다툼에서 승리할 수 있었던 배경에는 그녀의 결정적 도움이 있었다. 그녀의 아버지 왕인교(王仁皎)와 오빠 왕수일(王守一)도 왕씨 가문의 존망을 걸고 이륭기를 황제로 추대하기 위해 필사적으로 싸웠다. 마침내 황제로 등극한 당현종은 왕씨를 황후로 책봉했다. 목숨을 걸고 자신을 지지해준 장인 왕인교와 처남 왕수일에게도 높은 관작을 수여했다.

당현종은 조강지처 왕황후를 무척 사랑했다. 왕황후도 국모의 자리에 올랐지만 육궁의 안주인으로서 조금도 교만하지 않고 남편을 지극정성으로 섬겼으며 언제나 겸손한 마음가짐으로 아랫사람들을 대했다. 그녀의 어질고 후덕한 인품에 감동을 받지 않은 사람이 없었다. 심지어 궁녀, 내시 등 신분이 미천한 자들도 날마다 그녀의 덕행을 칭송했다.

하지만 그녀에게는 치명적인 약점이 있었다. 당현종의 자식을 낳지 못했다. 당현종은 그녀의 처지를 안타깝게 여기고 수시로 그녀와 운우지정을 나누었지만 몇 년이 지나도 임신의 기미조차 보이지 않았다. 당현종에게는 수십 명의 비빈이 있었다. 그들은 언제나 '용의 씨앗'을 받아 잉태할 준비가 되어있었다. 아들을 낳지 못한 왕황후는 절망에 빠졌으나, 당현종은 하루걸러 미모의 비빈들을 품었다.

그들 가운데 무혜비(武惠妃·699~737)가 있었다. 그녀는 무측천의 당질, 항안왕(恒安王) 무유지(武攸之)의 손녀이다. 어린 나이에 궁궐로 들어가 성장했다. 처음에는 첩여(婕妤)로, 나중에는 혜비(惠妃)로 책봉되었다. 그녀는 무측천을 닮아서인지 용모가 빼어나고 남자를 홀리는 데 타고난 기술을 가졌을 뿐만 아니라 지모도 뛰어났다.

당현종은 무혜비와 같이 지낼 때면 언제나 얼굴에 화색이 돌았다. 우울증을 앓고 있는 왕황후를 점차 멀리하고 무혜비를 총애하기 시작했다.

무혜비는 당현종의 총애에 보답이라도 하듯, 황자 4명과 공주 3명을 낳았다. 황제의 총애를 독차지하고 더구나 황제의 자식을 7명이나 낳았으니 더욱 교만에 빠졌다. 황후의 자리를 차지하고 아들들 가운데 한 명이 황위를 계승한다면 당나라 천하는 자기 손안에 들어올 것만 같았다. 무측천이 그랬던 것처럼 무혜비의 마음속에서 무서운 권력욕이 꿈틀거렸다.

황후의 자리를 노린 무혜비는 당현종에게 왕황후에 대한 온갖 험담을 늘어놓았다. 왕황후가 겉으로는 인자한 척하지만 속으로는 흉계를 품고 있다고 말했다. 특히 황자를 낳은 비빈들을 질투하여 해치려한다는 거짓말을 그럴듯하게 꾸며 댔다. 당현종은 처음에는 그녀의 말을 귀담아듣지 않았으나 거듭된 눈물어린 호소에 폐위를 결심했다.

하지만 조정 중신들이 이구동성으로 반대했다. 성품이 어진 왕황후가 억울한 누명을 쓰고 있다고 했다. 만약 그녀를 폐위하고 무혜비를 황후로 책봉하면, 이씨의 당나라를 말아먹은 무씨들의 세상이 또 도래할 것이라고 경고했다. 당현종은 할머니 무측천을 떠올렸다. 아버지 당예종 이단과 자기가 무측천의 공포 정치 시대에 얼마나 많은 두려움을 느꼈는가. 무씨 일족의 횡포를 누구보다도 잘 알고 있었던 당현종은 무혜비를 아무리 사랑하더라도 지난 일을 돌이켜보면 그녀를 황후로 쉽게 책봉할 수 없었다.

왕황후 폐위 문제는 이렇게 수면 아래로 가라앉았다. 그런데 왕황후는 매일 좌불안석이었다. 무혜비가 또 어떻게 자기를 해코지할지 모르기 때문이었다. 왕황후의 살길은 오직 남편의 사랑을 다시 받는 것뿐이었다. 어느 날 그녀는 울면서 남편에게 호소했다.

"소첩의 아버지가 자줏빛 반소매를 밀가루와 바꿔 폐하의 생일에 국과 전병을 만들어 바친 일을 기억하고 있습니까?"

왕황후의 아버지 왕인교는 당현종의 친구였다. 당현종이 젊은 시절 언제 죽을지 모르는 운명이었을 때, 왕인교는 입고 있던 자줏빛 반소매를 팔아 밀가루를 사서 당현종의 생일에 음식을 만들어 바친 일화를 왕황후가 꺼낸 것이다. 남편의 동정심을 얻기 위해 그랬다. 하지만 당현종은 더 이상 그녀를 가까이하지 않았다. 아들을 낳지 못한 여인의 슬픈 운명이었다.

왕황후의 오빠 왕수일도 매일 밤잠을 설쳤다. 여동생이 폐위되고 무혜비가 책봉되면 왕씨 일족은 멸문의 화를 당할 게 명약관화했다. 고민 끝에 여동생에게 신통력이 있는 도사가 은밀히 제작한 부적을 몸에 지니게 했다. '염승(厭勝)의 주술'로 무혜비에게 저주를 내리고 당현종의 아들을 낳게 해달라는 염원을 담았다. 그는 또 여동생에게 주술이 통하면 무측천에 버금가는 권세를 누릴 거라고 말했다.

염승의 주술이란 저주와 기도를 통하여 증오하는 사람이나 귀신을 제압하는 무당의 방술이다. 이 무술은 대상에 따라 다양한 방법이 있으며 원시 시대부터 면면히 내려왔다. 특히 궁궐에서 여인들 간의 암투가 벌어질 때 증오하는 사람을 저주하는 수단으로 사용되었기 때문에 그 폐해가 심각했다. 당나라의 형법을 자세히 서술한 『당률소의(唐律疏議)』에 이런 내용이 있다.

"한 집안의 죄 없는 사람 세 명을 살해하거나 사람의 사지를 잘라 죽이거나 독충으로 사람을 해치거나 저주의 방법으로 사람을 죽이는 범죄를 부도(不道)라고 한다. 이는 열 가지 극악무도한 대죄에 해당한다."

염승의 주술을 대역죄, 모반죄 등과 함께 절대 용서할 수 없는 열 가지 중대범죄로 규정했다. 궁지에 몰린 왕황후는 지푸라기라도 잡고 싶은 심정이었다. 오빠의 뜻대로 주문을 새긴 벼락 맞은 나무 조각을 몸에 품고 있었다. 그런데 궁궐은 가장 은밀한 곳이면서도 소문이 순식간에 확산되는 곳이기도 했다.

측근을 통해 왕황후의 소행을 염탐한 무혜비는 회심의 미소를 지었다. 성품이 착하고 어진 왕황후를 존경한 대신들이 아무리 많더라도, 그녀가 국법을 어긴 이상 그녀를 변호할 수 없었기 때문이다. 무혜비는 즉시 당현종에게 고자질했다. 개원 12년(724) 가을 당현종은 왕황후를 폐위하라는 조서를 내렸다. 처남 왕수일에게는 자살을 명했다. 왕황후는 냉궁(冷宮)에서 우울증에 시달리다가 사망했다.

그녀의 죽음을 안타깝게 생각한 후궁들의 통곡이 끊이질 않았다. 당현종도 조강지처에 대한 일말의 연민을 느꼈다. 정일품의 의례로 장안의 무상사(無相寺)에서 장례를 치르게 했다.

개원 14년(726) 태자 이영(李瑛·706~737)의 생모, 조려비(趙麗妃·693~726)가 34세의 젊은 나이에 급사했다. 원래 그녀는 신분이 비천했으나 당현종의 총애를 받았다. 하지만 그녀도 당현종이 무혜비의 미모와 교태에 넋이 빠진 후로는 왕황후처럼 남편의 총애를 잃었다. 그녀의 갑작스러운 죽음도 무혜비의 음모와 관련이 있을 것이다.

어쨌든 무혜비의 눈엣가시였던 왕황후와 조려비가 사라지자, 육궁은 완전히 무혜비의 세상이 되었다. 그녀는 매일 밤 남편의 품에서 하루빨리 황후로 책봉해달라고 속삭였다. 그녀의 부탁이라면 밤하늘의 별도 따다주고 싶은 마음이었던 당현종은 마침내 황후 책봉을 결정했다. 하지만 신하들이 벌떼같이 일어나 격렬하게 반대했다. 한 신하의 상소 내용은 이러했다.

"폐하와 무씨 일족과는 불구대천의 원수지간인데도 어찌 그녀를 국모의 자리에 앉히려고 합니까? 더구나 태자는 무혜비의 소생이 아니며 그

녀는 친아들이 있습니다. 만약 그녀가 황후로 책봉된다면 태자는 아주
위태로워질 것입니다."

이씨의 당나라가 무측천에게 어떻게 유린당하고 망했는지, 당현종은
누구보다도 잘 알고 있었다. 그렇지만 무혜비를 너무나 사랑했기 때문에
황후로 책봉하는 일은 당연하다고 생각했다. 그런데 무측천 시대에 갖은
고난을 겪은 신하들은 무측천을 생각만 해도 몸서리를 쳤다. 무측천을 닮
은 무혜비를 황후로 책봉하면, 그녀는 반드시 태자 이영을 제거하고 자기
가 난 아들을 태자로 추대할 것이다. 이렇게 되면 또 무혜비가 '제2의 무
측천'이 되지 않을 거라고 누가 장담할 수 있겠는가.

당현종은 신하들의 강력한 반발에 자신의 뜻을 꺾을 수밖에 없었다.
그 후 그는 죽을 때까지 다시 황후를 책봉하지 않았다. 황후의 자리를 비
워둠으로써 황후의 친척이 세도를 부리는 일을 미연에 방지할 목적이었
다. 하지만 무혜비에 대해서는 황후로 책봉해주지 못한 미안함이 있었다.
그녀를 정식으로 책봉하지 않았지만 모든 의례에서 황후와 같은 대우를
해주었다.

개원 25년(727) 무혜비가 38세의 나이에 사망하자, 당현종은 그녀를
정순황후(貞順皇后)로 추증했다. 그녀는 죽은 뒤에 비로소 황후가 되었다.
하지만 훗날 당현종의 손자, 당대종(唐代宗) 이예(李豫·727~779)가 즉위한 후
무혜비의 시호(諡號)를 폐지했다. 당현종의 세 아들을 죽이게 한 음모를 꾸
민 죄가 발각되었기 때문이다. 이와 반면에 폐위를 당하고 억울하게 죽은
왕황후를 황후로 복위시켰다. 왕황후가 사후에 영예를 누렸다면 무혜비
는 치욕을 당했다. 황제의 사랑을 받기 위하여 두 여인이 벌인 슬픈 싸움
은 이렇게 사필귀정으로 끝났다.

6. 무혜비의 간계에 속아 하루 만에 아들 세 명을 죽이다

당현종의 큰아들은 이종(李琮·?~752)이다. 당연하게도 그가 태자 책봉의 영순위였다. 하지만 개원 3년(715) 당현종은 둘째아들 이영(李瑛·706~737)을 태자로 책봉했다. 그런데 왜 이종은 큰아들임에도 태자의 자리에서 밀려났을까. 그가 사냥을 나갔을 때 원숭이의 공격을 받아 얼굴에 큰 상처가 나서 태자가 되지 못했다는 얘기가 있다. 하지만 진짜 이유는 당현종이 그의 생모 유화비(劉華妃)를 좋아하지 않았기 때문이다. 무혜비를 총애하기 전에는 이영의 생모 조려비(趙麗妃·693~726)를 좋아했다. 이런 이유로 이영을 후계자로 삼았다.

무혜비가 당현종의 총애를 독점한 후에는 조려비도 쓸쓸한 낙엽 신세가 되었다. 무혜비는 이일(李一), 이민(李敏), 이모(李瑁·720~775), 이기(李琦) 등 당현종의 네 아들을 낳았다. 이들 가운데 이일과 이민은 태어난 지 1년 만에 요절했으므로, 사실상 18번째 아들 이모와 21번째 아들 이기, 두 아들을 둔 셈이었다. 그런데 두 아들 가운데 수왕(壽王) 이모가 영특하고 인물이 준수하여 아버지의 각별한 관심을 끌었다.

자기 치마폭에서 벗어나지 못하는 당현종을 설득하여 태자 이영을 폐위하고 이모를 새 태자로 책봉하기를 무혜비는 간절히 바랐다. 이영의 약점을 잡아야 했다. 하지만 이영은 자신이 가장 의지한 생모 조려비가 급사한 후 모든 일을 신중하게 생각하고 행동거지를 각별히 조심했다. 무혜비가 자신의 약점을 잡으려고 혈안이 되었음을 알고 있었기 때문이다.

개원 24년(736) 무혜비는 태자가 온갖 악행을 저지르고 다닌다고 헛소문을 냈다. 유언비어가 당현종의 귀에 들어갔다. 그는 반신반의하면서도 생모를 잃은 태자를 동정하여 추궁하지 않았다. 하지만 무혜비가 태자를 집요하게 물고 늘어졌다. 당시 이영은 나이 서른을 넘긴 원숙한 성년이었다. 나이가 자기와 일곱 살 밖에 차이나지 않는 무혜비를 어머니로 섬겼는데도, 그녀가 자기를 죽이려고 끊임없이 음모를 꾸미고 있음을 감지하고 분노했다.

이영도 무혜비의 살기가 번뜩이는 눈을 피하면서 활로를 찾아야 했다. 그는 이복동생 악왕(鄂王) 이요(李瑤), 광왕(光王) 이거(李琚)와 유별나게 친했다. 어렸을 적부터 침식을 같이하며 형제애를 나누었다. 세 사람은 공통점이 있었다. 그들의 생모가 모두 당현종의 총애를 잃고 무혜비의 박해를 받았다. 그들은 서로 어울릴 때마다 무혜비의 간교한 행동을 비난했다. 때에 따라서는 아버지 당현종에 대한 서운한 감정도 토로했다.

무혜비가 눈치를 채고 사위 양회(楊洄)를 은밀히 불러들였다. 양회는 무혜비의 딸, 함의공주(咸宜公主)의 남편이다. 양회는 장모의 사주를 받고 세 사람의 뒤를 캐기 시작했다. 태자 이영이 당현종 사후에 권력을 장악하기 위하여 악왕, 광왕 등과 사당(私黨)을 조직하여 세력을 키우고 있다고 무혜비에게 밀고했다. 명백한 허위였으나 세 사람이 무혜비에게는 말할 것도 없고 당현종에게도 불만을 느낀 것은 사실이었다. 이른바 '역린(逆鱗)'을 건드린 것이다.

무혜비의 태자를 비난하는 앙칼진 목소리를 들은 당현종은 진노했다. 그녀는 당현종의 품에 안긴 채 태자를 폐위하지 않으면 자기와 두 아들이 태자의 핍박에 살아남을 수 없을 거라고 눈물로 호소했다. 당현종은 그녀의 등을 다독거리면서 태자 폐위를 약속했다.

하지만 조정 중신들의 반대가 격렬했다. 중서령 장구령(張九齡 · ?~740)은 태자와 두 왕이 무혜비의 모함을 받은 게 분명하므로 절대 그들을 내쳐서는 안 된다고 주장했다. 더구나 태자는 '천하의 근본'이므로 사소한 일로 폐위를 거론하는 것은 부당하다고 지적했다.

장구령은 어렸을 적부터 천재로 유명했으며 진사 급제한 후에는 직언을 서슴지 않은 충신이었다. 당현종은 그의 재능과 인품을 높이 평가하고 중서령으로 중용했다. 중서령은 육부 상서들 가운데 지위가 가장 높은 재상이다. 오늘날의 '국무총리'에 해당한다.

무혜비는 예전부터 자신의 뜻을 이루기 위해 장구령에게 뇌물을 보내 자기 사람으로 만들려고 했으나 거절을 당한 적이 있었다. 그녀의 교활한 성격을 간파한 장구령은 태자 폐위의 배후에 그녀의 음모가 있다고 확신했다. 당현종은 폐위 결심을 포기할 수밖에 없었다.

그런데 장구령과 정치적 '라이벌' 관계였던 예부상서 이임보(李林甫·683~753)는 처음에는 태자 폐위에 애매모호한 태도를 취했으나 무혜비와 결탁한 후에는 은연중에 태자 폐위를 찬성했다. 당현종이 총애한 환관, 고력사(高力士·684~762)에게 이런 말을 했다.

"태자 폐위 문제는 천자의 집안일이오. 어찌 다른 사람과 상의할 필요
가 있겠소?"

당현종이 태자 폐위를 결심하면 자신은 반대하지 않겠다는 뜻을 간접적으로 전했다. 이임보는 평소에 자신의 재능이 장구령에게 크게 미치지 못함을 깨닫고 그를 질투했다. 권모술수가 그의 특기였다. 장구령을 조정에서 몰아내고 실권을 장악하려면 침전에서 당현종을 좌지우지하는 무혜비와 손을 잡아야 했다. 이임보와 무혜비의 정치적 이해관계가 맞아떨어졌다. 두 사람은 안팎으로 당현종에게 장구령을 모함했다. 귀가 엷은 당현종은 장구령을 형주장사(荊州長史)로 좌천시키고 이임보를 중서령으로 임명했다.

이임보는 장구령이 없는 조정을 손쉽게 장악했다. 개원 25년(737) 무혜비는 또 태자와 두 왕이 태자비의 오빠 설수(薛銹)와 은밀히 반란을 도모했

다고 모함했다. 대신들의 시선이 이임보에게 쏠렸다. 그는 또 천자의 집 안일은 신하들이 간섭할 수 없다고 공개적으로 천명했다. 그의 배후에는 무혜비가 있으며 당현종은 그녀의 품에서 놀아나는 황제라는 사실을 알고 있었던 대신들은 감히 반론을 제기할 수 없었다.

마침내 당현종은 태자와 두 왕을 폐서인했다. 얼마 후 세 아들은 사약을 마시고 저승길로 떠났다. 당현종은 간교한 무혜비의 탐욕을 모른 채 어리석게도 하루 만에 세 아들을 죽이는 만행을 저지른 것이다.

하지만 무혜비의 화염처럼 타오른 욕망은 결코 이루어지지 않았다. 그녀는 당현종을 꼬드겨 아들 이모를 태자로 책봉하려고 했으나, 뜻밖에도 정신 질환을 앓았다. 밤마다 태자와 두 왕이 꿈속에서 나타나 살려달라고 소리쳤다. 흉한 꿈에 가위눌림을 당한 그녀는 날이 갈수록 피골이 상접했다. 당현종을 알아보지 못할 정도로 병세가 심각했다. 사람들은 그녀가 복수를 당하고 있다고 조소했다. 태자와 두 왕이 세상을 떠난 지 얼마 안 되어 그녀도 결국 병사했다.

당현종은 미칠 듯이 괴로웠다. 그녀를 정순황후로 추증하여 그녀의 소원을 풀어주었다. 하지만 그녀의 소생, 이모를 태자로 책봉하지 않았다. 그를 태자로 책봉하면 권력이 그에게 쏠리지 않을까 우려했기 때문이다. 황자들로 하여금 서로 견제하게 하여 황제의 절대 권력을 유지했다.

무혜비를 잃은 당현종은 허전한 마음을 달랠 길이 없었다. 미녀를 품지 않고서는 단 하룻밤도 보낼 수 없었던 호색한이었다. 어느 날 자기의 18번째 아들이자 무혜비의 소생인 수왕 이모의 정비, 양옥환(楊玉環·719~756)이 눈에 들어왔다. 그녀가 중국 역사상 4대 미인 가운데 한 명이라는 그 유명한 양귀비(楊貴妃)이다.

그 후 시아버지 당현종과 며느리 양귀비의 불륜과 사랑은 당나라 역사를 완전히 뒤바꾸어 놓았으며, 오늘날까지도 수많은 이야깃거리를 남겨 놓았다. 만약 무혜비가 일찍 세상을 떠나지 않았다면 당현종이 며느리를 취한 패륜은 없었을지도 모르며, 당나라가 망국의 길로 접어들지 않았을 것이다. 당현종이 진정으로 사랑한 여자는 무혜비였기 때문이다. 사랑하는 여자를 잃은 남자의 주체할 수 없는 허무감이 이성을 잃게 했다. 결국 그것이 국정을 망친 게 아닌가 한다.

한편 아버지에게 아내를 빼앗긴 이모는 실의에 빠져 지내다가 당대종(唐代宗) 이예(李豫·727~779) 때인 대력(大曆) 10년(775)에 36세의 나이에 사망했다. 억울하게 죽은 태자 이영은 당숙종(唐肅宗) 이형(李亨·711~762)에 의해 누명을 벗고 다시 태자로 추증되었다. 이형은 당현종의 셋째아들이자 이영의 이복동생이다.

7. 며느리 양귀비와 사랑 놀음에 빠져 국정을 망치다

양귀비의 본명은 양옥환(楊玉環·719~756)이다. 개원 7년(719) 촉군(蜀郡: 지금의 사천성 성도·成都)의 관리 집안에서 태어났다. 촉주(蜀州: 지금의 사천성)의 사호(司戶)를 역임한 친아버지 양현염(楊玄琰)이 개원 17년(729)에 죄를 지어 감옥에서 사망한 후 낙양에서 거주하는 숙부, 양현교(楊玄璬)의 집에서 성장했다.

양옥환은 어렸을 때부터 미모가 유달리 뛰어났다. 그녀를 한번이라도 본 사람들은 경국지색(傾國之色)이 나왔다고 감탄해마지 않았다. 그녀는 가무와 악기 연주에도 탁월한 재능을 발휘했다. 특히 비파를 연주할 때면 낙양 귀공자들의 혼을 빼놓았다.

개원 23년(735) 7월 당현종의 딸, 함의공주(咸宜公主) 이씨가 낙양에서 양회(楊洄)와 성대한 대혼을 치렀다. 함의공주의 생모는 무혜비이며, 양회의 어머니는 당중종의 장녀, 장녕공주(長寧公主)이다. 대혼이 거행되는 날, 함의공주의 친동생 수왕(壽王) 이모(李瑁)가 연회에 참석한 양옥환을 보자마자 한눈에 반했다. 이모는 어머니 무혜비에게 그녀를 아내로 삼고 싶다고 간청했다. 무혜비도 평소에 양옥환의 미모와 재능이 자자하다는 얘기를 들었던 터라, 그녀를 자기 며느리로 삼기에 손색이 없다고 생각했다. 같은 해 겨울 양옥환은 이모와 대혼을 치르고 수왕의 왕비로 책봉되었다.

이모와 양옥환은 서로 사랑하고 아끼면서 꿈같은 신혼 생활을 보냈다. 그런데 개원 25년(727) 무혜비가 38세의 나이에 사망하자, 당현종은 그녀를 잃은 슬픔에서 헤어나지 못했다. 밥을 먹어도 밥맛을 몰랐으며 잠자리에 들어도 잠을 잘 수 없었다.

지근거리에서 그의 일거수일투족을 보필하고 있는 환관 고력사(高力士·684~762)의 근심이 이만저만이 아니었다. 그는 한평생 당현종의 곁을 떠나지 않고 충심으로 모신 내시였다. 당현종을 즐겁게 할 수 있는 일이라면 어떤 일도 마다하지 않았다. 매일 밤 특별히 선발한 궁녀들을 침전으로 보내 당현종을 모시게 했다. 하지만 어떤 미녀도 그의 울적한 심정을 달래줄 수 없었다.

어느 날 수왕 이모와 수왕비 양옥환이 당현종에게 문안인사를 드리러 왔다. 당현종이 양옥환에게 희미한 미소를 짓는 모습을 본 고력사는 정신이 번쩍 들었다. 그녀라면 당현종의 지친 심신을 달래 줄 수 있으리라 생각했다. 그는 이모에게 사람을 보내 진정한 효자라면 아내를 아버지에게 바치라고 충고했다. 거부하면 폐서인될 거라고 으름장을 놓았다. 이모는 내시와 궁녀들이 아내를 가마에 태워 궁궐로 모셔가는 모습을 먼발치에서 바라보면서 하염없이 눈물을 흘렸다.

후궁으로 책봉된 양옥환은 자기보다 나이가 무려 34세나 많은 당현종의 몸과 마음을 단숨에 사로잡았다. 당현종은 무혜비를 잃은 슬픔에서 완전히 벗어나 양옥환의 풍만한 가슴속으로 빨려 들어갔다. 하지만 어쨌든 그녀는 당현종의 며느리가 아니었던가. 황제가 며느리를 취했다는 얘기가 방방곡곡에 퍼져 나갔다. 백성들의 황제를 비난하는 소리가 황궁까지 들렸다.

고력사가 해결사로 나섰다. 개원 28년(740) 그녀를 도교의 여자 도사로 출가시킨 후 그녀에게 '태진(太眞)'이라는 법명을 내리게 했다. 그리고 그녀로 하여금 매일 당현종의 어머니, 소성순황후 두씨(竇氏)의 명복을 빌게 했다. 이는 일종의 '신분 세탁'이었다. 시간이 흐르면 사람들은 그녀가 수왕의 왕비였던 사실을 잊고 여자 도사로 인식하기를 바라는 속셈이었다.

당현종은 여자 도사로 변신한 양옥환을 만나는 데 거리낌이 없었다. 어머니의 명복을 빈다는 명목으로 수시로 그녀를 만나 정욕을 불태웠다. 그녀와 뜨거운 사랑을 나눈 지 5년의 세월이 지났지만 날이 갈수록 그녀가 없이는 단 하루도 견딜 수 없었다.

그녀를 비빈으로 맞이하기 위해서는 아들 이모의 배필부터 정해주어야 했다. 아들에 대한 미안한 감정의 발로였다. 천보(天寶) 4년(745) 당현종은 우랑장군 위소훈(韋昭訓)의 딸, 위씨를 수왕의 왕비로 책봉했다. 그 후 불과 열흘 만에 양옥환을 귀비로 책봉했다. 도사에서 환속한 그녀를 귀빈으로 책봉하는 날, 당현종은 친히 그녀의 머리에 황금 비녀를 꽂아주고 궁인들에게 말했다.

"짐이 양귀비를 얻은 기쁨은 지극히 귀중한 보물을 얻은 기쁨과 같구나."

당현종은 그녀를 황후로 책봉하려고 했으나 그녀가 아들을 낳지 못했고 예전에 며느리였던 점을 고려하여 책봉을 포기했다. 책봉을 결정했다면 대신들의 격렬한 반대를 이겨낼 자신이 없었기 때문이기도 했다. 이때부터 양귀비는 황후가 없는 육궁의 실질적 안주인으로서 당현종과 질펀한 사랑 놀음을 벌였다.

사실 고력사의 술책이 없었다면 당현종은 양귀비를 차지하지 못했을 것이다. 중국 역사상 수많은 내시들이 있었지만 고력사만큼 주군에게 충성을 다한 내시는 없었다. 훗날 그는 '천고 제일의 현명한 환관'이라는 칭송을 들었다. 보응(寶應) 원년(762) 당현종이 장안성의 신룡전에서 향년 78세를 일기로 붕어했을 때, 고력사는 저승 세계에서도 당현종을 섬기기 위하여 피를 토하고 죽었다.

"아내가 예쁘면 처갓집 말뚝을 보고도 절한다."는 속담이 있다. 당현종은 그 이상이었다. 양씨 집안은 하루아침에 부귀영화를 누리게 되었다. 그녀의 큰언니는 한국부인(韓國夫人), 셋째언니는 괵국부인(虢國夫人), 여덟째언니는 진국부인(秦國夫人)으로 책봉되었다. 그들에게는 매년 지분(脂粉) 비용으로 100만 냥이 지급되었다. 7백여 명의 장인들이 매일 그들이 입는 비단옷을 만드는 데 고혈을 짜냈다. 당현종은 양씨 자매 네 명을 번갈아가며 성적 노리개로 삼았다.

당현종은 양귀비의 환심을 살 수 있다면 무슨 일이라도 마다하지 않았다. 양귀비는 남방의 과일, 여지(荔枝)를 무척 좋아했다. 하루걸러 삼시세끼를 여지로 해결할 정도였다. 당현종은 여지의 산지인 사천 지방에서 장안까지 천리 길 곳곳에 역참을 설치하여 신선한 여지를 최대한 빠른 속도로 실어 나르게 했다. 오로지 여지를 수송하기 위하여 수천 명의 인원이 동원되었으니 그 폐해가 막심했다.

당나라 때의 유명한 시인 두목(杜牧·803~852)이 쓴 시, 「화청궁을 지나면서 절구 삼수를 읊조리네(過華淸宮絕句三首)」에 이런 시구가 있다.

장안에서 비단으로 둘러싼 여산(驪山)을 바라보니	長安回望繡成堆
산꼭대기 화청궁의 거대한 문들이 순서대로 열리는구나	山頂千門次第開
말 탄 병사가 먼지를 일으키며 달려와 양귀비를 미소 짓게 하는데	一騎紅塵妃子笑
남방에서 신선한 여지가 도착했음을 아는 사람이 없구나	無人知是荔枝來

　장안(지금의 섬서성 서안)의 여산 자락에 있는 화청궁은 개원 11년(723)에 지은 행궁이다. 당현종과 양귀비는 이곳에서 뜨거운 사랑을 나누었다. 교통과 저장 시설이 발달하지 못했던 시대에 쉽게 상하는 여지를 제때 운반하기 위하여 말을 타고 정신없이 달려오는 병사의 고단함을 느낄 수 있다.

　사람들은 그 모습을 보고 무슨 큰 변고가 일어나지 않았을까 생각했을 것이다. 그 병사가 오직 양귀비에게 바치는 여지를 나르기 위해 그처럼 숨 가쁘게 화청궁으로 달려오고 있다는 사실을 아는 자는 없었을 거라는 얘기이다. 국가의 중요한 전령을 전하는 병사를 이런 사소한 일에 동원한 것을 보면, 당현종이 얼마나 양귀비를 사랑했고 당나라가 왜 쇠퇴의 길로 접어들었는지 짐작할 수 있다.

　당나라 천하의 모든 진귀한 금은보화와 비단은 양귀비의 처소에 산처럼 쌓였다. 뇌물을 바쳐 관직을 얻으려는 자들이 양귀비의 사가에 장사진을 이루었다. 속이 훤히 보일 것만 같은 얇디얇은 비단옷을 입고 향낭을 차고 간들거리는 양귀비의 모습은 마치 선녀가 하늘에서 내려온 것 같았다. 당현종은 그녀를 바라보는 것만으로도 황홀경에 빠졌다.

　이런 양귀비도 한때는 당현종의 분노를 사서 사가로 쫓겨난 적이 있었다. 당나라의 주인이 당현종이었다면, 당현종의 주인은 양귀비였다. 양귀비는 지극히 오만불손했으며 자기 마음에 들지 않으면 설령 당현종의 어명이라도 거역하기 일쑤였다. 심지어 당현종이 다른 후궁의 처소로 왕림했다는 얘기를 들으면 앙탈을 부렸다.

동아시아 고대 사람들의 의례, 예법, 문물제도 등을 집성한 『예기(禮記)』의 「혼의(昏義)」편에 따르면, 천자는 합법적으로 126명의 여자를 아내로 맞이할 수 있었다. 그런데도 양귀비는 당현종이 자기 이외에 다른 여자를 가까이하는 것을 아주 싫어했다.

당현종은 '풍류 천자'로 유명한 호색한이 아닌가. 성욕을 충족하기 위하여 '화조사(花鳥使)'라는 관리를 두었다. 화조사는 전국 각지를 돌아다니면서 미모가 빼어난 처녀들을 선발하여 후궁으로 충당하는 일을 하는 관리이다.

당현종은 양귀비와 즐기다가 싫증이 나면 다른 후궁들을 찾았다. 어느 날 양귀비는 후궁과 놀고 있는 당현종을 찾아가 한바탕 욕설을 퍼부었다. 후궁 앞에서 치욕을 당한 당현종의 분노가 폭발했다. 고력사에게 즉시 양귀비를 쫓아내라고 명령했다. 하지만 며칠 후에 당현종은 후회하기 시작했다. 고력사를 그녀의 사가로 보내 그녀를 모셔오게 했다. 당현종은 눈물을 글썽거리며 그녀를 품에 안았다.

당현종은 양귀비가 곁에 없으면 안절부절못했다. 양귀비는 그의 총애를 등에 업고 더욱 교만해졌다. 그녀 덕분에 양귀비 일가가 부귀영화를 누린다는 소문이 전국에 퍼졌다. 양귀비처럼 생긴 딸 하나 낳아 잘 기르면 하루아침에 팔자를 고칠 수 있겠다고 백성들은 생각했다. 남존여비 사상이 그들의 의식을 지배했던 시대에 양귀비 때문에 느닷없이 아들보다 딸을 낳아 가문의 번영을 바라는 풍조가 생겼다.

양귀비의 친척 가운데 양쇠(楊釗·700~756)라는 자가 있었다. 촉(蜀) 지방에서 시정잡배와 어울려 다니는 건달이었다. 무식했지만 눈치가 빠르고 높은 사람의 비위를 맞추어 알랑거리는 데 천부적 소질을 발휘했다. 또 도박을 잘하여 가끔 거금을 만지기도 했다. 촉 지방의 권문세가들이 양씨 자매에게 선을 대기 위하여 그에게 접근했다. 양쇠는 진귀한 물건들을 장안으로 가지고 와서 양씨 자매를 만났다. 그의 아첨에 넘어간 양씨 자매는 그를 수족으로 삼았다. 당현종이 양씨 자매와 도박을 할 때면 양쇠가 언제나 그에게 묘수를 알려주었다. 또 당현종의 비위를 워낙 잘 맞춘 까닭에 당현종이 그를 만나면 입가에 미소가 번지지 않을 때가 없었다.

당현종은 양쇠를 감찰어사로 임명했다. 감찰어사는 오늘날 검찰청의 '검사'와 같은 관리이다. 관리를 감찰하고 부패를 척결하는 막강한 권력을 가지고 있었다. 하지만 양쇠는 부정을 저지른 관리를 협박하여 막대한 재물을 갈취했다. 뇌물을 바치는 자에게는 관직을 하사하여 자기 세력을 확장했다. 양귀비의 비호가 없이는 불가능한 일이었다. 양쇠는 당현종과 양귀비의 애정 행각과 사치에 필요한 거금을 기꺼이 내놓았다.

당현종은 자신의 욕망을 끊임없이 채워주는 양쇠를 진정한 충신으로 생각했다. 양쇠는 관리로 임용된 지 1년도 안되어 도지원외랑, 시어사 등 무려 15개의 직함을 겸직하고 조정의 중신이 되었다. 천보 9년(750) 당현종은 그에게 '국충(國忠)'이라는 이름을 하사했다. 황제가 신하에게 이름을 친히 하사하는 일은 극히 드물었다. 자기 분신으로 여긴 신하에게만 특별히 성총을 베푼 정치적 행위였다.

당시 조정의 실권자는 당현종의 절대적 신임을 받은 재상 이임보(李林甫·683~753)였다. 처음에 그는 촉 지방에서 상경한 양국충이 양귀비의 친척임을 알고 그를 우대했다. 양국충도 장안에서 뿌리를 내리고자 이임보에게 달라붙었다. 두 사람은 찰떡궁합이 되어 서로 끌어주고 밀어주었다. 하지만 양국충이 당현종의 총애를 받기시작한 후부터는 두 사람 사이에 반목이 생겼다. 양국충의 정치적 야심이 이임보를 능가했기 때문이다.

천보 11년(752) 남소(南詔: 지금의 운남성 일대에 있었던 왕조)가 검남(劍南: 지금의 사천성 지역) 지방을 침범했다. 양국충이 검남절도사를 겸직하고 있었다. 이임보는 양국충을 제거할 의도로 당현종에게 양국충을 검남 지방으로 보내

남소의 군사를 진압해야 한다고 아뢰었다. 당현종이 윤허하자 양국충이
울면서 말했다.

"일단 신이 조정을 떠나면 이임보가 반드시 신을 죽일 것입니다."

당현종이 말했다.

"경은 잠시 검남 지방으로 가서 군대의 업무를 처리하시오. 짐이 빠른
시일 안에 경을 조정으로 불러 재상으로 임명하겠소."

당현종은 양국충이 검남 지방에 도착하자마자 사신을 보내 그를 조정
으로 불러들였다. 이임보는 당현종의 마음이 양국충에게 기운 것을 알고
우울증을 앓다가 죽었다. 이임보의 후임으로 발탁된 양국충은 사법, 재
정, 인사 등 당나라의 주요 사무를 완전히 장악했다. 재상으로서 겸직한
관직이 무려 40여 개나 되었다. 당현종이 화청궁에서 양귀비와 쾌락의
질펀한 늪에 빠져있는 동안, 조정의 대소사는 모두 양국충의 말 한마디로
결정되었다.

양국충은 유능하고 정직한 관리는 철저하게 배격했다. 자기에게 아부
하는 자나 뇌물을 바치는 자만을 등용했다. 또 명성을 얻고 무능한 관리
들을 자기편으로 끌어들이기 위해 당현종에게 이런 건의를 했다.

"문부(文部)에서 사람을 뽑을 때 유능하고 어진 자인지, 아닌지를 따지
지 않고, 무능해도 오랫동안 한 자리를 지킨 자를 유임시키고, 공석이 생
기면 관리의 경력에 의거하여 후임자를 임명하면 됩니다."

능력 부족으로 승진을 못한 관리들은 쌍수를 들고 양국충을 칭찬했다. 그가 취한 조치는 국가 발전을 위한 게 아니라 사당을 조직하여 개인의 권력과 이익을 극대화하기 위한 것이었다. 그의 주위에 구름떼처럼 몰린 간신과 아첨꾼은 그가 어진 재상이라고 입에 침이 마르도록 칭찬했다. 그의 명령이라면 어떤 악행도 마다하지 않았다.

양국충은 과시욕이 아주 강했다. 천자를 대신하여 이웃 국가들에게 위세를 떨치고 싶었다. 남소의 군대가 변경에서 소요를 일으킨 일을 구실로 남소를 두 차례 원정했다. 하지만 장수의 무능과 남방의 풍토병 때문에 원정군이 전멸을 당했다. 오랜 세월 동안 서남 지방의 국가들과 구축해놓은 우호와 선린 관계가 파탄에 이르렀다.

천보 12년(753) 당나라의 심장부인 관중 지방에 대홍수가 일어나 농작물이 물에 잠겨 썩어버렸다. 백성들이 굶주림에 시달리고 있다는 얘기를 들은 당현종은 근심에 빠졌다. 양국충은 즉시 잘 익은 농작물을 가지고 오게 하고 당현종에게 말했다.

"비가 많이 내렸지만 농작물에는 피해를 입히지 않았습니다."

당현종은 그의 말을 사실로 믿고 안심했다. 그 후 부풍태수(扶風太守)가 현지의 물난리 상황을 사실대로 아뢰었다. 양국충은 그를 불러 호되게 문초했다. 부풍태수가 파면을 당했다는 소식을 들은 지방 관리들은 모두 입을 닫고 백성들의 고통을 모른 체 했다.

양국충이 이처럼 국정을 농단할 수 있었던 이유는 당현종이 양귀비와 사랑 놀음에 빠져 제정신이 아니었기 때문이다. 그가 젊어서부터 여색을 밝혔으나 간신과 충신을 구분하지 못할 만큼 우매한 군주는 아니었다. 오히려 어떤 황제보다도 탁월한 능력을 발휘하여 개원 성세를 이룩했다.

하지만 당현종은 양귀비를 알게 된 후부터는 초심을 잃고 방탕하기 시작했다. 그는 양귀비를 진심으로 사랑했는지 몰라도, 양귀비는 자기보다 나이가 34세나 많은 할아버지 당현종을 사랑하지 않은 것 같다. 사실 그녀가 예전에 시아버지였던 그에게 무슨 성적 욕망을 느꼈을까. 단지 그가 당나라 천하의 모든 권력을 쥔 황제였기 때문에 그를 농락하여 부귀영화를 마음껏 누렸다. 그녀가 사랑한 것은 황제가 아니라 황제의 권력이었다.

그녀에게 눈이 먼 당현종은 결국에는 양국충이라는 희대의 간신에게 왕조의 운명을 송두리째 맡기는 과오를 저지르고 말았다. 당나라는 이 시기부터 점차적으로 대란의 소용돌이에 빠져들었다.

8. 안사의 난이 일어나 쇠퇴의 길로 접어들다

당현종이 총애한 신하들 가운데 안록산(安祿山·703~757)이라는 자가 있었다. 그는 고대 서역 국가였던 속특(粟特·Sogdian: 지금의 우즈베키스탄 사마르칸트 일대) 사람이었다. 원래 성씨는 강씨(康氏), 이름은 속특어로 광명(光明)이라는 뜻인 록산(Rokhshan)이었다. 어려서 아버지를 여의고 돌궐족 무녀였던 어머니를 따라 돌궐로 가서 성장했다. 어머니가 돌궐 사람 안연언(安延偃)에게 다시 시집을 간 뒤 안록산이라는 이름을 얻었다.

안록산은 서역의 여러 나라들과 당나라를 오가며 떠돌이 생활을 했다. 6개국 언어를 유창하게 구사한 덕분에 교역 시장에서 물건을 흥정하는 거간꾼 노릇을 했다.

개원 20년(732) 토번의 침략을 격퇴한 명장, 장수규(張守珪·684~740)가 유주절도사로 있을 때, 안록산이 양을 훔치다가 잡혔다. 장수규가 그를 몽둥이로 때려죽이려고 하자, 그가 소리쳤다.

"대부께서는 어찌하여 두 번국(蕃國)을 멸망시킬 생각은 하지 않고 저
를 죽이려고만 하십니까?"

당시 당나라에 가장 위협적인 세력은 동북 변방에 위치한 선비족 계
열의 소수민족 해(奚)와 거란(契丹)이었다. 두 번국은 변방을 수시로 유린하
여 당현종의 근심거리가 되었다. 안록산은 장수규에게 자신을 살려주면
두 번국의 침략을 격퇴하는 데 앞장서겠다고 말했다. 장수규는 몸집이 좋
은 안록산의 호언장담에 호감을 느끼고 그를 풀어주었다. 안록산은 고향
사람 사사명(史思明·703~761)과 함께 전장에 나가 혁혁한 공을 세웠다. 장수
규는 그를 편장(偏將)으로 발탁했으며 나중에는 양자로 삼고 총애했다.

그 후 안록산은 동북 변방에서 평로병마사(平盧兵馬使), 영주도독(營州都
督) 등을 역임하면서 명장으로 이름을 날렸다. 또 조정 중신들에게 선을
대어 장안의 조정으로 진출하고자 했다. 채방사(采訪使) 장리정(張利貞), 출
척사(黜陟使) 석건후(席建侯) 등 조정 관리들이 순시를 나오면 그들에게 막대
한 뇌물을 바쳤다. 그에게 뇌물을 받은 관리들은 당현종에게 이구동성으
로 안록산의 무공을 칭찬했다. 안록산은 싸움을 잘했을 뿐만 아니라 지략
도 대단히 뛰어났다. 하루는 거란의 장수들을 연회에 초청하여 술에 만취
하게 한 후 그들의 목을 베어 장안으로 보내 당현종을 기쁘게 했다.

천보 원년(742) 당현종은 안록산을 평로절도사(平盧節度使)로 임명했다.
평로절도사는 동북 변경의 군사(軍事)를 책임진 막중한 자리였다. 안록산
이 평로절도사로 부임한 후 동북 지방의 소요가 현저하게 줄어들었다. 당
현종은 그에게 범양절도사(范陽節度使)와 하동절도사(河東節度使)를 겸직하게
했다. 이때부터 당나라의 북부 변방은 안록산의 수중으로 들어왔다. 그는

당현종의 굳건한 신임을 바탕으로 군권을 장악하고 자기 세력을 키우기 시작했다.

안록산도 당현종을 쥐락펴락하는 자는 양귀비임을 잘 알고 있었다. 출세하기 위해서는 그녀의 환심을 사야했다. 어느 날 안록산이 입궐하여 당현종과 양귀비를 배알했다. 뜻밖에도 그는 먼저 양귀비에게 절을 했다. 당현종이 그 까닭을 물었다. 그가 이렇게 대답했다.

"신은 오랑캐 출신이옵니다. 오랑캐들은 먼저 어머니를 섬기고 나중에 아버지를 섬깁니다."

양귀비를 어머니로 섬기겠다는 뜻이었다. 사실 안록산은 나이가 그녀보다 16세나 많았다. 그가 딸뻘밖에 안 되는 그녀의 아들이 되겠다고 나서자, 당현종은 흔쾌히 수락했다. 자기가 가장 신임하는 장수가 자식이 없는 양귀비의 양아들이 되면 자연스럽게 자기 양아들이 되기도 하며, 또 이임보, 양국충 등 측근들을 견제하는 데 안록산을 활용할 수 있었기 때문이다.

양귀비로서는 언제 죽을지 모르는 '할아버지' 당현종보다는 군권을 쥔 안록산이 자신의 미래를 지켜줄 든든하고 매력적인 남자였다. 천보 10년 (751) 1월 안록산의 생일에 당현종과 양귀비는 그에게 후한 선물을 하사했다. 며칠 후 양귀비는 특별히 안록산을 후궁으로 불러들였다. 어머니가 어린 아이를 정성스레 씻기듯이 그를 목욕시킨 후 비단으로 만든 강보로 싸서 호화로운 가마에 태웠다. 궁녀들에게 가마를 메고 후원을 돌아다니면서 "내 아들 록산이는 참으로 사랑스럽고 귀엽게 생겼구나."라고 소리치게 했다. 양귀비는 안록산을 은밀히 유혹했다. 두 사람은 모자 관계를 넘어 연인 관계로 발전했다.

두 사람이 몰래 사통하고 있음을 까맣게 모른 당현종은 안록산을 더욱 총애했다. 천보 13년(754) 당현종은 그를 상서성(尚書省)의 좌복사(左僕射)로 임명했다. 좌복사는 행정의 최고 기관인 상서성의 차관이지만 장관 상서령(尚書令)을 대신하여 공무를 관장한 실세였다. 이에 따라 안록산은 병권뿐만 아니라 행정권도 장악했다. 안록산 수하의 장수들도 대거 요직에 발탁되었다.

안록산의 득세에 두려움을 느낀 자는 양국충이었다. 양국충은 간사한 재상 이임보를 몰아내고 실권을 장악했다. 하지만 당현종이 날로 안록산에게 의지하는 모습을 보고 그를 제거하기로 결심했다. 안록산이 권력을 남용한다고 당현종에게 여러 차례 모함했다. 당현종은 두 측근 사이의 갈등을 대수롭지 않게 생각했다. 오히려 두 사람의 대립을 충성 경쟁으로 유도했다. 안록산은 양귀비에 빌붙어 출세한 양국충을 업신여겼다. 심지어 당현종마저도 그의 안중에 없었다. 당현종을 통제하는 자가 양귀비라면, 그녀의 몸과 마음을 지배한 자가 바로 자신이었기 때문이다.

천보 14년(755) 11월 안록산은 부하 사사명과 함께 간악한 재상 양국충을 징벌한다는 구실로 범양(范陽·지금의 하북성 탁주·涿州)에서 반란을 일으켰다. 그가 거느린 군사는 무려 15만여 명이나 되었다. 중국 역사상 유명한 '안사의 난'이 폭발한 것이다.

당현종은 양귀비와 청화궁에서 향락을 즐기고 있을 때 안록산이 반란을 일으켰다는 소식을 듣고 경악했다. 자기가 가장 신임한 장수가 반란을 일으킬지는 꿈에도 몰랐다. 안록산은 반란을 일으킨 지 한 달 만에 동도, 낙양을 함락했다. 천보 15년(756) 1월 낙양에서 황제를 참칭했다. 국호는 대연(大燕), 연호는 성무(聖武)로 정했다.

같은 해 6월 안록산의 군사가 장안으로 들어가는 관문인 동관(潼關)에 이르렀다. 동관은 난공불락의 요새였다. 안서절도사 봉상청(封常

淸·690~756)과 고구려 유민 출신의 장수 우우림대장군(右羽林大將軍) 고선지 (高仙芝·?~756)가 지키고 있었다. 특히 고선지는 천보 6년(747)에 군사 1만 여 명을 이끌고 지금의 파미르 고원(Pamir Mountains)을 넘어 힌두쿠시(Hindu Kush) 산맥의 동쪽까지 진격하여 서역의 여러 나라들을 굴복시킨 맹장이 었다. 안록산은 두 장수의 저항에 부딪쳐 더 이상 진격하지 못했다.

그런데 당현종이 동관으로 파견한 환관 변령성(邊令誠)은 두 장수가 안 록산과 결탁하여 성문을 굳게 걸어 잠그고 고의로 싸우지 않는다고 모함 했다. 당현종은 사실 여부를 조사하지도 않고 두 장수를 참수형으로 다스 렸다. 고선지는 고구려 망국의 한을 품고 당나라 최고의 장수가 되었으나 뜻밖에도 내시에게 모함을 당해 피살되었다. 당현종이 어리석은 판단을 하지 않았다면 안록산의 난은 고선지에 의해 초기에 진압되었을지도 모 른다. 당현종은 돌궐 출신의 장수, 가서한(哥舒翰·?~757)에게 동관을 지키 게 했으나 안록산에게 대패를 당했다.

동관을 함락한 안록산은 장안성으로 진격했다. 장안성이 함락될 위기 에 처했다. 당현종은 촉(蜀) 지방으로 달아나기로 결정했다. 당현종과 양 귀비, 태자 이형, 양국충, 조정 중신, 종친 등은 병사 3천여 명의 호위를 받으며 장안을 탈출했다. 그들이 지나가는 길마다 어떤 백성도 황제의 일 행을 도와주지 않고 모두 달아났다.

그런데 그들이 마외역(馬嵬驛: 지금의 섬서성 흥평현·興平縣)에 이르렀을 때, 장 졸들이 더 이상 움직이지 않았다. 황급히 도망가느라 양식을 충분히 준비 하지 않아 굶주림에 시달렸으며 더구나 날씨가 너무 무더웠기 때문이다. 그들의 사기가 땅에 떨어졌다. 당현종은 하루아침에 고립무원의 처지가 되었다. 이 변란이 황제와 양귀비의 방탕한 생활 때문에 일어났다고 쑤군 대는 소리가 당현종의 귓전을 때렸다. 희생양이 필요했다.

태자 이형은 평소에 간신 양국충을 증오했다. 양국충도 이형을 눈엣가시로 여기고 태자 폐위를 여러 번 시도한 적이 있었다. 이형은 환관 이보국(李輔國·704~762年), 금군의 용무대장군 진현례(陳玄禮) 등 자신을 따르는 자들과 변란의 책임을 양국충에게 돌리고 주살하기로 결심했다. 진현례는 금군의 장수들에게 희대의 간신이자 국적(國賊)인 양국충을 죽여야만이 변란이 종식될 거라고 설득했다. 결국 양국충은 분노한 장졸들에게 난도질을 당하고 죽었다. 그의 아들 호부시랑 양훤(楊喧), 그리고 양귀비의 두 언니 한국부인과 진국부인도 참살을 당했다.

그런데 양국충이 살해되었는데도 장졸들은 당현종의 어가를 메고 길을 재촉하려고 하지 않았다. 양귀비를 죽이지 않으면 한 발짝도 움직일 수 없다고 했다. 사태가 악화되면 당현종의 목숨도 장담할 수 없는 상황이었다. 흥분한 장졸들이 함성을 지르며 당현종의 처소로 몰려갔다. 함성에 놀란 당현종은 진현례에게 그들이 분노한 이유를 물었다. 진현례는 이렇게 대답했다.

"양국충이 반란을 일으켜서 저희들이 그를 살해했습니다. 그런데도 대역죄인의 여동생인 양귀비가 아직도 폐하의 곁에 있습니다. 화근을 제거하지 않고서 그들이 어찌 안심할 수 있겠습니까? 폐하께서 현명한 결단을 내리소서."

양귀비를 죽이지 않으면 분노한 장졸들을 설득할 방법이 없다고 했다. 하지만 반란 사건에 가담한 증거가 없고 정사에 관여한 적이 없는 양귀비가 단지 양국충의 집안 여동생뻘이 된다고 해서 그녀에게 죄를 묻는다는 것은 너무 잔인한 일이라고 당현종은 생각했다. 그는 진현례에게 양귀비를 절대 내놓을 수 없다고 단호하게 말했다. 당현종과 진현례의 옥신각신하는 모습을 옆에서 지켜보던 고력사가 당현종에게 조용히 아뢰었다.

"귀비는 죄가 없습니다. 하지만 장졸들이 양국충을 살해했습니다. 귀비가 계속 폐하의 곁에 머물러있으면 폐하의 안위를 장담할 수 없습니다. 폐하께서는 신중하게 결정하셔야 합니다. 먼저 장졸들이 흥분을 가라앉혀야 만이 폐하께서도 편안해지실 것입니다."

내시 고력사야말로 당현종의 진정한 충복이 아닌가. 양귀비를 죽이지 않으면 자신의 목숨도 위태로워질 수 있다는 충고를 들은 당현종은 차마 죽이라는 얘기를 할 수 없었다. 다만 눈물을 흘리며 고력사를 묵묵히 바라보았다. 알아서 처리하라는 뜻이었다.

고력사는 양귀비의 처소로 가서 그녀에게 두꺼운 비단 끈을 건네주었다. 양귀비는 자신의 운명이 다했음을 직감했다. 부처님에게 당현종의 만수무강을 기원하고 자진하겠다고 말했다. 당현종을 조금도 원망하지 않는다는 말을 남긴 채 불당 앞 배나무에 걸어놓은 비단 끈으로 목을 매어 자살했다. 그녀의 나이 38세였다. 그녀의 자살 후에 당현종은 겨우 군심을 수습하고 촉 지방으로 달아날 수 있었다.

한 국가를 망하게 할 만한 미모를 타고난 양귀비의 인생은 당나라가 번영에서 쇠망으로 접어드는 매개체가 되었다. 오늘날까지도 두 사람의 비극적 사랑은 수많은 이야깃거리를 남겨놓았으며, 문학 작품의 좋은 소재가 되고 있다.

안록산이 장안을 함락한 직후인 천보 15년(756) 7월에, 태자 이형은 영무(靈武: 지금의 영하회족자치구 영무)에서 장수들의 추대를 받고 황제로 등극했으며 연호를 지덕(至德)으로 정했다. 그가 바로 당숙종(唐肅宗)이다. 당시 촉 지방의 행궁에 있었던 아버지 당현종은 태상황으로 추대되었다. 당현종은 스스로 양위하고 태상황으로 물러난다고 말했다. 사실은 마외역에서 아들에게 황제의 권력을 빼앗기고 말았다. 이때부터 당현종은 보응(寶應)

원년(762) 장안성의 신룡전(神龍殿)에서 향년 78세를 일기로 병사할 때까지 아무런 실권도 없이 고독하게 지냈다.

한편 낙양에서 황제를 참칭한 안록산은 오랫동안 안질을 앓다가 급기야 두 눈이 실명하고 말았다. 또 몸에 등창이 심하여 거동을 제대로 할 수 없을 정도였다. 지병 때문에 신경이 날카로워진 그는 자기 비위에 조금이라도 거슬리는 신하가 있으면 폭행을 일삼았다. 심지어 사소한 잘못을 저지른 신하를 극형으로 다스리기도 했다. 안록산의 군사(君師), 엄장(嚴莊)과 환관 이저아(李豬兒)도 최측근이었음에도 능욕을 당한 적이 한두 번이 아니었다.

안록산의 조강지처는 강부인(康夫人·?~755)이다. 그녀는 안록산의 큰아들 안경종(安慶宗·?~755)과 둘째아들 안경서(安慶緒·?~759)를 낳았다. 당현종은 종실의 처녀, 영의군주(榮義郡主)를 안경종에게 시집보냈다. 절도사 안록산과 사돈 관계를 맺어서 그의 충성심을 이끌어낼 의도였다. 강부인과 안경종을 장안에 거주하게 했다.

당현종은 또 안록산의 후처, 단씨(段氏)를 국부인(國夫人)으로 책봉했다. 단씨는 안록산의 셋째아들 안경은(安慶恩)을 낳았다. 일반적으로 국부인은 정일품의 문무 관리 및 국공(國公)의 어머니 또는 본처에게만 하사하는 봉호였음을 감안할 때, 절도사의 후처를 국부인으로 책봉한 것을 보면, 당현종이 안록산을 얼마나 총애했는지 짐작할 수 있다.

천보 14년(755) 11월 안록산이 반란을 일으켰다. 당현종은 장안에 거주하고 있던 강부인과 안경종을 살해하게 했다. 천보 15년(756) 1월 안록산은 대연(大燕)을 건국하고 황제로 등극한 직후에, 둘째아들 안경서를 진왕(晉王)으로, 후처 단씨를 황후로 책봉했다. 서열을 따지면 태자의 자리는 안경서가 차지해야 했다. 더구나 그는 말을 잘 타고 활을 잘 쏘아 아버지의 총애를 한몸에 받고 있었다.

당나라 역대 황제 평전

단황후는 친아들 안경은을 태자로 옹립하고자 안록산에게 안경서를 수시로 모함했다. 그녀의 술수에 넘어간 안록산은 점차 안경서를 멀리하고 안경은을 총애하기 시작했다. 안경서는 아버지가 이복동생 안경은을 태자로 책봉하는 날에는 자신의 목숨이 끝장날 것이라고 생각했다. 엄장, 이저아 등 안록산에게 치욕을 당한 자들을 은밀히 자기편으로 끌어들였다.

성무 2년(757) 1월 5일 밤이 깊었을 때 안경서, 엄장, 이저아 등 세 사람이 안록산의 침전으로 잠입했다. 안경서와 엄장이 침소 주변을 장악한 후 이저아에게 안록산을 살해하게 했다. 이저아가 안록산의 복부를 칼로 난자했다. 안록산은 외마디 비명을 지르고 죽었다. 그의 나이 55세 때였다. 안경서는 황급히 침전 바닥에 구덩이를 파고 양탄자로 싼 시신을 매장하게 했다. 다음 날 아침 신하들에게 이렇게 선포했다.

"황상의 병이 위중하시다. 황상께서 진왕 안경서를 태자로 책봉하고
국가의 모든 일은 태자가 처리하라고 말씀하셨다."

신하들은 안경서가 변란을 일으킨 줄 알고 있었지만 그가 이미 군권을 장악한 까닭에 누구도 감히 이의를 제기하지 못했다. 안경서는 이렇게 아버지를 살해한 후에 황제의 옥좌에 올랐으며 연호를 재초(載初)로 정했다. 하지만 그는 유약했으며 실인을 반복하여 민심을 얻지 못했다. 장안, 낙양 등 안록산이 점령한 도시들을 연이어 당군에게 빼앗기고 업성(鄴城: 지금의 하남성 안양·安陽)으로 퇴각했다.

건원(乾元) 원년(758) 9월 당숙종은 곽자의(郭子儀) 등 절도사 9명에게 20만 대군을 동원하여 안경서를 공격하게 했다. 당군은 다음 해(759) 3월까지 6개월 동안 업성을 포위 공격했다. 안경서는 결사항전을 외쳤지만 성

안의 사정은 지옥이나 다름이 없었다. 양식이 고갈되자 사람이 사람을 잡아먹었다. 쥐 한 마리 가격이 몇 천 냥이나 했다. 궁지에 몰린 안경서는 아버지 안록산과 함께 난을 일으킨 사사명에게 구원병을 요청했다. 얼마나 다급했던지 자기를 구해주면 그에게 황위를 이양하겠다고 약속했다.

당시 사사명은 안록산이 살해되었다는 얘기를 듣고 당나라 조정에 위장 귀순했다. 당숙종은 그를 범양절도사로 임용했다. 사사명이 반란군의 핵심 인물이었지만 그를 따르는 병사들이 적지 않았기 때문에 그의 반역죄를 묻지 않고 포용 정책을 폈다. 그런데 사사명은 겉으로는 당나라에 복종하는 척하면서 은밀히 병사들을 모으고 군마를 사들였다. 당숙종은 사사명이 딴 마음을 품고 있음을 알아차렸다. 범양절도부사 오승은(烏承恩 · ?~758)에게 밀명을 내려 사사명을 제거하라고 했다.

건원 원년(758) 오승은은 저녁마다 부녀자로 변장한 후 사사명 휘하 장졸들을 몰래 만나 사사명을 제거할 음모를 꾸몄다. 하지만 사사명에게 발각되어 오승은과 그의 일족 백여 명이 몰살당했다. 사사명은 다시 반란을 일으켰다. 위주성(魏州城)을 공략한 후인 건원 2년(759) 1월에 대성주왕(大聖周王)을 참칭했다. 사사명은 업성으로 진격하여 당군을 격파했다. 안경서는 사사명에게 절을 두 번하고 신하를 칭하며 말했다.

"신은 국가의 중차대한 업무를 맡을 능력이 부족하여 장안과 낙양, 두 수도를 당군에게 빼앗겼으며 또 오랫동안 포위를 당해 궁지에 몰려있었습니다. 그런데 대왕께서 신의 아버지와의 인연을 소중하게 생각하시어 먼 곳에서 신을 구하러 오실 줄은 정말로 몰랐습니다."

사사명이 말했다.

"두 도성을 빼앗기고 군사를 잘못 부려 패배한 일은 용서할 수 있다. 하지만 네가 자식으로서 너의 아버지를 살해하고 황위를 찬탈한 일은 어찌 대역죄가 아니겠는가?"

결국 안경서는 그의 추종자들과 함께 형장의 이슬로 사라졌다. 사사명은 업성을 큰아들 사조의(史朝義·?~763)에게 지키게 한 후 군사를 이끌고 자신의 세력 근거지인 범양(范陽: 지금의 하북성 보정·保定과 북경 일대)으로 돌아갔다. 같은 해 5월 그곳에서 응천황제(應天皇帝)를 자칭했다. 국호는 대연(大燕), 연호는 순천(順天)으로 정했다.

사사명과 그의 부하들은 용감했으나 잔혹하기로 소문이 났다. 성을 함락하면 노약자와 어린이들은 모조리 죽였고 장정들은 노예로 부렸으며 부녀자들은 닥치는 대로 강간했다. 위주성을 점령했을 때는 하루 만에 3만여 명을 학살하여 성안을 피바다로 만들었다.

사사명이 섬주(陝州: 지금의 하남성 삼문협·三門峽)을 공격할 때 강자판(姜子坂) 일대에서 당군의 강력한 저항을 받았다. 영녕(永寧: 지금의 절강성 태주·台州)으로 퇴각한 사사명은 아들 사조의에게 거대한 성을 한 달 안에 쌓게 했다. 사조의와 장졸들은 밤낮을 가리지 않고 성을 쌓았지만 완성하지 못했다.

시찰을 나온 사사명이 불같이 화를 냈다. 아들과 부하들을 죽여서 군율이 얼마나 엄격하고 무서운지 장졸들에게 보여주려고 했다. 사조의는 아버지의 천륜마저도 무시하는 잔인무도한 성격을 누구보다도 잘 알고 있었다. 시간을 더 주면 반드시 완성하겠다고 애원했다. 하지만 사사명은 아들에게 섬주를 점령한 후에 죽여 버리고 말겠다고 욕했다. 당군과의 싸움에서 패한 사조의의 부하들은 사사명의 칼에 언제 죽을지 몰라 공포에 떨었다.

상원 2년(761) 낙열(駱悅), 채문경(蔡文景) 등 사조의 휘하의 장수들은 사사명이 녹교역(鹿橋驛: 지금의 하남성 낙녕현·洛寧縣)에 머무르고 있는 틈을 타서 반정을 일으켜 사사명을 폐위하자고 사조의에게 건의했다. 사조의가 반대 의사를 표명하자, 그들은 자기들의 뜻을 따르지 않으면 차라리 당나라에 투항하겠다고 으름장을 놓았다. 그들이 떠나면 사조의는 죽은 목숨이나 다름없었다. 그렇다고 해서 아들이 아버지를 죽인 오명을 남기고 싶지 않았다. 고민 끝에 아버지를 죽이지 않고 폐위시킨다는 조건으로 승낙했다. 사사명의 경호를 책임진 심복, 조장군(曹將軍)도 가담하기로 결심했다.

낙열은 한밤중에 병사 300여 명을 거느리고 사사명의 처소를 급습했다. 사사명은 황급히 조장군을 찾았으나 그가 배반한 사실을 알고 경악했다. 변소로 몸을 피했지만 생포되었다. 낙열은 군심을 수습하기 위해 사조의와의 약속을 어기고 사사명을 밧줄로 목을 졸라 죽였다.

사조의는 낙양에서 황제를 참칭하고 연호를 현성(顯聖·761~763)으로 정했다. 보응(寶應) 원년(762) 당군은 북방의 유목민족 국가, 회흘(回紇)의 군사 지원을 받고 낙양을 공략했다. 막주(莫州)로 달아난 사조의는 재기를 도모했으나 연전연패했다. 결국 보응 2년(763)에 온천책(溫泉柵: 지금의 하북성 풍윤·豊潤)에서 고립무원의 처지가 되자 자살했다. 당나라를 쇠퇴의 길로 몰고 간 안사의 난은 이렇게 8년 만에 종식되었다.

한편 촉 지방의 성도(成都)로 몽진한 태상황 당현종은 안록산이 피살된 직후인 지덕 2년(757)에 장안으로 돌아와 흥경궁(興慶宮)에 거주했다. 안록산의 반란군에 쫓겨 장안을 떠난 지 1년 반만의 귀경이었다. 당숙종은 아버지를 극진하게 섬겼다. 당현종은 태상황으로서 정치에 일체 관여하지 않고 다시 호사스러운 생활을 즐겼다. 용무대장군 진현례와 내시 고력사가 여전히 그의 곁을 지키며 충성을 다했다. 그의 친여동생 옥진공주(玉眞公主·692~762)와 예전에 그를 섬겼던 궁녀들도 늙은 태상황의 회춘을 위해 지극정성으로 모셨다.

하지만 당현종은 미희들이 아무리 그를 즐겁게 하려고 노력해도 단한 사람, 양귀비만을 그리워하며 슬픔에 젖었다. 명절이나 제삿날에는 측근을 성도로 보내 제사를 지내게 했다. 하루는 그녀가 너무 그리운 나머지 그녀의 묘를 장안으로 이장하려고 했다. 하지만 환관 출신의 권신, 이보국(李輔國·704~762)의 반대로 뜻을 이루지 못했다. 어떤 환관이 당현종에게 양귀비가 사용했던 향주머니를 바쳤다. 당현종은 그것을 황포의 소매에 넣고 양귀비의 분신처럼 생각했다. 또 양귀비의 초상화를 침전에 걸어놓고 아침저녁으로 그것을 보며 흐느껴 울었다.

태상황의 처량한 모습을 안타깝게 생각한 신하들은 수시로 그를 찾아와 위로했다. 한때 당현종과 생사를 함께 했던 원로대신들도 그를 동정하며 개원 연간의 성세를 그리워했다. 이보국은 태상황 주변에 예전에 영화를 누렸던 자들이 몰리는 것을 무척 경계했다. 그는 신분이 환관임에도 태자 이형을 황제로 추대하는 데 결정적 공을 세워 재상의 반열에 오른 인물이었다. 몸이 병약한 당숙종은 그에게 전권을 위임했다. 신하들은 당숙종보다도 이보국의 지시를 더 따랐을 정도였다.

이보국은 태상황 당현종의 일거수일투족을 감시했다. 당현종을 따르는 무리가 권력을 찬탈하지 않을까 하는 두려움 때문이었다. 상원 원년(760) 이보국이 당숙종에게 아뢰었다.

"태상황께서 흥경궁에 거주한 이래로 매일 외부인들과 접촉하고 있습니다. 진현례와 고력사가 폐하에게 불리한 일을 꾸미고 있다고 합니다. 지금 육군(六軍)의 장수들은 모두 영무(靈武)에서 폐하를 천자로 추대하는데 공을 세운 자들입니다. 그들은 태상황 주변에 있는 자들이 어떤 음모를 꾸밀지 몰라 두려워하고 있습니다. 신이 그들에게 알아듣게 설명했지만 설득할 수 없었기 때문에 그들의 얘기를 듣지 않을 수 없습니다."

진헌례, 고력사 등 당현종의 측근들을 제거하지 않으면 큰 화를 입을 수 있다는 경고였다. 당시 당숙종은 질병 때문에 국정을 제대로 처리할 수 없었다. 이보국은 당숙종의 조서를 조작하여 당현종을 흥경궁에서 태극궁으로 이주하게 한 후 외부와의 접촉을 차단했다. 그리고 며칠 후 고력사는 반역의 무리와 몰래 내통했다는 죄명으로 무주(巫州)로 추방되었으며, 진헌례는 용무대장군의 직책에서 쫓겨났다. 당현종이 말년에 의지한 옥진공주도 황궁에서 나와 도교의 도사가 되었다. 당현종을 충심으로 받든 자들은 모두 그의 곁을 떠났다.

홀로 남은 당현종은 쓸쓸하기 그지없었다. 날로 말수가 줄어들고 우울증이 심해졌다. 당숙종은 아버지를 즐겁게 하려고 후궁 백여 명을 선발하여 시중을 들게 했다. 하지만 당현종은 더 이상 여자를 거들떠보지도 않았다. 몸과 마음이 피폐해진 것이다. 다만 꿈속에서라도 양귀비의 모습을 보는 게 그의 마지막 소원이었다.

보응 원년(762) 당현종은 향년 78세를 일기로 세상을 떠났다. 그의 일생은 당제국의 영광과 치욕으로 점철되었다. 젊었을 때는 국정에 성실히 임하여 태평성대를 이룩한 성군이라는 칭송을 끊임없이 들었다. 중장년 이후부터는 며느리 양귀비와의 불륜에 빠져 정사를 내팽개친 과오를 저지르고 말았다. 그는 국정을 다스리는 능력이 대단히 뛰어났으나 당나라 최고의 로맨티스트이자 호색한이었다. 개원 성세가 지속되자 그도 사람인지라 방심하기 시작했으며 양귀비 등 천하의 미녀들과 함께 주지육림에 빠져 지냈다. 그의 방탕한 생활이 안사의 난의 직접적 원인이 되었다. 당나라는 결국 안사의 난 이후에 번영을 회복하지 못하고 천천히 쇠퇴의 길로 접어들었다.

제 **8** 장

당숙종 이형

제8장

당숙종 이형

1. 태자로 책봉되었으나 폐위 위협에 시달리다

7대 황제 당숙종(唐肅宗) 이형(李亨·711~762)은 당현종 이륭기의 셋째아들이다. 생모 양씨(楊氏)는 관롱(關隴: 지금의 관중, 감숙, 영하 일대) 지역의 명문거족 출신이다. 경운(景雲) 원년(710) 이륭기가 태자로 책봉된 직후에 양씨를 태자의 첩의 품계인 양원(良媛)으로 책봉했다. 양양원이 회임을 하자, 이륭기는 기뻐하기는커녕 근심에 빠졌다.

당시 이륭기의 정적(政敵), 태평공주는 태자를 폐위하려고 온갖 구실을 꾸미고 있었을 때, 태자로 책봉되자마자 성급하게 첩을 두어 임신하게 한 일이 태자 폐위의 빌미가 되지 않을까 두려워했다. 이륭기는 측근에게 낙태약을 조제하여 뱃속에 있는 태아를 지우게 했지만 성사되지 못했다.

이형은 태어나자마자 아들을 낳지 못한 태자비 왕유용(王有容·?~725)의 슬하에서 자랐다. 왕유용은 그를 지극정성으로 키웠다. 생모 양양원은 구중궁궐의 높은 담장 밖에서 숨을 죽이고 아들의 성장을 지켜봐야했다. 이형은 5세 때인 개원 4년(716)에 안서대도호(安西大都護)에 제수되었다. 명목상의 관직이었을 뿐이지 실제로는 어떤 일도 하지 않았다.

개원 13년(725) 당현종은 태산(泰山)에서 봉선 의식을 거행하고 장안으로 돌아온 후 거대한 저택을 짓게 했다. 그것을 '십왕택(十王宅)'이라고 칭하고 황자들을 그곳에서 거주하게 했다. 그들을 효율적으로 통제하고 충성심을 유도하기 위하여 집단으로 거주하게 했다. 당현종의 특명을 받은 환관들은 그들의 일거수일투족을 감시했다. 황자들은 아버지의 환심을 사기 위해 형제들 간에 경쟁을 하지 않을 수 없었다.

개원 15년(727) 이형은 충왕(忠王)으로 책봉되었다. 개원 18년(730) 해(奚), 거란 등 북방의 소수 민족이 동북 변경을 침범했다. 당현종은 충왕을 하북도원수(河北道元帥)로 임명하고 토벌에 나서게 했다. 충왕은 수하의 장수들을 이끌고 적을 대파하여 아버지 당현종의 신임을 얻었다.

개원 25년(737) 무혜비(武惠妃·699~737)의 간계에 놀아난 당현종이 태자 이영(李瑛·706~737)을 폐위하고 죽인 끔찍한 사건이 벌어졌다. 무혜비는 재상 이임보(李林甫·683~753)와 짜고 자기가 낳은 수왕(壽王) 이모(李瑁·720~775)를 태자로 옹립하려고 했으나 뜻을 이루지 못하고 갑자기 병으로 죽었다.

봉건왕조 시대에 국가의 안정과 원만한 권력 승계를 위하여 군주가 살아생전에 후계자를 결정하는 일은 상식이었다. 태자 이영이 폐위를 당하고 죽었을 때 당현종의 나이는 53세였다. 황제가 50세를 넘긴 나이라면 반드시 태자를 책봉하여 황제의 급작스러운 유고에 대비해야 했다. 하지만 권력욕이 강한 당현종은 태자 책봉을 차일피일 미루었다. 이미 장성한 황자들 가운데 한 명을 태자로 책봉하면 그에게 권력의 추가 기울지 않을까 우려했기 때문이다.

당현종은 이른바 '국본(國本)'이라는 태자를 과감하게 결정하지 못했기 때문에 심한 불면증에 시달렸다. 산해진미를 먹어도 맛을 모를 정도로 입맛을 잃었다. 그의 고민하는 모습을 항상 곁에서 지켜본 내시 고력사가 아뢰었다.

"폐하의 성심(聖心)을 어지럽히는 자를 경계해야 합니다. 황자들 가운데 가장 나이가 많은 황자를 태자로 책봉하면, 누가 감히 태자 책봉 문제를 놓고 쟁론을 벌이겠습니까?"

당시 조정의 실권자였던 이임보는 수왕 이모를 태자로 천거했다. 이모가 태자로 책봉되어 훗날 황제로 등극하면 이임보의 권세가 자신을 능가하지 않을까, 고력사는 우려했다. 더구나 이모는 당현종의 18번째 아들이 아닌가. 황자의 서열을 따지면 큰아들 이종(李琮·?~752)이 태자로 책봉되어야 했다. 하지만 그는 얼굴에 심한 상처가 있다는 이유로 이미 후계 구도에서 밀려나 있었다. 셋째아들 충왕 이형을 태자로 책봉하는 게 순리였다. 이형은 평소에 고력사를 '둘째형'으로 부르며 존경했다. 이런 이유로 고력사는 자신을 따르는 그를 강력하게 천거했다. 당현종은 고력사의 진언을 받아들였다.

개원 26년(738) 신하들 간의 암투 속에서 태자로 책봉된 이형의 앞길은 고난의 연속이었다. 수왕 이모를 태자로 옹립하려다가 실패한 이임보는 이형이 차기 황제가 되면 반드시 자기에게 보복을 가할 거라고 생각했다. 어떤 구실이라도 찾아서 태자를 폐위해야 했다.

태자비 위씨(韋氏·?~757)의 친오빠 위견(韋堅)은 섬군태수(陝郡太守)로 재직할 때 곳곳에 운하를 건설하여 장안으로 물자 수송을 편리하게 한 공로로 당현종의 총애를 받았다. 여동생 위씨가 태자비로 책봉된 후 형부상서에 제수되었다. 태자 이형은 손위처남 위견을 든든한 후원자로 여기고 의

지했다. 이임보는 어사증승 양신긍(楊愼矜)에게 위견의 약점을 잡게 했다. 위견에게 타격을 가하여 태자를 궁지에 몰 계략을 꾸몄다.

천보 5년(746) 정월 대보름날 밤 위견과 하서절도사 황보유명(皇甫惟明·?~747)이 연등놀이를 보러 나갔다. 황보유명은 토번의 침범을 진압한 명장이자, 이형의 절친한 친구였다. 위견과 황보유명은 평소에 이임보의 전횡에 큰 불만을 품고 있었다. 두 사람은 연등놀이를 보러 나간 그날 밤에 태자 이형을 만났다. 우연한 만남이었는지 아니면 계획된 만남이었는지는 알 수 없으나, 어쨌든 양신긍이 풀어놓은 세작의 눈에 띄었다. 양신긍은 즉시 당현종에게 그들이 몰래 만나 역모를 꾸미고 있다고 모함했다.

당현종은 개원 25년(737)에 태자 이영(李瑛), 악왕(鄂王) 이요(李瑤), 광왕(光王) 이거(李琚) 등 세 아들이 역모를 꾸몄다는 무혜비와 이임보의 무고에 속아 그들을 하루 만에 죽인 전력이 있었다. 이번에는 태자 이형이 연루된 역모 사건이 터졌다는 첩보를 듣고 망연자실했다. 마침 이형이 아버지에게 달려와 자신은 아무런 관련이 없다고 눈물로 호소했다. 당현종은 위견은 진운태수(縉雲太守)로, 황보유명은 파주태수(播州太守)로 좌천시키고 더 이상 사건을 추궁하지 않았다. 이형은 가까스로 역모의 혐의에서 벗어날 수 있었으나, 간신 이임보의 계략에 또 걸려들지 않을까 전전긍긍했다.

그런데 위견이 조정에서 쫓겨난 후 그의 두 동생, 위란(韋蘭)과 위지(韋芝)가 형의 억울함을 호소하는 상소문을 썼다. 그것에는 태자 이형과 관련된 내용도 있었다. 뜻밖에도 그것을 읽은 당현종이 진노했다. 당장 위견 일당을 잡아들이라는 어명을 내렸다. 이임보는 이 틈에 태자와 위씨 일가를 엮는 음모를 꾸몄다. 이형은 또 아버지에게 자신의 결백을 호소하며 태자비 위씨와의 이혼을 간청했다. 살아남기 위하여 사랑하는 아내를 버리기로 결심한 것이다. 당현종은 아들의 간청을 승낙했다. 태자비 위씨는 머리를 깎고 비구니가 되어 한평생 절에서 은거하다가 죽었다.

천보 5년(746) 연말에 또 이형을 정치적 위기에 빠트린 사건이 벌어졌다. 태자 이형의 양제(良娣: 태자비 바로 아래의 품계) 두씨(杜氏)의 아버지, 찬선대부 두유린(杜有隣)과 그의 사위, 좌효위병조 유적(柳勣)은 이형의 측근이었다. 그런데 장인과 사위 사이에 심각한 갈등이 생겼다. 유적은 장인 두유린을 해칠 목적으로 "두유린이 도참설을 망령되게 말하며 태자와 몰래 사당을 조직하고 감히 천자를 비난했다."고 당현종에게 상소했다.

어명을 받은 이임보는 두유린을 불러들여 사실 여부를 추궁했다. 조사해 보니 유적이 두유린에게 원한을 품고 무고한 게 분명했다. 하지만 이임보는 태자를 폐위하고 그의 측근을 일거에 제거하고자 사건의 진상을 숨기고 오히려 더 확대했다. 결국 두유린과 유적은 대리시(大理寺: 형벌을 관장하는 관아)에서 곤장을 맞고 죽었다. 북해태수 이옹(李邕), 저작랑 왕증(王曾) 등 유적과 친분이 있었던 관리들도 억울하게 사건에 연루되어 죽었다. 이미 지방으로 쫓겨난 위견과 황보유명도 살해되었다. 이임보는 태자 주변의 인사들을 제거하고 태자를 고립무원의 처지에 빠지게 한 후 폐위할 음모를 꾸몄다.

태자 이형은 또 아버지에게 억울함을 호소했다. 이번에도 두양제와의 이혼을 간청했다. 두양제는 폐서인되어 궁궐에서 쫓겨났다. 이형은 이렇게 두 번의 이혼 경력을 가진 태자가 되었다. 간신 이임보의 집요한 음해를 받을 때마다 아버지에게 결백을 호소하여 태자의 자리를 지킬 수 있었다. 하지만 그가 받은 정신적 충격은 컸다. 암투와 모략이 난무하는 황궁에서 살아남기 위해서는 아버지 당현종의 심기를 조금이라도 건드리는 어떤 행동도 하지 않고 매사에 빈틈이 없어야 했다.

하루는 황궁의 상식국(尙食局: 황제와 황족의 음식을 담당한 기관)에서 성대한 어선(御膳)을 마련했다. 어선 가운데 양다리구이가 올라왔다. 당현종은 태자 이형에게 그것을 맛보게 했다. 이형은 조심스럽게 한 점을 칼로 잘라 먹었다. 그런데 양손에 기름이 묻자 별 생각 없이 옆에 놓여있는 빵으로 손을 닦았다. 그 모습을 본 당현종은 미간을 찌푸리며 불쾌한 표정을 지었다. 이형은 순간적으로 당황했으나 침착하게 기름이 묻은 빵을 한입에 넣고 맛있게 먹었다. 당현종은 비로소 환한 미소를 지으며 말했다.

"매일 먹는 빵도 남기지 않고 다 먹어야지 복을 받는 법이다."

만약 이형이 눈치를 채지 못했으면 빵으로 기름 묻은 손을 닦아서 음식을 낭비했다고 핀잔을 들었을 것이다.

이임보가 죽고 양국충이 권력을 장악했을 때도, 이형은 양국충의 끊임없는 음해에 시달렸다. 양국충은 당현종의 총애와 집안 여동생 양귀비의 은밀한 지지를 등에 업고 국정을 농단했다. 자기에게 복종하는 자는 요직에 앉히고, 그렇지 않은 자는 철저하게 배척했다. 이형은 양국충의 권력 남용에 분노했지만 그에게 대항할 힘이 없었다. 오히려 그의 눈치를 보며 전전긍긍했다. 뜻밖에도 당나라를 천하대란에 빠지게 한 안사의 난이 이형에게는 천재일우의 기회가 되었다.

2. 안사의 난의 와중에서 황제로 등극하다

천보 14년(755) 11월 안록산의 난이 폭발했다. 안록산은 반란을 일으킨 지 한 달 만에 동도, 낙양을 함락했으며, 천보 15년(756) 1월에 낙양에서 황제를 참칭했다. 국호는 대연(大燕), 연호는 성무(聖武)로 정했다. 천보 15년(756) 6월 반란군이 장안으로 들어가는 관문인 동관(潼關)으로 진격했다. 당현종은 돌궐 출신의 장수, 가서한(哥舒翰)에게 동관을 지키게 했으나 안록산에게 대패를 당했다.

　장안성이 순식간에 풍전등화의 위기에 빠졌다. 공포에 질린 성안의 백성들은 먼저 탈출하려고 아귀다툼을 벌였다. 황제의 안위 따위는 그들의 안중에 없었다. 천보 16년(757) 6월 자칫하다간 생포될 위기에 처한 당현종은 태자 이형, 양귀비, 양국충 등 측근들과 함께 황급히 장안을 떠나 촉 지방으로 가는 길을 재촉했다. 당현종의 일행을 호위하는 병사는 겨우 3천여 명에 불과했다. 그들 가운데 용무대장군 진현례(陳玄禮)가 거느린 금군 1천여 명이 당현종의 어가를 호위했다. 이형이 거느린 북위금군(北衛禁軍) 2천여 명이 후발대로 따라왔다.

　당현종의 일행이 마외역(馬嵬驛: 지금의 섬서성 흥평현·興平縣)에 이르렀을 때, 장졸들이 더 이상 길을 가지 않고 농성을 벌였다. 한시라도 빨리 촉 지방으로 몽진해야 했던 당현종은 큰 충격을 받았다. 황제의 안전을 책임진 최정예부대 금군이 자신의 뜻을 거역할지는 꿈에도 몰랐기 때문이다. 당나라를 천하대란의 소용돌이에 빠지게 한 간신 양국충과 양귀비를 당장 죽이지 않으면 한 발짝도 나서지 않겠다는 게 장졸들의 뜻이었다.

　당현종은 졸지에 고립무원의 신세가 되었다. 오랜 세월 동안 아버지의 눈치를 보며 전전긍긍했던 태자 이형이 전면에 나섰다. 그에게는 2천여 명의 금군이 있었다. 용무대장군 진현례를 자기 진영으로 끌어들이면 손쉽게 병권을 장악할 수 있었다. 진현례는 충직한 장수였다. 그도 난국을 돌파하려면 양국충과 양귀비를 제거해야 한다고 생각했다. 이형은 천군만마를 얻은 기분이었다.

　이형은 진현례 장군의 가담 덕분에 당현종을 둘러싸고 있는 금군을 장악할 수 있었다. 병사들에게 양국충 일당을 살해하게 했다. 병사들이 그들을 살해한 뒤 또 당현종의 어소로 몰려가 양귀비를 죽이라고 압박했다. 당현종은 통한의 눈물을 흘리며 양귀비의 자살을 방관했다. 마외역에서 일어난 병변은 이형이 군심과 민심을 정확하게 파악하고 군권을 장악한 후에 과감하게 아버지를 압박하여 얻어낸 승리였다. 이 사건은 또 이형이 황제로 등극할 수 있는 결정적 계기가 되었다. 아이러니하게도 안사의 난이 그에게 천재일우의 기회를 제공했다.

이형은 마외역에서 당현종을 퇴위시키고 자신이 황제로 등극하려고 했다. 하지만 진현례 장군이 동의하지 않았다. 마외역 병변의 목적이 간신들을 제거하는 것이지 황제의 폐위가 아니었다는 주장을 폈다. 그는 당현종을 진심으로 모신 충신이었다. 아버지와 아들 사이에 미묘한 신경전이 벌어졌다. 아버지는 아들이 황위를 찬탈하지 않을까 의심했다. 아들은 왜 아버지가 하루빨리 양위를 하지 않는지 불만을 품었다. 서로 얼굴을 마주보는 일조차도 거북할 정도로 불편한 감정이 싹텄다. 두 사람이 계속 함께 움직이면 또 무슨 병변이 일어날지 몰랐다.

당현종은 마외역에서 계속 촉 지방으로 떠나고, 태자는 현지에 남기로 결정했다. 당현종의 몽진 길에 태자가 후방에 남아 안록산의 추격을 방어한다는 이유를 들었지만, 사실은 아버지와 아들 간의 충돌을 피하기 위한 고육지책이었다. 당현종이 마외역을 떠난 후, 태자 이형의 셋째아들 건녕왕(建寧王) 이담(李倓·?~757)이 아버지에게 이런 얘기를 했다.

"지금 반역의 오랑캐 무리가 궁궐을 침범하여 온 세상이 대란의 소용돌이에 빠졌습니다. 민심에 의지하지 않고 어찌 다시 당나라를 부흥시킬 수 있겠습니까? 전하(태자)께서 지존(당현종)을 따라 촉 지방으로 들어가시는 길에 역적의 무리가 잔도(棧道)를 끊고 불을 질러버리면, 중원의 광활한 땅을 그들에게 바치는 꼴이 될 것입니다. 이미 민심이 이반했기 때문에 중원을 수복할 수 없습니다. 다시 중원에 들어가고자 해도 너무 늦었습니다. 신의 생각으로는 서북 변경을 지키고 있는 병사들을 수습하고, 삭방절도사 곽자의(郭子儀·697~781)와 하동절도부사 이광필(李光弼·708~764)을 하북 지방으로 불러들여 그들과 함께 역적의 무리를 토벌하는 게 현명한 계책입니다. 장안과 낙양, 두 도읍지를 수복하고 오랑캐들의 반란을 평정하여 위기에 빠진 종묘사직을 다시 일으켜 세운 후, 지존을 황궁으로 모셔오는 일이 어찌 큰 효도가 아니겠습니까? 그런데도 전하께서는 어찌하여 사소한 인정에 사로잡혀 결단을 내리시지 못합니까?"

이담은 이복형 광평왕(廣平王) 이예(李豫·727~779: 훗날의 당대종·唐代宗)와 함께 아버지의 수하에서 금군을 지휘하고 있었다. 당현종의 피난길을 호위하면서 백성의 원성이 얼마나 자자한지 두 눈으로 직접 보았다. 이형은 예전에 삭방절도사를 지낸 적이 있었다. 삭방(朔方: 지금의 영하회족자치구 영무·靈武)에는 아직도 그를 따르는 장졸들이 많았다. 하루라도 빨리 영무로 가서 추종 세력을 결집해야만 난세를 극복할 수 있다고 이담이 주장했다.

아들의 계책을 받아들인 이형은 군사를 이끌고 영무로 가는 길에 평량(平凉)에 이르렀다. 삭방군의 장수 두홍점(杜鴻漸·709~769)이 위소유(魏少遊), 이함(李涵) 등 부하들에게 말했다.

"평량은 전략상 병사들을 모이게 할 만한 지역이 아니오. 역적의 무리를 토벌하려면 반드시 삭방으로 가서 병사들을 결집시켜야 하오. 우리가 태자 전하를 군주로 추대하고 하롱(河隴: 지금의 감숙성 일대) 지역의 병력을 우리 군영으로 흡수한 후 회흘(回紇)과 연합해야 하오. 이와 동시에 서북 지역의 강한 기병을 징집한 후 남하하여 반란을 진압하면 장안과 낙양, 두 도읍지를 수복하고 국난을 당한 치욕을 씻을 수 있을 것이오. 이는 위로는 폐하의 성은에 보답하고, 아래로는 도탄에 빠진 백성들을 편안하게 하는 일이오."

　두홍점은 태자 이형에게 이함을 보내 자신의 뜻을 밝혔다. 이형은 난세에 두홍점 같은 충신이 있다는 사실을 알고 감격의 눈물을 흘렸다.

　안록산이 장안을 함락한 직후인 천보 15년(756) 7월에, 태자 이형은 영무에서 두홍점 등 삭방군 장수들의 추대를 받고 황제로 등극했다. 연호는 지덕(至德)으로 정했다. 당시 촉 지방 성도(成都)의 행궁에 머무르고 있었던 당현종은 아들이 황제로 등극하고 자신은 실권이 없는 태상황으로 추대되었다는 소식을 듣고 경악했다. 성도에서 영무까지는 너무나 먼 거리여서 손을 쓸 수가 없었다. 더구나 병권이 이미 아들에게 넘어간 상황이라 권력에서 밀려난 현실을 인정하지 않을 수 없었다.

　당숙종 이형은 당시에는 노년의 나이라고 할 수 있는 46세 때 즉위했다. 18세 때 태자로 책봉된 후 28년 동안 궁중에서 숨을 죽이고 살았다. 태자는 '미래의 황제'로서 제왕의 도(道)를 성실하게 학습하고 감국(監國)을 통해 국정을 미리 경험하는 막중한 자리이다. 하지만 당현종은 권력욕이 너무나 강한 황제였다. 행여 태자 이형에게 권력이 쏠리지 않을까 우려하여 아들을 끊임없이 견제했다. 이임보, 양국충 같은 간신배가 태자를 음해해도 모른 척했다. 태자를 통제하기 위한 수단이었다.

　이형은 젊은 나이에 머리카락이 하얗게 셀 정도로 심리적 압박을 받았다. 음모와 모략이 난무하는 궁중에서 살아남기 위하여 발버둥을 쳤다. 뜻밖에도 안사의 난이 그를 황제로 만들었다. 그는 그토록 바라던 황제가 되었으나 몸과 마음이 이미 피폐해졌다. 자신의 정치적 포부를 펴 볼 겨를도 없이 안사의 난을 진압하는 데 모든 역량을 쏟아야 했다.

　보응 2년(763) 사사명의 아들 사조의가 온천책(溫泉柵: 지금의 하북성 풍윤·豐潤)에서 자살했다. 당나라를 쇠퇴의 길로 몰고 간 안사의 난은 8년 만에 종식되었다. 당숙종은 망국의 일보 직전까지 갔던 당나라의 종묘사직을 다시 일으켜 세웠다. 아버지 당현종을 다시 장안으로 모셔와 나름대로 효도했다. 그런데 그는 너무 지쳐있었다. 보응 원년(762) 5월 당현종이 붕어한지 15일 만에, 그도 향년 52세를 일기로 세상을 떠났다.

제 **9** 장

당대종 이예

당대종 이예

1. 성장 과정과 태자 책봉

8대 황제 당대종(唐代宗) 이예(李豫·727~779)는 당숙종 이형의 장남이다. 생모는 장경황태후(章敬皇太后) 오씨(吳氏·?~730)이다. 이예가 태어났을 때, 이형은 태자로 책봉되기 전인 충왕(忠王) 신분이었다. 오씨는 충왕의 후궁으로 간택되어 이예를 낳았다. 이예가 태어난 지 3일 째 되던 날, 당현종은 며느리 오씨에게 황금으로 만든 대야를 하사했다. 그리고 갓난아이를 잘 씻겨 자기에게 데려오게 했다. 손자를 하루라도 빨리 보고 싶은 할아버지의 들뜬 마음이었다.

그런데 오씨는 몸이 허약하여 출산 후유증을 앓고 있었다. 갓 태어난 이예도 손발이 제대로 펴지지 않을 정도로 몸 상태가 안 좋았다. 그를 정성스레 씻긴 늙은 궁녀는 당현종이 손자를 보면 실망하지 않을까 걱정했다. 고민 끝에 이예와 같은 시기에 태어난 살이 포동포동하게 찐 건강한

다른 갓난아이를 보듬고 당현종에게 갔다. 당현종은 그 아이를 보자마자 화를 냈다.

"이 아이는 내 손자가 아니구나, 당장 내 손자를 데리고 와라!"

당현종은 그 아이가 자신과 조금도 닮지 않은 모습을 보고 손자가 아님을 직감했다. 황제를 속인 늙은 궁녀는 백배사죄했다. 그녀의 마음을 가상하게 여긴 당현종은 죄를 묻지 않았다. 그녀가 이예를 보듬고 오자, 당현종은 크게 기뻐하며 말했다.

"이 아이는 태자보다 더 많은 복록을 누릴 거야."

내시 고력사에게 이런 말도 했다.

"이제 황궁에 천자가 세 명이나 있으니 참으로 기쁘도다. 태자와 술 한 잔 해야겠구나."

이예의 탄생이 충왕 이형에게는 당현종에게 인정을 받는 계기가 되었다. 오씨는 충왕의 총애를 받았지만 개원 18년(730)에 네 살배기 이예를 남겨둔 채 사망했다. 이예는 어린 시절부터 아버지가 할아버지 당현종의 눈치를 살피느라 전전긍긍하는 모습을 보며 자랐다. 그도 행동거지를 각별히 조심했으며 아버지와 할아버지를 극진하게 섬겼다. 천성이 인자하고 경전 읽기를 좋아했다. 병법서를 읽는 일도 게을리 하지 않았다.
당현종은 자신의 적장손인 이예를 유별나게 총애했다. 나중에 태자 이형이 온갖 음해에 시달렸을 때, 당현종이 끝내 그를 내치지 않은 까닭은 대를 이을 손자 이예가 제왕의 재목감이라고 생각했기 때문이 아닌가 한다. 이예는 15세 때 광평군왕(廣平郡王)으로 책봉되었다.

안록산의 난이 일어나 낙양, 장안 두 도읍지가 반란군의 수중으로 들어간 후, 태자 이형이 천보 15년(756) 7월에 영무에서 황제로 즉위했다. 당숙종은 즉위하자마자 반란군을 진압하는 데 혼신의 노력을 다했다. 이예는 천하병마원수에 제수되었다. 아버지는 아들에게 반란군 토벌의 막중한 책임을 부과했다. 당제국의 운명을 어깨에 짊어진 이예에게는 후계자가 될 수 있는 절호의 기회였다. 하지만 반란군과 싸워 패배하면 후계자는커녕 자신의 목숨도 보전하기 어려운 상황이었다.

지덕 2년(757) 봉상(鳳翔: 지금의 섬서성 보계 · 寶雞)에 머물고 있던 당숙종은 이예에게 장안 수복을 명령했다. 이예는 이사업(李嗣業), 곽자의(郭子儀), 장사례(王思禮) 등 장수들을 거느리고 출전했다. 회흘 국왕, 마연철(磨延啜)의 아들 섭호(葉護)가 거느린 회흘의 군사도 기동부대로 참전했다.

당군과 회흘의 연합군은 향적사(香積寺: 지금의 섬서성 서안 · 西安에 있는 사찰) 북쪽을 흐르는 풍수(灃水)에서 안록산의 10만 대군과 결전을 벌였다. 이예와 곽자의는 전방에서, 이사업과 섭호는 후방에서 안록산의 군대를 맹렬하게 공격했다. 안록산의 군대가 대패했다. 6만여 명이 전사하여 시체가 강과 들판을 메웠다. 이예는 승리의 여세를 몰아 장안성을 공격했다. 마침내 장안성은 반란군에게 함락된 지 15개월 만에 수복되었다. 이예의 뛰어난 통솔력과 과감한 작전이 승리의 원인이었다. 회흘의 참전도 당군이 승기를 잡는 결정적 계기가 되었다. 장안성을 수복하기 전에 당숙종은 회흘의 군사 지원을 받기 위해 회흘로 사신을 보내 이런 약속을 했다.

"회흘이 군사를 파견하여 장안성을 수복할 수 있으면 성안의 토지와 사대부, 남자들은 당나라에 귀속시키고, 황금과 비단, 아녀자들은 회흘에게 하사하겠소."

북방의 소수민족이 세운 국가인 회흘은 약탈이 생업의 수단 가운데 하나였다. 장안성 수복에 급급했던 당숙종은 그들의 구미를 당기는 말을 한 것이다. 섭호는 이예에게 약속 이행을 요구했다. 이예는 말을 타고 있는 그의 앞으로 가서 절을 하고 말했다.

"이제 막 장안성을 수복하였습니다. 지금 약탈을 자행하면 낙양성에 거주하는 백성들이 반란군을 위해 결사 항전할 것입니다. 그러면 낙양성을 수복하기가 불가능합니다. 민심을 어루만져 낙양성을 수복한 이후에 약속을 지키겠습니다."

섭호는 이예가 자기 앞에서 절을 하고 간곡히 청하는 모습을 보고 깜짝 놀랐다. 당나라가 아무리 누란의 위기에 처해있더라도, 이예는 당나라 천자의 아들이 아닌가. 그의 겸손한 태도에 감동을 받은 섭호는 황급히 말에서 내려 이예에게 답례로 절을 한 뒤에 무릎을 꿇고 그의 다리를 두 손으로 받쳐 들고 말했다.

"제가 전하를 위하여 당장 군사를 이끌고 낙양성으로 가겠습니다."

섭호는 즉시 서역 철륵복고부(鐵勒僕固部)의 장수 복고회은(僕固懷恩)과 낙양성으로 진격했다. 당군, 회흘군, 서역의 군사로 구성된 연합군이 낙수(洛水)의 동쪽 언덕에 진을 쳤다. 현지 주민과 연합군 병사들은 이예에게 달려와 감격의 눈물을 흘리면서 말했다.

"광평왕(廣平王: 이예)은 한족과 소수민족의 진정한 주인이십니다."

이예가 당나라 백성들뿐만 아니라 소수민족의 지지도 받고 있다는 얘기를 들은 당숙종은 기뻐하며 말했다.

"짐의 능력이 광평왕보다 못하구나."

마침내 낙양성도 수복되었다. 회흘군은 곳곳의 창고에 비축한 비단과 재화를 닥치는 대로 약탈했다. 심지어 관청, 사찰, 민가 등을 불태우고 백성 1만여 명을 학살하는 만행을 저지르기도 했다. 그들의 약탈 본능에 질린 이예는 그들에게 비단 1만여 필을 하사했다. 더 이상 무고한 백성들을 학살하지 말라는 조건이었다. 회흘군은 3일 만에 약탈과 살인을 멈추고 물러났다.

회흘군이 점령지에서 온갖 만행을 저질렀지만 그들의 지원이 없었다면, 당나라가 안록산의 반란군을 쉽게 토벌하지 못했을 것이다. 대체적으로 북방의 유목민족이 세운 국가는 중원으로 진출하여 영토 확장을 도모한 것보다는 중원에서 생산한 엄청난 재물을 약탈하고 돌아가는 습성이 있었다. 회흘도 안록산의 반란군을 진압한 대가를 당나라로부터 받고 돌아갔다.

어쨌든 이예가 선봉에 서서 반란군을 진압한 덕분에, 당숙종은 장안성으로 돌아올 수 있었다. 건원(乾元) 원년(758) 이예는 태자로 책봉되었다. 반란군을 진압한 공로를 인정받은 결과였다. 이때 그의 할아버지 당현종 이륭기는 태상황으로서 아무런 실권도 없이 유유자적한 인생 말년을 보내고 있었다. 아버지 당숙종 이형은 병고에 시달리고 있으면서 국정을 제대로 통제하지 못했다.

2. 환관 이보국과 장황후의 권력 다툼 속에서 즉위하다

환관 이보국(李輔國·704~762)은 당숙종 이형이 안사의 난이 일어났을 때 아버지 당현종을 태상황으로 밀어내고 황제의 옥좌를 차지하는 데 결정적 역할을 한 일등공신이다. 그의 본명은 정충(静忠)이다. 당숙종이 즉위한 직후에 그를 원수부(元帥府)의 행군사마(行軍司馬)로 임명하고 보국(輔國)이라는 이름을 하사했다. 당숙종은 병치레가 잦았던 까닭에 자기가 가장 신임하는 이보국에게 병권을 위임했다. 이보국은 병약한 당숙종의 총애를 등에 업고 국정을 장악했다. 조정 중신들이 당숙종에게 아뢸 일이 있으면 먼저 이보국의 재가를 받아야 했다. 중앙과 지방의 요직은 모두 이보국에게 뇌물을 바치거나 충성을 맹세한 자들이 차지했다. 그의 전횡을 비판한 자들은 모조리 제거되었다.

이보국이 출행할 때면 무장한 병사 수백 명이 그를 호위했다. 황실의 귀족들은 감히 그의 관직을 부르지 못하고 '오랑(五郎)'이라고 높여 불렀다. 그보다 지위가 높았던 재상 이규(李揆)도 그를 만나면 아들의 예를 갖추고 '오부(五父)'라고 칭했다. 조정 중신이 한낱 환관에 불과한 이보국을 아버지로 칭한 것을 보면, 이보국의 권세가 얼마나 높았는지 짐작할 수 있다.

이보국과 더불어 막후에서 조정의 정치를 좌지우지한 인물이 바로 장황후(張皇后·?~762)이다. 당현종 천보 연간(742~756)에 태자 이형(당숙종)의 양제(良娣)로 책봉되었다. 그래서 그녀를 장량제(張良娣)라고 부르기도 한다. 그녀는 미모와 말솜씨가 뛰어나고 애교가 많아서 이형의 총애를 받았다. 정치적 야심도 태자 못지않게 강했다.

이형 일행이 안록산의 반란군에 쫓겨 영무(靈武)로 황급히 북상할 때의 일이다. 태자를 호위하는 병사들이 적었으며, 태자도 허름한 민가에서 잠을 자야하는 일이 빈번했다. 그럴 때면 언제나 장량제가 남편의 침소 앞에서 불침번을 섰다. 하루는 그 모습을 의아하게 여긴 이형이 말했다.

"적을 막는 일은 부인의 소임이 아닌데도, 당신은 어찌하여 항상 내 앞에서 지키고 있소?"

장량제가 대답했다.

"지금 태자 저하께서는 온갖 고난을 겪고 있습니다. 태자 저하를 호위하는 위병들이 부족한 상황에서 변고가 일어나지 않을까 두렵습니다. 만약 변고가 일어나면 소첩이 앞에서 적을 막는 동안, 태자 저하께서 신속하게 피하셔야 만이 화를 면하실 수 있습니다."

이형은 감격해마지 않았다. 영무에 도착한 후 장량제가 아들을 낳은 지 3일 만에 일어나 병사들의 의복을 손수 지었다. 산후 조리도 하지 않고 병사들을 위해 애쓰는 그녀의 모습을 본 이형이 말했다.

"출산 후에는 몸조리를 잘해야 하오. 그런데도 당신은 왜 이처럼 힘든 일을 하고 있소?"

장량제가 대답했다.

"지금은 소첩을 돌볼 때가 아니고, 오로지 태자 저하의 안위를 위해 전력을 다해야 할 때입니다."

이형이 어찌 이런 아내를 사랑하지 않을 수 있었겠는가. 그가 즉위한 후인 건원(乾元) 원년(758)에, 그녀는 마침내 황후로 책봉되었다. 그런데 남편 당숙종이 병약하여 국정을 제대로 돌보지 못하고 있음을 장황후는 알고 있었다.

그녀가 황후로 책봉되기 전의 일이다. 당숙종의 셋째아들이자 광평왕이예의 이복동생인 건녕왕(建寧王) 이담(李倓·?~757)이 이보국과 장량제가 저지른 죄상을 당숙종에게 여러 차례 폭로했다. 궁지에 몰린 이보국과 장량제는 이담이 이예를 죽이려는 음모를 꾸미고 있다고 당숙종에게 모함했다. 당숙종은 그들의 참언을 믿고 이담에게 사약을 내려 죽게 했다. 나중에 그는 죄 없는 아들을 죽인 과오를 후회했지만 참언을 한 두 사람에게 죄를 묻지 않았다.

이런 일이 있고 난 후에 장황후는 당숙종을 허수아비 황제로 여겼다. 오히려 조정의 권력을 장악한 내시 이보국과 결탁해야 만이 자신의 정치적 야욕을 펼 수 있었다. 이보국도 육궁의 안주인인 장황후와 손을 잡으면 천하에 무서울 게 없었다. 자연스럽게 두 사람은 '정치적 동지'가 되었다. 그들은 서로의 손발이 되어 국정을 마음껏 농락했다.

건원(乾元) 원년(758) 장안과 낙양을 수복한 공로를 인정받은 광평왕 이예가 태자로 책봉되었다. 원래 장황후에게는 흥왕(興王) 이소(李佋)와 정왕(定王) 이동(李侗), 두 아들이 있었다. 그런데 이소는 요절했다. 장황후는 태자 이예를 폐위하고 당숙종의 13번째 아들이자 자기가 낳은 이동을 태자로 책봉하려고 음모를 꾸몄다. 그런데 이동이 너무 어린 게 문제였다. 당시 당숙종은 병색이 완연하여 언제 죽을지 모르는 운명이었다. 장황후는 당숙종이 붕어하기 전에 자기 아들을 태자로 책봉해주기를 간절히 바랐다.

장황후가 친아들을 태자로 추대하려고 음모를 꾸미고 있음을 간파한 이보국이 경악했다. 자기와 어떤 상의도 없었기 때문이다. 만약 이동이 태자가 된 후 당숙종 사후에 황제로 등극하면, 황태후가 되는 장황후에게 자신이 제거될 게 분명했기 때문이다.

이보국은 정왕 이동이 너무 어리고 아울러 태자 이예가 어떤 과오도 저지르지 않았다는 이유를 들어 태자 폐위를 강하게 반대했다. 당숙종은 이보국의 주장에 힘을 실어주었다. 이보국과 장황후는 한때 끈끈한 사이였지만 태자 폐위 문제를 놓고 서로 의심하고 견제하기 시작했다. 장황후에 대한 원한이 골수에 사무친 태자 이예는 자신을 지지하는 이보국을 이용하여 그녀를 제거할 기회를 노렸다.

보응(寶應) 원년(762) 4월 아버지 당현종의 죽음에 충격을 받은 당숙종이 병석에서 일어나지 못했다. 태자 이예에게 국정을 위임했다. 장황후는 이예가 즉위하면 살아남을 수 없었다. 한시라도 빨리 대책을 세워야 했다. 주휘광(朱輝光), 단항준(段恒俊) 등 환관들과 태자를 죽이고 당숙종의 둘째아들 월왕(越王) 이계(李系)를 추대하기로 음모를 꾸몄다. 이계를 황궁으로 은밀히 불러들이고 난 후, 당숙종의 조서를 위조하여 태자 이예를 무장한 환관 2백여 명이 매복하고 있는 장생전(長生殿)으로 유인했다.

하지만 이보국의 측근 내시 정원진(程元振·?~764)이 장황후 일당의 음모를 알아차리고 이보국에게 급변을 알렸다. 이보국은 즉시 금군 수백 명을 동원하여 태자를 호위하게 했다. 내시들은 금군의 적수가 되지 못했다. 순식간에 내시들을 제압한 이보국은 월왕 이계 등을 생포하고 장생전으로 들이닥쳤다. 장황후는 당숙종의 침소로 몸을 피했다. 당숙종에게 반란이 일어났다고 급보했다. 하지만 이미 혼수상태에 빠진 그는 어떤 조치도 취하지 못하고 죽었다. 장황후는 독 안에 든 쥐 신세가 되었다.

장황후, 월왕 이계 등은 모두 참수형을 당했다. 이보국은 장황후 일당을 모조리 제거한 후 태자 이예를 새 황제로 추대했다. 당숙종은 안사의 난을 진압하는 데 온 힘을 쏟아 당나라의 종묘사직을 재건했다. 하지만 장황후와 환관 이국보를 제대로 통제하지 못하여 궁정 정변을 초래했다.

이처럼 당대종 이예는 36세 때 이보국의 추대로 황제가 되었다. 물론 이예는 당숙종의 큰아들이며 태자였으므로 즉위하는 데 표면적으로는 어떤 문제도 없었다. 하지만 조정의 실권은 이보국이 쥐고 있었다. 그의 도움이 없었다면, 이예는 황제가 될 수 없었을 것이다. 그는 즉위 초기에 이보국의 눈치를 살피지 않을 수 없었다.

3. 이보국, 정원진, 어조은 등 환관들이 국정을 농단하다

이보국(李輔國·704~762)은 당나라 때 환관 신분으로서 처음으로 재상에 오른 인물이다. 중국 역사에서 환관은 사람 취급을 받지 못했다. 성기능을 상실했기 때문에 성욕을 충족할 수도, 자식을 둘 수도 없었다. 그는 하늘의 아들인 '천자'의 일상생활을 돌보고 어명을 신하들에게 전달하는 업무를 관장했다. 봉건왕조가 그 나름의 '시스템'에 의해 움직이면, 환관은 천자와 신민의 매개체에 불과했다. 하지만 천자가 자신과 가장 많이 접촉하는 환관을 총애하면, 환관은 얼마든지 천자의 마음을 움직일 수 있었다. 또 자신의 뜻을 국정에 반영하는 엄청난 정치적 영향력을 발휘할 수 있었다.

이보국이 바로 그런 환관이었다. 당숙종 이형과 그의 아들 당대종 이예를 연이어 황제로 추대한 그는 세상에 두려울 게 없었다. 당숙종이 아버지 태상황 당현종을 장안의 흥경궁(興慶宮)으로 모셔온 후의 일이다. 오랜 장마 끝에 날씨가 화창해진 어느 날, 당현종은 근정루(勤政樓)에 올랐다. 마침 누각 아래를 지나던 백성들이 황제를 보고 눈물을 흘리며 만세를 외쳤다. 당현종은 백성들이 아직도 자신을 추앙하는 모습을 보고 감격했다. 이보국은 태상황을 따르는 무리가 적지 않음을 간파했다. 태상황이 흥경궁에 계속 거주하면 자신의 입지가 약화될 것을 우려하여 당숙종에게 모함했다.

> "구선원(九仙媛), 고력사(高力士), 진현례(陳玄禮) 등이 태상황을 복위시키려는 음모를 꾸미고 있습니다. 지금 당장 태상황의 거처를 태극궁(太極宮)으로 옮기고 외부인과의 접촉을 차단해야 합니다."

당시 당숙종은 병환 중이어서 국정을 이보국에게 위임한 상태였다. 이보국은 조서를 위조하여 당현종을 태극궁으로 호송하게 했다. 당현종은 늙은 내시와 연약한 궁녀들의 호위를 받으며 태극궁으로 떠났다. 무장한 금군이 연도에 서서 눈을 부라리며 당현종 일행을 감시했다. 그들은 이보국의 지휘를 받는 자들이었다. 당현종은 금군의 살벌한 모습에 놀라 말에서 떨어지고 말았다. 충복 고력사는 당현종을 부축하여 다시 말을 타게 하고 이보국을 향해 소리쳤다.

> "태상황제께서는 당나라를 50년 동안 태평성대로 이끈 위대한 천자이시다. 너는 당나라의 늙은 신하로서 이렇게 무례한 행위를 하면 안 된다. 당장 말에서 내려와 태상황제에게 예의를 갖추어라!"

고력사는 당현종을 위해서라면 목숨이 백 개라도 모두 바칠 충신 중의 충신이었다. 이보국은 고력사의 갑작스러운 호통에 깜짝 놀랐다. 황급히 말에서 내려와 금군의 장졸들에게 무장을 거두게 했다. 고력사는 또 그에게 당현종을 직접 호위하게 했다. 당현종은 태극궁으로 무사히 들어온 후 고력사의 손을 잡고 말했다.

"경이 없었다면 과인은 이보국의 칼날에 귀신이 될 뻔 했구려!"

이처럼 당현종도 살해의 위협을 느꼈을 정도로 이보국을 두려워했다. 그 후 이보국은 당숙종의 조서를 위조하여 구선원, 고력사, 진현례 등 당현종의 충신들을 모조리 제거했다. 당현종에게 위해를 가하지 않았지만 사실상 그는 유폐된 채 마지막 생애를 마감했다. 이보국에 의해 황제로 추대된 당대종도 그의 위세에 눌려 오금을 펴지 못했다. 하루는 이보국이 당대종에게 이런 말을 했다.

> "대가(大家: 황제의 속칭)는 황궁에서 거주하기만 하면 되오. 바깥일은 이
> 노신(老臣: 이보국을 지칭)이 처리한대로 따르기만 하면 되오."

황제인 너는 황궁에서 편안하게 살면 그만이고 국정은 내가 다스리겠으니, 너는 내가 시키는 대로 하라는 뜻이다. 당대종을 꼭두각시 황제로 생각하지 않았다면 황제를 면전에서 능멸하는 이런 말을 할 수 없었을 것이다. 당대종은 마음속으로 분노했으나 병권을 쥔 그에게 분노의 감정을 드러낼 수 없었다. 오히려 그를 '상부(尙父)'로 높여 불렀다. 상부란 신하를 아버지뻘로 여기고 존경한다는 뜻이다.

이보국의 전횡이 날로 심해졌다. 당대종의 하루하루는 바늘방석에 앉은 것 같은 좌불안석이었다. 황제가 환관에게 제거되었다는 역사의 치욕을 남기지 않기 위해서는 이보국을 제거해야 했다. 이보국에게는 정원진(程元振·?~764)이라는 측근 내시가 있었다. 장황후 일당이 태자 이예를 죽이려는 음모를 분쇄한 공로로, 당대종이 즉위한 후에 우감문위장군(右監門衛將軍) 등 금군의 요직을 맡았다. 정원진은 이보국의 부하 장수였지만 그를 따르는 자들의 세력도 만만치 않았다.

이보국과 정원진이 권력 암투를 벌였다. 당대종은 은밀히 정원진을 지원했다. 그를 이용하여 이보국을 제거할 속셈이었다. 정원진도 당대종이 실권이 없는 황제였지만 황제의 명의를 빌리는 것이 정적 제거에 유리했다. 당대종과 정원진은 이보국이 방심한 틈을 타서 그를 살해하기로 결심했다. 도적으로 분장한 정원진의 부하들이 이보국의 저택을 급습했다. 이보국이 칼에 찔려 사망했다. 당대종은 도적을 잡으라는 어명을 내리고 이보국의 저택에 사신을 보내 그의 갑작스러운 죽음을 위로했다. 이보국 부하들의 반란을 우려했기 때문에 사건의 전말을 모른 척하고 이런 조치를 취했다.

정원진은 이보국을 제거한 공로로 표기대장군(驃騎大將軍)으로 발탁되었고 빈국공(邠國公)으로 책봉되었다. 이제 금군의 모든 군권은 그의 수중으로 들어갔다. 당대종은 정원진을 이용하여 이보국을 처단했다. 하지만 정원진은 이보국보다도 더 당대종을 무시했다. 그를 협박하여 이미 죽은 자기 아버지 정원정(程元貞)에게는 사공(司空)이라는 벼슬을, 어머니 극씨(郤氏)에게는 조국부인(趙國夫人)이라는 작위를 추증하게 했다. 정원정의 권세가 일시에 당나라의 천하를 덮었다. 당대종은 늑대를 쫓아내려다가 호랑이를 불러들인 꼴이 되고 말았다.

안사의 난이 완전히 평정된 후 당대종이 논공행상을 할 때, 정원진은 자기에게 충성을 맹세한 장수들에게는 높은 관직을 하사했다. 평소에 원한을 품은 장수들에게는 어떤 관직도 하사하지 않았으며 오히려 박해했다.

산남동도절도사 내전(來瑱·?~762)은 공훈을 세운 장수였다. 환관 정원진의 전횡에 불만을 품고 있었다. 정원진은 그가 사당을 조직하여 불순한 의도를 품고 있다고 당대종에게 모함했다. 정원진의 모함에 속은 당대종은 내전을 파주(播州)의 현위(縣尉)로 좌천시켰다. 내전은 파주로 좌천가는 도중에 사약을 마시고 죽었다. 정원진이 배후에서 어명을 조작하여 그를 죽였다.

내전의 부하 장수들은 그의 억울한 죽음에 분노했다. 그들은 병마사 양숭의(梁崇義)를 중심으로 군사 조직을 결성한 후 당대종에게 내전의 억울한 누명을 벗겨달라고 요구했다. 진상이 밝혀지지 않으면 반란을 일으킬 기세였다. 당대종은 내전이 정원진의 모함에 희생된 사실을 뒤늦게 알았다. 하지만 그의 위세에 눌려 진상을 밝힐 수 없었다. 다만 내전을 복권시키고 공신의 의식으로 장례를 치르게 하여 그들의 불만을 잠재웠다.

동화절도사 이회양(李懷讓)도 정원진의 모함을 받고 자살했다. 지방의 절도사들은 정원진의 전횡에 이를 갈았다. 당대종의 무능에 대해서도 큰 불만을 품었다. 그들은 자신들의 이익을 보장하고 안전을 지키기 위하여 사병을 대규모로 조직했다. 점차 황제와 중앙정부의 통제에서 멀어졌으며 독립된 군사 조직의 수장으로 바뀌었다.

광덕(廣德) 원년(763) 9월 토번의 대군이 서북 변방을 침략했다. 변방의 장수들이 조정에 급보를 전했다. 하지만 정원진이 중간에서 첩보를 가로채고 당대종에게 알리지 않았다. 토번군이 무공(武功), 건현(乾縣), 경주(涇州) 일대를 유린한 후, 빈주(邠州: 지금의 섬서성 빈현·彬縣)로 진격했을 때, 당대종은 중원 지방이 토번에게 침략을 당하고 있다는 사실을 비로소 알게 되었다. 각 지방의 절도사들에게 조서를 보내 근왕병을 모집하여 토번의 침략을 저지하게 했다. 하지만 평소에 정원진에게 원한을 품은 절도사들은 근왕병을 파견하지 않고 수수방관했다. 심지어 토번에게 성을 바치고 장안으로 진격하는 앞잡이가 된 절도사도 있었다.

토번군이 중원 지방을 침략한지 한 달 만에 장안성 근교까지 진격했다. 당대종은 창졸간에 장안성을 탈출하여 합주(陝州: 지금의 하남성 합현·陝縣)로 달아났다. 파죽지세로 진격한 토번군은 장안성에 무혈입성했다. 당대종이 얼마나 무능하고 정원진의 농간에 놀아났으면, 제대로 한 번 싸워보지도 못한 채 당나라의 도성, 장안을 적에게 송두리째 넘겨주는 치욕을 당했다.

당대종을 수행한 대신들은 정원진의 죄상을 알고 있었으나 그의 보복이 두려워 감히 그를 탄핵하지 못했다. 하지만 정원진을 처벌해야 한다는 백성들의 원망이 걷잡을 수 없이 번져 나갔다. 태상박사 유항(柳伉)이 그를 탄핵하는 상소를 올렸다. 정원진을 참수형으로 다스려 민심을 얻어야 한다고 주장했다. 하지만 당대종은 그가 공신이라는 이유를 들어 그를 삭탈관직하고 고향으로 귀양을 보냈다. 정원진은 강릉(江陵: 지금의 호북성 강릉현)에서 그를 증오한 자에게 살해당했다.

환관 어조은(魚朝恩·722~770)은 당현종 시대에 입궁했다. 안사의 난이 일어났을 때 태자 이형을 황제로 추대하는 데 공을 세워 이형의 총애를 받았다. 건원(乾元) 원년(758) 당숙종 이형은 그를 관군용선위처치사(觀軍容宣慰處置使)로 임명했다. 이 관직은 병권을 쥔 전국의 절도사 9명을 감독하고 통제하는 책무가 있었다. 당숙종은 평소에 절도사들이 반란을 일으키지 않을까 두려워했기 때문에 어조은에게 그들을 감시하게 했다. 그의 이러한 조치는 군사에 대해서 아무 것도 모르는 어조은에게 병권을 위임하는 폐단을 낳았다.

광덕 원년(763) 9월 당대종이 토번군에게 장안성을 내주고 합주로 달아났을 때, 어조은은 당대종을 안전하게 호위한 공로를 세웠다. 장안성을 수복한 후에 당대종은 그를 신책군(神策軍)의 수장으로 임명했다. 신책군은 금군의 주력 부대로서 경사와 황궁을 보위하는 막강한 병력을 가지고 있었다. 어조은은 지방 절도사들이 거느린 병력뿐만 아니라 경사의 금군도 장악했다. 영태(永泰) 연간(765~766)에는 국자감사(國子監事), 정국공(鄭國公) 등의 관작을 받아 권력과 세도가 황제에 버금갔다.

어조은은 뇌물을 정기적으로 바치지 않거나 자기의 뜻을 거역하는 관리가 있으면 그를 감옥에 가두고 모진 고문을 가했다. 공경대부들조차도 어조은을 똑바로 쳐다볼 수 없을 정도로 두려워했다. 조정 중신들이 사전에 그와 상의하지 않고 정사를 처리하면, 그는 눈을 흘기며 말했다.

"내가 어찌 천하의 모든 일을 친히 관장하지 않을 수 있겠느냐?"

어조은에게는 나이가 14~5세가량 되는 양아들 어령휘(魚令徽)가 있었는데 내전에서 급사로 일했다. 당대종이 어조은을 총애한 까닭에 특별히 어령휘에게 5품 이하의 관리들이 입는 녹의(綠衣)를 하사했다. 녹의를 하사받은 지 보름도 안 지난 어느 날, 어령휘는 황문시랑(黃門侍郎)과 서로 먼저 가려고 길을 다투었다. 황문시랑은 황제의 조서를 전달하는 업무를 맡은 관직이다. 서열을 따지면 황문시랑이 어령휘보다 앞서가야 했다. 하지만 어령휘는 아버지의 권세를 믿고 황문시랑을 밀치고 앞서 걸어가려고 했다. 황문시랑도 지지 않고 그의 어깨를 치고 앞으로 걸어 나갔다. 화가 난 어령휘는 아버지에게 자기가 황문시랑에게 멸시를 당했다고 하소연했다.

다음 날 어조은이 당대종을 알현했다. 황금으로 장식한 허리띠와 3품 이상의 고관들이 입는 자의(紫衣)를 양아들에게 하사해달라고 요구했다. 어린아이가 그런 복장을 착용하는 일은 전례가 없었기 때문에, 당대종은 선뜻 대답하지 못했다. 그런데 사전에 어조은의 지시를 받은 관리가 그것을 가지고 왔다. 어조은은 즉시 당대종의 성은에 감읍하는 태도를 취했다. 당대종은 어안이 벙벙했지만 어령휘가 자의를 착용한 모습을 보고 억지웃음을 지으며 말했다.

"경의 아들이 착용한 자의와 황금 혁대가 아주 잘 어울리는구나."

정말로 당대종은 무능하고 유약하기 그지없는 황제였다. 어조은이 그를 가지고 놀아도 바른 말 한마디도 못했다. 당대종은 어조은의 전횡과 비리를 알고 있었지만 그의 위세에 눌려 가슴앓이만 했다.

어조은에게 여러 차례 치욕을 당한 재상 원재(元載·713~777)가 당대종에게 어조은을 제거하자고 은밀히 제안했다. 당대종은 어조은을 죽이고 싶었지만 그를 따르는 무리가 조정과 병권을 장악한 상황에서 결심을 굳힐 수 없었다. 원재가 아뢰었다.

"폐하께서 신에게 전권을 위임하시면 신이 반드시 어조은 일당을 척결하겠습니다."

당대종은 거사가 실패하면 원재에게 책임을 뒤집어씌울 속셈으로 승인했다. 원재는 주호(周皓), 황보온(皇甫溫) 등 어조은의 측근을 뇌물로 매수했다. 대력 5년(770) 3월 황궁에서 연회를 베풀었다. 당대종은 연회가 끝난 후 만취한 어조은에게 상의할 일이 있다고 말하며 남게 했다. 측근들이 이미 배신한 사실을 까맣게 모른 어조은은 방심했다가 순식간에 사로잡히고 말았다. 믿었던 측근들에게 목이 졸려 죽었다.

당대종 시대는 이보국, 정원진, 어조은 등 환관들이 활개를 친 시대였다. 그들은 모두 제거되었지만, 환관이 병권을 장악하고 국정에 개입한 선례를 남겼다. 당나라 중엽 이후에 환관 세력과 대신들 간의 권력 다툼이 치열해진 이유는, 당대종이 너무 무능하여 환관들의 발호를 막지 못했기 때문이다.

4. 토번이 중원 지방을 유린하다

토번(吐蕃·618~842)은 오늘날의 티베트(서장자치구·西藏自治區)에 거주하는 토착민(장족·藏族)이 세운 거대한 왕국이다. 토번의 위대한 군주, 송짼감뽀(Songtsen Gampo·?~650)가 주변 왕국을 정복하여 최초로 토번을 통일한 후 당나라의 서북 변경을 공략하여 서역의 패권을 장악했다. 서기 634년(당 태종 정관 8년) 당나라에 사신을 보내 당태종 이세민에게 조공과 혼인 동맹을 요구했으나 거절을 당했다.

송짼감뽀는 먼저 당나라의 영향력 아래 있었던 토욕혼(吐谷渾)을 공격하여 청해(青海)로 몰아낸 후, 638년(정관 12년) 가을에 대규모의 군사를 동원하여 당나라를 공격했다. 양군은 송주(松州: 지금의 사천성 송반현·松潘縣)에서 치열한 접전을 벌였다. 중국 역사서는 당군이 승리했다고 기록하고 있으나, 사실은 토번의 승리로 끝났다.

정관 14년(640) 당태종은 종실의 처녀 이씨(李氏)를 문성공주(625~680)로 책봉한 후 다음 해(641)에 송짼감뽀에게 시집보냈다. 오늘날 중국인들은 송짼감뽀가 성당(盛唐)의 찬란한 문명과 성군 이세민을 흠모하여 사위가 되기를 자청했다고 주장하고 있지만 사실이 아니다. 당태종이 송짼감뽀의 위협에 굴복하여 황실의 먼 친척인 이씨를 공주로 둔갑시켜 송짼감뽀에게 시집보내서 토번의 침략을 막고자 했다.

물론 송짼감뽀도 당나라와의 화친을 위해 당태종을 황제로 인정했다. 그의 황후가 된 문성공주도 당나라의 선진 문물을 토번에 전하여 토번의 발전에 크게 기여했다. 그 후 당나라는 매년 토번에 공물을 바쳤다. 이는 토번이 당나라의 속국이 아니라 오히려 당나라가 토번을 섬겼다는 증거가 된다.

광덕(廣德) 원년(763) 토번의 37대 왕 치쏭데쩬(Chisong Dêzain·742~797)이

당나라가 조공을 제때 바치지 않는다는 것을 핑계로 삼아 토번의 명장, 다짜루공(達紮路恭)에게 20만 대군을 거느리고 당나라를 정벌하게 했다. 토번군은 서북 변경의 전략적 요충지, 경주(涇州: 지금의 감숙성 경천현·涇川縣)를 공격했다.

경주자사 고휘(高暉)는 파죽지세로 밀려오는 토번의 대군을 보고 전의를 상실했다. 성문을 열고 투항하면 부귀영화를 누릴 수 있게 해주겠다는 다짜루공의 제의를 받아들였다. 다짜루공은 고휘를 앞잡이로 삼고 장안으로 진격했다. 훗날 고휘는 중국 한족의 영원한 매국노로 전락하고 말았다.

토번군은 중원 지방을 침략한지 한 달 만에 장안성 근교까지 진격했다. 당대종은 장안성을 탈출하여 합주(陝州: 지금의 하남성 합현·陝縣)로 달아났다. 토번군은 장안성에 무혈입성했다. 당고조 이연이 서기 618년에 장안에서 당나라를 건국한지 145년 만에, 한족이 야만인 취급하던 토번에게 도성 장안을 빼앗긴 치욕을 당했다.

오늘날 토번이 다스리던 광활한 지역은 모두 중국 영토(서장자치구)가 되었다. 토번 사람들은 장족(藏族)이라는 중국식 이름을 얻고 소수 민족으로 전락했지만, 광덕 원년(763)에 장안성을 함락했을 때는 당나라를 속국으로 삼을 만큼 강력한 제국을 유지했다.

토번은 당고종 이치의 증손자인 광무왕(廣武王) 이승굉(李承宏)을 꼭두각시 황제로 옹립했다. 토번은 애초에 당나라를 멸망시킬 목적이 없었다. 장안성에서 재물과 장인들을 약탈한 후 회군할 계획이었다. 장안성의 모든 창고가 토번의 수중으로 들어갔다. 성안의 백성들은 전란을 피해 산중으로 달아났다.

마침 당나라의 명장 곽자의(郭子儀·697~781)가 근왕병을 이끌고 장안성으로 진격해오고 있다는 첩보를 들은 다짜루공은 성을 점령한지 15일 만에 철군을 결정했다. 이때 엄청난 금은보화와 포로로 잡힌 기술자, 악공들이 토번으로 유입되었다. 꼭두각시 황제 이승굉은 괵주(虢州: 지금의 하남성 영보·靈寶 일대)로 추방당한 후 살해되었다.

합주로 달아났던 당대종은 가까스로 장안으로 돌아왔다. 토번군이 물러난 지 1년여 만인 광덕 2년(764)에 서역 철륵복고부 출신의 삭방절도사, 복고회은(僕固懷恩·?~765)이 반란을 일으켰다. 원래 그는 안사의 난이 일어났을 때 곽자의와 함께 수많은 전공을 세운 서역 출신의 명장이었다. 회흘을 당나라로 끌어들이기 위해 두 딸을 회흘의 수령에게 시집보냈다. 아들 복고분증(僕固玢曾)이 반란군에게 투항한 후 탈출하여 돌아왔을 때는 비겁하게 항복했다는 이유를 들어 부자지간의 천륜을 끊고 아들을 참수형으로 다스렸다. 또 그의 친족 가운데 46명이 당나라 황제를 위해 싸우다가 희생되었다. 안사의 난이 종식된 후 그는 당나라에서 제일가는 충신 가문으로 유명했다.

복고회은은 당대종의 총애를 한몸에 받고 출세의 가도를 달렸다. 하지만 환관 낙봉선(駱奉先)이 그를 끊임없이 모함했다. 낙봉선의 농간에 놀아난 당대종은 복고회은을 의심하고 그의 병권을 빼앗으려고 했다. 그래서 분노한 복고회은이 반란을 일으킨 것이다. 광덕 3년(765) 복고회은은 수하의 병력으로는 당군과 대적할 수 없었다. 토번에 사신을 보내 구원병을 간청했다. 토번은 회흘, 토욕혼, 당항 등 주변 국가와 조직한 연합군을 이끌고 당나라를 침략했다. 복고회은이 선봉에 섰다.

토번군은 당나라의 명장 곽자의가 지키고 있는 경양(涇陽: 지금의 섬서성 함양·咸陽)을 포위했다. 곽자의는 갑옷으로 무장한 기마병 2천여 명을 거느리고 출진했다. 회흘의 우두머리가 그의 위풍당당한 모습을 멀리서 보고 부하에게 물었다.

"저 장수가 누구인가?"

부하가 대답했다.

"곽자의 장군이라고 합니다."

회흘의 우두머리가 깜작 놀라 말했다.

"곽 장군이 아직도 살아있단 말이냐? 당나라 황제가 천하를 버리고 달아났으며, 곽 장군도 이미 사망하여 당나라에는 주인이 없다는 복고회은의 말을 듣고, 내가 쳐들어 온 것이다. 지금 곽 장군이 살아있다면, 당나라 황제도 살아있지 않겠느냐?"

그 회흘의 우두머리가 곽자의를 얼마나 두려워했으면 이런 말을 했겠는가. 그는 복고회은에게 속아 참전한 게 아닌가 하는 의심을 품었다. 곽자의는 그 틈을 놓치지 않고 회흘군 진영에 사자를 보내 말했다.

"예전에 회흘은 만리 길을 멀다하지 않고 달려와 당군이 반역의 무리를 평정하는 데 큰 도움을 주었소. 그 덕분에 당나라는 장안과 낙양, 두 도성을 수복할 수 있었소. 우리는 온갖 고난을 함께 극복한 혈맹이오. 하지만 지금 회흘은 옛 친구를 버리고 반란을 일으킨 역적, 복고회은을 돕고 있소. 회흘의 이런 행위가 당신들에게 무슨 이득이 되겠소?"

회흘의 우두머리가 답신을 보냈다.

"곽공께서 사망했다는 말을 듣고 출전했소. 그렇지 않았다면 우리가 어찌 이곳까지 왔겠소. 정말로 곽공이 살아있는지 내가 한 번 만나볼 수 있겠소?"

곽자의가 회흘군 진영으로 들어가려고 하자, 부하 장수들이 이구동성으로 반대했다.

"간교한 야만인들의 말은 절대 믿을 수 없습니다. 장군께서 가시면 반드시 죽음을 면치 못할 것입니다."

곽자의가 말했다.

"아니오. 지금 적의 병력은 우리의 수십 배이오. 싸우면 중과부적이오. 차라리 내가 직접 적진에 들어가 성의를 보이는 게 좋겠소."

부하 장수들은 곽자의에게 기마병 5백 명을 거느리고 들어가도록 청했다. 하지만 그는 기병 수십 기만을 거느리고 회흘의 우두머리를 만나 말했다.

"나와 그대는 오랜 세월 동인 난관을 함께 극복한 친구 사이이오. 그런데도 그대는 어찌하여 충의를 저버리고 반란군을 돕는 사악한 행위를 할 수 있단 말이오?"

회흘의 우두머리가 황급히 말에서 내려 무릎을 꿇고 말했다.

"곽공은 과연 나의 아버지와 같은 분이오."

곽자의는 즉시 부하들에게 연회를 준비하게 했다. 회흘인과 함께 술을 마시며 예전에 맺은 맹약을 굳게 지키자고 말했다. 아울러 그들에게 우호의 선물로 막대한 비단을 하사했다. 곽자의는 연회를 즐기면서 이런 말을 했다.

"원래 토번은 당나라와 외숙질(外叔姪: 외삼촌과 조카) 관계인데도 당나라를 침략하여 화친을 저버렸소. 토번의 소와 말은 사방 수백 리 땅에 엄청나게 많이 있소. 만약 공들이 토번을 공격하면 그것들을 아주 쉽게 얻을 수 있을 것이오. 이는 하늘이 내린 복이니 천재일우의 기회를 잃지 않기를 바라오. 토번의 침략을 물리치고 이득을 취한 뒤에 당나라와 계속 우호 관계를 유지하면 일거양득이 아니겠소?"

곽자의는 토번의 연합군을 와해시킬 목적으로 회흘을 회유했다. 그의 설득에 넘어간 회흘의 우두머리는 포위를 풀고 철수했다. 당군은 회흘군과 연합하여 영태(靈台: 지금의 감숙성 평량·平凉)의 서원(西原)에서 토번의 10만 대군을 격파했다. 정말로 곽자의의 용기와 지략이 없었다면 당나라는 토번에게 대패했을 것이다. 그 후에도 토번은 당나라의 서북 변방을 끊임없이 침략했다.

당나라 조정은 이른바 '경서방추(京西防秋)'라는 대비책을 마련했다. 이는 장안 서쪽에 있는 토번이 매년 가을이 되면 병력을 대규모로 동원하여 서북 변경과 중원 지방을 침략하는 군사 행동을 막기 위한 조치였다. 하지만 변방의 절도사들은 황제의 명령에 따르지 않고 각자도생했다.

그 후 토번은 무리한 정복 전쟁에 불만을 품은 농노들의 연이은 반란으로 국력이 쇠약해졌다. 불교를 탄압한 토번의 마지막 황제, 랑다르마 (Lang-Darma·799~842)가 암살당한 후 멸망했다. 당나라도 토번과의 잦은 전쟁으로 인하여 전성기 때의 국력을 회복하지 못하고 점차 망국의 길로 접어들었다.

당대종은 즉위 직후에 할아버지 당현종 시대에 서인(庶人)으로 폐위되고 죽은 왕황후(王皇后), 태자 이영(李瑛), 악왕 이요(李瑤), 광왕 이거(李琚) 등을 복권시켰다. 또 아버지 당숙종 시대에 반란을 일으켰다가 피살된 당숙종의 이복동생, 이린(李璘)의 반역의 누명도 벗겨주었다. 당대종이 그들의 억울한 죽음을 인정하여 봉호(封號)를 다시 추증한 까닭은 할아버지와 아버지 시대의 과오를 바로잡아서 황실에 누적된 원한을 해소하고 공명정대한 새 시대를 열기 위해서였다. 황실과 조정에는 이전 시대의 과오를 바로잡는 분위기가 일시에 조성되었다.

당나라를 패망의 일보 직전까지 몰고 갔던 안사의 난도 당대종이 즉위한 후인 보응 2년(763)에 사사명의 아들 사조의가 온천책(溫泉柵: 지금의 하북성 풍윤·豐潤)에서 자살함으로써 8년 만에 완전히 종식되었다. 당대종은 신상필벌의 원칙에 따라 안사의 난을 평정한 장수들을 중용했다. 신하들은 황제의 쇄신 정책과 공정한 인사 원칙에 동조했다. 이에 따라 당나라는 부흥의 길을 걸을 수 있는 발판을 마련했다.

하지만 당대종은 의심이 많은 황제였다. 병권을 쥔 지방의 절도사들이 반란을 일으키지 않을까 언제나 두려워했다. 그래서 환관들을 통해 그들을 감시하고 통제하려고 했다. 환관들은 오히려 그의 약점을 꿰뚫어보고 국정을 농단했다. 절도사들은 환관에게 놀아나는 황제를 경멸했다. 자신이 거느린 군사는 오직 자신의 권력 강화와 안전을 위해 필요했을 뿐이다. 급기야 황제의 명령이 제대로 실행되지 않는 지경에 이르렀다. 설상가상으로 토번의 끊임없는 침략이 당대종을 더욱 궁지로 몰았다. 불행 중

다행으로 명장 곽자의의 활약 덕분에 가까스로 종묘사직을 지킬 수 있었다.

대력(大曆) 14년(779) 5월 당대종은 병석에서 일어나지 못했다. 죽음을 직감한 그는 큰아들이자 태자 이괄(李适·742~805)에게 감국(監國)을 명하고 향년 53세를 일기로 붕어했다. 이괄이 곧 9대 황제 당덕종(唐德宗)이다. 송나라 때의 유명한 문인, 구양수(歐陽修·1007~1072)가 당대종을 이렇게 평가했다.

"당대종 때 아직 잔당(殘黨)이 남아 있었다. 그가 반란을 평정하고 당나라의 번영을 지키고자 노력했다. 대체적으로 그는 재능이 중간쯤 되는 군주였다."

제 **10** 장

당덕종 이괄

당덕종 이괄

1. 성장 과정과 황위 계승

9대 황제 당덕종(唐德宗) 이괄(李适·742~805)은 당대종 이예(李豫)의 장남이다. 생모 심씨(沈氏)는 오흥(吳興: 지금의 절강성 호주·湖州) 지방의 명문가 출신이다. 개원(開元·713~741) 말기에 태자 이형(李亨·711~762: 훗날의 당숙종)이 거주하는 동궁의 궁녀로 입궁했다. 이형은 그녀를 큰아들인 광평왕(廣平王) 이숙(李俶: 훗날 이예로 개명함)에게 하사했다. 한때 시아버지 이형의 노리갯감이었다가 이숙의 첩이 된 심씨는 천보(天寶) 원년(742)에 이괄을 낳았다.

건원(乾元) 2년(759) 사사명이 낙양을 함락했을 때, 남편을 따라가지 못하고 낙양에 남아있었던 심씨가 행방불명되었다. 당대종은 즉위한 후 그녀의 행방을 백방으로 수소문해 보았으나 끝내 찾지 못했다.

심씨의 아들 당덕종은 황제로 등극한 후 그녀를 예정황태후(睿貞皇太后)로 책봉했다. 책봉 의식을 거행할 때 "아들이 어머님을 봉양하고자 하는

데 어머님이 기다려주시지 않는구나."라고 말하면서 신하들과 함께 대성
통곡했다. 그 후 생모를 너무 그리워한 나머지, 신하들에게 전국 방방곡
곡을 샅샅이 뒤져 찾게 했다.

건중(建中) 2년(781) 낙양에서 심씨를 찾았다는 소식이 도성 장안으로
전해졌다. 당덕종과 대신들은 기쁨에 겨워 눈물을 흘렸다. 그런데 엉뚱한
사람으로 확인되자 대신들은 후한 상금과 관작에 눈이 멀어 거짓말을 한
자들을 징벌해야 한다고 아뢰었다. 하지만 당덕종은 이렇게 말했다.

"진짜 생모를 찾을 수 있다면 짐이 백 번 속아도 괜찮도다."

그 후에도 심씨를 찾았다는 소식이 여러 차례 전해졌지만 모두 허위
로 밝혀졌다. 훗날 당덕종의 손자, 당헌종(唐憲宗) 이순(李純·778~820)이 심씨
를 태황태후로 추증했다.

어쨌든 이괄은 어린 시절 난리 통에 헤어진 생모를 한평생 그리워했
다. 14세 때인 천보 14년(755) 11월에 안사의 난이 폭발했다. 아버지 이예
(당대종)와 함께 이곳저곳을 전전하면서 온갖 고초를 겪었다. 아직 세상물
정을 모르는 나이에 경험한 전쟁의 참상이 그에게 깊은 상처를 주었다.
군주가 어리석고 무능하면 태평성대가 한 순간에 지옥으로 변할 수 있다
는 현실을 통감했다. 또 군주가 신하에게 은총을 내려주어도 신하는 언제
든지 군주를 배반할 수 있는 존재라고 생각했다. 이괄이 한평생 조정 중
신과 지방의 절도사들을 끊임없이 의심한 이유도 이런 어린 시절의 쓰라
린 경험에서 나왔다.

보응(寶應) 원년(762) 당대종은 이괄을 천하병마원수로 임명했다. 이괄
은 21세에 불과하여 싸움터에서 친히 병사를 지휘할 수 없었지만, 곽자의
(郭子儀), 이광필(李光弼) 등 명장들을 휘하에 두고 반란군 토벌을 독려했다.

안사의 난이 완전히 평정된 직후인 보응 2년(763)에 상서성(尙書省)의 최고 관직인 상서령(尙書令)에 제수되었다. 또 곽자의 등 8명과 함께 반란군을 토벌한 공로를 인정받아 '철권(鐵券)'을 하사받았다. 철권이란 제왕이 공신에게 특별히 수여한 일종의 상훈 문서이다. 철판에 공신의 업적을 금이나 은으로 새겼다. 이것을 임금에게 하사받은 공신은 죽을죄를 지어도 사형을 면제받을 수 있었기 때문에 '면사권(免死券)'이라고 부르기도 한다. 봉건왕조 시대에 신하가 누릴 수 있는 최고의 특권이자 영광이었다. 이괄은 또 공신의 공적을 기리기 위해 건립한 능연각(凌煙閣)에 초상화와 공훈 기록이 오르는 영광을 안았다.

당대종은 광덕(光德) 2년(764) 1월 새해를 맞이하여 장남 이괄을 태자로 책봉했다. 이괄은 한창나이인 23세였다. 사실 그는 법적으로는 적장자가 아니었다. 그의 생모 심씨가 후궁 출신이었기 때문이다.

당대종의 본처는 최비(崔妃·?~757)이다. 그녀의 생모는 양귀비(楊貴妃)의 언니, 한국부인(韓國夫人) 양씨(楊氏)이다. 양씨 자매는 당현종을 치마폭에 감싸고 마음껏 가지고 놀았다. 그들의 요염한 미모와 간드러진 웃음소리에 홀린 당현종은 그들의 요청이면 무엇이든지 다 들어주었다. 당나라 천하가 일시에 양씨 일족의 수중으로 들어왔다.

최비는 외가 양씨 가문의 권세를 믿고 아주 교만했을 뿐만 아니라 투기도 심했다. 당대종의 둘째아들 정왕 이막(李邈·746~773)과 11번째 아들 소왕 이시(李偲·?~806)를 낳았다. 이막이 적장자였다. 그녀는 이막을 남편의 후계자로 삼으려고 별의별 술수를 다 썼다. 하지만 안사의 난이 일어나 양귀비 일족이 몰락할 때 병들어 죽었다.

당대종이 이막을 태자로 책봉해도 법적으로는 문제될 것이 없었다. 하지만 이막의 생모가 만인의 지탄을 받은 양씨 일가의 외척이었기 때문에 이막은 일찌감치 후계 구도에서 배제되었다. 후궁 심씨가 낳은 이괄은 서자였으나 어쨌든 당대종의 장남이었고 반란을 토벌하는 데 공을 세운 까닭에 태자로 책봉되었다. 후궁 심씨를 끝내 찾지 못한 당대종의 미안한 마음도 이괄을 태자로 책봉하는 데 영향을 끼쳤을 것이다.

대력(大曆) 14년(779) 5월 당대종은 태자 이괄에게 감국(監國)을 맡기고 세상을 떠났다. 이괄은 국상을 치르면서 37세의 나이에 황위를 계승했다. 서자 출신이었지만 천성이 어질고 효성이 지극하여 아버지의 마음을 얻었을 뿐만 아니라 그와 함께 반란을 평정한 장수들의 충성의 맹세도 있었으므로 어렵지 않게 황위를 계승했다.

2. 즉위 초기에 개혁을 시도하다

당덕종은 즉위 직후에 명장 곽자의(郭子儀·697~781)를 태위와 중서령을 겸직하게 하고 상부(尙父: 아버지뻘로 여기고 존경하겠다는 의미)라는 호칭을 하사했다. 정말로 곽자의가 없었다면 당나라는 안사의 난과 토번의 침략을 종식시킬 수 없었을 것이다. 당시 그는 당나라에서 가장 존경을 받는 원로였다. 그래서 당덕종도 80세를 넘긴 그를 아버지뻘로 여기고 섬기겠다고 말했다.

그런데 당덕종은 그를 극진하게 예우했으나 그가 가진 병권을 회수했다. 행여 그를 따르는 절도사들이 딴마음을 품지 않을까 우려했기 때문이다. 건중(建中) 2년(781) 곽자의는 향년 85세를 일기로 천수를 누리고 세상을 떠났다. 당덕종은 그에게 충무(忠武)라는 시호를 하사했고 그를 당대종의 황릉인 건릉(乾陵)에 배장(陪葬)하게 했다.

당덕종은 안사의 난을 초래한 원인이 통치 계급의 사치와 향락에 있다고 인식했다. 황제와 문무백관이 근검절약을 솔선수범해야 만이 백성들이 가렴주구의 고통에서 벗어날 수 있다고 보았다. 비파(枇杷), 귤(橘) 등 남방의 과일은 종묘의 제수용으로 1년에 한 번만 진상하게 했다. 그 동안 지방의 관리들이 궁중에 바치던 노비와 명주(名酒), 사향, 거울 등 진귀한 조공품은 일체 받지 않겠다는 조서를 반포했다. 희귀한 동물도 제외되었다. 궁중에서 사용하는 은제품에 금으로 장식하는 것도 엄격하게 금했다. 신라, 발해 등 이웃나라에서 정기적으로 진상하는 송골매도 받지 않았다. 문단국(文單國: 지금의 라오스)에서 진상품으로 받은 춤추는 코끼리 32마리도 형산(荊山)의 양지바른 땅으로 보내 방목하게 했다.

당시 황궁에는 악공과 광대가 수천 명이나 달했다. 그들을 관장하는 관리들도 적지 않았다. 당덕종은 할 일 없이 빈둥거리며 녹봉만 축내는 이원사(梨園使)와 영관(伶官) 3백 명의 직책을 폐지했다. 궁녀 백여 명도 황궁 밖으로 내보냈다.

아버지 당대종이 환관에게 병권을 위임하여 지방의 절도사들을 통제하려고 했다가 오히려 환관의 국정 농단을 야기한 정치적 과오를, 당덕종은 뼈저리게 통감했다. 환관 집단의 비선 조직이 아닌 정상적 관료 조직으로 국정을 다스리고자 했다.

즉위 초기에 이런 일이 있었다. 당덕종은 환관 소광초(邵光超)를 회녕군 절도사(淮寧軍節度使) 이희열(李希烈)에게 보내 정절(旌節)을 하사했다. '정절'이란 임금이 신임하는 신하에게 하사한 깃발이다. 절도사는 이것을 하사받아서 절도사의 권위와 병권을 가질 수 있었다. 그런데 예전부터 어명을 받은 환관이 지방의 절도사를 만나면 많은 뇌물을 요구하는 일이 다반사였다. 만약 절도사가 요구를 들어주지 않으면 모함을 당하거나 자리를 지킬 수 없었다.

이희열은 노비, 말, 비단 7백 필, 황명(黃茗) 2백 근을 소광초에게 바쳤다. 소광초가 환궁한 후, 당덕종이 그 사실을 알고 진노했다. 소광초는 곧

장 60대를 맞고 변방으로 유배되었다. 이 소식이 전국에 퍼지자 이미 지방에 파견되어 뇌물을 받은 환관들은 그것을 산중에 버리고 환궁했다. 이때부터 환관들은 지방 관리들이 그들에게 뇌물을 주려고 해도 감히 받지 못했다. 탐욕스러운 환관에게는 당덕종이 눈엣가시였다. 당대종의 총애를 받아 엄청난 재산을 긁어모은 환관, 유충익(劉忠翼)은 간신 여간(黎干)과 당덕종을 시해할 음모를 꾸몄으나 발각되어 살해되었다.

당덕종은 즉위 직후인 건중(建中) 원년(780)에 재상 양염(楊炎·727~781)이 건의한 양세법(兩稅法)을 받아들여 조세 개혁을 단행했다. 원래 당나라의 세금 징수법은 조용조(租庸調)였다. 성인 남자는 매년 국가에 조(粟) 2석(石)을 바쳐야 하는데 이것을 조(租)라고 칭한다. 또 1년에 20일 동안 노역(勞役)을 해야 한다. 만약 국가에서 노동력을 동원할 일이 없으면 노역 대신에 견직물이나 삼베를 바쳐야 하는데 이것을 용(庸)이라고 칭한다. 호구(戶口)마다 비단, 솜, 삼베 등을 바치는 것을 조(調)라고 칭한다.

조용조는 국가의 토지를 일정한 원칙 아래 백성들에게 균등하게 분할하는 균전제(均田制)를 바탕으로 실시했을 때는 큰 문제가 없었다. 하지만 안사의 난 이후에 귀족과 절도사들이 토지를 독점하고 사유화하는 현상이 심각해지자, 조세를 내지 못하고 유리걸식하는 백성들이 크게 증가했다. 조용조 제도를 개혁하지 않으면 통치 기반이 붕괴될 수 있다고 판단한 양염은 그 동안 백성에게 부과했던 잡다한 조세를 모두 없애고 은전(銀錢) 위주로 1년에 두 번만 세금을 내게 했다. 이는 백성들의 조세 부담을 크게 경감시켜주었을 뿐만 아니라 국가의 재정에도 적지 않은 보탬이 되었다.

3. 절도사들이 반란을 일으키다

　당덕종은 성격적 결함이 있었다. "의심스러우면 쓰지 말고, 일단 사람을 쓰면 의심하지 말라."는 속담이 있다. 하지만 그는 자신이 중용한 조정 대신들마저도 의심하는 버릇이 있었다. 어쩌면 어렸을 때 아버지 당대종 곁에서 지켜보았던 신하들의 반란과 배신이 그에게 아랫사람은 절대 믿어서는 안 된다는 잘못된 신념으로 굳어진 게 아닌가 한다. 양세법을 창안하여 국가의 재정을 튼튼하게 한 개혁가, 양염은 간신 노기(盧杞·?~785)의 모함을 받고 죽었다. 당덕종이 그를 끝까지 신임했다면 그의 억울한 죽음이 없었을 것이다.

　정원(貞元) 4년(788) 당덕종과 재상 이필(李泌·722~789)이 죽은 양염에 대해 논쟁을 벌인 일이 있었다. 이필은 당덕종이 간신 노기를 충신으로 오판했기 때문에 충신 양염이 억울하게 죽었다고 주장했다. 당덕종은 양염을 이렇게 평가했다.

　"양염은 짐을 어린애 취급을 했소. 그와 정사를 논할 때마다 짐이 그의 의견에 찬성하면, 그는 매우 만족한 표정을 지었소. 하지만 짐이 그와 논쟁을 벌이면 그는 벌컥 화를 내며 재상의 직책을 그만두겠다고 소리쳤소. 그는 짐과 진정으로 대화를 나누고자 하는 마음이 없었소. 그래서 짐도 그와는 화합할 수 없다고 생각했소. 그는 노기 때문에 죽은 게 아니오."

　건중 2년(781)에 재상이 된 노기는 당덕종 시대의 대표적인 간신이었다. 자기보다 능력이 뛰어난 자나 자기 말에 복종하지 않는 자는 모함하여 닥치는 대로 죽였다. 당덕종은 천명에 따라 양염을 죽일 수밖에 없었다고 이필에게 변명했다. 하지만 그가 양염을 죽인 진짜 이유는 강직한 양염의 충언이 귀에 거슬렸고 양염이 혹시 딴 마음을 품지 않을까 하는 의심을 품었기 때문이다.

8년 동안 당나라를 천하 대란의 소용돌이로 몰아넣었던 안사의 난이 종식되었다. 반란을 평정한 절도사들은 자신들이 관할하는 번진(藩鎭)에서 독자 세력을 구축하고 황제와 조정의 통제에서 벗어나 있었다. 더구나 새 황제 당덕종의 중앙 집권을 강화하는 조치가 그들의 이익을 심각하게 침해했기 때문에, 그들은 황제와 조정에 대하여 반감을 품고 있었다.

당덕종은 즉위 직후에 단행한 일련의 개혁 조치가 일정한 성과를 거두자 자신감을 갖기 시작했다. 이제 지방에서 패권을 장악한 절도사들을 굴복시키기만 하면 개원(開元) 연간의 전성기처럼 당나라 천자의 무소불위의 권력과 위엄을 되찾을 수 있다고 생각했다. 절도사들의 병권을 통제하기로 결심했다. 절도사들의 권력을 회수하는 이른바 '삭번(削藩)'을 시도했다.

성덕절도사(成德節度使) 이보신(李寶臣·718~781)은 원래 안록산의 양자였다. 사사명의 아들, 사조의가 반란군의 영수가 되었을 때 그를 따르지 않고 당나라 조정에 투항하여 반란군의 잔당을 진압하는 데 공을 세웠다. 그 후 그는 지금의 하북성 지역에서 막강한 병력을 보유하고 독자 세력을 구축했다. 관리 임명과 조세 징수를 마음대로 결정했으며 심지어 어명도 거역하기가 일쑤였다. 당대종은 그가 반란을 일으키지 않을까 두려워하여 회유책을 썼다.

당덕종도 즉위 직후에 이보신을 회유할 목적으로 그에게 사공(司空)과 태자태부(太子太傅)를 겸직하게 했다. 건중 2년(781) 이보신이 병으로 사망했다. 그의 아들 이유악(李惟岳·?~782)이 아버지의 관작을 세습하기를 원했다. 당시 관례에 따르면 부자 세습은 당연했다. 하지만 당덕종은 윤허하지 않았다. 이 틈에 지방 절도사들의 세력을 억누를 목적이었다.

당덕종의 이러한 조치는 사실상 지역의 통치자로 군림하고 있는 절도사들을 자극했다. 위박절도사(魏博節度使) 전열(田悅·751~784), 치청절도사(淄靑節度使) 이정기(李正己·733~781), 산남동도절도사(山南東道節度使) 양숭의(梁崇義) 등이 이유악과 연합하여 반란을 일으켰다.

도성을 지키고 있는 금군들이 반란군을 진압하기에는 역부족이었다. 당덕종은 고민 끝에 절도사를 이용하여 반란을 일으킨 절도사를 토벌하기로 결심했다. 유주절도사(幽州節度使) 주도(朱滔·746~785)와 성덕군절도사(成德軍節度使) 장충효(張孝忠·730~791) 등이 어명을 받고 토벌에 나섰다. 속록현(束鹿縣: 지금의 하북성 신집·辛集)에서 이유악의 반란군을 대파했다. 이유악의 부하 장수, 왕무준(王武俊·735~801)이 이유악을 살해하고 관군에 투항했다.

반란을 일으킨 절도사들 가운데 고구려 유민 출신인 이정기의 세력이 가장 강했다. 그는 지금의 산동성 지역을 지배했다. 그런데 그가 반란에 가담하자마자 병으로 사망했다. 그의 아들 이납(李納·?~792)이 아버지의 뒤를 이었으나 관군에게 크게 패하였다. 위박절도사 전열도 위주(魏州: 지금의 하북성 대명현·大名縣)에서 악전고투했다.

당덕종은 반란군 진압에 결정적 무공을 세운 주도를 통의군왕(通義郡王)으로 책봉했다. 그런데 이 관작은 명예직에 불과했을 뿐이지 실권이 없었다. 주도는 당덕종에게 많은 토지와 병권을 요구했으나 거절당했다. 왕무준도 자신이 원한 절도사에 제수되지 못하자 앙심을 품었다. 두 사람은 위주에서 궁지에 몰려있는 전열에게 사자를 보냈다. 함께 병사를 일으켜 조정을 타도하자고 제의했다.

전열은 조금도 망설이지 않고 그들과 손을 잡았다. 이정기의 아들 이납도 그들과 뜻을 함께 했다. 뜻밖에도 반란을 진압했던 절도사와 반란군의 우두머리가 한몸이 되었다. 따지고 보면 당덕종이 근왕병을 이끌고 반란을 진압한 장수들에게 충분한 보상을 하지 않고 오히려 그들을 믿지 못한 것에 원인이 있었다.

주도는 기왕(冀王)을, 왕무준은 조왕(趙王)을, 전열은 위왕(魏王)을, 이납은 제왕(齊王)을 각각 칭하고 주도를 맹주(盟主)로 받들었다. 건중 3년(782) 이른바 '사진(四鎭)의 반란'이 일어났다.

당덕종은 회녕절도사(淮寧節度使) 이희열(李希烈·750~786)에게 반란군을 진압하게 했다. 그런데 이희열은 어명을 거역하고 오히려 사진의 수장들과 긴밀하게 접촉했다. 그도 건흥왕(建興王)을 칭하고 자립했다. 건중 4년(783)에는 변주(汴州: 지금의 하남성 개봉·開封)에서 아예 황제를 참칭하고 초(楚)나라를 세웠다. 또 군웅할거의 시대가 시작되었다.

건중 4년(783) 9월 이희열의 초나라 군사가 중원 지방의 심장부인 양성(襄城: 지금의 하남성 허창·許昌)을 포위 공격했다. 양성이 함락되면 동도 낙양이 위험했다. 당덕종은 경원절도사(涇原節度使) 요령언(姚令言·?~784)에게 양성에서 고립무원의 처지가 된 관군을 구원하게 했다.

요령언은 경원진(涇原鎭: 지금의 감숙성 경천현·涇川縣)의 장졸 5천여 명을 거느리고 양성으로 출격하는 도중에 장안성에 이르렀다. 그런데 경원진에서 온 장졸들은 대부분 형제와 부자지간이었다. 그들은 온갖 난관을 뚫고 가까스로 장안성에 도착하여 출진을 앞두고 있었기 때문에 황제가 그들에게 은전을 베풀어주기를 희망했다.

당덕종은 경조윤(京兆尹: 오늘날 서울시장과 같은 관직) 왕굉(王翃)에게 술과 고기로 그들의 노고를 위로하게 했다. 하지만 왕굉은 거친 잡곡밥과 푸성귀 반찬으로 그들을 대접했다. 분노한 그늘이 소리쳤다.

"우리는 부모와 처자식을 버리고 이곳까지 와서 싸움터에 나가면 언제 죽을지 모르는 운명인데도 밥조차도 배불리 먹지 못하고 있다. 어찌 잡초처럼 연약한 목숨으로 적군의 번뜩이는 칼날을 막을 수 있겠는가. 국

가의 경림(瓊林)과 대영(大盈), 두 창고에는 금은보화가 산더미처럼 쌓여
있다. 우리가 그것들을 취하여 활로를 도모하지 않으면 장차 어디로 가
야하겠는가."

경림과 대영은 당덕종 때 진귀한 물건들을 보관한 황실의 부고(府庫)이
다. 전국 각지에서 바친 귀중품은 말할 것도 없고, 외국에서 바친 조공품
도 이곳에 비축해놓았다. 경원진의 장졸들이 그것들을 약탈하려고 했다.
요령언이 그들을 막고 말했다.

"동도 낙양에 도착하면 여러 분들에게 후한 상을 내리겠소. 경솔하게
행동하지 마오! 이는 여러분들이 활로를 찾는 좋은 계책이 아니오."

장졸들은 오히려 요령언을 창으로 위협하면서 물러나게 했다. 요령언
은 당덕종에게 반란의 낌새를 황급히 아뢰었다. 공포에 질린 당덕종은 장
안성의 창고에 비축한 수레 20량 분량의 비단을 풀어 그들에게 하사하게
했다. 하지만 장졸들은 함성을 지르면서 장안성으로 진격했다. 대명궁의
남문인 단봉루(丹鳳樓)를 점령했다. 당덕종은 가까스로 봉천(奉天: 지금의 섬서성
건현·乾縣)으로 탈출했다. 반란이 일어난 것이다. 반란군은 창고의 재물을
닥치는 대로 약탈했다.

원래 그들은 주도면밀한 계획을 세우고 반란을 일으킨 게 아니라 조
정의 야박한 처우에 흥분하여 갑자기 반란을 일으켰기 때문에 지도자가
없었다. 요령언이 그들에게 말했다.

"지금 우리는 주군이 없소. 거사가 실패하지 않을까 두렵소. 장안 진창
리(晉昌里)에서 은거하고 있는 주태위(朱太尉)를 우리의 주군으로 모시는

게 어떻겠소."

주태위는 주차(朱泚·742~784)를 지칭한다. 그가 예전에 경원절도사였을 때 유문희(劉文喜)의 반란을 진압한 공로로 오늘날의 국방부장관격인 태위(太尉)에 제수되었다. 하지만 그는 장안에서 실권이 없이 지내고 있었다. 그는 경원진의 사정을 누구보다도 잘 알고 있었고 그곳 출신 장졸들의 신망을 받고 있었다. 요령언의 제의를 받아들인 반란군의 장졸들은 주차를 대명궁으로 모셔왔다. 주차가 그들에게 자신의 뜻을 선포했다.

"경원진의 장졸들은 오랫동안 변방에서 생활했기 때문에 조정의 의례를 모르고 있다. 그들은 황궁에 난입하여 황상을 놀라게 했으며 봉천으로 순행가게 했다. 내가 이미 육군(六軍)을 장악했다. 황궁을 보위하는 신책군의 장졸, 문무백관 등 녹봉을 받는 신하들은 모두 황상을 따라가야 한다. 사정이 여의치 않아 따라갈 수 없는 자들은 내가 설치한 관서에 와서 이름을 등록해야 한다. 3일 후에 이도 저도 아닌 자들은 참수형으로 다스리겠다."

주차는 당덕종을 대신하여 잠시 국정을 다스리겠다고 말했다. 사실은 내 말을 듣지 않으면 죽이겠다는 명백한 협박이었다. 황위를 찬탈할 야심을 품은 것이다.

건중 4년(783) 10월 요령언 등 주차의 측근들이 그를 황제로 추대했다. 국호는 대진(大秦), 연호는 응천(應天)으로 정했다. 장안성에 남아있었던 당나라 이씨 종친은 모조리 살해되었다.

주차는 즉위 직후에 친히 군사를 거느리고 봉천성을 포위 공격했으나 삭방절도사 이회광(李懷光·729~785)이 지휘한 근왕병에게 대패를 당하고 장안으로 회군했다. 흩어진 민심을 수습하고자 흥원(興元) 원년(784)에 국호를 한(漢), 연호를 천황(天皇)으로 바꾸었다.

한편 봉천으로 쫓겨 간 당덕종은 절도사들을 회유하고 민심을 수습하기 위해서는 특단의 조치가 필요했다. 흥원 원년(784) 1월 한림학사 육지(陸贄·754~805)가 어명을 받들어 『봉천개원대사제(奉天改元大赦制)』라는 조서를 지어 반포했다. 이 조서 가운데 당덕종이 자신의 잘못을 시인한 내용이 있다.

"짐은 넓은 인덕으로 사람을 인도하지 못했을 뿐만 아니라 통일된 법령으로 백성을 다스리지도 못했구나. 다만 그물처럼 촘촘하게 짠 형법으로 죄 없는 백성을 옭아매는 행위만을 구차하게 했을 뿐이다. 백성의 부모 된 자로서 한없이 부끄럽고 슬프구나. 짐은 또 구중궁궐에서 오랜 세월 동안 지내면서 국가를 다스리는 책무를 제대로 이행하지 못했도다. 오로지 사치와 향락의 악습에 물들어 있으면서 국가의 안위를 망각하고 농사의 어려움을 알지 못했으며 변방을 지키는 병사들의 노고도 살피지 못했도다. 하늘이 위에서 짐을 꾸짖었는데도 짐은 깨닫지 못했도다. 백성이 아래에서 짐을 원망했는데도 짐은 알지 못했도다. 모든 죄는 짐에게 있을 뿐이도다."

황제로서 보기 드문 진솔한 자기 반성문이었다. 당덕종은 자기 잘못을 시인하는 조치로써 이희열, 전열, 왕무준, 이납, 주도 등 반란을 일으킨 장수들을 모두 사면했다. 자기가 무지몽매하여 국정이 파탄에 이르렀기 때문에 그들이 왕을 참칭했다고 보았다.

삭방절도사 이회광은 원래 발해의 말갈족이었다. 당나라에 귀부하여 많은 전공을 쌓아 당덕종의 두터운 신임을 받았다. 당덕종은 자신을 위기에서 구해 준 그를 태위에 제수하고 연성군왕(連城郡王)으로 책봉했다.

　이회광은 성격이 거칠고 고집이 센 장수였다. 재상 노기(盧杞), 환관 적문수(翟文秀) 등 간신들이 국정을 농락하여 종묘사직이 위험에 빠졌다고 분노했다. 당덕종이 머물고 있는 봉천으로 가서 그들을 죽여야 한다고 아뢸 계획이었다. 특히 노기는 재상의 책무를 맡고 있으면서 바른 말을 하거나 자기 파벌이 아닌 신하들은 수단과 방법을 가리지 않고 모함하여 제거했을 뿐만 아니라, 군수품을 조달한다는 명목으로 가렴주구를 자행하여 백성의 원성을 산 희대의 간신이었다. 병권을 쥔 이회광이 봉천으로 달려오면, 노기는 살아남을 수 없었다. 노기는 당덕종에게 이렇게 아뢰었다.

　“이회광의 전공 덕분에 종묘사직을 지킬 수 있었습니다. 반란의 무리는 이회광의 무공 얘기만 들어도 기가 질려 싸우려하지 않는다고 신이 들었습니다. 그의 군사적 위세에 의지하면 일거에 반란군을 토벌할 수 있을 것입니다. 그런데 지금 그가 폐하를 알현하려고 합니다. 만약 폐하께서 알현을 윤허하시면 그의 전공을 축하하기 위해 여러 날 동안 연회를 베풀어야 합니다. 반란군이 그가 한가롭게 연회를 즐기는 틈을 타서 도성 장안성에서 충분히 휴식을 취하고 전력을 회복하면, 그들을 토벌하기가 아주 어렵게 될 것입니다. 이회광의 군사가 승기를 잡은 기회를 이용하여 파죽지세로 장안성을 수복하게 해야 합니다.”

　그럴듯한 주장이었으나 사실은 당덕종과 이회광의 만남을 저지할 속셈이었다. 노기의 음흉한 계책에 속아 넘어간 당덕종은 이회광에게 장안성 수복을 명령했다. 하지만 이회광은 어명을 거부하고 계속 당덕종에게 간신들의 처단을 요구했다. 그가 반란을 일으키지 않을까 두려워한 당덕종은 그의 끈질긴 요구를 들어줄 수밖에 없었다. 환관 적문수는 살해되었고, 재상 노기는 신주사마(新州司馬)로 쫓겨났다.

흥원 원년(784) 2월 이회광은 장안성으로 진격하지 않고 함양(咸陽)에서 주둔하면서 왕을 참칭한 절도사들의 동태를 살폈다. 여차하면 반란을 일으킬 속셈이었다. 그가 반역의 마음을 품고 있다는 첩보가 주차의 귀에 들어왔다. 두 사람은 불과 몇 달 전만 해도 싸움터에서 살육을 벌인 원수지간이 아닌가. 이회광이 먼저 주차에게 사자를 보내 동맹을 맺자고 제안했다. 주차는 뛸 듯이 기뻤다. 그를 형님으로 모시겠다고 약속하고 천하를 평정하면 각자 황제를 칭하자고 제의했다. 두 사람은 의형제를 맺고 봉천성 진격을 결정했다.

신책군(神策軍)을 지휘한 이성(李晟·727~793)이 당덕종에게 이회광이 모반을 일으켰다고 아뢰었다. 당덕종은 사시나무 떨듯 했다. 이회광은 부하 장수 조승란(趙升鸞)에게 봉천성으로 은밀히 침투하게 했다. 조승란이 성안에서 소요를 일으키면 그 틈을 타서 성을 점령할 의도였다.

하지만 성안으로 들어간 조승란이 자수했다. 그럼에도 천하의 맹장, 이회광이 군사를 이끌고 진격해오고 있다는 소식이 성안을 공포에 휩싸이게 했다. 당덕종은 또 양주(梁州: 지금의 섬서성 한중·漢中)로 달아나는 신세가 되었다. 이성을 상서좌복사 겸 동평장사로 임명하고 그에게 병권을 위임했다.

이성은 고립무원의 상황에서 소수의 근왕병으로 주차와 이회광의 연합군을 상대해야 했다. 뜻밖에도 주차와 이회광 사이에 반목이 생겼다. 먼저 황제를 참칭한 주차가 이회광을 자기 신하로 여기고 병권을 통제하려고 했다. 이회광은 자신을 형님으로 모시겠다고 약속했던 그에게 분노했다. 이성은 그들이 반목한 틈을 이용하여 이회광의 진영을 습격했다. 이회광은 가까스로 하중(河中: 지금의 산서성 영제·永濟)으로 달아났다.

수세에 몰렸던 이성의 근왕병이 일시에 승전보를 알리자, 진국군절도사 이원량(李元諒·732~793), 병마부원수 혼감(渾瑊·736~800) 등 장수들이 속속 이성의 수하로 들어왔다. 흥원 원년(784) 5월 이성이 거느린 관군이 주차가 점령한 장안성을 수복했다. 마침내 당덕종은 장안성으로 돌아올 수 있었다.

주차는 겨우 병사 1백여 명만을 거느리고 자신의 세력 근거지인 경원으로 달아났다. 그런데 부하 장수 전희감(田希鑒)이 성문을 굳게 걸어 잠그고 열어주지 않았다. 주차가 소리쳤다.

"내가 너에게 경원절도사의 관직을 수여했는데도 어찌하여 배은망덕
할 수 있단 말이냐?"

전희감은 주차가 하사한 절도사 깃발과 신표를 불에 태우고 성 밖으로 던져버렸다. 궁지에 몰린 주차는 토번으로 달아나는 길에 영주(寧州: 지금의 감숙성 영현·寧縣)에서 피살당했다. 주군을 배신하고 조정에 투항한 전희감도 그 후 이성에게 피살되었다. 자기 이익만을 위하여 이리 붙고 저리 붙고 하다가 비참한 최후를 맞이했다.

한편 하중으로 달아난 이회광도 부하 장수 우명준(牛名俊)에게 살해당했다. 우명준은 그의 잘린 머리를 들고 관군에 투항했다. 뜻밖에도 당덕종은 이회광의 살아남은 가족을 죽이지 않았다. 그의 아들에게 시신을 보내 장례를 치르게 했을 뿐만 아니라 관직을 하사하기도 했다. 절도사들의 반란을 진압한 후인 정원(貞元) 5년(789)에 당덕종은 이회광의 외손자에게 이런 조서를 내렸다.

"몇 년 전 짐이 난을 당하여 봉천으로 몽진했을 때, 회광이 가장 먼저
근왕병을 이끌고 천리 밖에서 달려와 반란을 일으킨 포악한 무리를 쫓아

냈다. 짐이 논공행상할 때 애석하게도 그는 신하의 절개를 지키지 못하고, 짐의 어명을 거역한 채 반란의 무리와 결탁하여 반란을 일으켰다. 신하된 자가 이런 지경에 이르렀으니 당연하게도 국법에 따라 처단해야 했으나, 짐은 그가 예전에 쌓은 공적을 감안하여 바른 길로 돌아오기를 진심으로 바랐다. 하지만 그는 더욱 반역 행위를 일삼다가 궁지에 몰렸다. 마침내 관군이 그를 토벌했으니 그는 결국 패가망신하고 말았다. 그가 짐과 백성을 배반하고 비참하게 죽은 것은 본인이 자초한 일이다. 하지만 지난 날 그가 쌓은 공로를 회상하면, 지금 그의 외로운 영혼이 구천을 떠돌고 있으며 그를 위해 제사지낼 후손조차 없다는 사실이 짐의 마음을 슬프게 한다."

"이에 따라 짐은 그에게 은덕을 베풀어 신하가 군주를 배신하는 악습을 바로잡고자 한다. 이번 일을 귀감으로 삼아 천하의 모든 백성들이 화목하게 지내고 국법을 어기는 일이 없기를 바란다. 회광의 아들들이 전란의 와중에 모두 살해당하여 후손이 끊겼다고 들었다. 그의 외손자 연팔팔(燕八八)에게 이씨(李氏) 성과 승서(承緒)라는 이름을 하사하며 좌위솔부주조참군(左衛率府冑曹參軍)으로 임명한다. 승서는 회광의 후계자가 되어 제사를 지내기 바란다. 아, 참으로 슬프구나! 짐은 인덕이 부족하지만 만백성을 다스리면서 죄를 지은 자에게 관용을 베푸는 것은 평소에 품고 있는 뜻이다. 승서는 가업을 계승하여 너의 아버지가 그랬던 것처럼 공적을 쌓아야 한다. 한때 너의 아버지가 제왕의 명령을 따르지 않은 것을 절대 본받아서는 안 된다."

당덕종은 어째서 대역죄를 저지른 이회광을 용서했을까. 표면적으로는 이회광이 쌓은 공훈을 참작하여 그를 용서한다고 했지만, 사실은 전국 각지에서 할거하는 절도사들을 회유하기 위해서였다. 당덕종 시대에 이르러 절도사들은 이미 관할 지역의 패권을 장악하고 조정의 통제를 받지 않았다. 춘추전국시대에 제후와 왕들이 그랬던 것처럼, 그들은 천자를 실권이 없는 상징적 존재로 간주하고 자신들의 생존과 이익을 위해서라면 연횡합종을 서슴지 않았다. 그들에게 천자는 허수아비에 불과했다.

당덕종은 황제로서 권위를 회복하고 그들에 대한 통제력을 유지하기 위하여 스스로 자신의 과오를 인정하고 인덕으로 천하의 백성을 품겠다고 선포했다. 하지만 절도사들은 그의 말을 믿지 않았으며 오직 강한 무력만이 자신을 지켜준다고 확신했다. 이는 결과적으로 당 중엽 이후부터 황제와 조정의 권력이 약화되는 반면에 절도사들의 세력이 날로 확장되는 결과를 낳았다.

4. 환관을 다시 중용하고 재물을 긁어모으다

당덕종은 즉위 초기에 아버지 당대종 때부터 실권을 쥐고 국정을 농단한 환관들을 척결했다. 그런데 절도사들이 반란을 일으켰을 때 황궁의 최정예 금군인 신책군(神策軍)의 장졸들이 그의 신변을 지켜주지 못했다. 반란을 일으키지 않은 절도사들도 대부분 사태의 추이만을 관망했을 뿐 위기에 빠진 그를 구하러 오지 않았다. 그의 안위를 끝까지 책임진 자들은 다름 아닌 환관들이었다. 조정 대신과 장수들에 대한 불신이 극에 달했다. 그래서 다시 환관들을 중용하여 그들을 통제하려고 했다. 이는 환관들이 조정에서 다시 득세하는 계기가 되었다.

흥원 원년(784) 당덕종은 장안으로 돌아온 직후에 신책군을 좌상도지병마사(左廂都知兵馬使)와 우상도지병마사(右廂都知兵馬使)로 나누고 두문장(竇

文場)과 곽선명(霍仙鳴)에게 감독하게 했다. 두문장과 곽선명은 당덕종이 태자였을 때부터 그를 섬긴 환관이었다. 정원(貞元) 12년(796)에는 또 좌신책군호군중위(左神策軍護軍中尉)와 우신책군호군중위(右神策軍護軍中尉)라는 관직을 신설하여 두 사람에게 하사하고 신책군을 직접 지휘하게 했다. 이때부터 신책군의 병권은 완전히 환관들의 수중으로 들어갔다.

두문장과 곽선명은 신책군의 장수들 가운데 자신들의 말에 복종하는 장수만을 지방의 절도사로 파견했다. 당덕종은 두 사람의 월권을 모른 척했다. 그들을 통해 절도사들의 세력을 약화시키고자 했기 때문이다. 당나라는 또 환관들의 세상이 되었다. 그들은 병권을 장악했을 뿐만 아니라 조정의 정치에도 깊숙이 간여했다. 그들의 말 한마디로 사람이 죽고 사는 문제가 결정될 정도였다.

당덕종 사후에 황제가 환관에 의해 추대되거나 피살되는 일이 빈번하게 벌어진 원인은 바로 당덕종이 환관을 정치적으로 이용하려고 했다가 오히려 환관의 득세를 막지 못한 것에서 기인했다. 결국 당덕종의 실책이 당나라가 망국의 길로 가는 단초를 제공했다.

당덕종은 피난살이를 하면서 자신을 지켜주는 것으로는 군사뿐만 아니라 재물도 대단히 중요하다는 사실을 깨달았다. 사실 황제라도 궁지에 몰렸을 때 '돈'보다 중요한 물건이 또 있겠는가. 동서고금을 막론하고 '돈'을 풀지 않으면 위세가 사라지며 명령이 먹혀들지 않는 법이다.

당덕종은 즉위 초기와는 다르게 수단과 방법을 가리지 않고 재물을 긁어모으기 시작했다. 환관들을 전국 각지의 관아에 파견하여 재물을 공개적으로 거두어들였다. 그것을 '선색(宣索)'이라고 칭했다. 또 절도사들에게도 매달 재물을 바치게 했다. 그것을 '월진(月進)'이라고 칭했다. 그런데 자기가 가지고 있는 재물을 기꺼이 바치는 절도사가 어디에 있겠는가. 그것은 모두 백성의 가산을 빼앗아 충당한 것이었다. 정원(貞元) 3년(787)에 이런 일이 있었다. 당덕종이 신점(辛店)으로 사냥을 나갔을 때 농민 조광기(趙光奇)의 집에 불쑥 들어가 물었다.

"백성들은 모두 즐겁게 생활하는가?"

조광기는 천자의 느닷없는 출현에 조금도 당황하지 않고 대답했다.

"그렇지 않사옵니다."

당덕종이 말했다.

"금년에는 풍년이 들어 많은 농작물들을 거두어들였는데도 어찌 즐겁지 않단 말인가?"

조광기가 대답했다.

"황상께서 반포하시는 칙령을 믿을 수 없사옵니다. 몇 년 전에는 여름과 가을에만 세금을 거두어들이겠다는 양세(兩稅)를 제외하고는 더 이상세금을 받지 않겠다고 선포하셨습니다. 하지만 지금 양세 이외에도 온갖 명목으로 징수하는 세금이 양세보다 더 많습니다. 나중에 또 관아에서 돈으로 곡식을 사서 재난을 당한 백성들에게 나누어주겠다고 말했습니다. 사실은 돈 한 푼 주지 않고 백성들의 곡식을 빼앗았습니다. 빼앗은곡식도 백성들에게 나누어 준 게 아니라 수 백리 밖에 있는 장안 서쪽의행영(行營)으로 옮기게 했습니다. 노역에 동원된 백성들은 삶의 터전을잃어 살아갈 길이 막막합니다. 그들의 고통이 이러한데도 무슨 즐거울

일이 있겠습니까? 황상께서 비참한 생활을 하는 백성들을 구제하기 위해 반포하시는 조서들은 모두 아무 소용이 없는 문서에 불과합니다. 황상께서는 경비가 삼엄한 구중궁궐에 계시면서 도탄에 빠진 백성들의 처지를 어찌 제대로 아시겠습니까?"

뜻밖에도 일개 백성에게 따끔한 충고를 들은 당덕종은 즉시 조광기 일가의 세금과 부역을 면제해주었다. 훗날 사마광(司馬光·1019~1086)은 이 이야기를 거론하면서 이렇게 비평했다.

"당나라 천하가 얼마나 넓고 백성들이 얼마나 많은가. 그럼에도 당덕종은 겨우 조광기 일가의 조세만을 면제해주었을 뿐이다. 엄청나게 많은 백성들이 어떻게 개인의 어려운 사정을 일일이 황상에게 아뢰어 집집마다 조세를 면제받을 수 있었겠는가?"

황제 자신이 근검절약하며 충신과 간신을 구별하고 탐관오리를 발본색원하며 가렴주구를 근절하고 혁신을 단행하는 일 등을 시행해야 만이, 모든 백성이 비로소 자신의 사정을 일일이 아뢰지 않아도 편안하게 살 수 있다고 주장했다. 당덕종의 일회성 보여주기 위한 덕행을 비판한 내용이다.

정원 13년(797)에 있었던 일이다. 당덕종은 환관들을 장안의 저잣거리로 보내 황궁에서 필요한 물건을 싼값에 구입하게 했다. 이것을 '궁시(宮市)'라고 칭했다. 환관들은 '백망(白望)'이라고 부르는 하수인 수백 명을 저잣거리 곳곳에 배치하여 백성들이 파는 물건을 낱낱이 조사하게 했다. 백망은 궁시를 핑계로 백성들의 물건을 헐값에 구매했다. 사실은 거의 빼앗다시피 했다. 백망이 백성들과 물물교환이라도 할 때면 백 냥짜리 물건을 수천 냥짜리 물건으로 바꿔치기했다. 말이 궁시이지 사실은 백성들의 재물을 강탈하는 시장이었다.

백망이 나타나면 값비싼 물건을 가지고 있는 상인은 그것을 숨기기에 급급했다. 노점에서 간식거리를 파는 사람들조차도 황궁에서 환관이 나왔다는 얘기를 들을 때마다 황급히 문을 닫고 영업을 중지했다. 어느 날 한 농부가 나귀에 땔감을 싣고 팔러 나왔다. 마침 환관이 나타나 궁시를 열었다고 말했다. 농부에게 자투리 비단을 주고 땔감을 가로챘다. 또 나귀에 땔감을 싣고 궁궐 안까지 운반해달라고 요구했을 뿐만 아니라 궁궐의 대문을 지날 때마다 문지기에게 돈을 바치라고 했다. 황당한 꼴을 당한 농부는 받은 비단을 환관에게 울면서 돌려주려고 했다. 환관은 그것을 받으려 하지 않고 이렇게 말했다.

"내가 정말로 필요한 물건은 너의 나귀이다. 절대 돌려줄 수 없다."

분노한 농부가 말했다.

"우리 가족은 나귀에 의지해서 겨우 입에 풀칠하고 살고 있다. 지금 내가 너에게 준 땔감은 돈을 안 받아도 좋다. 하지만 네가 우리 가족의 생계수단인 나귀를 돌려주려고 하지 않으니, 나는 이제 죽은 목숨이나 다름이 없다."

농부는 갑자기 그에게 달려들어 그를 마구 두들겨 팼다. 그때 길을 지나가던 한 관리가 그 농부를 붙잡았다. 일개 농민이 환관을 심하게 구타한 행위는 용서받을 수 없었다. 하지만 농부의 억울한 사정을 파악한 그 관리는 당덕종에게 사건의 전말을 소상하게 아뢰었다. 당덕종은 즉시 환관을 파면하고 농부에게 비단 14필을 하사했다. 하지만 이런 일이 있고 난 이후에도 환관들이 궁시를 열어 백성의 재물을 갈취하는 행위가 그치지 않았다. 양심적인 간관과 어사들이 당덕종에게 궁시의 폐단을 여러 차례 아뢰었지만, 당덕종은 그들의 간언을 끝내 듣지 않았다.

당덕종은 아주 어리석은 군주는 아니었다. 나름대로 혁신을 추구하여 도탄에 빠진 백성을 구제하고자 하는 마음이 강했다. 하지만 그는 의심이 많았고 한번 결정한 정책을 끝까지 밀고 나가지 못한 약점이 있었다. 또 성격이 유약하여 지방 절도사들의 득세에 과감하게 대처하지 못하고 그들과 적당히 타협했다. 물론 이 시기에 이르러 이미 시역의 패권자로 군림하고 있는 그들을 통제하기가 대단히 어려웠을 것이다. 더구나 당덕종의 필부와 다를 바 없는 짧은 식견으로는 국운이 점차 기울어가는 시대 상황을 극적으로 반전시킬 수 없었다. 그는 그저 자신의 과오를 반성하고 자책한 평범한 군주였을 뿐이다.

당순종 이송

당순종 이송

1. 성장 과정과 황위 계승

10대 황제 당순종(唐順宗) 이송(李誦·761~806)은 상원(上元) 2년(761)에 당덕종의 장남으로 태어났다. 그의 생모는 소덕황후(昭德皇后) 왕씨(王氏·?~786)이다. 당덕종 이괄이 대력(大曆) 14년(779)에 황제로 즉위했을 때 숙비(淑妃)로 책봉되었다. 당덕종은 장남을 낳은 왕숙비를 총애했지만 황후로 책봉하지는 않았다. 집권 전반기에는 황후의 자리를 아예 비워두었다. 황후를 책봉하면 그녀의 친척이 득세하지 않을까 우려했기 때문이다.

정원(貞元) 2년(786) 왕숙비가 중병에 걸려 병석에서 일어나지 못했다. 당덕종은 피난 시절에 자신과 함께 온갖 역경을 이겨낸 그녀가 임종을 앞두고 있는 모습을 보고 침울한 마음을 떨칠 수 없었다. 아내에게 줄 수 있는 마지막 선물은 그녀를 황후로 책봉하는 일이었다. 그녀는 황후로 책봉된 지 3일 만에 서거했다. 아들 이송이 황위를 계승하는 영광스러운 날을 지켜보지는 못했지만 어쨌든 황후로서 일생을 마감했다.

이송은 아버지 당덕종이 대력 14년(779)에 황제로 즉위했을 때 19세의 나이에 태자로 책봉되었다. 이미 장남 이순(李純·778~820: 훗날의 당헌종·唐憲宗)을 둔 성인이었다. 효성이 지극하고 인자했으며 아버지와는 다르게 상황을 정확하게 판단하는 능력이 뛰어났다. 또 불교의 심오한 이치를 꿰뚫었으며 서예에 능통했다. 당덕종이 시문을 지어 신하들에게 하사할 때면 언제나 필체가 좋은 장남 이송에게 필사하게 했다.

이송은 태자로 책봉된 때부터 정원 21년(805) 당덕종 사후에 황위를 계승한 시기까지 계산하면, 무려 26년 동안 태자의 자리에 있었다. 반란이 끊이질 않고 일어났던 그 기나긴 세월 동안 태자로서 겪은 시련이 적지 않았다.

건중 4년(783) 황제를 참칭한 주차가 친히 대군을 이끌고 봉천성을 포위 공격했다. 당덕종과 태자 이송이 성안에서 고립무원의 처지가 되었다. 당덕종과 종묘사직을 수호해야 할 막중한 임무가 이송에게 부여되었다. 이송은 사기가 꺾인 소수의 장졸들을 다독이며 40여 일 동안 악전고투했다. 태자가 봉천성을 사수하고 있다는 첩보를 들은 삭방절도사 이회광이 근왕병을 이끌고 봉천성으로 진격하여 주차의 반란군을 격파했다. 태자 이송의 결사 항전이 없었다면 이때 당나라는 멸망했을지도 모른다.

당덕종은 장남 이송의 용감한 기개와 지도력에 대만족했다. 자신의 능력을 아버지에게 인정받은 이송은 이때부터 명실상부한 후계자로 부상했지만 매사를 신중히 하고 근신을 게을리 하지 않았다. 의심이 많은 아버지 당덕종이 무슨 꼬투리를 잡아 하루아침에 자신을 내치지 않을까 두려워했기 때문이다.

정원 3년(787) 고국공주(郜國公主·?~790)의 간통 사건이 조정을 떠들썩하게 했다. 고국공주는 당숙종 이형의 딸이자, 당대종 이예의 이복누이이다. 그녀의 조카가 당대종의 아들, 당덕종 이괄이다. 따라서 그녀는 당덕종의 아들, 이송에게는 고모할머니가 된다.

원래 연광공주(延光公主)로 책봉되었던 그녀는 당현종 시대에 전중승(殿中丞) 배휘(裴徽)에게 시집갔다. 그런데 배휘가 양귀비의 언니, 괵국부인의 아들이다. 안사의 난이 일어났을 때 양귀비 자매와 함께 마외역(馬嵬驛)에서 피살당했다. 졸지에 청상과부가 된 연광공주는 안사의 난이 끝난 후 태복경(太僕卿) 소승(蕭升)에게 다시 시집갔다.

정원 원년(785) 연광공주는 조카 당덕종에 의해 고국공주로 책봉되었다. 그런데 남편 소승의 어머니가 당현종의 딸, 신창공주(新昌公主)였다. 또 고국공주와 소승 사이에서 태어난 딸, 소씨(蕭氏)가 태자 이송의 태자비가 되었다. 소승과 고국공주는 황실과의 이런 얽히고설킨 혈연관계로 황실의 명실상부한 어른으로서 권세를 누렸다.

고국공주는 아주 음란한 여자였다. 남편 몰래 외간남자를 끌어들여 정욕을 불태웠다. 남편 소승이 사망한 후에는 팽주사마(彭州司馬) 이만(李萬), 촉주별가(蜀州別駕) 소정(蕭鼎), 예양현령(澧陽縣令) 위운(韋惲), 태자첨사(太子詹事) 이변(李昪) 등 젊고 정력이 센 남자들을 닥치는 대로 유혹하여 운우지정을 나누었다.

재상 장연상(張延賞·726~787)이 고국공주의 처신을 비난하는 상소를 올렸다. 당시 과부가 된 공주가 젊은 남자들과 성적 쾌락을 즐기는 행위는 크게 문제되지 않았다. 하지만 장연상은 고국공주가 사위 이송을 황제로 추대하기 위해 사당을 조직하고 있다고 모함했다. 그녀가 음란한 여자였지만 사위를 황제로 옹립하려고 사당을 조직했다는 얘기는 사실무근이었다.

하지만 의심이 많은 당덕종은 고국공주를 유폐시키고 이만을 때려죽이게 했다. 그녀와 놀아난 자들은 모두 영남 지방으로 귀양을 보냈다. 정원 6년(790) 고국공주는 황제를 저주했다는 죄명으로 폐서인된 후 죽었다. 당덕종은 태자 이송을 불러 친국했다. 장모 고국공주와 그동안 어떤 은밀한 관계였는지 낱낱이 자백하게 했다. 이송은 입술이 새파랗게 질렸다. 말 한 마디 잘못하면 당장 폐위를 당할 운명이었다. 바닥에 엎드린 채 눈물을 흘리며 억울함을 간절히 호소했다. 태자비 소씨와 부부간의 인연을 끊겠다고 간청했다. 이혼으로 자신의 정치적 위기를 모면하려고 했다.

당덕종은 태자의 처지를 동정하여 더 이상 추궁하지 않았다. 하지만 며느리 소씨에게는 사약을 내려 죽이게 했다. 이 사건이 일어난 후 당덕종은 태자 이송을 의심하기 시작했다. 이송은 하루도 마음 편히 지낸 적이 없을 정도로 전전긍긍했다. 오랜 세월 동안의 정신적 고뇌는 몸과 마음을 피폐하게 했다.

당덕종은 서왕(舒王) 이의(李誼)를 유별나게 총애했다. 이의는 친아들이 아니라, 당대종의 둘째아들이자 당덕종의 이복동생 이막(李邈·746~773)의 아들이었다. 그런데 이막의 생모 최씨(崔氏)가 당대종의 본처였으므로 법적으로는 이막이 당대종의 적장자였다. 당덕종은 이막이 사망하자, 조카 이의를 양자로 받아들여 친아들처럼 키웠다. 사실상 이의는 당덕종의 둘째아들로 입적했다. 이의도 태자 이송처럼 반란군 진압에 공을 세웠다. 그는 당덕종의 환심을 사는 데 비상한 재주가 있었다. 당덕종이 그를 만나면 언제나 입가에 미소가 번졌다. 친아들 이송보다도 양자 이의를 더 총애한다는 소문이 돌았다.

당덕종은 고국공주의 간통 사건을 처리한 후 태자 이송을 폐위하고 이의를 태자로 책봉하려고 했다. 하지만 원로대신 이필(李泌·722~789)이 강하게 반대했다.

"폐하께서는 한 명뿐인 친아들을 의심하고 오히려 동생의 아들을 태자로 책봉하시려고 합니다. 신은 옛날의 사례로 폐하와 감히 쟁론을 벌이고 싶은 생각은 없습니다. 그렇지만 동생의 아들을 태자로 책봉하신다면, 십왕택(十王宅: 황제의 아들들이 집단으로 거주하는 지역)에 거주하는 숙부들을 장차 어떻게 모실 생각이십니까?"

당덕종이 얼굴을 붉히며 말했다.

"경은 서왕이 짐의 친아들이 아니라는 사실을 어떻게 알게 되었는가?"

"폐하께서 예전에 말씀하셨습니다. 폐하께서 친아들을 의심하시고 동생의 아들을 믿으시는 것은 이치에 맞지 않습니다."

"경은 짐의 뜻에 위배되는 말을 서슴지 않고 하는구나. 설마하니 경의 가족을 돌보고 싶은 마음이 없는 것은 아니겠지?"

이필이 끝까지 반대하면 그의 가족도 무사하지 못할 것이라는 일종의 협박이었다. 이필은 조금도 위축되지 않고 말했다.

"신은 이미 살만큼 산 늙은이입니다. 지금 재상의 직책을 성실히 수행해야 하는 신이 주살을 당할 수 있더라도 직언을 하는 일은 신의 본분입니다. 만약 폐하께서 정말로 태자를 폐위하신다면, 훗날 크게 후회하시고 이런 말을 하실 것입니다. '네가 바른 말을 하지 않았기 때문에 내가 하나밖에 없는 아들을 죽였다. 이제는 내가 너의 아들을 죽여야겠다.' 이런 일이 벌어지면 신은 후손이 끊깁니다. 설사 형제의 아들이 있더라도 결코 신을 위해 제사를 지내지 않을 것입니다."

이필은 한참 통곡한 후 계속 말을 이어갔다.

"옛날에 당태종께서 이런 조서를 내리셨습니다. '태자는 부도덕하고, 번왕(藩王)은 태자의 자리를 노리고 있으니, 두 사람을 모두 폐위한다.' 지금 폐하께서는 태자를 의심하시고 오히려 서왕이 현명하다고 칭찬하시고 있습니다. 하지만 서왕이 태자의 자리를 노리고 있지 않다고 말할 수 있겠습니까? 만약 태자가 죄를 지었으면 그를 폐위한 후 황손을 태자로 책봉해야 합니다. 이렇게 하셔야만 천추만대의 세월이 지난 후에도 천하는 여전히 폐하 자손의 소유가 될 것입니다. 더구나 고국공주가 태자비인 자기 딸을 질투하여 동궁을 어지럽혔습니다. 태자의 장모가 되는 고국공주의 잘못을 어찌 태자와 연루시킬 수 있겠습니까?"

이필은 적장자 계승의 원칙이라는 유가 전통의 종법(宗法) 사상에 투철한 사대부였다. 유가가 통치 이념으로 자리 잡은 중국의 봉건왕조에서 이 사상은 누구도 어길 수 없는 절대 진리였다. 정말로 태자가 문제가 있어서 폐위할 수밖에 없다면 태자의 장남을 책봉해야지, 동생의 아들을 책봉해서는 절대 안 된다는 논리를 폈다.

당덕종과 이필은 태자 폐위 문제를 놓고 여러 차례 언쟁을 벌였다. 결국 당덕종은 이필의 주장에 크게 깨달은 바가 있어서 자신의 생각을 완전히 접었다. 이송은 이필의 목숨을 담보한 직언 덕분에 무사할 수 있었다.

2. 혁신을 도모했으나 실패하고 태상황으로 물러나다

이송은 태자로서 오랜 세월 동안 자신을 낮추고 아버지 당덕종에게 극진한 효도를 했지만 끊임없이 아버지의 의심증에 시달렸다. 우울증과 신경쇠약이 그를 괴롭혔다. 정원 20년(804) 44세 때 중풍에 걸려 말을 심하게 더듬었다. 인생 말년에 접어든 당덕종은 태자가 그렇게 된 것에 일말의 미안한 마음이 들었다. 절도사들의 반란을 진압하면서 누구도 믿지 않는 성격이 굳어졌지만 효성이 지극한 태자마저도 의심의 대상으로 여긴 것은 그의 큰 잘못이었다. 당덕종은 늦게나마 태자를 친히 문병하고 명의를 구하려고 백방으로 수소문했다. 하지만 그도 이미 60세를 넘긴 나이인지라 몸이 하루가 다르게 쇠약해졌다. 황제와 태자가 동시에 중병에 걸렸다는 소문이 파다하게 퍼졌다.

정원 21년(805) 정월 초하루 왕들과 종친들이 당덕종을 배알하고 신년 하례식을 거행했다. 그런데 행사를 주관해야 할 태자 이송이 보이지 않았다. 태자가 중풍에 걸려 거동이 불편하다는 얘기를 들은 당덕종은 눈물을 주르륵 흘렸다. 자신도 살날이 얼마 남지 않았음을 직감했기 때문에 태자의 병환 소식이 그를 더욱 상심하게 했다. 며칠 후 당덕종은 태자에게 황위를 물려준다는 유지를 남기고 향년 64세를 일기로 세상을 떠났다. 이송은 병약한 몸을 추스르고 황위를 계승했다. 그가 곧 당순종(唐順宗)이다.

당순종은 즉위하자마자 왕숙문(王叔文·753~806)과 왕비(王伾·?~806)를 한림학사로 중용했다. 두 사람은 당순종이 태자였을 때 그를 가르친 스승이었다. 당나라가 이전의 전성기를 회복하려면 관료 중심의 중앙 집권 체제를 강화하여 환관의 정치 개입을 엄단하고 번진 세력을 뿌리 뽑아야 한다고 주장했다.

태자 때부터 적폐 일소를 강렬하게 바랐던 당순종은 왕숙문에게 한림원 중심의 국정 운영을 맡기고 강한 개혁을 주문했다. 둔전원외랑 유우석(劉禹錫·772~842), 예부원외랑 유종원(柳宗元·773~819) 등 신진 사대부 세력이 개혁에 적극 동참했다. 두 사람은 당대를 대표하는 문인이기도 했다.

이른바 '혁신파'는 당순종의 암묵적 지지 아래 개혁을 단행했다. 당덕종 때부터 백성들의 원성을 산 궁시(宮市)와 오방사(五坊使)를 폐지했다. 궁시는 환관이 황궁에서 필요한 물건을 구입한다는 명목으로 저잣거리에서 시장을 열어 백성의 물건을 거의 빼앗다시피 한 수탈의 장소였다.

오방은 조방(雕坊: 독수리를 기르는 관청), 요방(鷂坊: 새매의 암컷을 기르는 관청), 공방(鶻坊: 산비둘기를 기르는 관청), 응방(鷹坊: 송골매를 기르는 관청), 구방(狗坊: 사냥개를 기르는 관청) 등을 지칭한다. 환관을 오방의 관리, 즉 오방사(五坊使)로 임용하여 황제가 수렵을 나갈 때 필요한 새와 짐승을 잡아 기른다는 명목으로 백성의 재물을 약탈했다. 궁시와 오방사가 폐지되자 백성들은 환호했지만, 환관들은 당순종과 혁신파에게 큰 불만을 품었다. 또 지방의 절도사들이 백성의 재물을 빼앗아 매달 황제에게 바치는 월진(月進)도 폐지했다.

절서관찰사(浙西觀察使) 이기(李錡)는 소금과 철을 장안으로 운반하는 직책을 겸했다. 소금과 철을 빼돌려 치부한 사실이 발각되어 파직을 당했다. 경조윤 이실(李實)은 위세가 등등한 황족이었다. 정원(貞元) 연간 관중 지방에 가뭄이 들이닥쳐 농민들이 굶어죽는 사태가 속출했다. 그는 조정에 풍년이 들었다고 허위로 보고하고 예전처럼 농민들에게 가렴주구를 일삼았다. 농민들의 원한이 골수에 사무쳤다. 왕숙문은 황족의 위세를 두려워하지 않고 그를 통주장사(通州長史)로 좌천시켰다. 검남서천절도사(劍南西川節度使) 위고(韋皋)가 절도부사 유벽(劉辟)을 왕숙문에게 보내 이런 말을 하게 했다.

"삼천(三川) 지방을 나에게 주면 당신과 생사(生死)를 함께 하겠소. 그렇지 않으면 그것에 상응하는 조치가 있을 것이오."

삼천은 검남(劍南: 지금의 사천성, 운남성, 귀주성, 감숙성 등 일부 지방)의 동천(東川)과

서천(西川) 그리고 산남(山南)의 서도(西道)를 지칭한다. 이 광활한 지역을 자기에게 넘겨주지 않으면 보복하겠다는 명백한 협박이었다. 그의 공갈 협박에 분노한 왕숙문은 유벽을 참수형으로 다스리려고 했다. 유벽은 가까스로 달아나 목숨을 부지했다. 이밖에도 궁녀 3백 명과 교방(敎坊)의 기녀 6백 명을 가족의 품으로 돌려보내 사치 풍조를 배격하고 황실의 재정을 안정시켰다.

왕숙문을 중심으로 한 혁신파의 이러한 개혁 조치는 부패가 만연한 조정에 이른바 '영정혁신(永貞革新)'의 새바람을 불러일으켰다. 하지만 혁신 운동은 불과 100여 일 만에 좌초되었다. 당시 당순종은 중풍에 걸려 어탑에 앉는 일조차 힘들었다. 또 언어 장애가 심각하여 그의 병수발을 들고 있는 환관 이충언(李忠言)과 후궁 우소용(牛昭容)만이 겨우 그의 말을 알아들었다. 당순종은 두 사람을 통해 자신의 뜻을 밝히거나 정국의 현황을 이해할 수밖에 없었다. 따라서 황제와 혁신파 대신들 사이의 의사소통이 원활하게 이루어지지 않는 문제점이 있었다.

개혁을 단행한 지 3개월이 지났을 무렵에, 구문진(俱文珍·?~813), 유광기(劉光琦·?~812) 등이 중심이 된 환관 집단이 시어사(侍御史) 두군(竇群·763~814), 어사중승(御史中丞) 무원형(武元衡·758~815) 등이 중심이 된 훈구 세력을 끌어들여 혁신파를 공격하기 시작했다.

특히 환관의 우두머리였던 구문진은 당덕종 시대부터 병권을 장악한 권신(權臣)이었다. 당순종에게 혁신파의 영수, 왕숙문을 모함했다. 당순종은 이미 반신불수가 되어 판단 능력을 상실한 상태였다. 구문진은 조서를 조작하여 왕숙문을 조정에서 쫓아냈다. 왕숙문이 거세되자 그와 함께 개혁을 주도했던 왕비, 유우석, 유종원 등 혁신파 인사들도 모두 지방으로 좌천되었다. 그들은 환관의 국정 농단을 발본색원하려고 했으나 오히려 환관에게 일격을 당하고 몰락했다.

혁신파를 제거하고 다시 권력을 장악한 환관 구문진에게 죽음을 앞둔 당순종은 거추장스러운 존재에 불과했다. 구문진은 하루빨리 황제를 갈 아치우고 싶었다. 당순종의 장남, 광릉군왕(廣陵郡王) 이순(李純·778~820)을 태자로 책봉한 후 차기 황제로 추대할 계획을 세웠다. 자신을 추종하는 지방 절도사들에게 당순종을 압박하라고 은밀히 지시했다. 만약 당순종 이 말을 듣지 않으면 제거할 음모를 꾸몄다.

검남서천절도사 위고(韋皐), 형남절도사 배균(裴鈞) 등이 이순을 태자로 책봉하라는 상소를 연이어 올렸다. 정원 21년(805) 3월 당순종은 이순을 태자로 책봉한 후 그에게 국정을 위임했다. 같은 해 8월 태자에게 황위를 선양하고 태상황으로 물러났다. 이순이 곧 당헌종(唐憲宗)이다. 사실 당순 종은 구문진이 짜놓은 각본대로 황위를 물려주었을 뿐이었다.

이때의 일을 '영정내선(永貞內禪)'이라고 칭한다. 당순종이 친히 다스린 기간은 겨우 서너 달 정도였다. 원화(元和) 원년(806) 46세를 일기로 붕어했 다. 당헌종과 구문진이 짜고 그를 은밀히 시해했다는 얘기가 있으나 사실 이 아니다. 태자 시절부터 몸이 워낙 병약했기 때문에 병으로 사망했다.

제 **12** 장

당헌종 이순

당헌종 이순

1. 성장 과정과 황위 계승

　　11대 황제 당헌종(唐憲宗) 이순(李純 · 778~820)은 당순종 이송의 장남이다. 생모는 장헌황후(莊憲皇后) 왕씨(王氏 · 763~816)이다. 후궁으로 입궁했는데 이송이 태자로 책봉되었을 때 품계가 양재(良娣)로 높아졌다. 그녀는 태자비 소씨가 고국공주의 간통 사건에 연루되어 비참하게 죽은 일을 숨죽여 지켜보았다. 중상모략이 판치는 구중궁궐에서 친아들 이순을 지키기 위해서 철저하게 자신을 낮추고 근신했으며, 부녀자가 지켜야 할 덕행에 조금도 소홀함이 없었다. 이순이 즉위한지 12년 후인 원화(元和) 11년(817)에 향년 54세를 일기로 세상을 떠났다. 당헌종은 어머니를 장헌황후로 추증했다. 살아생전에는 황후로 책봉되지 못했으나 친아들이 황위를 계승한 덕분에 죽어서 황후로 추증된 영광을 안았다. 그래서 어머니는 아들에 의해서 귀해진다고 한다.

이순이 2세 때인 대력 14년(779)에, 그의 할아버지 당덕종 이괄이 황제로 즉위했으며 아버지 이송은 태자로 책봉되었다. 이순이 예닐곱 살 때의 일이다. 하루는 당덕종이 손자 이순을 무릎에 앉히고 물었다.

"너는 누구의 아들이기에 내 품에 안겨 있느냐?"

이순이 당당하게 말했다.

"저는 세 번째 천자입니다."

할아버지 이괄, 아버지 이송의 뒤를 이어 천자가 될 장손이라는 뜻이다. 당덕종은 장손의 기특한 대답에 기쁨을 감추지 못하고 그를 더욱 총애했다. 정원 4년(788) 이순은 11세 때 광릉군왕(廣陵郡王)으로 책봉되었다. 16세 때인 정원 9년(793)에 곽씨(郭氏)를 왕비로 맞이했다.

곽씨는 이순의 할아버지 당덕종 이괄이 상부(尙父)로 여기고 존중한 구국의 영웅, 곽자의(郭子儀·697~781)의 손녀이다. 그녀의 아버지는 부마도위 곽애(郭曖·752~800)이며, 어머니는 당대종 이예의 딸 승평공주(升平公主·750~810)이다.

안사의 난이 일어났을 때 이씨의 당나라 종묘사직을 수호하는 데 곽자의보다 많은 전공을 세운 장수는 없었다. 따라서 황실의 적통인 이순과 곽자의의 손녀 곽씨와의 혼인은 아주 자연스러운 일이었다. 또 항렬을 따지면 당대종 이예가 곽씨의 외할아버지이자, 이순의 증조할아버지가 되므로 곽씨가 남편 이순보다 항렬이 한 단계 높았다. 이처럼 촘촘하게 엮인 혼맥과 혈연관계가 두 사람을 단단하게 결속했다. 당순종 이송은 이런 집안 배경을 가진 며느리 곽씨를 무척 총애했다.

정원 21년(805) 환관 구문진이 혁신파를 탄압하고 권력을 유지하기 위하여 막후에서 당순종을 태상황으로 물러나게 하고 이순을 황제로 추대한 이른바 '영정내선(永貞內禪)'을 주도했지만, 객관적으로 볼 때 중풍에 걸려 사경을 헤매는 당순종을 퇴위시키고 법적으로 하자가 없는 이순을 차기 황제로 추대한 것은 어쩌면 당연한 일이 아닌가 한다.

구문진은 이런 면에서 대세의 흐름을 정확하게 파악하고 당헌종 이순에게 충성했다. 원화(元和) 8년(813) 그가 병으로 사망했을 때, 당헌종은 그에게 개부의동삼사(開府儀同三司)라는 관직을 추증하고 그의 공로를 기렸다.

2. 절도사들의 반란을 평정하다

당헌종은 27세 때인 정원(貞元) 21년(805) 8월에 즉위한 후, 다음 해(806)부터 연호를 원화(元和)로 정했다. 남자의 나이 27세이면 가장 정력적으로 일하고 왕성하게 생각할 때이다. 그는 이씨의 당제국이 왜 쇠락의 길로 접어들었는지 깊은 고민에 빠졌다. 시간이 날 때마다 당나라 역대 황제의 실록을 통독하면서 정관, 개원 시대에 번영을 누릴 수 있었던 동력은 무엇이며 아울러 안사의 난을 필두로 절도사들의 반란이 끊이질 않았던 이유가 무엇인지 심도 있게 고찰했다. 영광과 치욕으로 점철되었던 선황제들의 통치에서 교훈을 얻어 국정에 반영하여서 당제국의 화려한 부활을 꿈꾸었다.

당현종 이륭기 때부터 지방에서 병권과 조세권을 쥔 절도사들은 독립왕국의 왕이나 다름이 없었다. 그들을 중앙정부의 통제 아래 놓지 못하면, 황제의 권력이 약화되며 이에 따라 언제든지 반란이 일어날 수 있었다. 당현종 이래의 황제들은 절도사들의 권력을 빼앗으려고 했지만 번번이 실패로 끝나고 말았다. 오히려 그들의 이익을 적당히 보장해주면서 황제가 명철보신하는 태도를 취하기도 했다. 당헌종의 할아버지 당덕종이 그랬다.

당헌종이 직면한 가장 큰 과제는 번진에서 패권자로 군림하고 있는 절도사들을 통제하는 일이었다. 그가 즉위하자마자 공교롭게도 검남서천 절도사(劍南西川節度使) 위고(韋皐)가 사망했다. 그의 심복, 절도부사 유벽(劉闢)이 위고의 후계자를 자처하고 검남서천(劍南西川: 지금의 사천성 서부) 지방의 지배권을 요구했다. 그는 당헌종도 당덕종처럼 유화정책을 쓸 수밖에 없을 것이라고 생각했다. 하지만 당헌종이 냉정하게 거절하자 유벽이 반란을 일으켰다.

검남서천은 높은 산과 험난한 땅으로 둘러싸인 지방이었다. 조정 대신들은 관군이 직접 들어가 토벌하는 것을 반대했다. 재상 두황상(杜黃裳·738~808)만이 토벌을 주장했다. 반란군을 토벌하기 위해서는 환관이 군사를 감독하는 일을 없애고, 백전노장 고숭문(高崇文·746~809)에게 군권을 위임해야한다고 했다.

원화(元和) 원년(806) 9월 어명을 받은 고숭문이 유벽의 반란군을 토벌했다. 유벽은 토번으로 달아나다가 붙잡혀 장안으로 끌려와 참수형을 당했다. 유벽에게는 미모가 빼어난 첩 두 명이 있었다. 고숭문의 부하 장수들은 고숭문에게 두 미녀를 첩으로 삼으라고 권했다. 패한 장수의 처첩을 승리한 장수가 취하여 성적 노리개로 삼는 일은 당연했다. 하지만 고숭문은 그들의 권고를 거절했다. 그런데 이번에는 감군(監軍)을 담당한 환관이 두 미녀를 황제에게 바치는 게 좋겠다고 말했다. 고숭문은 불쾌한 표정을 지으며 말했다.

"천자께서 나에게 흉악한 유벽을 하루빨리 토벌하고 백성들을 위무하라고 명령을 내리셨소. 그런데도 내가 황급히 부녀자를 천자에게 바쳐 아부한다면, 이것이 천자께서 진정으로 바라는 일이겠소?"

고승문은 즉시 두 여자를 아내가 없는 장졸에게 보내주어 아내로 삼게 했다. 당헌종은 이 이야기를 듣고 환관에게 말했다.

"고승문이 미인을 얻었는데도 조정에 바치지 않았을 뿐만 아니라 자기 곁에 두지도 않았구나. 정말로 그는 충직하고 진솔한 사람이구나."

원화 4년(809) 고승문이 세상을 떠났다. 당헌종은 그에게 사도(司徒)를 추증하고 위무(威武)라는 시호를 하사하여 그의 충절을 기렸다. 유벽의 반란이 평정된 후, 두황상이 당헌종에게 아뢰었다.

"덕종 황제께서 번진의 장수들에게 지나치게 관용을 베풀었기 때문에 그들의 권력이 비대해져서 조정의 정령(政令)이 제대로 시행되지 않고 있습니다. 폐하께서는 선황제 시대에 있었던 일을 교훈으로 삼아 엄격한 법도로 제후들을 다스리신다면 천하가 어찌 잘 다스려지지 않는다고 근심하시겠습니까? 또 임금이 된 자는 자신을 끊임없이 수양하고 어진 신하를 중용하며 국정의 요체를 파악해야 합니다. 훌륭한 인재를 적재적소에 배치하여 그가 맡은 직책을 성실히 수행하게 하며 신상필벌의 원칙을 지키면, 누가 감히 최선을 다해 일하지 않겠습니까?"

당헌종은 두황상의 간언을 마음속 깊이 간직했다. 그 후 두황상은 빈국공(邠國公)으로 책봉되었으며, 원화 3년(808)에 71세를 일기로 사망할 때까지 당헌종의 곁에서 국정을 보좌했다. 원화 8년(813) 두황상이 살아생전에 고숭문에게 뇌물을 받은 사실이 뒤늦게 드러났다. 그의 아들 두재(杜載)가 감옥에 갇혔다. 당헌종은 두황상의 죄를 추궁하지 못하게 하고 두재를 풀어주게 했다. 자기에게 충성을 다한 신하에게 베푼 관용이었다.

하수절도사(夏綏節度使) 한전의(韓全義·?~806)는 아주 무능한 장수였다. 당덕종 때 반란군에게 대패를 당했으나 뇌물을 써서 패전을 승전으로 조작했다. 절도사들의 반란을 두려워했던 당덕종은 오히려 그에게 후한 상을 내렸다. 당헌종은 태자 때부터 그의 비열한 행위를 알고 있었다. 즉위하자마자 그의 병권을 회수하려고 했다. 한전의는 황급히 조정으로 달려와 사직을 청했다. 하지만 조카 양혜림(楊惠琳)을 하수유후(夏綏留后)로 남겨두고 병권을 반납하려고 하지 않았다. 당헌종은 즉시 새로 임명한 하수절도사를 보내 양혜림을 토벌하게 했다. 패배한 양혜림의 잘린 머리가 장안성의 저잣거리에 높이 걸렸다. 천자의 명령을 따르지 않는 지방 절도사들에 대한 엄중한 경고였다.

진해절도사(鎮海節度使) 이기(李錡·741~807)는 황실 종친으로서 막강한 권세를 누렸다. 특히 강남 지방의 소금과 철을 장안으로 운송하는 책임을 맡은 염철전운사(鹽鐵轉運使)를 맡아 엄청난 부를 쌓았다. 당헌종은 그를 조정의 좌복사(左僕射)로 불러들이고, 어사대부 이원소(李元素)를 진해절도사로 임명했다. 좌복사는 재상의 관직에 해당하는 고위직이었으나 황제의 통제를 직접 받기 때문에 실권이 없었다. 진해(鎮海: 지금의 강소성, 절강성 일대) 지역의 실질적 지배자였던 이기가 어명을 거역하고 반란을 일으켰지만 실패했다. 장안으로 끌려온 그는 허리가 잘리는 형벌을 당하고 죽었다.

이기의 첩 두추랑(杜秋娘)은 가무에 능한 여자였다. 장안으로 끌려와 궁중의 무희가 되었다. 우연한 기회에 당헌종 앞에서 춤을 추었다. 당헌종은 그녀의 매혹적인 춤사위를 보고 한눈에 반하고 말았다. 두 사람은 뜨거운 사랑을 나누었다. 당헌종은 그녀를 추비(秋妃)로 책봉하고 수시로 침전으로 불러들였다. 당헌종은 성격이 조급한 단점이 있었다. 두추비는 황제가 성급한 판단을 내릴 때마다 부드러운 언사로 그의 마음을 진정시키고 올바른 결정을 내릴 수 있게 했다.

당헌종은 집권 15년 동안 국가의 중대사를 결정할 때마다 두추비의 조언을 받지 않은 적이 거의 없었다. 그녀는 당헌종의 '일급 참모'였다. 그녀의 지혜와 지략이 없었다면 당헌종이 절도사들을 제압할 수 없었을 것이다. 훗날 그녀는 당목종의 여섯째아들 장왕(漳王) 이주(李湊·?~835)의 보모가 되었다. 이주가 폐위된 후에는 고향으로 돌아가 비참하게 살다가 죽었다.

원화 4년(809) 성덕절도사(成德節度使) 왕사진(王士眞·759~809)이 병으로 사망했다. 그의 아들 왕승종(王承宗·?~820)은 아버지의 후계자를 자처하고 병권을 내놓지 않았다. 당헌종은 환관 토돌승최(吐突承璀·?~820)에게 왕승종을 토벌하게 했으나 성과가 없었다. 원화 11년(816) 왕승종은 오원제(吳元濟·783~817)와 결탁하여 반란을 일으켰다. 오원제도 아버지 회서절도사(淮西節度使) 오소양(吳少陽) 사후에 병권을 반납하지 않고 반란에 가담했다.

당헌종은 위박절도사(魏博節度使) 전홍정(田弘正·764~821)에게 왕승종을 토벌하게 했다. 왕승종이 대패하여 조정에 죄를 청했다. 당헌종은 다른 절도사들의 반란을 동시에 진압해야하는 급박한 상황이었기 때문에 스스로 잘못을 뉘우친 그를 용서하고 성덕절도사로 임용했다.

원화 12년(817) 왕승종과 함께 반란을 일으킨 오원제가 포로로 잡혀 장안에서 참수형을 당했다. 왕승종은 불행이 자신에게 미치지 않을까 두려워하여 조정에 덕주(德州)와 체주(棣州)의 땅을 바치고 충성을 맹세했다. 왕승종 사후에 그의 동생 왕승원(801~834)이 당헌종에게 표문을 올리고 완전히 귀의했다.

고구려의 유민 출신, 이사도(李師道·?~819)는 평로치정절도사(平盧淄青節度

使) 이납(李納·?~792)의 둘째아들이다. 이납은 오늘날의 산동성 일대를 다스린 지방 군벌이었다. 그의 아버지 이정기(李正己·733~781) 때부터 요동 지방과 산동성의 광활한 지역을 지배했다. 한때 제나라 왕을 칭했을 정도로 막강한 세력을 떨쳤다. 이 평로치정절도사가 절도사들 가운데 가장 강력했다.

당나라 조정은 이정기 가문의 반란을 몹시 두려워했기 때문에 절도사 세습을 인정하지 않을 수 없었다. 이사도는 아버지의 후계자였던 형, 이사고(李師古·?~806)가 사망하자 평로치정절도사를 자임했다.

당헌종도 막강한 병력을 보유한 이사도를 회유하기 위해 재상의 직위에 해당하는 동평장사(同平章事)로 임명했다. 이사도는 오원제가 반란을 일으켰을 때 표면적으로는 관군의 편에 섰으나 은밀히 오원제와 소통했다. 관군과 오원제의 싸움에서 어부지리를 노릴 속셈이었다. 당헌종은 재상 무원형(武元衡·758~815)에게 오원제의 세력 근거지인 채주(蔡州: 지금의 하남성 여남현·汝南縣)를 정벌하게 했다.

채주가 관군의 수중으로 넘어가면 이사도는 자신도 무사하지 못할 거라고 생각했다. 오원제가 채주를 할거해야만이 관군이 자기가 다스리는 치청진(淄靑鎭: 지금의 산동성 일대)을 공격하는 사태를 피할 수 있었다. 그는 부하 장수들에게 이렇게 말했다.

"천자가 오로지 무원형의 계책만을 믿고 채주를 공략하려고 하오. 채주가 관군의 수중으로 들어가면 불행이 우리에게 닥칠 것이오. 자객을 보내 무원형을 암살해야겠소. 그가 죽으면 다른 재상들은 감히 채주를 정벌할 계책을 내지 못하고, 천자가 병사를 부리는 일을 막을 것이오."

무원형은 무측천의 증질손(曾姪孫)이다. 건중 4년(783)에 장원 급제했다. 재능이 뛰어나고 강직하여 당덕종의 신임을 받아 어사중승(御史中丞)으로 발탁되었다. 원화 2년(807) 행영도통(行營都統) 고승문이 검남서천 지방에서 유벽의 반란을 진압한 후 노획한 물건뿐만 아니라 현지 주민이 생산한 비단, 포목, 그릇 등 생필품도 대량으로 압수했다. 심지어 기생, 무희, 장인 등을 잡아 장안으로 압송했다. 반란이 일어난 검남서천 지방에 대한 가혹한 조치였다. 소수민족들의 원성이 하늘을 찔렀다.

당헌종은 무원형을 급히 검남서천 지방으로 보내 민심을 달래게 했다. 무원형은 3년 안에 현지 소수민족들의 삶을 윤택하게 하고 부고(府庫)를 양식과 재화로 가득 채워놓겠다고 약속했다. 3년 후 정말로 그가 약속한 대로 이루어졌다. 소수민족들은 잇달아 당나라 조정의 명령에 복종했다.

원화 8년(813) 당헌종은 무원형을 조정으로 불러들여 재상의 관직에 해당하는 문하시랑평장사(門下侍郎平章事)로 임명했다. 무원형이 검남서천 지방을 7년 동안 다스리면서 소수민족들을 당나라 조정에 복종하게 한 공로에 대한 보답이었다. 무원형은 지방의 절도사들을 철저하게 제압해야 만이 황제의 권력과 위엄을 지킬 수 있다고 당헌종에게 강력하게 주장했다. 당헌종은 그를 전적으로 신임했다.

이런 이유로 이사도는 부하 장수들에게 무원형을 암살해야겠다고 말한 것이다. 원화 10년(815) 무원형은 장안의 대명궁에서 이사도가 보낸 자객에게 피살되었으나, 관군은 끝내 채주를 함락하고 오원제를 포로로 잡았다. 오원제가 장안성으로 끌려가 참수형을 당했다는 소식을 들은 이사도는 궁지에 몰렸다. 그도 왕승종이 그랬던 것처럼 땅을 바치고 아들을 인질로 보내 조정에 귀순할 의사를 밝혔다. 하지만 거절을 당하자 원화 13년(818)에 반란을 일으켰다.

당헌종은 어명을 따르는 절도사들에게 이사도를 토벌하게 했다. 이사도는 대세가 이미 기운 상황에서 부하 장수 유오(劉悟)에게 살해당했다. 이사도 가문이 50년이 넘도록 지역의 군왕을 자처하며 통치했던 치청진 지역은 다시 당나라 조정의 통제 아래 놓이게 되었다.

당현종 때인 천보 14년(755) 11월 안사의 난이 폭발한 이래 당현종, 당숙종, 당대종, 당덕종, 당순종, 당현종 등 6명의 황제, 60여 년 동안 당나라는 절도사들의 번진 할거와 반란이 끊이질 않았다. 사실 당나라가 쇠퇴한 결정적 이유는 번진 세력을 억제하지 못했기 때문이다. 그렇지만 당현종에 이르러 어느 정도 절도사들의 병권을 회수하고 그들을 조정의 통제 아래 둔 것은 그의 뛰어난 지략과 결단 덕분이었다. 이에 따라 당나라는 당현종의 집권기에 잠시 '원화중흥(元和中興)'을 이루었다.

3. 환관을 총애하고 불노장생을 추구하다가 시해되다

당현종이 '원화중흥'을 이룰 수 있었던 역량은 그의 뛰어난 지략과 결단에서 뿐만 아니라, 두황상(杜黃裳·738~808), 이길보(李吉甫·758~814), 배도(裴度·765~839), 이강(李絳·764~830) 등 유능한 인재들을 재상으로 중용한 것에서도 나왔다. 특히 이길보는 공적과 명성이 두황상에 뒤지지 않는 유명한 재상이었다. 원화 2년(807) 당현종은 한림학사 이길보를 재상으로 임명했다. 이길보는 감격의 눈물을 흘리며 중서사인(中書舍人) 배기(裴垍)에게 말했다.

"저는 강회(江淮) 지방에서 15년 동안 실의에 빠진 채 떠돌이 생활을 했습니다. 뜻밖에도 성은을 입어 하루아침에 재상의 관직에 오르게 되었습니다. 제가 성은에 보답하는 방법은 오직 어질고 유능한 인재를 등용하는 일에 있다고 생각합니다. 하지만 제가 오랫동안 외지에 있었기 때문에 조정의 젊은 인재들을 잘 알지 못합니다. 그대가 인재를 감별하여 저에게 말씀해주시기를 진심으로 바랍니다."

배기는 즉시 인재 30여 명을 적은 명단을 이길보에게 제출했다. 이길보는 몇 개월 안에 그들을 모두 적재적소에 배치하여 그들의 역량을 마음껏 발휘하게 했다. 사람들은 모두 이길보를 칭송했다. 그의 인재를 아끼는 마음이 조정에 새로운 활력을 불어넣었다.

당헌종은 불교를 지나치게 숭배했다. 중국 역사상 전무후무한 여황제였던 무측천처럼 불사(佛事)를 자주 일으켜서 국고의 낭비를 초래했다. 장안에 거주하는 스님들이 보유하고 있는 장전(莊田)과 맷돌에는 세금을 매기지 않았다. 이길보가 간했다.

"원래 돈과 쌀에는 일정한 세금을 징수하게 되어있습니다. 스님들은
면세 혜택을 받아 여유가 있는데도 빈곤에 허덕이는 백성들을 조금도 도
와주지 않습니다. 그들에게 주는 면세 특권을 폐지해야 합니다."

이때부터 거대한 장원을 보유한 사찰도 세금을 내야 했다. 당헌종 집권 초기의 정국 안정에 절대적 공헌을 한 재상 두황상과 이길보가 병으로 사망한 후에는, 어사중승 배도가 정국을 주도했다. 그도 전임 재상들과 마찬가지로 번진의 세력을 일소하여 황제와 그를 보좌하는 조정 중심의 중앙 권력을 회복할 계책을 세웠기 때문에 지역 패권의 야망을 품은 절도사들에게는 눈엣가시와 같은 존재였다.

이사도가 자객을 보내 재상 무원형을 암살했을 때, 배도도 칼에 맞아 중상을 입었으나 극적으로 살아났다. 어떤 대신이 배도를 파면하여 그에게 불만을 품은 왕승종과 이사도의 환심을 사자고 단헌종에게 건의했다. 조정 중신을 쫓아내어 언제 반란을 일으킬지 모르는 두 절도사를 달래자

는 참으로 비겁한 술수였다. 당헌종이 진노했다.

"배도를 파면한다면, 이는 간교한 계책이 성공하는 것이니 어찌 조정
의 기강이 바로 서겠는가? 짐이 배도 한 사람만을 중용해도 두 역적을
충분히 토벌할 수 있을 것이오."

이처럼 배도는 당헌종의 신임을 바탕으로 절도사들의 반란을 평정할
수 있었다. 한림학사 이강도 당헌종에게 직언을 아끼지 않은 충신이었다.

"국가의 중요한 관직을 맡은 신하가 단지 자신의 안위만을 살피고 직
언을 하지 않는 것은 군주를 배신하는 행위입니다. 또 신하가 국가와 백
성을 위해서 폐하의 비위를 맞추지 않고 직언을 하거나 올바른 행동을
했는데도 처벌을 받는 것은 군주가 신하를 배신하는 행위입니다."

그의 충언에 감동한 당헌종은 이렇게 대답했다.

"경은 신하로서 참으로 말하기 어려운 직언을 짐에게 했구려. '강한 바
람이 불어야 꺾이지 않는 억센 풀을 알 수 있다.'는 속담이 있소. 경이 바
로 그런 경우이구려."

중국문학사에서 시성 두보(杜甫 · 712~770)에 비견될 만큼 위대한 현실주
의 시인, 백거이(白居易 · 772~846)가 좌습유(左拾遺)의 관직을 맡고 있을 때 수
시로 시와 문장으로 당헌종의 실정을 신랄하게 비판했다. 하루는 그의 직
언에 기분이 상한 당헌종이 그를 천거한 이강에게 말했다.

"짐이 백거이 그놈을 중용했는데도, 그놈이 짐에게 번번이 무례하게 행동하는구나. 더 이상 참을 수 없다. 당장 그놈의 죄를 물어야겠다."

이강이 아뢰었다.

"폐하께서 신하들의 직언을 윤허하셨기 때문에 신하들이 비로소 간언을 올릴 수 있습니다. 백거이는 폐하께 충정을 바치려는 마음뿐입니다. 그런데도 폐하께서 그의 죄를 묻는다고 하시면, 천하의 모든 사람들이 입을 닫고 바른 말을 하지 않을까 두렵습니다."

당헌종은 즉시 자신의 잘못된 생각을 인정하고 백거이에게 어떤 처벌도 내리지 않았다. 그가 집권 초기에 신하들의 언로를 보장한 것은 과거 급제를 통해 관계에 진출한 사대부들이 번진 세력을 억누르고 조정 중심의 정상적인 국정 운영을 도모하는 데 큰 힘이 되었다.

하지만 당헌종은 정국이 어느 정도 안정되자 초심을 잃고 환관들을 중용하는 실수를 저지르고 말았다. 당헌종 이전 시대에 환관이 정치에 개입하여 얼마나 많은 폐해를 야기했던가. 당헌종도 그런 역사적 교훈을 모르지는 않았을 것이다. 그럼에도 그는 지근거리에서 자신을 보필하는 환관을 지나치게 총애했다.

당헌종은 반란을 일으킨 절도사들을 토벌할 때 환관 토돌승최(吐突承璀·?~820)에게 군권을 위임했다. 황제에게 충성을 맹세한 절도사들은 말할 것도 없고 금위군의 정예병인 신책군의 장졸들도 전투 경험이 없는 토돌승최의 지휘를 받아야 했다. 백거이가 당헌종에게 상소했다.

"당나라의 제도에 따르면 반란이 일어나면 반드시 장수들에게 군권을 위임하고 반란을 평정하게 해야 합니다. 하지만 근래에 들어와 환관이 장수들을 통제하는 어처구니없는 일이 벌어졌습니다. 하수절도사(夏綏節度使) 한전의(韓全義)가 회서(淮西) 지방의 반란을 토벌할 때, 환관 가양국(賈良國)에게 그를 통제하게 했습니다. 또 고숭문(高崇文)이 촉(蜀) 지방을 토벌할 때는 환관 유정량(劉貞亮)에게 그를 통제하게 했습니다."

"당나라 천하의 병사들을 동원하면서 환관에게 군권을 위임한 적은 없었습니다. 금군의 정예병인 신책군에 행영절도사(行營節度使)를 설치하지 않고 토돌승최에게 장수들을 통제하게 했습니다. 또 그에게 지방 절도사들을 지휘하게 했습니다. 훗날 세상 사람들은 환관이 장수들을 다스리게 한 일은 폐하께서 처음으로 실시했다고 말할 것입니다. 폐하께서는 이런 오명을 감내하실 수 있습니까? 더구나 유제(劉濟) 등 여러 장수들은 토돌승최의 지휘를 받는 것을 치욕으로 여기고 전공을 세우려고 하지 않을 것입니다. 이는 왕승종 반란군의 기세를 더욱 떨치게 하며 동시에 장수들의 사기를 크게 꺾을 것입니다."

당헌종은 그의 진언을 귀담아듣지 않았다. 간관이 또 당헌종에게 토돌승최에게 군권을 맡긴 문제점을 거론했다. 당헌종은 이런 말을 했다.

"토돌승최는 가노(家奴)에 불과하오. 짐이 그에게 얼마나 많은 권력을 부여했는지는 전혀 문제가 되지 않소. 짐이 그를 제거하려는 마음만 먹으면 털 한 올 뽑는 것처럼 쉬운 일이오."

황제와 가장 많이 접촉하는 자는 환관이다. 황제의 일상생활을 철저하게 관리하는 그는 누구보다도 황제의 심기를 잘 파악하고 있다. 따라서 그는 황제의 분신이나 다름이 없다. 만약 그가 환관의 본분을 준수하면 국정에 개입할 여지가 없을 것이다. 하지만 그 반대라면 어명을 빙자하여 국정을 농단할 수 있다. 이렇게 되면 정치가 '시스템'에 의해 움직이지 않고 환관 조직에 의해 엉망이 된다. 당헌종은 토돌승최가 '가노'에 불과한 존재라고 말했으나, 사실은 자기를 하느님처럼 받들고 비위를 가장 잘 맞추는 그에게 막강한 권력을 부여하여서 조정 중신과 절도사들을 통제하려는 과오를 범했다.

당헌종은 난세를 평정한 뒤 자만심에 빠졌다. 자기 혼자만의 역량으로 절도사들을 복종시킨 것이 아니었는데도 여느 황제보다 위대한 군주라고 생각했다. 배도, 이강, 백거이 등 충신들의 간언을 무시하고 간신 황보박(皇甫鎛·?~820)을 총애하기 시작했다. 황보박은 당헌종의 사치와 향락에 필요한 막대한 자금을 백성들에게 갈취하여 재상의 지위에 올랐다.

단헌종은 불로장생을 추구했다. 아주 먼 옛날부터 중국인은 한반도와 그 부속 섬을 신선이 거주하고 불로초가 자라는 신비한 땅으로 생각했다. 원화 5년(810) 때의 일이다. 당헌종은 환관 장유칙(張惟則)을 사신으로 신라에 보냈다. 장유칙은 지금의 산동반도에서 한국의 서해안을 건너 경주로 들어갔다. 그가 사절 업무를 마치고 돌아 온 후 당헌종에게 이런 신기한 이야기를 했다.

"신이 바다를 건너 신라 땅으로 들어갈 때 물과 양식을 보충하려고 어느 외딴섬에 정박했습니다. 자줏빛 옷을 입은 한 신선이 형형색색의 예쁜 꽃들이 피어있는 숲속의 화려한 전각에서 살고 있었습니다. 신이 만나 뵙기를 청하자, 그가 말했습니다. '너는 어디서 왔느냐.' '신라에 가는 당나라 사신입니다.' '당나라 황제는 내 친구이다. 당나라로 돌아가면 내 말을 그에게 전하라.' 그런데 그가 갑자기 의복에서 황금으로 만든 거북이 모양의 도장을 꺼내 보물 상자에 넣은 뒤 신에게 건네주고 말했습니다. '당나라 황제에게 안부 인사를 전해라.' 신이 보물 상자를 받고 배로 돌아오는 도중에 뒤를 돌아보니 그 신선은 순식간에 자취를 감추었습니다. 황금거북도장에는 '영지(靈芝)와 용수초(龍鬚草), 당황제의 만수무강을 허락하노라.'는 글이 새겨져 있습니다."

그것을 받은 당헌종은 기쁨에 넘쳐 말했다.

"짐이 전생에 어찌 신선이 아니었겠느냐?"

이는 송(宋)나라 때 이방(李昉·925~996) 등이 신기한 이야기들을 모아서 편찬한 『태평광기(太平廣記)』에 나온다. 물론 사실이 아니겠지만 당헌종이 불로초를 먹고 영생(永生)을 추구한 역사적 사실에 근거하여 꾸민 이야기일 것이다.

원화 13년(818) 악악관찰사(鄂嶽觀察使) 시절에 탐욕스럽고 포악하기로 악명이 높았던 좌금오장군(左金吾將軍) 이도고(李道古·768~820)는 지방에서 자기 비리를 탄핵하는 상소가 올라오자 불안한 마음을 감출 수 없었다. 마침 당헌종이 불노장생을 추구한다는 얘기를 듣고 재상 황보박을 찾아가 뇌물을 주고 말했다.

"예전에 내가 악악관찰사였을 때 천태산(天台山)에 거주하는 방술사, 유필(柳泌)이 단약(丹藥)을 잘 제조한다는 얘기를 들었습니다. 서둘러 폐하께 아뢰기 바랍니다."

두 사람은 당헌종의 환심을 사고자 유필을 황궁으로 끌어들였다. 당헌종은 신통력이 있는 도사가 왔다는 소식을 듣고 흥분을 감추지 못했다. 유필은 황궁에서 여러 날 동안 단약 제조에 몰두했으나 뚜렷한 성과를 내지 못했다. 당헌종의 거듭된 재촉에 지친 그가 당헌종에게 아뢰었다.

"신선이 모여 사는 천태산은 불로초가 아주 많습니다. 폐하께서 저를 천태산이 있는 태주(台州) 지방을 다스리는 관리로 임용하시면, 제가 반드시 불로초를 구해오겠습니다."

'불로초'를 얻을 수 있다는 말에 흥분한 당헌종은 즉시 그를 임시 태주자사(台州刺史)로 임용했다. 충직한 신하들이 거세게 항의했다.

"예전에 군주가 방술사를 총애하여 불로장생을 추구한 사실은 있었으나, 방술사를 지방의 최고위직인 자사로 임명한 적은 없었습니다."

당헌종은 불쾌한 낯빛을 띠고 말했다.

"일개 주(州)의 인력과 물자를 군주의 불노장생을 위해 쓴다한들, 신하된 자로서 무슨 아까울 것이 있겠느냐?"

당헌종이 불로초를 바치는 자에게는 신분을 따지지 않고 고위 관직에 임용한다는 소문이 방방곡곡에 퍼졌다. 촌부마저도 미관말직이라도 얻을 요량으로 농사일을 팽개치고 불로초를 찾는 일에 혈안이 되었다.

한편 태주로 내려 간 유필은 원래 존재할 수 없는 불로초를 구할 리가 만무했다. 한 1년여 동안 이 핑계 저 핑계를 대며 지내다가 깊은 산중으로 달아났다. 절동관찰사(浙東觀察使)가 병사들을 풀어 그를 생포하여 장안으로 압송했다.

유필이 당헌종을 속인 사실을 이미 알고 있었던 황보박과 이도고는 끌려온 그를 보고 깜작 놀랐다. 그가 이실직고하면 그들은 목숨을 부지할 수 없었다. 당헌종에게 유필에게 시간을 더 주면 그가 반드시 단약을 만들 수 있다고 감언이설로 꾀었다. 당헌종은 또 유필을 한림대조(翰林待詔)로 임용하고 계속 단약을 제조하게 했다.

유필은 우여곡절 끝에 단약을 제조했다. 하지만 그것은 불로장생할 수 있는 영약이 아니라 몸에 치명상을 입히는 중금속 덩어리에 불과했다. 오로지 영생하기만을 간절히 바란 당헌종은 매일 그것을 먹었다. 점차 몸만 망가진 게 아니었다. 신경 계통에 장애가 생겨 발작 증세가 나타나기 시작했다. 발작하면 환관과 궁녀들을 닥치는 대로 죽였다. 황궁은 공포와 전율에 휩싸였다.

원화 15년(820) 정월 당헌종이 또 발작 증세가 나타나 침전에서 나뒹굴었다. 환관들은 미치광이가 된 그가 어떤 짓을 할지 몰라 두려웠다. 그의 충복 환관 토돌승최는 당헌종의 수명이 경각에 달렸음을 알아차렸다. 풍왕(灃王) 이운(李惲)을 태자로 옹립하려는 음모를 꾸몄다. 태자 이항(李恒)과 그의 생모 곽귀비(郭貴妃)가 음모를 알아차리고 환관 진홍지(陳弘志)와 손을 잡았다. 1월 27일 밤 진홍지는 환관 왕수징(王守澄)과 함께 비밀리에 중화전에서 당헌종의 목을 졸라 죽였다.

젊어서 누구보다도 개혁의 의지가 강했고 당나라의 암적 요소였던 절도사들의 반란을 평정한 당헌종은 초심을 잃고 사치와 향락에 빠졌으며 허망한 불로장생을 추구하다가 43세의 나이에 환관들에게 살해당했다. 대업을 이룬 자가 자만심에 빠져 오히려 자신을 망친 전형적인 표본이 되었다. 진홍지는 다음 날 아침 당헌종이 급사했다고 반포한 후 태자 이항을 새 황제로 추대했다. 그가 곧 당목종(唐穆宗)이다.

제 **13** 장

당목종 이항

제13장

당목종 이항

1. 성장 과정과 황위 계승

12대 황제 당목종(唐穆宗) 이항(李恒·795~824)은 당헌종 이순의 셋째아들이다. 원래 이름은 이유(李宥)이다. 원화 7년(812)에 태자로 책봉된 직후에 이항으로 개명했다.

생모는 의안황태후(懿安皇太后) 곽씨(郭氏·779~848)이다. 곽씨는 당헌종의 적처(嫡妻)이자, 구국의 영웅 곽자의(郭子儀·697~781)의 손녀이다. 그녀의 아버지는 부마도위 곽애(郭曖·752~800), 어머니는 당대종 이예의 딸 승평공주(升平公主·750~810)이다. 이처럼 영웅의 집안과 황실 종친의 혼사를 배경으로 성장한 곽씨만큼 화려한 인맥을 가진 여자는 아무도 없었다.

곽씨는 당헌종이 광릉왕(廣陵王)이었을 때 왕비로 간택되었으며 황제로 즉위한 후 귀비로 책봉되었다. 그런데 부부간의 관계는 그다지 좋지 않았다. 처가 곽씨의 막강한 영향력을 의식하지 않을 수 없었던 당헌종은 따지기를 좋아하는 아내를 몹시 불편하게 생각했다. 곽씨도 집안 배경을 믿고 남편을 고분고분하게 대하지 않았다.

원래 태자는 당헌종의 장남 이녕(李寧·794~812)이었다. 그런데 이녕의 생모 기미인(紀美人)이 궁녀 출신이므로, 법적으로는 본처 곽씨가 낳은 이항이 장남이 된다. 따라서 이항을 태자로 책봉해도 전혀 문제될 게 없었다. 하지만 당헌종은 권문세가 출신인 곽씨를 좋아하지 않았다. 아내가 미우면 그녀가 낳은 자식도 눈 밖에 나는 시대였다.

당시 둘째아들 풍왕(灃王) 이운(李惲·?~820)도 태자의 물망에 올랐다. 그런데 그의 생모에 대한 어떤 기록도 없는 것으로 보아, 생모가 궁녀 출신이 아닌가 한다. 당헌종은 세 아들 가운데 천성이 어질고 행동거지가 방정한 장남 이녕을 가장 총애했다. 그런데 이녕을 태자로 책봉하자니 곽씨의 반발이 걱정이었다. 태자 책봉을 차일피일 미루는 수밖에 없었다.

당헌종이 즉위한지 4년 후인 원화 4년(809) 3월에, 한림학사 이강(李絳)이 천성이 어질고 지혜로운 이녕이 제왕의 재목감이므로 그를 태자로 책봉해야 한다는 상소를 올렸다. 오래 전부터 당헌종이 장남 이녕을 마음에 두고 있음을 간파한 상소였다. 다른 대신들도 이구동성으로 지지했다.

당헌종은 곽귀비가 개입할 여지를 주지 않고 즉시 대신들의 건의를 수용했다. 같은 해 봄에 책봉 의식을 거행하려고 했으나 택일한 날짜만 되면 폭우가 쏟아졌다. 여러 번 미루다가 엄동설한에 겨우 거행할 수 있었다. 이녕의 나이 16세 때였다. 사실 폭우는 핑계에 불과했다. 이항의 생모 곽귀비가 막후에서 끈질기게 방해한 것이다. 어쨌든 곽귀비는 닭 쫓던 개 지붕 쳐다보는 처지가 되었다.

원화 7년(812) 뜻밖에도 태자 이녕이 불과 19세의 나이에 병으로 사망했다. 곽귀비가 태자에게 어떤 해코지를 했는지 알 수 없지만, 적어도 그녀의 입장에서는 태자가 반드시 죽어야 할 대상이었다. 태자가 거주하는 동궁의 환관과 궁녀들을 매수하여 젊은 태자를 서서히 죽음의 길로 몰고 가게 한 게 아닌가 한다. 당헌종은 장남을 잃은 비통에 빠져 13일 동안 조회(朝會)를 열지 않았다. 조정은 또 새로운 태자 책봉 문제를 놓고 술렁이기 시작했다.

궁중에서 곽귀비의 가문을 견제하려는 세력은 둘째아들 풍왕 이운을 은밀히 지지했다. 특히 당헌종의 분신이나 다름없는 환관 토돌승최가 이운을 옹호했다. 이운은 생모가 신분이 비천한 궁녀 출신이었고 아울러 그를 지지하는 세력이 없었기 때문에, 토돌승최는 당헌종 사후에 그를 꼭두각시 황제로 추대한 후 당나라 천하를 자기 마음대로 주무를 생각이었다. 토돌승최의 속셈을 까맣게 모른 당헌종은 그의 감언이설에 속아 이운을 책봉하려고 마음먹었다.

하지만 한림학사 최군(崔群·772~832)이 법적으로 적장자인 수왕(遂王) 이항을 태자로 책봉해야 국본(國本)이 바로 선다고 주장했다. 그는 성격이 강직하고 매사에 공명정대했으며 청빈한 관리였다. 당헌종은 그의 진언을 받아들이지 않을 수 없었다. 원화 7년(812) 7월 명분론에서 밀린 당헌종은 마지못해 이항을 태자로 책봉했다. 사실은 막후에서 명분론을 주장한 곽귀비의 승리였다. 그녀는 자신의 뜻을 받든 대신들에게 후한 예물로 보답했다.

이항이 태자로 책봉된 지 1년 후인 원화 8년(813) 12월에, 조정 대신들은 계속 국모의 자리를 비워둘 수 없으므로 태자의 생모, 곽귀비를 황후로 책봉해야 한다는 상소를 여러 차례 올렸다. 당헌종은 한 해가 끝날 무렵인 세밑이고 더구나 내년은 자오(子午)의 해에 해당하기 때문에 황후 책봉 의식 같은 대사를 치를 수 없다고 하여 거절했다. 옛날부터 중국인들은 자년(子年)과 오년(午年)에 해당하는 해를 만나면 결혼식을 절대 올리지 않는 풍습이 있었다.

사실 당헌종이 곽귀비를 황후로 책봉하지 않은 진짜 이유는 다른 곳에 있었다. 당헌종은 후궁에 많은 미희들을 거느리고 있었다. 하루가 멀다 하고 그들과 함께 성적 유희를 마음껏 즐기고 있었다. 만약 곽귀비를 황후로 책봉하면, 그녀가 국모로서 후궁의 기강을 바로 세운다는 구실로 자신의 방탕한 성생활을 간섭하지 않을까 우려했다. 그래서 그녀에게 귀비 이상의 품계를 하사하지 않았다. 황제도 무시할 수 없는 그녀의 집안 배경도 원인이 되었다. 권력이 그녀에게 쏠리지 않을까 우려했기 때문이다. 어쨌든 당헌종은 그녀를 끝내 황후로 책봉하지 않았다. 의안황태후라는 존호는 아들 이항이 즉위한 후 생모에게 내린 것이다.

　　당헌종은 언제나 못마땅한 표정으로 태자 이항을 대했다. 이항은 아버지 앞에서는 고양이 앞의 쥐처럼 살살 기었다. 학문에 매진하고 제왕의 도를 닦을 생각은 조금도 하지 않고, 어떻게 하면 아버지의 비위를 잘 맞출 수 있을까 골몰했다. 당헌종은 실력도 없고 인품도 뒤떨어지는 그런 아들을 미워했다. 태자를 폐위할 생각이 굴뚝같았지만 곽귀비와의 갈등이 두려워 포기했다. 환관 토돌승최는 황제의 마음을 간파하고 이항을 모함하여 끌어내릴 음모를 꾸몄다. 그를 중심으로 하는 환관 세력과 곽귀비의 지원을 등에 업은 관료 세력 간의 은밀한 권력 투쟁이 벌어졌다.

　　원화 15년(820) 정월 당헌종의 병세가 극도로 악화되었다. 그의 수발을 들고 있었던 토돌승최가 황제의 목숨이 얼마 남지 않았음을 가장 먼저 알아차렸다. 태자 이항을 제거하고 풍왕 이운을 추대하기 위해 발 빠르게 움직였다. 그런데 환관 진홍지(陳弘志)와 왕수징(王守澄)은 겉으로는 토돌승최에게 복종했지만 속으로는 그의 전횡에 불만을 품고 있었다. 곽귀비는 이미 두 사람을 뇌물로 매수하여 자기편으로 끌어들였다. 그들은 토돌승최의 일거수일투족을 곽귀비의 오빠 사농경(司農卿) 곽소(郭釗·772~831)에게 낱낱이 보고했다.

태자 이항을 황제로 추대하지 못하면 곽씨 일족의 몰락은 명약관화했다. 곽소는 토돌승최와 풍왕 이운을 제거할 계획을 주도면밀하게 세웠다. 황궁에 일촉즉발의 위기가 감돌았다. 공포에 짓눌린 태자 이항이 외삼촌 곽소를 만나 계책을 물었다. 곽소가 대답했다.

"전하께서는 태자이십니다. 아침저녁으로 폐하의 수라를 잘 살피시기만 하면 됩니다. 다른 걱정은 할 필요 없습니다."

당헌종이 붕어하면 태자가 당연히 황위를 계승하며 더구나 이미 만반의 준비를 해놓았으니 걱정하지 말고 당헌종의 곁에서 음식 수발을 하면서 마지막 효도를 다하라는 충고였다.

1월 27일 밤 진홍지가 환관 왕수징과 함께 비밀리에 중화전에서 당헌종의 목을 졸라 죽였다. 다음 날 아침 황제가 병으로 붕어했다고 반포하고 태자 이항을 새 황제로 추대했다. 권력 암투에서 패배한 토돌승최와 이운은 결국 당목종 즉위 직후에 살해당했다.

2. 국정을 내팽개치고 방탕한 생활을 하다

당목종은 자신의 능력과 의지로 황제가 된 게 아니었다. 이른바 '마마보이'였다. 생모 의안황태후 곽씨는 평소에 남편 당헌종이 자신을 박대한 행위에 대하여 이를 갈았다. 당헌종이 단약을 먹고 발작을 일으켰을 때 남편에 대한 미움과 원망이 극에 달했다. 미친 남편보다는 못난이 아들이 건재해야 곽씨 가문이 계속 부귀영화를 누리는 데 유리하다고 생각했다. 남편을 죽이고 아들을 황제의 옥좌에 앉힐 결심을 굳혔다.

하지만 귀비의 신분으로 표면에 나서서 '정치 투쟁'을 할 수는 없었다. 오빠 곽소를 통해 대신과 환관들을 포섭했다. 대신들은 유가의 대의명분에 이골이 난 자들이었다. 정통성을 따지면 태자 이항이 무능하더라도 차기 황제가 되는 데 문제가 없었다. 곽귀비는 대신들을 자기편으로 쉽게 끌어들일 수 있었다.

문제는 환관들이었다. 그들은 황제와 황궁의 비밀을 가장 많이 아는 자들이었다. 그들이 구중궁궐에서 황제의 일거수일투족을 꿰뚫고 있고 직접 수발을 들고 있었으므로 황제를 시해하려면 그들의 협조가 절대적으로 필요했다. 곽귀비는 토돌승최에게 반감을 품은 환관 진홍지와 왕수징에게 은밀히 접근했다. 당헌종을 시해하고 자기 아들을 황제로 추대하여 함께 부귀영화를 영원히 누리자고 제안했다. 마침내 곽귀비의 계략이 성공했다. 이항은 외가 곽씨 가문과 환관 세력 그리고 관료 집단의 야합으로 26세의 나이에 황제로 추대되었다.

당목종은 아버지 당헌종을 시해한 자들이 환관이라는 사실을 알고 있었다. 하지만 당나라 천하를 마음대로 주무를 수 있고 사치와 향락을 마음껏 누릴 수 있는 황제가 되었다는 기쁨에 복수는 상상조차하지 않았다. 오히려 그들에게 엄청난 특혜를 베풀었다. 또 자신을 황제로 만들어 준 생모 곽씨를 황태후로 책봉하고 지극정성으로 섬겼으며 외척을 요직에 중용했다.

원화 15년(820) 2월 26세의 나이에 황제로 등극한 당목종은 대사면을 반포했다. 자신의 등극에 공을 세운 환관과 대신들에게는 높은 관작을 수여했다. 새 황제가 등극하면 분위기를 일신하는 차원에서 이런 조치를 시행하는 것은 당연했다. 그런데 당덕종의 속셈은 따로 있었다. 그동안 억눌렀던 쾌락의 본능을 마음껏 발산하기 위해서는 민심을 얻어야 할 필요성을 절실히 느꼈기 때문이다. 이런 면에서 그는 여느 폭군과 달랐다. 폭군은 자신의 욕망을 채우기 위해 어떤 잔혹한 행위도 서슴지 않고 한다면, 그는 백성들의 눈치를 어느 정도 살피면서 쾌락과 사치의 본성을 마음껏 발휘하는 일에 몰두했다.

같은 해 5월 당목종은 아버지 당헌종을 경릉(景陵)에 안장하자마자 사냥을 나갔다. 어가 행렬이 수십 리에 이를 정도로 장관이었다. 관리들은 농사에 바쁜 백성들을 강제로 동원하여 도로를 정비하고 엎드려 황제를 칭송하게 했다. 당목종은 또 자신을 황제로 추대하는 데 결정적 역할을 한 생모 곽씨를 황태후로 책봉한 뒤 하루가 멀다 하고 연회를 베풀었다. 전국의 유명한 악사, 광대, 기녀들이 장안으로 차출되었다. 도성 수비의 막중한 책무를 지고 있는 금군의 정예병인 신책군에게는 씨름판을 벌이고 광대놀이를 하게 했다.

황궁에는 영안전(永安殿), 보경전(寶慶殿) 등 거대한 전각들이 연이어 축조되었다. 돌로 만든 산이 무너져 인부들이 압사한 사고가 일어났지만, 당목종은 눈썹 하나 까딱하지 않았다. 영안전의 낙성식을 거행할 때는 고관대작 수천 명을 초청하여 황제의 위세를 마음껏 뽐냈다. 또 막대한 자금을 투입하여 장안의 모든 사찰을 금은보화로 장식하게 했다. 불교를 숭배하는 토번의 사신을 불러들여 호화로운 사찰들을 감상하게 했다.

당헌종은 신책군을 동원하여 거대한 연못이 있는 어조궁(魚藻宮)을 조성하게 했다. 어조궁이 완공되는 날 성대한 연회를 베풀고 조정(漕艇) 대회를 열게 했다. 또 이광언(李光顔), 이소(李愬) 등 대신들을 불러들여 곧 다가올 중양절(重陽節)에 성대한 연회를 준비하게 했다. 매일 향락에 젖어 지내는 당목종의 행각을 보다 못한 우습유(右拾遺) 이각(李珏·785~853)이 상소했다.

"선황제께서 붕어하시어 경릉에 안장한 지 아직 1년도 안 되었습니다.

부모가 돌아가셨을 때 삼년상을 치르는 일은 천하의 올바른 상례(喪禮)입니다. 지금 제후국의 사신은 불과 며칠 전에 돌아갔으며, 이민족의 사자는 아직 돌아가지도 않았습니다. 그런데도 어찌하여 폐하께서는 상중(喪中)에 주악과 가무를 금지하는 규정을 지키지 않고 하루가 멀다 하고 성대한 연회를 베푸시는지요. 이광언과 이소는 참으로 충직하고 노고를 아끼지 않는 신하들입니다. 바야흐로 가을이 날로 깊어져 북방의 오랑캐들이 또 언제 변방을 침략할지 모르는 위급한 상황입니다. 그들을 불러들여 오랑캐를 물리칠 계책을 물어보시고 그들에게 변방을 지키는 일을 맡기시는 일은 당연합니다. 그런데도 어찌하여 폐하께서는 주지육림과 풍악으로 세월을 보내는 일만을 중요하게 생각하시고 그들에게 맡기십니까?"

이치에 조금도 어긋나지 않은 간언이었다. 당목종은 성격이 아주 독특했다. 이각의 충정을 높이 평가하고 하사품을 내렸으나 자신의 귀에 거슬리는 충언을 결코 받아들이지 않았다. 신하가 바른 말을 하는 것은 당연하지만, 황제인 자신은 천하의 모든 쾌락을 다 즐기겠다는 이율배반적인 태도를 보여주었다. 정담(鄭覃), 최언(崔郾) 등 간의대부들도 당목종의 일탈을 막기 위해 간했다.

"지금 변경의 사정이 매우 급박하여 무슨 일이 벌어질지 모릅니다. 만약 변경에서 조정에 급히 보고해야 할 군정(軍情)이 발생했는데도 폐하께서 어디에 계신 지 신하들조차 모르고 있다면 도대체 나랏일을 어떻게 처리할 수 있겠습니까? 더구나 폐하께서는 하루가 멀다 하고 광대들과 희희낙락거리며 노는 일에만 정신이 팔려 있습니다. 국가에 아무런 공을 세우지 못한 그들에게 툭하면 하사품을 내리고 있습니다. 하사품들은 백성들의 피와 땀을 짜낸 것들이 아닙니까. 공을 세우지 않았는데도 어찌하여 그들에게 함부로 하사품을 남발하시는지요?"

당목종은 상소를 올린 신하들이 누구인지도 몰랐다. 재상 소면(蕭俛)이 간의대부들이 올린 상소라고 아뢰었다. 당목종은 그들의 충정을 치하했지만 여전히 자신의 잘못을 뉘우치지 않았다. 하루는 당목종이 황궁의 인덕전(麟德殿)에서 대신들과 함께 주연을 즐겼다. 기분이 좋아진 그가 급사중 정공저(丁公著)에게 말했다.

"대신들이 궁궐 밖에서 자주 연회를 즐긴다는 얘기를 들었소. 이는 국가가 부강하고 천하가 태평하며 오곡이 풍성하기 때문이오. 짐은 참으로 기쁜 마음을 금할 수 없소."

사실 당목종이 자신의 치세를 태평성대로 간주한 것에는 이유가 있었다. 장경(長慶) 원년(821) 당나라의 오랜 숙적, 토번과 장안에서 선린 우호 관계를 수립했다. 장경 3년(823)에는 토번의 수도 라싸에서 이른바 '장경회맹(長慶會盟)'을 결성하여 양국 간의 국경을 확정하고 무력 충돌을 막았다.

또 장경 원년(821)에 서북 지방에서 가장 강력한 군사력을 보유했던 회흘(回紇)과 화친조약을 맺었다. 당목종은 당헌종의 딸, 태화장공주(太和長公主)를 회흘의 군주에게 시집보내고 그를 숭덕가한(崇德可汗)으로 책봉했다. 당목종의 이러한 외교적 노력이 잠시 변방의 평화를 가지고 왔다. 하지만 유목 민족들의 변경 유린은 여전했다. 정공저의 대답은 이러했다.

"무릇 모든 일은 한도를 초과하면 좋지 않습니다. 옛날에 이름을 날린 선비들은 좋은 날을 맞이하거나 아름다운 경치를 보면 간혹 술 한 잔을 마시며 회포를 풀거나 맑고 고상한 이야기를 나누며 시를 읊조렸습니다. 이는 참으로 고상한 일입니다. 그런데 당나라는 천보 연간 이래로 사치와 낭비 풍조가 날로 심각해져서 주지육림에 빠져 지내는 일이 일상사가 되었습니다. 높은 관직에 오르고 대권을 쥔 자가 관공서의 잡부들과 함께 매일 술을 마시며 지내면서도 조금도 부끄러운 마음이 없습니다. 윗사람의 못된 행동을 아랫사람이 본받아 급기야는 온 백성들이 방탕한 생활을 하는 풍조를 이루었습니다. 이는 참으로 많은 폐단을 일으키고 있습니다."

당목종에 대한 따끔한 충고였다. 당목종은 일리가 있는 충고라고 생각했다. 앞으로는 사치를 줄이고 음주가무를 멀리하겠다고 약속했지만 작심삼일로 끝났다. 당목종의 방탕한 생활과 그가 일으킨 토목공사는 엄청난 비용이 소요되었다. 결국 그 때문에 국고를 탕진하게 했으며 백성들의 고혈을 짜내는 일로 변질되었다. 지방 절도사들의 반란이 또 일어났다.

3. 하삭삼진의 반란을 진압하지 못하고 젊은 나이에 사망하다

범양(范陽: 지금의 하북성 북부, 북경 일대), 성덕(成德: 지금의 하북성 중부), 위박(魏博: 지금의 하북성 남부, 산동성 북부) 등 세 지역을 하삭삼진(河朔三鎭)이라고 칭한다. 범양절도사, 성덕절도사, 위박절도사 등 세 절도사가 이 지역을 분할 통치하고 있었다. 그들은 막강한 군사력을 바탕으로 중앙 정부의 통제를 받지 않고 거의 독립적인 세력을 유지했다. 하지만 당헌종 시대에 이뤄진 강력한 번진 토벌 정책에 굴복하여 다시 황제의 어명을 받들었다.

당헌종 사후에 당목종은 즉위 직후부터 국정을 내팽개치고 주지육림에 빠져 지내면서 툭하면 대규모의 토목 공사를 일으켰다. 백성들의 원성이 하늘을 찔렀다. 장경 원년(821) 범양의 병사들이 조정에서 임명한 절도사 장홍정(張弘靖)을 감금하고 번진의 관리들을 죽인 하극상을 일으켰다. 같은 해 7월 성덕도지병마사(成德都知兵馬使) 왕정주(王庭湊)가 성덕절도사 전홍정(田弘正)과 그의 가솔 3백여 명을 살해하고 절도유후(節度留后)를 자칭했다. 조정에서 위박절도사 전포(田布)에게 왕정주를 토벌하게 했다. 하지만 전포는 제대로 싸워보지도 못하고 자살했다.

하삭삼진은 다시 조정의 통제를 받지 않는 무법천지로 변했다. 조정은 왕정주(王庭湊), 주극융(朱克融), 사헌성(史憲誠) 등 지역 패권자를 자처한 장수들을 더 이상 통제할 수 없었다. 그 후 절도사들은 당나라가 망할 때까지 치열한 패권 다툼을 벌였다.

한편 당목종은 하삭삼진에서 일어난 변란에 대해 애써 태연한 척을 했다. 그의 관심사는 여전히 향락 추구와 불노장생에 있었다. 아버지 당헌종이 단약에 중독되어 죽었는데도 단약을 먹으면 신선이 될 수 있다는 허황된 미신에 사로잡혔다. 방술사들은 몸에 해로운 중금속으로 만든 단약을 그에게 바쳤다. 황제의 환심을 사서 부귀영화를 누리려는 자들의 술책이었다. 당목종이 붕어하기 몇 달 전에 산중에서 은거하는 처사 장고(張皐)가 상소했다.

"정신이 맑은 사람은 혈기가 조화를 이루어 건강합니다. 이와 반면에 육체적 욕망이 강한 사람은 반드시 병에 걸립니다. 약은 병을 치료하는 데 쓰는 것이지, 병이 없으면 먹어서는 안 됩니다. 옛날에 당나라의 약왕(藥王)으로 유명했던 손사막(孫思邈)이 이런 말을 했습니다. '약의 작용은 인체의 각 기관에 편중되기 때문에 오히려 오장육부를 상하게 할 수 있다. 따라서 어쩔 수없이 약을 먹어야 하는 상황이라면 신중을 기해야 한다.' 일반 백성들도 이런 사실을 알고 조심하고 있는데 하물며 천자께서는 더 말할 나위가 있겠습니까? 선황제 당헌종께서 방술사들의 망언을 믿으시고 단약을 드시다가 붕어하신 사실을 폐하께서도 잘 알고 있지 않습니까. 어찌 폐하께서는 선황제의 전철을 밟으시려고 하십니까?"

당목종은 장고의 충고를 받아들였지만 며칠도 안지나 또 단약에 손을 대기 시작했다. 먹지 않으면 금단 현상이 왔다. 20대 후반의 젊은 나이임에도 급기야 중풍에 걸리고 말았다. 장경 4년(824) 1월 침전에서 향년 30세를 일기로 붕어했다. 황제로 등극한지 4년 만에 유명을 달리했다.

당목종은 자신의 과오를 지적하고 비판하는 신하를 좌천시키거나 처벌하지 않았다. 오히려 그들의 충언을 격려하고 상을 내렸다. 그런데도 왜 끝내 개과천선하지 못했을까. 그는 본능에서 나오는 육체적 욕망과 향락 추구를 억제하지 못했기 때문이다. 만약 그가 태자 시절에 엄격한 교육을 받고 제왕학을 충분히 공부했다면 성군은 몰라도, 평범한 군주는 될 수 있었을 것이다. 하지만 그는 아버지 당헌종의 사랑을 받지 못했으며 언제나 전전긍긍하면서 살았다. 또 타고난 자질이 놀고먹는 데에만 뛰어났기 때문에 어리석은 군주의 길을 걸을 수밖에 없었다.

제 **14** 장

당경종 이담

당경종 이담

1. 성장 과정과 황위 계승

당목종 이항은 한평생 공희황후(恭僖皇后) 왕씨(王氏·?~845), 정헌황후(貞獻皇后) 소씨(蕭氏·?~847), 선의황후(宣懿皇后) 위씨(韋氏) 등 황후 3명과 귀비(貴妃) 무씨(武氏), 소의(昭儀) 장씨(張氏) 등 모두 5명의 아내를 거느렸다. 그런데 세 황후는 살아생전에 황후로 책봉된 게 아니라 사후에 황제가 된 아들들에 의해 추증되었다. 일반적으로 천자는 수십 명의 여자를 아내로 거느리는 특권이 있었는데도 당목종의 여자가 5명뿐이었던 이유는, 그가 30세의 젊은 나이에 세상을 떠났기 때문이다.

당목종의 본처는 공희황후 왕씨이다. 어린 나이에 입궐하여 당헌종 이순의 셋째아들, 이유(李宥: 훗날의 당목종 이항)를 섬겼다. 이유는 아버지 당헌종의 눈 밖에 난 황자였다. 아리따운 왕씨는 우울증에 시달리던 이유에게는 감로수와 같았다. 그녀는 당헌종 원화 4년(809)에 이유의 장남 이담(李

湛·809~827)을 낳았다. 이담이 곧 13대 황제 당경종(唐敬宗)이다.

이유와 왕씨가 불륜을 저질러서 이담을 낳은 게 아니었기 때문에, 이담의 탄생은 할아버지 당헌종과 할머니 곽귀비에게 손자를 얻은 기쁨을 안겨주었다. 특히 곽귀비는 말로 이루 다 표현할 수 없을 정도로 기뻤다. 친아들 이유가 낳은 친손자였기 때문이다. 그녀는 자기가 당헌종의 적처(嫡妻)이며 이유는 법적으로 적장자이고 이담은 적손이므로 아직 결정되지 않은 태자의 자리는 당연히 이유가 차지해야 한다고 주장했다. 이유는 무능했지만 그녀의 주장이 틀린 것은 아니었다. 유가의 명분론을 중시하는 대신들은 그녀를 지지했다.

원화 7년(812) 이유는 우여곡절 끝에 태자로 책봉된 직후에 이항으로 개명했다. 왕씨도 태자비로 책봉되었다. 원화 15년(820) 2월 당목종 이항이 황제로 즉위한 후에 귀비로 책봉되었다. 당시 당목종의 생모, 의안황태후 곽씨가 육궁(六宮)에서 막강한 영향력을 행사하고 있었다. 장손 이담을 눈에 넣어도 아프지 않을 만큼 총애했다. 생모 의안황태후를 기쁘게 할 수 있다면 하늘의 별도 따다 줄 듯이 효도했던 당목종도 아들 이담을 총애했다. 이담은 응석받이로 자랐다.

장경(長慶) 2년(822) 당목종은 경왕(景王) 이담을 태자로 책봉했다. 이담의 나이 14세였다. 이담은 차기 황제로 등극하는 데 법적으로 어떤 문제도 없었다. 그가 해야 할 일은 오로지 학문에 열중하고 제왕의 도를 닦아 성군의 길을 걸어가는 것이었다. 하지만 그는 애초부터 경전 공부를 아주 싫어했다. 틈만 나면 황궁 밖으로 빠져나가 미친 듯 쏘다녔다. 태사의 교육을 책임진 석학들이 그를 나무라고 싶어도 의안황태후가 워낙 귀여워했기 때문에 감히 나서지 못했다. 할머니가 손자의 교육을 망쳤다. 더구나 아버지 당목종은 매일 주지육림에 빠져 지내면서 태자 교육에는 털끝만큼의 관심도 없었다.

장경 4년(824) 이담은 당목종이 붕어한 직후에 황제로 즉위했다. 그의 나이 16세 때였다. 경왕에서 태자 그리고 황제의 옥좌에 앉기까지 어떤 고난도 겪지 않고 당나라의 주인이 되었다.

2. 방탕한 생활을 하다가 염색공 장소의 반란을 초래하다

16세의 나이는 육체적, 정신적으로 성인이 되어가는 사춘기에 해당한다. 질풍노도의 시기로 표현할 정도로 욕망이 용광로처럼 뜨겁다. 욕망을 억제하지 못하면 방종과 일탈이 젊은 시절을 망친다. 이 시기에 해당하는 젊은이가 당나라 천하의 주인이 되었으니 당나라의 운명은 풍전등화와 같았다. 그 아버지에 그 아들이라고 했던가. 당경종은 아버지 당목종을 빼다 박은 듯 닮았다. 주색잡기뿐만 아니라 나랏일을 내팽개치고 오로지 노는 일에만 관심을 가지는 것도 판박이였다.

당경종은 종이로 만든 화살로 하룻밤 노리개로 삼을 여자를 고르는 취미가 있었다. 둥글게 만든 '종이 화살촉' 안에는 최음제 성분을 함유하고 있는 향가루가 들어있었다. 연회를 즐기다가 성욕이 발동하면 궁중의 여인들을 일정한 거리에 한 줄로 세워놓고 화살을 쏘았다. 화살을 맞은 여인은 온몸에 향기가 가득했으며 하룻밤 시침을 들었다. 화살을 맞아도 통증이 전혀 없고 성은을 입었기 때문에, 여인들은 서로 화살을 맞으려고 안달이었다. '용의 씨앗'을 받아 '용의 자식'을 낳으면 신분이 비천한 궁녀라도 자신뿐만 아니라 가족도 부귀영화를 누릴 수 있었다. 당시 이종이 화살을 '풍류전(風流箭)'이라고 불렀다.

노회한 환관들은 당경종을 어린애 취급을 했다. 특히 당경종의 할아버지 당헌종, 아버지 당목종 시대에 음모와 모략이 판치는 조정에서 치열한 권력 투쟁 끝에 실권을 장악하고 정치를 농단한 왕수징(王守澄)에게는 꼭두각시 황제에 불과했다. 당경종은 왕수징을 통제할 능력이 전혀 없었다. 오히려 그에게 국정을 위임하고 자신은 노는 일에만 정신이 팔렸다. 왕수징은 매관매직을 일삼았다. 절도사 자리는 말할 것도 없고 심지어 조정의 중추인 재상의 관직도 뇌물의 액수에 의하여 결정되었다.

당경종은 수렵과 격구(擊毬)를 너무 좋아했다. '운동선수' 체질을 타고났다. 그가 평민이었다면 큰 문제가 없었을 것이다. 하지만 당제국의 국정 운영을 책임진 최고 통치자가 아닌가. 황제라는 자가 밤마다 금위군 수천 명을 거느리고 여우 사냥을 나갔다. 그것을 '타야호(打夜狐)'라고 했다. 밤에 여우 사냥을 한다는 뜻이다. 낮에는 황궁에서 신책군의 장졸들에게 격구 시합을 벌이게 했다. 황제 자신이 직접 경기에 참가하거나 심판을 보았다. 자기가 상대편의 골에 공을 넣어 승리하면 성대한 연회를 베풀었다. 승리한 팀에게는 푸짐한 상품을 하사했다.

하루는 국가의 중대사가 발생하여 대신들이 아침부터 조회를 열고 당경종을 기다렸다. 하지만 아무리 기다려도 황제가 나타나지 않았다. 긴 시간 동안 서서 기다리고 있던 늙은 대신들이 하나둘씩 쓰러졌다. 당경종의 일탈 행위를 참다못한 좌습유 유서초(劉棲楚)가 간절하게 간했다.

"옛날에 임금이 왕위를 처음 계승했을 때는 잠 한숨 못자고 새벽 동틀 때까지 앉아서 친히 국정을 보살폈습니다. 그런데 폐하께서는 즉위하자마자 침전에서 여색을 밝히고 밤늦게까지 노는 일에만 정신이 팔려있습니다. 선황제를 모신 영구가 아직 황릉에 안장되지 않았는데도 날마다 황궁에서는 풍악을 울리고 있습니다. 게다가 폐하보다 나이가 많은 조부이신 헌종과 부친이신 선황제께서는 아침저녁으로 정사를 성실하게 돌보았지만 사방에서 반란이 일어났습니다. 폐하께서는 어린 나이에 등극하신지 얼마 지나지 않았는데도, 폐하에 대한 나쁜 소문이 빠르게 유포되고 있습니다. 폐하의 복록이 오래가지 못할까 참으로 두렵습니다. 신이 목숨을 걸고 한 간언이 폐하를 천하의 웃음거리로 만들었다면 신의 머리를 깨뜨리고 죽겠습니다."

유서초는 황궁의 계단으로 달려가 머리를 찧었다. 얼굴이 피범벅이되었다. 당경종은 아버지 당목종과 똑같은 행동을 했다. 유서초의 충정에 감동을 받았다고 말했지만 끝내 자신의 과오를 고치지 않았다.

소현명(蘇玄明)이라는 점쟁이가 장안의 저잣거리에서 점을 쳐서 생계를 도모하고 있었다. 당경종이 사냥과 격구에 빠져있다는 소문을 듣고 아주 생뚱맞은 생각을 했다. 자기가 황제가 되어 천하를 다스리겠다는 과대망상에 사로잡혔다. 그런데 혼자만의 힘으로 황궁으로 잠입하여 황제를 시해할 자신이 없었다. 궁리 끝에 궁궐의 염서(染署: 포목이나 옷감을 염색하는 관청)에서 잡부로 일하는 친구, 장소(張韶)를 끌어들였다.

장소는 시장에서 구한 염색 재료를 염서로 나르는 일을 했다. 무식하기 그지없었지만 궁궐을 출입할 수 있는 특권이 있었다. 소현명이 그에게 말했다.

"이보게 친구! 어제 밤 내가 자네를 위해 점을 한번 쳐봤네. 점괘가 어떻게 나왔는지 아는가?"

호기심이 발동한 장소가 점괘를 풀이해달라고 했다. 그가 이렇게 말했다.

"조만간에 자네가 황궁의 어전으로 들어가 옥좌에 앉아 천자가 먹는

음식을 먹는다고 하네. 물론 나도 천자로 등극한 자네와 함께 산해진미
를 즐기게 된다고 하네."

자기가 천자로 등극한다는 말을 듣고 기절초풍한 장소가 화를 내며
말했다.

"자네가 나를 희롱하고 있구나, 말도 안 되는 소리를 그냥 듣고 있으니
짜증이 난다."

"자네는 왜 내 말을 헛소리로 생각하지? 천자가 밤낮을 가리지 않고
출궁하여 사냥을 즐긴다는 얘기를 들었어. 그가 황궁을 비운 틈을 타서
습격하면, 자네가 천자가 되지 말라는 법은 없지."

단순 무식한 장소는 평소에 천자가 먹는 어선(御膳)을 한번 먹어보는
게 소원이었다. 천자가 될 수 있다는 말보다도 어선을 먹게 된다는 점괘
의 풀이를 믿고 소현명의 사주를 받았다. 두 사람은 '거사'에 가담할 염색
공들을 모았다. 천명에 따라 반드시 성공한다고 설득했으며 황제에 버금
가는 호의호식을 누릴 수 있다고 꼬드겼다. 겁이 많은 염색공에게는 평생
버러지처럼 살다죽을 것이라고 악담을 퍼부었다. 백여 명이 두 사람과 생
사를 함께 하기로 맹세했다.

당경종이 즉위한 지 몇 개월 후인 장경 4년(824) 4월 어느 날 저녁, 장
소는 염색 재료를 싣는 큰 수레 여러 대에 무장한 염색공들을 몰래 태우
고 황궁으로 들어갔다. 궁궐의 수문장은 장소가 평소처럼 수레에 염색 재
료를 싣고 입궁하는 줄만 알고 검문을 하지 않았다.

장소가 어전으로 돌진하기 직전에 금위군 몇 명에게 발각되었지만,

수레에서 갑자기 튀어나온 염색공들이 그들을 손쉽게 제압했다. 그때 당경종은 청사전(清思殿)에서 한창 격구를 즐기고 있었다. 황궁 안에서 반란이 일어났다는 소식을 들은 당경종은 환관 마존량(馬存亮·774~836)이 지휘하고 있는 좌신책군(左神策軍)의 진영으로 황급히 피신했다.

어전을 순식간에 점령한 장소는 미처 몸을 피하지 못한 궁녀와 환관들에게 어선을 차려오게 했다. 소현명과 함께 산해진미를 즐기며 말했다.

"이렇게 천하의 진미를 맛보게 되었으니 자네의 신통력이 참 대단하네."

소현명은 거사의 목적이 어선 한 끼 먹는 게 아니었다. 장소를 황제로 내세워 꼭두각시로 조종할 생각이었다. 하지만 무식쟁이 장소는 산해진미를 먹는 것에 만족할 뿐이었다. 소현명이 말했다.

"설마하니 자네가 어선 한 끼 먹으려고 거사를 일으킨 것은 아니겠지?"

장소는 그제야 깨달았지만 술에 잔뜩 취해 몸을 가누기도 힘들었다. 한편 좌신책군 중위(中尉: 당나라 때 신책군의 최고 계급) 마존량은 도망 온 당경종의 발을 껴안고 흐느껴 울면서 충성을 맹세했다.

원래 당경종은 심복 환관인 우신책군 중위 양수겸(梁守謙)의 진영으로 달아나려고 했다. 좌신책군과 우신책군이 격구 시합을 벌일 때, 당경종이 우신책군이 승리했다고 편파 판정을 내린 적이 한두 번이 아니었다. 승리한 우신책군에게는 언제나 많은 하사품을 주었다. 당연하게도 좌신책군 장졸들은 황제에게 불만을 품고 있었다. 따라서 당경종은 우신책군의 진영으로 피신하려고 했다. 그런데 한 시종이 그에게 말했다.

"지금 반란군의 무리가 얼마나 되는지 모릅니다. 우신책군 진영으로 가시려면 거리가 너무 멉니다. 도중에 피습을 당할 수 있습니다. 차라리 가까운 곳에 있는 좌신책군으로 피신하시는 게 좋겠습니다."

워낙 갑작스럽게 일어난 반란의 와중에 당경종은 황급히 피신할 곳만 찾으면 그나마 다행이었다. 그런데 마존량은 충신이었다. 즉시 좌신책군 병마사 강예전(康藝全)에게 반란군을 토벌하게 했다. 애초에 아무런 전략도, 치밀한 계획도 없었던 장소와 소현명이 이끈 무리는 오합지졸에 불과했다. 반란군 모두 개죽음을 당했다.

다음 날 아침 당경종은 신책군의 호위를 받으며 황궁으로 돌아왔다. 그런데 그를 수행한 대신과 환관은 몇 명 안 되었다. 반란이 일어난 어젯밤에 대부분 도망갔기 때문이다. 환관 마존량은 반란을 진압한 공로로 식읍(食邑) 2백 호를 하사받았다. 황궁 경비를 책임진 관리 35명은 사형 선고를 받았으나 장형(杖刑)으로 감형되었다. 민심 수습책의 일환이었다.

당나라 역사상 가장 황당무계한 반란이었다. 훗날 어선 한 끼를 먹기 위해 일으킨 반란이라는 오명을 뒤집어썼다. 이런 기상천외한 일이 벌어진 것은 젊은 당경종이 얼마나 놀기를 좋아하고 국정을 내팽겼으며, 당나라 조정이 얼마나 무능하고 부패했는지를 단적으로 보여준 사건이었다. 국가에 망조가 들지 않고서는 도저히 일어날 수 없는 희한한 사건이었다.

당경종은 염색공들의 반란 사건을 겪고 난 뒤 반성하는 태도를 취했다. 하지만 운동을 하지 않으면 몸이 근질근질하여 하루도 견딜 수 없었다. 정말로 그는 '운동 마니아'였다. 격구와 사냥뿐만이 아니라 씨름, 수박(手搏: 주로 손을 써서 상대를 공격하는 운동), 줄다리기 등도 아주 좋아했다. 툭하면 신책군의 장졸들을 동원하여 격렬한 시합을 벌이게 했다. 천하의 장사들이 황궁으로 몰려와 황제의 총애를 받기 위하여 목숨을 건 시합도 마다하지 않았다. 심지어 남자의 성기능을 상실하여 중성이 된 환관들도 씨름판에 나와야 했다. 뼈가 부러져 장애인이 된 환관이 속출했다. 당경종은 자신의 취미 활동에 조금이라도 부합하지 못한 환관이 있으면 심하게 매질을 가했다. 또 삭탈관직하고 변방으로 유배를 보내기도 했다. 환관들의 원성이 자자했다.

보력(寶曆) 2년(826) 12월 당경종은 평소처럼 장졸과 환관들을 거느리고 여우 사냥을 나갔다. 신책군의 병사 수천 명이 산을 둘러싸고 황제 쪽으로 여우를 몰아주었다. 당경종이 쏜 화살은 백발백중이었다. 환궁하자마자 성대한 연회를 베풀게 했다. 환관 유극명(劉克明), 격구군장 소좌명(蘇佐明) 등 28명이 참석했다. 당경종과 신하 모두 취해 낭자한 웃음소리가 끊이질 않았다. 몸을 제대로 가누지 못한 당경종이 환관들의 부축을 받고 침전으로 들어가 옷을 갈아입었다. 갑자기 등불이 모두 꺼졌다. 유극명과 소좌명이 야음을 틈타 당경종의 목을 졸라 죽였다. 이렇게 당경종은 즉위한 지 2년만인 18세의 나이에 오로지 운동만 즐기다가 어떤 업적도 남기지 못하고 비명횡사했다.

당문종 이앙

제15장

당문종 이앙

1. 성장 과정과 황위 계승

14대 황제 당문종(唐文宗) 이앙(李昂·809~840)은 당목종 이항의 둘째아들이자 당경종 이담의 이복동생이다. 원래 이름은 이함(李涵)이다. 훗날 이앙으로 개명했다. 생모는 정헌황후(貞獻皇后) 소씨(蕭氏·?~847)이다. 당목종 이항이 건안왕(建安王)이었을 때 그의 시녀가 되었다. 당헌종 원화 4년(809)에 이함을 낳았다. 이복형 이담과 나이는 같은데 4개월 늦게 태어났다.

이함은 유가의 고상한 선비와 같은 인물이었다. 성품이 인자하며 품행이 단정하고 효성이 지극했다. 또 어렸을 때부터 독서를 아주 좋아하여 유가의 경전과 제자백가의 서적을 꿰뚫었을 뿐만 아니라 시와 문장에도 일가견을 이루었다. 독서를 싫어하고 오로지 운동에 빠져 지냈던 이복형 이담과는 너무나 달랐다.

장경 원년(821) 이담은 경왕(景王), 이함은 강왕(江王)으로 책봉되었다. 두 사람의 나이 13세 때였다. 장경 2년(822) 경왕 이담은 태자로 책봉되어 차기 황제로 결정되었다. 이함은 어린 나이임에도 번왕으로서 매사에 신중하고 근신하면서 철부지 태자에게 절대 복종하는 태도를 취했다. 권력이 얼마나 무섭고 비정한지 알고 있었기 때문이다.

보력(寶曆) 2년(826) 12월 환관 유극명(劉克明) 등이 당경종 이담을 시해한 직후에 가짜 유지(遺旨)를 만들어 강왕(絳王) 이오(李悟·?~826)를 새 황제로 추대하려고 했다. 이오는 당헌종의 여섯째아들이자 당경종의 숙부가 된다. 조카 당경종이 임종하기 전에 숙부 이오에게 황위를 물려주겠다는 유지는 누가 읽어봐도 조작된 게 확실했다. 이오는 무능하기 그지없고 아무런 지략도 없는 인물이었다. 그래서 환관 유극명은 그를 꼭두각시 황제로 추대하여 부릴 생각이었다.

9대 황제 당대종(唐代宗) 때부터 환관들이 막후에서 군권을 장악하고 새 황제 추대에 결정적 영향력을 행사했기 때문에 조정 대신들은 유극명의 결정에 감히 이의를 제기하지 못했다. 당나라 천하는 이미 오래 전부터 환관들의 세상이 되었다. 그런데 당경종이 시해된 직후에 환관들 사이에서 권력 투쟁이 벌어졌다.

왕수징(王守澄), 양승화(楊承和), 위종간(魏從簡), 양수겸(梁守謙) 등 이른바 '환관 사귀(四貴)'는 같은 환관인 유극명의 전횡에 불만을 품고 있었다. 유극명이 강왕 이오를 꼭두각시 황제로 추대하면 자신들의 입지가 좁아질 수밖에 없었다.

사귀는 강왕 이함을 추대하기로 결정했다. 그에 대한 평판이 좋았기 때문에 그를 추대하면 조정 대신들의 호응을 쉽게 얻을 수 있었다. 사귀와 유극명 일파의 싸움은 불과 이틀 만에 신책군을 장악한 사귀의 승리로 끝났다. 유극명은 우물에 투신하여 자살했으며, 강왕 이오는 피살되었다.

황궁에서 피비린내 나는 살육이 자행되는 동안 강왕 이함은 강왕부에서 숨을 죽이고 있었다. 도대체 누가 변란을 일으켰으며 자신의 운명은 어떻게 될지 아무 것도 모른 채 두려움에 떨고 있었다. 사귀와 재상 배도 가 이함을 황제로 추대한다는 조서를 반포했다. 이함은 비로소 놀란 가슴을 쓸어내리고 대전으로 나왔다.

보력 2년(826) 12월 당경종 이담이 시해당한지 이틀 만에, 당문종 이앙은 18세의 나이에 느닷없이 환관들에 의하여 새 황제로 추대되었다. 환관들이 그를 옹립한 것은 꼭두각시 황제로 부릴 목적이었지, 그가 무슨 성군의 자질을 타고나 당나라 천하를 태평성대로 이끌어 가기를 바라는 마음에서 나온 것이 아니었다. 바로 이 점이 당나라 역사에서 당문종을 환관에게 능욕을 당한 가장 수치스러운 황제로 기록되게 하는 원인이 되었다.

2. 제왕의 도는 있으나 재능이 부족하다

당나라 사람 소악(蘇鶚)이 지은 『두양잡편(杜陽雜編)』에 이런 내용이 있다.

"황상(당문종)께서 조회(朝會)를 마치고 난 뒤에는 반드시 군서를 박람했다. 폭군이나 어리석은 군주의 만행을 알게 되면 가슴을 치며 탄식했다. 또 요임금, 순임금 등 성군의 어진 정치를 알게 되면 옷깃을 여미고 존경의 마음을 표했다. 하루는 신하들에게 이렇게 말했다. '저녁 늦게 까지 계속 정무를 볼 수 없고 한밤중까지 책을 읽을 수 없다면, 어찌 백성의 임금이라고 할 수 있겠는가?'"

당문종이 군서 박람을 통해 역사의 교훈을 얻고 불철주야 국정에 매진하겠다는 의지가 얼마나 강했는지 알 수 있는 내용이다. 그는 먼저 자신이 모범을 보이지 않으면 신하와 백성을 계도할 수 없다고 생각했다. 음식, 의복, 어물(御物) 등 황제가 먹거나 사용하는 물건을 대폭 줄이고 간소화했다. 그는 즉위하자마자 궁녀 3천여 명을 사가로 돌려보냈다. 궁녀는 황궁에서 황제와 황실 구성원을 위해 처녀의 신분으로 입궐하여 한평생 궁궐 밖으로 나가지도 못하고 늙어죽을 때까지 일만 하는 시녀가 아닌가. 아무리 황제의 국가이라도 그처럼 많은 궁녀는 불필요했으며 동시에 그들을 먹여 살리는 데에는 막대한 재원이 필요했다. 당문종은 불쌍한 궁녀들에게 '자유'를 선물했다. 이는 국가의 재정을 절약하는 데 적지 않은 효과가 있었다.

오방(五坊)에서 기르던 매와 사냥개도 모두 풀어주게 했다. 오방은 황제가 수렵을 나갈 때 필요한 온갖 금수를 기르는 관청이다. 이복형 당경종이 수렵과 격구에 미쳐서 국정을 돌보지 않다가 비극적 최후를 맞이한 일을, 당문종은 잘 알고 있었다. 장안의 백성은 더 이상 황제의 수렵 활동에 동원되지 않고 생업에 종사할 수 있었다. 위인설관도 사라졌으며 빈둥대며 녹봉만 축내는 관리들도 정리되었다.

당문종은 사치를 아주 싫어했다. 근검절약만이 최고의 선이었다. 고위 관리들에게 화려한 무늬를 수놓은 비단 관복과 관모를 착용하지 못하게 했다. 대화(大和) 3년(829) 어느 날 당목종의 딸, 의풍공주(義豊公主)의 남편 위처인(韋處仁)이 최고급 비단으로 만든 두건을 머리에 두르고 당문종을 알현했다. 당문종이 싸증을 냈다.

"경의 집안이 평소에 청빈하고 검소한 생활을 한다고 해서 경을 임금의 사위로 간택했지 않았느냐? 이처럼 진귀한 비단으로 만든 두건과 의복은 황실의 종친은 착용할 수 있지만 경은 안 된다."

위처인은 감봉 조치를 당했다. 당문종이 사치를 배격하고 근검절약을 솔선수범한 것은 참으로 존경을 받을 만한 일이었다. 하지만 남루한 옷을 입은 신하는 충신이고 화려한 옷을 입은 신하는 탐관오리라는 이상한 편견을 가지고 있었다. 신하가 착용한 의복을 보고 그를 평가한다는 소문이 삽시간에 퍼졌다. 대소 신료들은 일부러 새 옷을 땅바닥에 문질러 헌 옷으로 만드는 웃지 못할 촌극을 벌였다. 정말로 당문종은 나무만 보고 숲을 보지 못하는 결점이 있었다.

당문종은 틈이 날 때마다 당나라의 저명한 사학자, 오긍(吳兢·670~749)이 지은 『정관정요(貞觀政要)』를 애독했다. 이 책은 당나라의 위대한 군주, 당태종 이세민(598~649)의 집권 시기의 정치, 경제, 문화 등 여러 분야에 대한 역사적 교훈을 서술한 것이다. 오늘날에도 위정자가 반드시 읽어야 하는 불후의 명저로 손꼽힌다.

당문종은 당태종에게 고언(苦言)을 마다하지 않았던 위징(魏徵·580~643)을 너무나 존경했다. 자기 주변에 위징과 같은 간관이 없음을 한탄했다. 위징의 5대 손자 위모(魏謩·794~859)가 있다는 얘기를 듣고 즉시 그를 간의대부로 발탁했다. 간의대부는 임금에게 직언을 하는 막중한 직책이다. 하지만 문종의 기대와는 다르게 위모는 직언을 회피하고 명철보신을 제일의 덕목으로 삼는 관리였다. 당문종은 그가 자신의 기대를 충족하지 못하자 답답한 마음을 금할 수 없었다. 손자가 그의 5대 조상처럼 충직한 인물일 것이라는 판단 자체가 웃기는 생각이었는데도 당문종은 깨닫지 못했다.

당문종은 '교과서 황제'였다. 경전에 나오는 성현의 말씀대로 하면 천하가 저절로 다스려질 줄 알았다. 그런데 세상만사가 어찌 '교과서'의 내용대로 움직이겠는가. 지도자는 대국을 이끌고 궁극적으로 대의를 달성하기 위하여 때로는 권모술수를 부릴 줄 알아야 하며 도덕과 상식 밖의 영역에서도 흙탕물을 뒤집어쓰고 헤쳐 나갈 지혜와 용기가 필요하다. 싫어도 좋은 척, 미워도 좋아하는 척, 사실이 아니어도 사실인 척, 약해도 강한 척, 천변만화의 임기응변이 없으면 말 많고 탈 많은 무리를 이끌고 갈 수 없다.

당문종은 진심으로 성군이 되고자 했다. 학문이 깊은 유학자가 있다는 소문을 들으면 주저하지 않고 궁궐로 초대하여 고담준론을 나누었다. 그가 총애하는 신하들은 대부분 유가의 고상한 선비와 같았다. 청담과 공리공담의 분위기가 조정을 감쌌다. 예나 지금이나 지식인들은 이론에만 밝을 뿐 실천력이 약하고 난세를 헤쳐 나갈 강한 추진력이 부족한 결점이 있다.

국운이 날로 쇠퇴하는 당나라의 암울한 현실을 염두에 두면, 당문종에게 가장 절실하게 필요한 것은 개혁의 강한 의지와 그것을 뒷받침할 강력한 힘이었다. 하지만 그는 성격이 나약하고 결단력이 부족했다. 이론은 잘 알고 있었으나 그것을 실행할 능력이 부족했다.

3. 감로지변: 환관들에게 유폐를 당하다

대체적으로 안사의 난 이후에 환관들이 조정의 정치를 장악하고 국정을 좌지우지했다. 심지어 차기 황제를 옹립하는 일에서도 환관의 입김이 강하게 작용했다. 당목종, 당경종, 당문종 등 3대에 이르는 황제는 환관이 만들어낸 '작품'이었다. 조정 대신들이나 장수들이 환관의 눈치를 볼수밖에 없었던 이유는 당덕종 이래 환관들이 금군의 병권을 장악했기 때문이다. 지방 절도사들과 금군을 통제할 목적으로 황제의 '가노(家奴)'인 환관에게 병권을 맡겼지만 오히려 환관의 세력이 비대해진 결과를 낳았다.

쉽게 말해서 주인이 가장 믿으면서도 멸시했던 머슴이 주인을 자기 머슴으로 만들어버렸다. 머슴은 주인을 섬기지만 주인의 약점을 가장 많이 알고 있으므로 주인이 틈을 보이면 그것을 이용하여 팔자를 바꾸려고 한다.

역대 왕조 역사에 누구보다도 정통한 당문종은 환관의 국정 농단이 망국의 지름길이었음을 잘 알고 있었다. 그 자신도 환관들에 의해 황제로 추대되었지만 그들을 때려잡지 않고서는 허수아비 황제로 전락할 수밖에 없는 냉혹한 현실을 통감했다.

당시 당문종을 황제의 옥좌에 앉힌 왕수징, 양승화, 위종간, 양수겸 등 이른바 '환관 사귀(四貴)'가 조정의 실세였다. 당문종은 황제의 일에 사사건건 간섭하는 그들에게 분노했다. 하지만 당장 그들을 제거할 힘이 부족했다. 무엇보다도 황제를 추종하는 세력을 구축해야 했다. 재야에서 청운의 뜻을 품고 있는 선비들을 조정으로 끌어들여 환관의 '대항마'로 삼고자 했다.

대화(大和) 2년(828) 당문종은 어질고 충직하며 직언을 하는 선비를 널리 구한다는 조서를 반포하게 했다. 전국 각지의 선비들이 장안으로 몰려와 황제가 친히 낸 문제에 책문을 썼다. 이미 과거에 급제한 적이 있었던 유분(劉蕡·?~848)이 『대현량방정직언극간책(對賢良方正直言極諫策)』이라는 유명한 책문을 썼다. 요컨대 환관의 국정 농단을 철저하게 막고, 정치는 조정 대신들에게 맡겨야 하며, 군권은 장수들에게 위임해야만 기울어져가는 국운을 일으킬 수 있다는 직언이었다. 환관을 타도해야 한다는 내용이 핵심이었다.

이 책문을 읽은 시험관들은 너 나 할 것 없이 눈물을 흘리며 천하의 명문이라고 칭찬했다. 당문종도 자신이 평소에 마음에 품었던 생각을 유분이 글로 표현한 것에 감동했다. 누가 읽어봐도 장원은 유분이 차지해야 했다. 그런데 관리로 임용될 예정인 합격자 명부에 유분의 이름이 보이지 않았다. 환관들의 반격을 두려워한 시험관들이 고의로 유분의 이름을 삭제한 것이다. 당문종도 그 사실을 알고 있었지만 속수무책이었다. 집권한 지 얼마 안 되어 친위 세력을 구축하지 못했기 때문이다.

정주(鄭注·?~835)는 출신이 미천하고 성격이 아주 교활한 사람이었다. 그런데 의술이 뛰어나 전국 각지를 돌면서 고위 관리들의 질병을 치료하여 명성을 얻었다. 양양절도사(襄陽節度使) 이소(李愬)의 천거로 장안에 와서 환관 왕수징의 측근이 되었다. 태화(太和) 8년(834) 당문종이 중풍에 걸려 말을 더듬게 되었다. 정주가 조제한 탕약을 먹고 병이 씻은 듯이 나아지자 그를 어사대부로 임명하고 총애하기 시작했다. 정주는 대단한 야심가였다. 자신을 키워 준 권력자 왕수징 앞에서는 그가 죽으라면 죽는 시늉까지 할 정도로 복종했지만, 환관에게 능멸을 당한 원한이 있었기 때문에 가슴속에는 칼을 품고 있었다.

이훈(李訓·?~835)도 환관 왕수징의 측근이었다. 주역(周易)에 능통하여 당문종의 환심을 샀다. 국자감박사, 한림학사, 동평장사 등 요직을 역임했다. 당문종은 왕수징에게 빼앗긴 권력을 되찾고 싶었다. 국정을 논의한다는 명목으로 수시로 정주와 이훈을 대전으로 불러들였다. 왕수징은 당문종과 두 사람의 만남을 조금도 의심하지 않았다. 오히려 자기가 두 사람을 통해 당문종을 조종하고 있다고 생각했다.

정주와 이훈은 황제의 속마음을 꿰뚫고 있었다. 왕수징을 제거하여 공신이 되고 싶었다. 하지만 병권을 쥔 왕수징을 직접 살해하는 일은 목숨을 건 도박이었다. 정적을 제거하는 데 정적 내부의 갈등을 이용하는 것만큼 좋은 방법은 없었다. 두 사람은 환관들의 권력 구도를 면밀히 살폈다.

왕수징이 실권자였으나 또 다른 환관 구사량(仇士良·781~843)도 그에 버금가는 실세였다. 왕수징과 구사량은 평소에 사이가 나빴다. 왕수징이 구사량을 자기 부하로 여기고 함부로 했기 때문이다. 당문종은 구사량을 전격적으로 좌신책군의 중위(中尉)로 임명했다. 중위는 좌신책군의 최고 계급이었다. 또 왕수징의 반발을 무마하기 위하여 그를 좌우신책군의 관군용사(觀軍容使)로 임용했다. 관군용사는 실권이 없는 명예직이었다.

졸지에 병권을 빼앗긴 왕수징은 태화 9년(835)에 저택에서 당문종이 보낸 독주를 마시고 죽었다. 왕수징을 제거한 공로로 이훈은 재상으로 발탁되었고, 정주는 봉상절도사(鳳翔節度使)로 부임했다. 정주가 지방의 절도사로 파견된 것은 이훈과 정주 사이의 미묘한 갈등 때문이었다. 두 사람은 환관 제거에는 뜻을 같이 했으나 당문종의 총애를 놓고 은밀한 경쟁을 벌였다. 당문종은 교활한 정주보다는 충직한 이훈을 마음에 두었다. 당문종은 정주와 이훈의 도움으로 환관의 우두머리 왕수징을 제거한 뒤 계속 환관 세력을 발본색원하고자 했다. 다음 목표는 구사량이었다.

태화 9년(835) 11월 당문종은 자신전(紫宸殿)에 행차했다. 좌금오대장군 한약(韓約)이 문무백관이 도열한 가운데 당문종에게 아뢰었다.

"어젯밤 좌금오위 관청의 뒷마당 석류나무에 감로(甘露)가 내려앉아있는 모습을 보았습니다. 감로는 천하가 태평할 때 하늘에서 내린다는 상서로운 단 이슬이 아닙니까? 폐하께서 선정을 베풀어 하늘이 감동한 결과입니다. 친히 왕림하시어 감상하시기 바랍니다."

재상 이훈은 대신들을 거느리고 가서 당문종에게 하례했다. 흥분을 감추지 못한 당문종은 좌금오위 관청으로 행차하기 전에 이훈에게 정말로 감로가 있는지 확인하게 했다. 이훈이 다녀온 뒤 이렇게 아뢰었다.

"폐하! 신이 보기에는 진짜 감로가 아닌 것 같습니다. 서둘러 가서

감상하시기 보다는 먼저 측근을 보내시어 자세히 살펴본 연후에 결정하
시는 게 좋겠습니다."

당문종은 즉시 신책군의 중위 구사량에게 좌금오위의 관청으로 가보
게 했다. 사실 감로가 석류나무에 내려앉아있다는 얘기는 당문종과 이훈
그리고 한약이 꾸며낸 것이었다. 구사량을 좌금오위로 유인하여 살해할
음모였다. 어쨌든 구사량은 어명을 받들어야 했다. 하지만 분위기가 심상
치 않음을 느끼고 한약과 함께 가겠다고 했다. 두 사람이 좌금오위 관청
문에 이르렀을 때 한약이 불안한 표정을 감추지 못하고 식은땀을 흘렸다.
구사량이 물었다.

"한 장군! 추운 날씨에 땀을 흘리다니. 왜 이렇게 안절부절못하오?"

마침 겨울바람이 대문에 걸려있는 장막을 휘날리게 했다. 장막 안에
무장한 병사들이 숨어있음을 눈치 챈 구사량은 황급히 당문종이 있는 함
원전(含元殿)으로 달려갔다. 병변이 일어났음을 알리고 당문종을 어가에
태워 내전으로 들어간 뒤 궁문을 봉쇄했다. 당문종은 졸지에 구사량이 동
원한 신책군 장졸들의 보호를 받는 처지가 되었다.
　일반적으로 '쿠데타'가 일어났을 때 최고 통치자의 신변을 누가 확보
하느냐에 따라 성패가 결정되는 법이다. 설령 그가 허수아비일지라도 국
가를 상징하는 인물이며 그의 명의로 법령과 명령을 집행할 수 있기 때문
이다.
　당문종의 신변을 확보하는 데 성공한 구사량은 이훈 일파를 닥치는
대로 살해했다. 이훈은 하급 관리가 입는 녹색 관복을 입고 종남산의 사
원으로 달아났지만 지방 관리들에게 잡혀 살해당했다. 정주도 봉상(鳳翔)

에서 군사를 이끌고 오는 길에 환관에게 피살되었다.

　　장안성은 순식간에 '인간 도살장'으로 변했다. 성 밖으로 달아나지 못한 조정 대신들은 모조리 피살되었다. 환관들이 평소에 미워한 관리 6백여 명도 반역죄로 처단되었다. 재상 왕애(王涯·764~835)는 병변과 관련이 없었지만 환관들의 무자비한 살육에 놀라 달아났다가 붙잡혀 허리가 잘리는 형벌을 당했다. 상인, 농민 등 병변과 무관한 자들은 혼란한 틈을 타서 평소에 원한을 품을 자들을 살해하거나 남의 물건을 약탈했다. 천여 명이 백성이 무법천지 속에서 희생되었다.

　　당문종이 감로 감상을 구실로 구사량 등 환관 세력을 제거하려다가 실패한 이 사건을 '감로지변(甘露之變)'이라고 한다. 사건 직후에 대신들이 대부분 살해되었거나 도망갔기 때문에 조회를 제대로 열 수 없을 지경이었다.

　　구사량은 배후 인물이 당문종이었음을 알고 있었으나 그를 시해하지 않았다. 환관인 자신이 아무리 막강한 권력을 쥐어도 황제가 될 수는 없었다. 당문종을 유폐하고 난 뒤에 실질적인 권력을 행사하는 게 유리했다. 음침한 궁궐에 유폐된 당문종은 고양이 앞의 쥐 신세가 되었다. 곁에서 시중을 드는 환관들조차도 그를 무시하기 일쑤였다. 우울증이 날이 갈수록 심해져 말문을 닫았다. 그가 하는 일이란 우울한 마음을 달래고자 음주와 시 창작뿐이었다. 개성(開成) 4년(839) 어느 날 당문종은 당직학사 주지(周墀·793~851)에게 은밀히 물었다.

　　"짐을 주(周)나라 난왕(赧王), 한(漢)나라 헌제(獻帝)와 비교하면 짐의 처
　　지가 어떠한가?"

　　주나라 난왕 희연(姬延·?~BC 256)은 주나라의 마지막 황제이며, 한나라

헌제 유협(劉協·181~234)은 한나라의 마지막 황제이다. 두 사람 모두 신하들에게 능멸을 당하고 망국의 군주가 된 비운의 황제였다. 당문종의 뜻밖의 질문에 깜짝 놀란 주지가 대답했다.

> "폐하의 어진 덕행은 주나라 성왕(成王), 강왕(康王)과 한나라 문제(文帝), 경제(景帝)와 비교해도 조금도 손색이 없습니다. 그런데 어찌하여 망국의 군주와 비교할 수 있겠습니까."

주나라 성왕 희송(姬誦·?~BC 1021), 강왕 희쇠(姬釗·?~?), 한문제 유항(劉恒·BC 203~BC157), 한경제 유계(劉啟·188~BC141) 등은 모두 자신들의 치세를 태평성대로 이끈 유명한 성군이다. 주지는 환관들에게 무시를 당하고 있는 당문종의 처지를 안타깝게 생각했으나 인품과 덕행에서 만큼은 성군이나 다름없다고 위로한 것이다. 당문종은 처량한 표정을 짓고 말했다.

> "그래도 난왕과 헌제는 신하들에게 통제를 당했소. 그런데 짐은 황실 집안의 노예들에게 능멸을 당하고 있으니 너무나 수치스럽고 비통할 따름이오."

남자도 아닌 그렇다고 여자도 아닌 가장 천한 환관들의 꼭두각시가 된 사신이 얼마나 비참했으면 이런 말을 했겠는가. 두 사람은 서로 부둥켜안고 통곡했다. 개성 연간에 심한 가뭄이 지속되고 메뚜기떼가 농작물을 갉아먹어 백성들이 기아에 허덕이자, 당문종은 황위를 양위하고 물러날 뜻을 밝히기도 했다. 개성 5년(840) 1월 4년여 동안 유폐 생활을 하여 심신이 지칠 대로 지친 당문종은 30세를 일기로 대명궁의 태화전에서 붕어했다. 구사량은 당목종 이항의 다섯째아들 이염(李炎)을 새 황제로 추대했다. 훗날 세상 사람들은 당문종을 "제왕의 도는 있었으나, 제왕의 재능은 없었다."라고 평가했다.

제 **16** 장

당무종 이염

제16장

당무종 이염

1. 성장 과정과 황위 계승

15대 황제 당무종(唐武宗) 이염(李炎·814~846)은 당헌종 이순의 시대인 원화(元和) 9년(814)에 당시 태자였던 당목종 이항의 다섯째아들로 태어났다. 원래 이름은 이전(李瀍)이다. 당경종 이담과 당문종 이앙의 이복동생이다. 생모는 선의황후(宣懿皇后) 위씨(韋氏)이다.

이염은 아버지 당목종이 즉위한 후인 장경(長慶) 원년(821)에 영왕(潁王)으로 책봉되었다. 이복형 당문종의 시대에는 개부의동삼사(開府儀同三司), 검교이부상서(檢校吏部尚書) 등 관직을 맡았다. 검교이부상서는 일종의 명예직으로 실권이 없었다. 그도 젊은 시절에 당문종처럼 환관들의 눈치를 보며 은인자중했다.

당문종은 즉위 초부터 태자 책봉을 서둘렀다. 그에게는 장남 노왕(魯王) 이영(李永·?~839)과 차남 장왕(蔣王) 이종검(李宗儉), 두 어린 아들이 있었

418 당나라 역대 황제 평전

다. 당연히 장남 이영이 태자로 책봉되어야 했다. 하지만 당문종은 머리가 나쁘고 노는 일에만 몰두하는 장남을 싫어했다. 그를 태자로 책봉하면 당나라의 미래가 암울할 게 분명했다. 이복형 당경종의 장남 진왕(晉王) 이보(李普)가 눈에 들어왔다. 그도 어린아이였으나 총명한 기운이 넘치고 이목구비가 수려했다.

당문종은 이보가 성장하면 그를 태자로 책봉할 결심을 했다. 하지만 이보는 태화(太和) 2년(828)에 불과 5세의 나이에 요절했다. 그의 죽음에 충격을 받은 당문종은 그를 도회태자(悼懷太子)로 추증한 후, 더 이상 태자 책봉 문제를 거론하지 않았다.

그런데 언제까지 태자의 자리를 비워 둘 수는 없었다. 못난이 아들 이영을 잘 가르쳐서 후계자로 삼는 수밖에 없었다. 당대 최고의 학자들을 초빙하여 그를 가르치게 했다. 태화 6년(832) 마침내 적장자 이영이 태자로 책봉되었다. 그런데 이영은 제왕의 재목이 아니었다. 음주가무를 일삼았다. 설상가상으로 이영의 생모 왕덕비(王德妃)가 당문종의 총애를 잃었다. 생모가 버림을 받으면 그녀가 낳은 아들도 냉대를 받는 시대였다.

당문종은 양현비(楊賢妃)를 가장 총애했다. 그녀는 당문종의 아들을 낳지 못했지만 방중술로 황제를 사로잡았다. 태자 이영이 차기 황제가 되면 자신은 머리를 깎고 비구니가 되어야 할 가련한 처지였다. 그래서 태자 이영과 왕덕비를 끊임없이 모함했다. 태자 이영은 약점이 워낙 많았기 때문에 그녀의 모함이 쉽게 먹혀 들어갔다. 당문종은 조회(朝會)에서 대신들에게 이렇게 말했다.

"태자는 너무 많은 잘못을 저질렀도다. 그에게 당나라 천하를 넘겨줄 수 없구나. 경들은 당장 태자 폐위를 논하기 바란다."

느닷없이 태자 폐위라는 얘기를 들은 대신들은 깜짝 놀랐다. 그들은 간곡하게 아뢰었다.

"태자는 아직 젊은 나이입니다. 과오를 저질렀지만 얼마든지 개과천선 할 수 있습니다. 더구나 태자는 천하의 근본이므로 쉽게 폐위할 수 없습 니다. 폐하께서 태자를 용서해주시기를 엎드려 바라옵니다."

젊은 태자가 좀 방탕한 생활을 했다고 해서 폐위를 당할 정도로 심각한 잘못을 저지른 게 아니라고 대신들은 주장했다. 그들의 간곡한 설득을 받아들인 당문종은 폐위 문제를 더 이상 거론하지 않았다. 태자 이영은 대신들의 적극적인 변호 덕분에 간신히 폐위를 면할 수 있었지만 정신적으로 큰 상처를 입었다. 당문종도 '감로지변' 이후에 허수아비 황제로 전락했다. 이영을 지켜주는 사람은 아무도 없었다. 개성 3년(838) 이영의 생모 왕덕비가 죽었고, 개성 4년(839)에는 이영도 죽었다. 두 사람 모두 양현비에게 살해당했다.

당문종은 장남 이영이 억울하게 죽임을 당한 사실을 뒤늦게 알고 피눈물을 흘렸다. 진상을 밝히고 싶었으나 그럴 능력이 없었다. 그는 심신이 피폐해져서 살날이 얼마 남지 않았음을 직감했다. 새 태자를 책봉하지 않고서는 도저히 눈을 감을 수 없었다. 개성 4년(839) 이복형 당경종의 막내아들 진왕(陳王) 이성미(李成美·?~840)를 태자로 결정하고 길일을 택해 책봉 의식을 거행하기로 했다.

개성 5년(840) 1월 병석에 누운 당문종은 환관 유홍일(劉弘逸), 재상 이각(李珏), 양사복(楊嗣復) 등 측근들에게 밀지를 내려 태자 이성미의 감국(監國)을 돕게 했다. 하지만 신책군을 장악하고 있었던 두 환관, 구사량(仇士良)과 어홍지(魚弘志)가 반대했다. 이성미는 나이가 너무 어리고 병약하다는 이유를 들었다. 두 사람은 즉시 조서를 위조하여 당목종 이항의 다섯째아들 영왕 이염을 궁궐로 데리고 왔다. 당문종에게 이염을 황태제(皇太弟)로 책봉하라고 협박했다. 태자 이성미는 진왕의 저택에 감금되었다.

또 구사량을 따르는 환관의 무리와 대신들 사이에 긴장감이 돌았다. 재상 이각이 부당함을 역설했지만 병권을 쥔 구사량의 상대가 되지 못했다. 당문종은 구사량의 협박에 굴복하여 이염을 황태제로 책봉한다는 조서를 반포하게 했다. 며칠 후 당문종은 한 많은 인생을 마감했다. 구사량은 당문종의 유지를 조작하여 황태제 이염을 새 황제로 옹립했다. 이염의 나이 27세 때의 일이었다.

이염도 환관 세력에 의해 황제로 추대되었다. 다음 해부터 연호를 회창(會昌)으로 정했다. 태자 이영, 왕덕비를 죽음으로 몰고 갔던 양현비, 한때 태자로 책봉되었다가 다시 진왕으로 강등된 이성미는 모두 어명을 받고 자살했다. '대권'에 도전한 자들의 비참한 최후였다. 물론 환관 구사량이 배후에서 사주했다.

2. 황제의 권력을 강화하고 외우내환을 극복하다

당무종을 손아귀에 넣은 구사량은 당무종의 즉위 직후에 그에게 논공행상을 벌이게 했다. 짜인 각본에 따라 일등공신 구사량은 초국공(楚國公)으로, 어홍지는 한국공(韓國公)으로 책봉되었다. 당무종은 구사량의 위협에 굴복하여 측근 환관 유홍일을 죽이지 않을 수 없었다. 진왕 이성미를 지지했던 재상 이각과 양사복은 다행히 죽음을 모면하고 지방 관리로 좌천되었다.

당나라 조정은 완전히 구사량에 의해 좌지우지되었다. 그런데 당무종은 구사량에게 굴복한 이복형 당문종과는 달랐다. 생각이 깊고 모든 일을 주도면밀하게 처리했다. 구사량의 국정 농단을 마음속으로 통탄하는 것에만 그치지 않고 그를 제거할 방법을 치밀하게 모색하기 시작했다.

하지만 결점도 있었다. 무인 기질을 타고난 그는 수렵을 너무 좋아했다. 말을 타고 궁궐을 벗어나면 며칠이 지나도 돌아오지 않았다. 또 밤이면 미복을 하고 저잣거리의 기방에 불쑥 들어가 기생들과 난잡한 술판을 벌였다. 심지어 광대로 분장하고 광대들과 함께 연극을 연출하기도 했다. 구중궁궐이 이미 환관들의 세상이 되었고 조정 대신들이 그들의 눈치를 보는 상황에서는 황제의 권력을 되찾기 위한 어떤 노력도 수포로 돌아갈 수밖에 없었다.

다행하게도 당무종은 귀가 열려있는 황제였다. 회창 원년(841) 당무종이 경양현(涇陽縣)으로 수렵을 나가 한밤중에 환궁했다. 고소일(高少逸), 정랑(鄭郎) 등 간의대부들이 당무종에게 간했다.

"근래 폐하께서 빈번하게 수렵을 나가십니다. 수렵 장소도 도성에서 너무 떨어져 있으며 새벽에 나가시면 한밤중에 돌아오시는 일이 다반사입니다. 폐하의 무분별한 수렵 활동 때문에 국정이 날로 어지러워지고 있습니다."

무안해진 당무종은 즉시 자신의 잘못을 시인했다. 그들이 물러나자 재상들에게 이렇게 말했다.

"조정에 간관(諫官)을 설치한 목적은 그로 하여금 조정 정치의 득실을 거리낌 없이 직언하라는 것에 있소. 짐은 언제든지 직언을 듣겠소."

당무종은 인재를 알아보는 능력이 뛰어났다. 강직하기로 유명한 이덕유(李德裕·787~850)가 그의 눈에 들어왔다. 그는 당헌종, 당목종, 당경종, 당문종 등 사조(四朝)에 걸쳐 재상을 역임하면서 수많은 공적을 세웠으나 당파 싸움에 휘말려 모함을 받고 지방의 한직을 전전했다. 당문종 때에는 회남절도사로 부임하여 양주(揚州: 지금의 강소성 양주)에 있었다. 당무종은 그를 조정으로 불러들여 재상으로 임명했다. 이덕유는 당무종을 배알하자마자 간곡하게 간했다.

"폐하께서 그릇됨과 올바름을 분별하시고 국정을 정직한 신하들에게 위임하셔야 만이 조정의 정치가 잘 다스려질 수 있습니다. 신은 이미 붕어하신 선대의 황제에게 진언했으나 신의 소견이 받아들여지지 않았습니다. 정직한 사람은 소인이 사악하다고 말합니다. 소인도 정직한 사람이 사악하다고 말합니다. 누구의 말이 맞는지 어떻게 분별할 수 있을까요? 식물을 예로 들어 설명하겠습니다. 소나무와 잣나무는 고고한 자태를 드러내며 우뚝 솟아 있으면서 어떤 나무에게도 기대지 않습니다. 겨우살이와 담쟁이덩굴은 그렇지 않습니다. 나약하여 홀로 설 수 없기 때문에 반드시 다른 나무에 기생해야 합니다. 따라서 정직한 사람은 한마음으로 임금을 섬길 뿐이지, 다른 사람의 도움을 기대하지 않습니다. 이와 반면에 사악한 사람은 반드시 무리를 지어 서로 자신의 결점을 감추고 나쁜 짓을 벌입니다. 백성의 임금이 된 자는 이 점을 분별해야 만이 미혹에 빠지지 않습니다."

이덕유는 또 당무종에게 수렵 활동을 줄이고 주색잡기를 멀리하라고 간했다. 국정은 중서성(中書省) 중심으로 운영되어야 하고, 재상이 실질적인 권한을 행사할 수 있게 해야 한다고 주장했다. 재상의 재위 기간이 길면 부정부패의 폐단이 있으므로 임기제 도입을 건의했다. 또 환관이 병권을 장악하는 일을 법으로 엄격하게 금지해야 한다고 했다.

이덕유는 '법치주의자'였다. 법이 제대로 작동하지 않았기 때문에 부정부패가 만연하고 탐관오리가 득실거린다고 보았다. 당무종은 그의 건의를 모두 수용했다. 회창 원년(841) 1월 이런 조서를 반포했다.

> "조정에서 내리는 형벌은 누구에게나 공평하게 적용되어야 한다. 관리들이 뇌물을 받고 법을 어기면 지위고하를 막론하고 처벌해야 한다. 조정의 문무백관도 비단 34 필 이상을 뇌물로 받으면 모두 극형에 처한다."

당무종의 확고한 의지와 이덕유의 치밀한 국정 운영 덕분에 조정에 혁신의 바람이 불었다. 올곧은 젊은 사대부들이 이덕유의 추천으로 조정으로 들어왔다. 오랫동안 환관들에게 억눌려 지냈던 대신들도 이덕유를 중심으로 뭉치기 시작했다.

구사량은 이덕유의 혁신 조치가 자신의 목을 겨눈 칼끝임을 직감했다. 음모를 꾸며 그를 죽여야 했다. 회창 2년(842) 구사량은 신책군의 장졸들에게 이렇게 말했다.

> "재상 이덕유가 천자의 칙서를 멋대로 조작하여 너희들에게 지급하는 양식, 의복, 말먹이 등 보급품을 줄이려고 한다. 당장 관청으로 달려가 항의해야 한다."

황제를 보위하고 황궁을 지키는 신책군은 언제나 최고의 대우를 받는 금군이다. 그들에게 주는 보급품을 줄이면 그들은 당연히 반발할 것이다.

구사량은 이 점을 이용하여 이덕유를 제거하려고 했다. 신책군의 장졸들이 동요하기 시작했다. 구사량의 음모를 간파한 이덕유는 황급히 당무종을 배알하여 진상을 아뢰었다. 진노한 당무종이 장졸들에게 말했다.

"칙서의 내용은 짐의 뜻을 나타낸 것이다. 재상과는 아무런 관계가 없는데도 너희들은 왜 경거망동하는가?"

당무종의 단호한 의지에 놀란 장졸들은 아무 말도 하지 못하고 복종했다. 구사량은 신책군이 자기 뜻대로 움직이지 않자 불안한 마음을 금할 수 없었다. 회창 3년(843) 늙고 병에 걸렸다는 것을 구실로 고향으로 돌아가 몇 개월 은거하다가 63세를 일기로 죽었다.

당무종은 그를 양주대도독으로 추증하여 우대했지만 사실은 눈엣가시가 저절로 사라진 셈이었다. 그가 죽은 지 1년 후에 그의 저택에서 대량의 무기가 발각되었다. 삭탈관직을 당했고 가산을 몰수당했다. 죽은 정적은 일단 그의 공로를 치하한 후 다른 사건을 조작하여 그를 철저하게 매장하는 중국 왕조 시대의 상투적 수법이었다.

어쨌든 구사량의 몰락은 환관 세력의 몰락이기도 했다. 당무종의 통치 시기에는 환관은 더 이상 금군을 통제하지 못했으며, 황제를 수발드는 일 외에는 국정에 개입할 수 없었다. 조정 대신들은 비로소 환관의 속박에서 벗어나 직책에 맞는 업무를 수행할 수 있었다. 지방의 절도사들도 환관의 이른바 '감군(監軍)'을 받지 않고 어명에 따라 군내를 지휘할 수 있었다. 감군이란 환관이 군대를 감시하고 통제하는 일을 말한다. 군사에 대하여 문외한인 환관들이 오랜 세월 동안 절도사들의 '상전' 노릇을 한 것은 일부 절도사들이 반란을 일으키는 구실이 되었다. 관군 전투력의 약화 요인이기도 했다.

회창 1년(841) 회흘(回紇)에 가뭄이 들어 아사자가 속출했다. 회흘의 군주, 오개가한(烏介可汗·?~846)이 가축, 양식 등 대량의 원조물자를 당나라 조정에 요구했다. 회흘은 안사의 난이 일어났을 때 당나라 조정을 도운 공로가 있었다. 당무종은 이덕유의 건의를 받아들여 회흘에 양식을 보내주었다. 회창 2년(842) 오개가한이 또 가축과 양식뿐만 아니라 천덕성(天德城), 진무성(振武城) 등 북방 변경 지방의 성을 빌려달라고 했다. 사실은 당나라가 쇠퇴한 틈을 타서 강제로 당나라 북방의 영토를 빼앗을 속셈이었다.

오개가한의 의도를 간파한 당무종은 양식은 줄 수 있어도 성은 빌려줄 수 없다고 했다. 타산이 맞지 않으면 즉시 행동을 취하는 게 유목국가 회흘의 전통이었다. 같은 해 8월 오개가한이 정예 기병을 이끌고 남하했다. 대동천(大同川: 지금의 내몽고 대나태진·大奈太鎮)을 건너 소와 말 수만 마리를 약탈하고 운주성(雲州城: 지금의 산서성 대동·大同)까지 진격했다. 운주자사 장헌절(張獻節)이 성문을 굳게 닫고 항전했다. 오개가한은 일단 철수했다가 회창 3년(843) 1월에 또 진무성을 공격했다.

당무종은 이덕유의 계책에 따라 회흘군을 공격하게 했다. 천덕방어부사(天德防御副使) 석웅(石雄)이 부하들에게 진무성 안에서 성 밖으로 지하 갱도 10개를 파게 했다. 갱도가 완성되자 당군은 야음을 틈타 오개가한이 병사들을 지휘하고 있는 군막을 급습했다. 기습을 당한 오개가한과 회흘군은 무기를 버리고 황급히 달아났으나, 살호산(殺胡山: 지금의 내몽고 한산·罕山)에서 당군에게 전멸을 당했다. 오개가한은 부하에게 피살당했다.

안사의 난 이후 국력이 점차 쇠약해져서 북방 소수 민족 국가들의 침략을 끊임없이 받았던 당나라로서는 오랜 세월 만에 이룬 대첩이었다. 당무종이 이덕유의 계책을 따르지 않았다면 승리를 장담할 수 없는 싸움이었다.

회창 3년(843) 소의절도사(昭義節度使) 유종간(劉從諫·803~843)이 병으로 사망했다. 그의 조카 유진(劉稹·?~844)이 곽의(郭誼), 유광주(劉匡周) 등 부하 장수들의 추대를 받고 소의절도사를 자처했다. 한편으로는 자신을 소의절도사의 유후(留后)로 책봉해달라고 조정에 요구했다. 소의절도사는 지금의 산서성과 하북성 일대를 통치한 지역 패권자였다. 유진은 유종간의 후계자가 되어 소의(昭義) 지방을 계속 다스리고자 했다.

하지만 이덕유가 사신을 보내 그의 요청을 거절했다. 안사의 난 이후에 절도사가 사망하면 그의 아들이나 친족이 관직을 세습하는 폐단을 바로잡기 위한 조치였다. 당장 경사 장안으로 와서 어명을 따르라고 했다. 어명을 따르지 않으면 반역죄로 처벌하겠다고 공언했다.

유진은 복종보다 반란을 선택했다. 또 중앙 정부와 지방 군벌 간의 충돌이 불가피했다. 이덕유는 유진의 반란을 철저하게 진압하여서 다른 절도사들에게 조정의 명령을 거부하면 패가망신한다는 교훈을 심어주어야 했다.

당무종은 이덕유의 절도사로 절도사를 토벌하자는 이이제이의 전법을 받아들였다. 성덕절도사(成德節度使) 왕원규(王元逵), 충무절도사(忠武節度使) 왕재(王宰) 등 절도사들이 택주(澤州: 지금의 산서성 진성·晉城), 형주(邢州·지금의 하북성 형대·邢台) 등 소의 지방의 요충지를 공격하여 함락했다. 소의절도사의 지휘부가 있는 노주(潞州: 지금의 산서성 장치·長治)가 공황에 빠졌다. 유진의 부하 장수 곽의 등이 유진을 살해하고 투항했다. 유진의 잘린 머리는 장안성의 저잣거리에 내걸렸으며, ㄱ의 일족은 모조리 도륙을 당했다. 주인을 배신하고 조정에 투항한 곽의도 장안으로 끌려가 참수를 당했다. 투항한 자도 배신자는 절대 용납할 수 없다는 이덕유의 확고한 방침 때문이었다.

결국 유진이 일으킨 반란은 1년여 만에 완전히 진압되었다. 당무종은 재상 이덕유의 건의를 적극 수용하였다. 이덕유는 당무종을 위해 헌신했기 때문에 당무종의 통치 기간에 지방 절도사들의 발호를 막을 수 있었다. 이는 황제의 권력이 다시 강화되고 조정 중심의 국정 운영을 담보할 수 있게 했다. 회창 4년(844) 이덕유가 당무종에게 삼가 아뢰었다.

"업무를 줄이는 것보다 관직을 줄이는 것이 낫습니다. 관직을 줄이는 것보다 관리를 줄이는 것이 낫습니다. 아무런 일도 하지 않고 녹봉만 타 먹는 관리들을 줄이는 일이 국가를 올바르게 다스리는 근본입니다."

쉽게 말해서 위인설관(爲人設官)하지 말고 놀고먹는 '공무원'들을 모두 잘라야 한다는 주장이다. 지방 관리들의 원성이 자자했다. 상소가 매일 올라왔다. 그들의 '조직적인 저항'에 당무종은 눈썹 하나 까딱하지 않았다. 이덕유의 건의대로 놀고먹는 관리 2천여 명을 잘랐다.

당무종은 재위 6년 만에 세상을 떠나는 바람에 망해가는 당나라를 부흥시킬 수 없었다. 하지만 '만고의 어진 재상'이자 관중, 상앙, 제갈량, 왕안석, 장거정 등과 더불어 중국 봉건왕조 시대 6대 정치가 중의 한 명으로 꼽는 이덕유를 중용하여 당나라 역사에서 잠시 '회창중흥(會昌中興)'을 이룰 수 있었다.

3. 도교를 맹신하고 불교를 탄압하다

당나라의 국가 종교는 건국 초기부터 불교가 아니라 도교였다. 위진 남북조 시대(220~589)부터 수나라(581~619)에 이르는 동안 중국인의 사유 세계를 지배하면서 끊임없이 발전한 불교는 당나라의 무측천 시대에 이르러 전무후무한 번영을 누렸지만, 황실에서는 그 세력이 도교에 밀리고 말

앞다. 당나라를 건국한 이연은 도교의 창시자, 노자를 이씨 황실 집안의 시조로 받들어 모셨다. 노자의 성이 이씨(李氏)라는 이유를 들어 자기가 노자의 자손이라고 주장했다.

그렇지만 이연이 노자를 섬긴 진짜 이유는 따로 있었다. 수나라 말기에 천하 대란이 일어났을 때, 1천여 년 전에 죽은 노자가 이씨 성을 가진 영웅으로 환생하여 도탄에 빠진 백성을 구한다는 소문이 파다하게 퍼졌다. 이연은 바로 이 점을 염두에 두고 노자를 추종했다. 이때부터 노자는 당나라 역대 황제들로부터 황제로 추증되었다. 황제의 권력과 도교는 긴밀하게 연결되어 당나라의 통치 이념이 되었다.

그런데 도교는 노자가 설파한 진리의 '아이콘' 도(道)와 무위자연(無爲自然)을 뛰어넘어 불노장생을 추구하는 신선 사상으로 변질되어 많은 문제점을 일으켰다. 신선술을 익히고 불로초와 단약을 먹으면 영원히 죽지 않고 신선이 된다는 황당무계한 얘기가 당나라 황제들을 미혹에 빠트렸으며 죽음의 길로 재촉했다.

당무종은 도교를 맹신한 대표적인 황제였다. 즉위한지 8개월 만에 도사 조귀진(趙歸眞·?~846) 등 도사 81명을 황궁으로 초대하여 도교 사원을 건축하게 했다. 조귀진은 이미 당경종 때부터 황궁을 드나들며 신선술로 황제의 마음을 흐리게 한 자였다. 당무종은 조귀진을 스승으로 섬겼다. 조귀진은 그에게 신선이 되는 비법을 가르쳤다. 또 당무종은 인덕전(麟德殿)의 구천단(九天壇)에서 도교의 술서인 '법록(法籙)'을 옥황상제로부터 전수받는 의식을 서행했나.

황궁 곳곳에 사원이 들어서고 당무종의 총애를 등에 업은 도사들이 활개를 치자, 도교를 혹세무민의 종교로 간주한 신하들이 큰 충격을 받았다. 황제의 언행을 바로잡을 책무가 있는 좌보궐(左補闕) 유언모(劉彦謨)가 당무종에게 간곡하게 간했다가 지방의 한직으로 좌천을 당했다. 재상 이덕유도 당무종의 일탈 행위를 더 이상 묵과할 수 없었다.

"조귀진은 경종 황제 시대에 사악한 술수로 선황제를 미혹에 빠트린 죄인입니다. 폐하께서는 그런 자를 가까이 해서는 안 됩니다."

당무종은 그렇지 않다는 표정을 띠고 말했다.

"짐은 한가할 때 그와 도교를 논하면서 번뇌를 씻고자 할 따름이오. 국가의 중대사는 반드시 경들과 의논하여 처리하겠으니 걱정 마오."

종교와 정치를 분리하겠으니 개인의 신앙에 대하여 이러쿵저러쿵하지 말라는 뜻이었다. 이덕유는 당무종이 도교의 교리에 관심이 있는 게 아니라 신선이 되려는 허황된 욕망으로 도사들을 가까이 하는 것을 잘 알고 있었다. 또 이렇게 간했다.

"소인이 이익을 추구하는 행위는 불나방이 미친 듯 불로 달려드는 것과 같습니다. 최근에 재물을 가득 실은 수레가 조귀진의 집 앞으로 몰려들고, 많은 사람들이 그가 폐하의 총애를 받고 있다는 사실을 알고 그와 사귀려고 아우성이라는 얘기를 신이 들었습니다. 폐하께서는 그를 각별히 경계해야 합니다."

당무종은 이덕유의 시국에 대한 건의는 모두 수용했다. 하지만 도사 조귀진을 멀리하라는 충고는 끝내 듣지 않았다. 장생불사할 수 있다는 허망한 욕망에 빠졌기 때문이었다. 조귀진이 당무종에 이런 말을 했다.

"석가모니가 창시했다는 불교는 본래 우리 중국의 고유 종교가 아닙니다. 불교가 중국에 전파된 이래 그를 따르는 무리는 전국 각지에 수많은 사찰을 건축하고 규모가 엄청나게 큰 장원을 보유하고 있습니다. 그들은 세금 한 푼 내지 않으며 징집과 노역의 의무도 면제받으면서 백성들의 고혈을 빨아먹고 있습니다. 사찰을 정리하지 않고 승려의 인원을 줄이지 않으면 국가의 큰 화근이 될 것입니다."

무측천이 남녀 차별을 부정한 불교를 통하여 여자 황제의 정당성을 확보한 이래, 불교는 전성기를 맞이했다. 하지만 조귀진의 지적처럼 불교의 폐단이 심각했던 것도 엄연한 사실이었다. 일반적으로 종교가 극성하면 놀고먹는 종교인들이 폭발적으로 늘어나 국가의 생산력을 저하시키는 문제가 있다. 당나라의 불교도 예외가 아니었다. 당무종은 조귀진의 견해에 전적으로 찬동했다. 조귀진은 한 걸음 더 나아가 불교를 철저하게 탄압할 목적으로 전국의 도사들에게 이런 유언비어를 퍼뜨리게 했다.

"이씨(李氏)의 18번째 아들이 다스리는 왕조의 국운은 쇠퇴하고 검은 옷을 입은 천자가 천하를 다스릴 것이다."

당시 불교 승려는 검은 색 가사를 입었다. 이씨가 다스리는 당나라가 망하고 승려가 천하를 다스릴 것이라는 소문이 방방곡곡에 퍼졌다. 당무종은 수렵을 나가시 우연히 이 악의에 찬 소문을 듣고 진노했다. 너구나 재상 이덕유도 평소에 불교의 폐단을 심각하게 여기고 있었기 때문에 너무나 많은 불교 사찰과 승려들을 정리해야 한다고 주장했다.

마침내 당무종은 불교를 탄압하기 시작했다. 먼저 '검은 색 옷을 입은 천자'가 나타나는 것을 막으려면 검은 색을 띤 가축들을 없애야 한다는 황당한 생각을 했다. 돼지, 개, 나귀, 말, 소 등 가축 가운데 검은 색을 띤 것들은 모조리 도축되었고 기르지 못하게 했다.

회창 2년(842) 당무종은 계율을 어긴 승려들을 모두 환속하게 했으며 그들의 재산을 몰수하는 조치를 반포했다. 또 사찰의 승려와 사찰에서 부리는 노비의 인원을 엄격하게 제한했다. 국가의 허가를 받지 않고 머리를 깎고 출가하는 일도 엄금했다. 사실상 승려가 되는 길을 제도적으로 막았다. 심지어 공양하는 신도는 경중에 따라 매를 맞아야 했다. 회창 5년(845) 문무백관이 도열한 가운데 칙령이 반포되었다.

"불교는 국가의 미풍양속을 해치고 인심을 미혹에 빠뜨린다. 사찰은 인력을 소모하고 재화를 낭비한다. 농부가 농사를 짓지 않으면 굶어 죽으며, 부녀자가 누에를 치지 않으면 얼어 죽는다. 오늘날 천하의 승려들은 이루 다 헤아릴 수 없을 정도로 많다. 불교의 적폐를 청산하기 위하여 오늘부터 불필요한 사찰을 철거하며 승려들을 환속하게 한다."

불심이 깊은 신도들은 눈물을 흘리며 비통에 빠졌으나, 평소에 불교를 이단으로 간주한 유가의 사대부들과 신하들은 적극 동조했다. 전국의 유서 깊은 사찰 몇 곳을 제외하고는 모두 철거되었으며, 승려 26만여 명이 환속 조치되었다. 철거된 사찰에서 나온 청동 불상, 종, 금속으로 만든 각종 불교용품 등은 모두 녹여 주화나 농기구로 만들었다.

중국불교 역사상 당무종의 이런 조치는 참혹한 '법난(法難)'이었다. '회창법란(會昌法難)'이라고 한다. 하지만 불교 탄압은 당나라 경제에 긍정적 영향을 미쳤다. 환속한 승려들은 조세를 납부해야 했으며, 사찰의 드넓은 장원은 농경지로 개간되어 농산물 생산을 획기적으로 늘렸다.

사실 당무종은 단순히 도사 조귀진의 건의를 수용하여 불교를 즉흥적으로 탄압한 것이 아니다. 무측천 이래 불교의 폐단이 막심해지자, 한유 (韓愈·768~824) 등 유가의 사대부들은 불교가 국가를 망칠 수 있다는 위기 감을 느끼고 끊임없이 불교의 폐단을 바로잡아야 한다고 주장했다. 한유 가 원화(元和) 14년(819)에 당헌종에게 올린 유명한 표문(表文), 「논불골표(論 佛骨表)」에 이런 내용이 있다.

"부처는 원래 오랑캐입니다. 그의 말은 중국의 언어와 통하지 않으며, 그의 의복은 중국의 복장과 다릅니다. 그의 입은 선왕(先王: 요임금, 순임금, 순임금 등 위대한 제왕)의 가르침을 말하지 않으며, 그의 몸은 선왕의 법복(法服: 예법에 맞게 만든 옷)을 입지 않습니다. 그는 임금과 신하간의 의리를 알지 못하며, 아버지와 아들간의 정도 모릅니다."

"만약 그가 아직도 살아있어서 그 나라 군주의 어명을 받들고 우리 당 나라의 도성인 장안에 사신으로 왔다면, 폐하께서는 그의 알현 요청을 윤허하시면 됩니다. 다만 선정전(宣政殿)에서 그를 접견하시고 예빈원(禮 賓院)에서 먼 길을 오느라 고생한 그에게 연회를 베풀고 그에게 의복이나 한 벌 선물로 하사하시고, 그가 사신의 업무를 마치고 떠날 때는 그를 변 경 지방까지 안전하게 호위하여 보내주면 됩니다. 그가 우리 백성들을 미혹에 빠지게 하는 일을 못하게 해야 합니다. 더군다나 그는 아주 오래 전에 죽었습니다. 그 몸의 말라비틀어진 뼈는 불길하고 더러운 찌꺼기에 불과한데도, 어찌하여 폐하께서는 그것을 신성한 궁궐로 기지고 오르고 하셨습니까?"

당헌종은 불교를 숭배한 황제였다. 당시 석가모니의 손가락뼈가 봉상 (鳳翔: 지금의 섬서성 보계 · 寶雞)의 법문사(法門寺)에 모셔져 있었다. 당헌종은 부처님의 진신 사리를 친견하기 위하여 장안으로 모셔오게 했다. 수많은 인력이 동원되었고 막대한 자금이 투입되었다.

한유는 백성들의 고통을 가중시키는 대규모의 불교 행사를 이해할 수 없었다. 그의 정신세계를 철저하게 지배했던 유가(儒家) 사상은 내세관이 없었다. 공자는 제자들에게 현실 생활에 충실하라고 가르쳤지, 사람이 죽은 후의 세계에 대해서는 알 필요도 없고, 알려고 해서도 안 된다고 했다. 그는 종교인이 아니라 위대한 철학자이자 교육자였다. 그래서 오늘날 유가를 유교(儒敎)라고 부르는 것은 옳지 않다.

어쨌든 무측천 이래 불교의 융성이 예기치 않게 민폐를 끼친 것은 사실이었다. 현실 정치를 책임진 유가 사대부들의 관점에서 볼 때, 불교는 탄압과 개혁의 대상이었다. 한유도 마찬가지였다. 당무종은 그 불교 탄압의 악역을 맡았을 뿐이다.

회창 6년(846) 1월 초하루 당무종은 대신들의 신년 하례를 받지 못했다. 오랫동안 복용한 단약이 그의 몸과 마음을 망쳤기 때문이다. 피골이 상접한 당무종은 병석에 누워있으면서도 신선이 되고자 하는 욕망을 포기하지 않았다. 같은 해 3월 도사 조귀진이 당무종에게 황당한 얘기를 했다.

"폐하의 존함, 전(瀍: 하남성에 있는 강 이름) 자(字)는 물과 관련된 글자입니다. 이 글자는 우리 당나라가 숭상하는 토덕(土德)과 조화를 이루지 못합니다. 토(土)는 수(水)를 극복하므로 전(瀍) 자는 토덕에 제압을 당합니다. 따라서 폐하의 존함을 불꽃 염(炎) 자로 바꾸면, 화(火)가 토덕과 상생하여 재앙을 없앨 수 있습니다."

쉽게 말해서 이름을 이전(李瀍)에서 이염(李炎)으로 바꾸어야 병들지 않고 만수무강할 수 있다는 얘기였다. 당무종은 그의 황당무계한 말을 철석같이 믿고 이름을 바꾸었다. 하지만 개명한지 12일 만에 향년 33세를 일기로 세상을 떠났다. 중금속에 중독되어 죽었다. 도사 조귀진은 곤장을 맞고 죽었다. 훗날 『신당서(新唐書)』에서는 당무종을 이렇게 평가했다.

"당무종은 이덕유를 중용하여 황제의 위업을 이룰 수 있었다. 하지만 그는 무자비하게 불교를 탄압한 반면에 도가의 비책을 친히 받들고 단약을 복용하여 불노장생을 추구했다. 그는 지혜롭고 현명하여 미혹에 빠지는 군주는 아니었다. 또 좋아함과 싫어함이 너무나 분명한 성격이었다."

청나라 때의 유명한 사상가 왕부지(王夫之·1619~1692)는 "당무종이 요절하지 않고 이덕유가 조정에서 쫓겨나지 않았다면, 당나라는 다시 번영을 누릴 수 있었을 것이다."라고 말하여 당무종과 이덕유를 높이 평가했다. 어쨌든 당무종은 기이한 행동을 즐기고 특이한 성품을 가진 황제였으나, 인재를 알아보는 능력은 대단히 뛰어났다.

제 **17** 장

◇◇

당선종 이침

제17장

당선종 이침

1. 성장 과정과 황위 계승

16대 황제 당선종(唐宣宗) 이침(李忱·810~859)은 당헌종 이순의 13번째 아들이자 당목종 이항의 이복동생이며 당무종 이염의 작은아버지이다. 당선종의 원래 이름은 이이(李怡)이다. 황태숙(皇太叔)으로 책봉될 때 이침으로 개명했다.

이이의 생모 효명황후(孝明皇后) 정씨(鄭氏)는 원래 진해절도사 이기(李錡·741~807)의 첩이었다. 당헌종 때인 원화 2년(807)에 이기가 반란을 일으켰다가 살해되었다. 그때 정씨는 장안으로 끌려와 당헌종의 본처 곽귀비의 시녀가 되었다. 반란을 일으킨 자가 살해되면 그의 성인 남자 친족은 모조리 주살되었고 아녀자들은 노예로 전락했던 시대였다. 그런데 정씨는 용모가 반반했다. 어느 날 우연히 당헌종의 눈에 들어 시침을 들은 뒤 이이를 낳았다.

438   당나라 역대 황제 평전

생모가 원래 대역죄인의 첩이었고 당헌종의 하룻밤의 성적 노리개에 불과했으므로, 이이는 황자의 신분임에도 어렸을 적부터 부친의 관심 밖에 있었다. 더구나 그는 몸이 병약하며 말수가 워낙 적고 행동마저 아둔해서 사람들은 그가 '바보'가 아닐까 의심할 정도였다. 그보다 나이가 15세나 많은 이복형 당목종 이항이 장경 원년(821)에 그를 광왕(光王)으로 책봉했다. 이이는 부친의 총애를 받지 못했지만, 뜻밖에도 12세 때 그의 처지를 동정한 이복형에 의해 왕으로 책봉되었다. 이이는 용을 타고 하늘로 올라가는 꿈을 자주 꾸었다고 한다. 꿈 이야기를 생모에게 말했다. 그녀가 깜짝 놀라 말했다.

"꿈 이야기를 주변 사람들이 알아서는 절대 안 된다. 다시는 이런 이야기를 하지마라! 자칫하다간 너와 나 모두 주살을 면치 못할 것이다."

물론 이는 이이가 황제로 등극한 후 지어낸 얘기이겠지만 음모와 모략이 판치는 궁궐에서 두 모자가 얼마나 숨을 죽이고 전전긍긍했을지 짐작할 수 있는 일화이다. 당목종 사후에 황위를 계승한 그의 세 아들 당경종, 당문종, 당무종 시대에도 이이는 오금을 펴지 못하고 조용히 지냈다. 항렬을 따지면 그는 세 황제의 작은아버지가 된다. 그런데 나이를 따지면 조카 당경종과 당문종이 오히려 그보다 한 살 더 많았다. 그는 당무종보다는 겨우 네 살 위였다. 말이 작은아버지이지 사실은 이복형뻘이었다.

이이는 그들과 자리를 함께 할 때면 언제나 자신의 감정을 철저하게 억누르고 벙어리처럼 행동했다. 어느 날 당문종이 왕들이 모여살고 있는 십육택(十六宅)에서 연회를 베풀었다. 황제와 왕들이 흥겹게 술을 마시며 왁자지껄 떠들어대는데 단 한 사람 이이만이 한쪽 구석에서 아무 말도 하지 않고 멍하니 앉아있었다. 당문종이 그 처량한 모습을 보고 말했다.

"누가 저 바보 숙부의 입을 열게 할 수 있으면, 짐이 그에게 후한 상을 내리겠소."

여러 왕들은 이이 앞으로 다가가 온갖 웃기는 얘기를 늘어놓았지만, 이이는 석고상처럼 미동도 하지 않았다. 심지어 그에게 "너는 바보가 아니냐."고 놀렸는데도 어떤 반응도 보이지 않았다. 이이는 연회 때마다 황제와 왕들의 놀림감이 되었다.

회창 6년(846) 3월 당무종의 병세가 하루가 다르게 악화되었다. 조정 대신들은 당무종 사후에 누구를 새 황제로 추대할지 깊은 고민에 빠졌다. 황제가 붕어하면 태자가 황위를 계승하는 것이 순리였다. 하지만 당무종은 태자를 책봉하지 않았다. 원래 그에게는 다섯 아들이 있었으나 요절하거나 나이가 너무 어렸기 때문이다. 자신이 영원히 살 수 있다는 망상에 빠진 것도 이유가 되었다.

재상 이덕유는 당무종을 배알하고 황제의 뜻을 알고 싶었다. 하지만 당무종의 곁을 지키고 있는 환관 마원지(馬元贄)의 방해로 당무종을 배알할 수 없었다. 마원지는 의식불명의 상태에 빠진 당무종의 조서를 위조하여 광왕 이이를 황태숙(皇太叔)으로 추대했다. 당무종이 붕어하면 태자가 없는 것을 핑계로 황태숙 이이를 새 황제로 옹립할 계책이었다.

마원지가 이이를 추대한 이유는 간단했다. 당시 이이는 '바보'로 소문났기 때문에 그를 꼭두각시 황제로 만들어 부릴 음모였다. 이때 이이는 이름을 이침(李忱)으로 개명했으며 당무종이 붕어한 직후에 마침내 37세의 나이에 황제로 등극했다. 그도 환관이 만든 '작품'이었다.

2. 재상과 환관의 세력을 통제하다

당나라 중앙정부의 관료 조직은 삼성육부(三省六部)로 운영되었다. 삼성은 중서성(中書省)과 문하성(門下省) 그리고 상서성(尚書省)을 지칭한다. 상서성 아래에는 이부(吏部), 호부(戶部), 예부(禮部), 병부(兵部), 형부(刑部), 공부(工部) 등을 두었다. 이것을 6부라고 한다. 대체적으로 중서성은 황제의 뜻을 받들어 정책을 결정하는 기관, 문하성은 심의기관, 상서성은 집행기관이다. 삼성의 최고 책임자들을 재상(宰相)이라고 불렀다. 따라서 당나라 때 재상은 여러 명이었다.

당선종이 처음으로 조회를 열어 정사를 돌보는 날, 대신들은 호기심 어린 눈초리로 그를 살펴보았다. 그들은 '바보 황제'가 무슨 말을 하고 어떤 어명을 내릴지 무척 궁금했다. 뜻밖에도 당선종은 국정 현안에 대한 대신들의 보고를 받고 그것의 문제점을 일일이 지적했으며 합리적인 해결책도 제시했다. 아울러 신하들의 어떤 월권행위도 절대 용납하지 않겠으며, 신상필벌의 원칙에 따라 국정을 다스리겠다고 천명했다. 오랜 세월 동안 자신의 재능과 명성을 드러내지 않고 어리숙한 사람으로 처신했던 당선종은 즉위하자마자 강한 군주의 면모를 보였다. 이른바 '도광양회(韜光養晦)'의 전형이었다.

당선종을 바보로 생각했던 대신들은 큰 충격을 받았다. 당무종 시대에 전권을 행사했던 재상 이덕유도 긴장하지 않을 수 없었다. 당선종은 즉위하기 전부터 이덕유를 무척 싫어했다. 이덕유는 많은 공적을 쌓았지만 파벌을 조성하여 동당벌이(同黨伐異)한 문제점이 있었기 때문이었다. 당선종은 즉위식을 마친 직후에 측근들에게 이런 말을 했다.

"방금 내 옆에서 조서를 받든 대신이 이태위(李太尉: 이덕유)가 아닌가?

그가 나를 쳐다볼 때마다 무서운 마음이 들어 머리카락이 쭈뼛거리는구
나.”

선황제 당무종 시대의 실세, 이덕유를 제거하지 않으면 자신의 정치
적 포부를 펼 수 없다고 당선종은 생각했다. “새 술은 새 부대에 담아야
한다.”는 속담이 있다. 시대가 바뀌면 사람도 바뀌어야 한다. 그가 아무
리 많은 업적을 쌓았고 능력이 뛰어나더라도 말이다. 고인 물은 썩을 수
밖에 없는 게 자연의 이치이다.

당선종은 이덕유를 ‘고인 물’로 간주했다. 이덕유는 별다른 과오를 범
하지 않았는데도 조정에서 쫓겨나 지방의 한직을 전전하다가 대중(大中) 3
년(849)에 머나먼 애주(崖州: 지금의 해남도 삼아·三亞)에서 병으로 사망했다.

당선종은 자신을 황제로 추대한 환관 마원지의 공로를 높이 평가하여
특별히 그에게 옥대(玉帶)를 하사했다. 그런데 마원지는 그것을 절친한 친
구인 재상 마식(馬植)에게 선물로 주었다. 어느 날 당선종은 자신이 마원지
에게 하사한 옥대를 마식이 차고 있는 모습을 보고 그 연유를 물었다. 마
식이 마원지에게 받았다고 아뢰었다. 당선종은 당장 그를 파면했다. 황제
가 하사한 물건을 신하들이 사사로이 주고받은 잘못을 질책했으나, 사실
은 재상과 환관의 권력 야합을 크게 우려했기 때문이다.

당선종을 꼭두각시 황제로 삼으려고 했던 마원지는 그가 어리석은 임
금이 아님을 뒤늦게 깨달았다. 미인계로 황제를 농락하는 수법은 환관의
오랜 전통이었다. 자신의 수양딸이자 당선종의 후궁인 만보현(萬寶賢)을
통해 황제를 통제하려고 했으나 실패했다. 그 후 당선종의 또 다른 후궁
인 간교한 여비(麗妃) 요금령(姚金鈴)과 결탁하여 권세를 계속 누리려고 했
으나 오히려 요금령에게 피살당했다.

당선종은 재상들에게 철저한 업무 수행을 요구했다. 어명이 제대로

시행되는지 수시로 점검했다. 당선종 시대에 가장 오랫동안 재상의 직무를 맡은 영호도(令狐綯·795~879)가 이런 얘기를 했다.

"나는 10여 년 동안 조정의 정치를 관장했으므로 성은(聖恩)을 가장 많이 입었다고 할 수 있소. 그렇지만 연영전(延英殿)에서 폐하를 배알하고 국정을 아뢸 때마다 땀이 옷을 적시지 않은 적이 없었소."

대중 12년(858) 당선종은 각 주(州)의 자사(刺史)들이 다른 지방으로 부임하기 전에 반드시 장안 황궁으로 들어오게 했다. 원래 조정의 명령을 받은 지방의 고위 관리들은 다른 지방으로 전출을 갈 때 장안에 들르지 않고 곧바로 부임지로 떠나는 게 관례였다. 당나라의 국토가 워낙 넓었기 때문이다. 그래서 재상 영호도가 자사로 임용된 자기 측근을 곧바로 부임지로 가게 했다. 당선종이 그에게 말했다.

"천하 각 주의 자사들은 대부분 무능하고 탐욕스러운 자들이어서 백성들에게 막대한 폐해를 끼치고 있소. 그래서 짐은 그들을 일일이 만나 그들의 자질과 업무 능력을 평가한 후 자사 임용에 부적절한 자들을 가려내고자 할 생각이었소. 조서가 이미 반포되었는데도, 경은 아랑곳하지 않고 일을 처리했구려. 재상의 권력이 참으로 대단하구려."

자신이 총애하는 신하라도 어명을 거역하면 가차 없이 처단하겠다는 간접적인 경고에, 영호도는 식은땀이 비 오듯 흘렀다. 당선종은 항상 대신들에게 이렇게 경고했다.

"법률을 위반한 자는 내 자식이라도 용서하지 않겠다."

악공 나정(羅程)의 비파 연주 솜씨는 신기에 가까울 정도였다. 당무종 때 황제의 총애를 독차지했다. 그의 연주 솜씨에 감탄한 당선종도 그를 무척 총애했다. 그런데 어느 날 나정이 사소한 원한으로 사람을 죽여 감옥에 갇혔다. 악공들은 그가 없으면 궁중음악을 제대로 연주할 수 없다고 말했다. 그를 사면해달라고 요청했다. 당선종의 대답은 이러했다.

"너희들이 아끼는 것이 그의 뛰어난 기예라면, 짐이 아끼는 것은 고조와 태종께서 만드신 법률이다."

나정은 살인죄로 처형을 당했다. 당헌종은 사적인 감정에 얽매이지 않고 매사를 공평하게 처리했기 때문에, 신하들은 복종하지 않을 수 없었다. 부하를 잘 부리려면 상관이 매사에 솔선수범하고 결점이 없어야 한다. 또 부하를 인격적으로 대우해야 한다. 그렇지 않으면 부하는 겉으로는 복종하는 척할 뿐 속으로는 따르지 않는 법이다. 그래서 '양봉음위(陽奉陰違)'라는 말이 나왔다.

당선종은 이런 면에서 모범을 보여주었다. 근검절약이 몸에 배어 있었으며 대신들이 나랏일을 아뢸 때면 언제나 진지한 모습으로 그들의 의견을 경청했다. 대신들의 위신을 세워주는 일도 마다하지 않았다.

어느 날 재상 정랑(鄭朗) 일행이 길을 걷다가 한 환관과 마주쳤다. 환관이 재상을 만나면 길을 비켜주고 한쪽에서 머리를 숙이고 서 있는 게 법도였다. 하지만 그는 정랑을 못 본 척하고 무례하게 걸어갔다. 화가 난 정랑은 당선종에게 그를 비난했다. 당선종이 그 환관을 꾸짖자, 그는 이렇게 말했다.

"천자의 칙령을 받든 자는 대신을 만나도 길을 비켜주지 않는 법입니다."

당선종이 말했다.

"네가 짐의 칙령을 몸에 지니고 있다면 재상의 행렬을 뚫고 지나가도
무방하다. 하지만 네가 사적인 일로 길을 걷다가 재상에게 길을 비켜주
지 않은 행위는 잘못된 것이다."

결국 그 환관은 처벌을 받았다. 당선종은 대신들과 국정을 논할 때면
언제나 조금도 흐트러짐이 없는 자세로 그들의 의견을 경청하고 추상같
은 어명을 내려 그들을 긴장하게 했다. 하지만 조회(朝會)가 끝나면 온화한
미소를 띠고 농담을 하여 그들을 즐겁게 하는 여유를 부렸다. 궁궐에서
잡일을 하는 시종들의 이름과 업무를 일일이 기억할 정도로 아랫사람들
에게도 관심을 쏟았다. 병에 걸린 시종이 있으면 어의를 보내주거나 심지
어 친히 찾아가서 문병을 했다. 자신에게는 엄격하고 남에게는 엄격하면
서도 인정을 베푸는 것이 그의 용인술이었다.
당선종은 귀에 거슬리는 말을 들어도 진노하지 않았다. 오히려 신하
들에게 직언을 해주기를 진심으로 바랐다. 당태종 시대에 직언으로 유명
한 충신 위징(魏徵)의 5대손 위모(魏谟·793~858)를 재상으로 발탁한 이유도
위모가 위징처럼 직언을 해주기를 바랐기 때문이다.

3. 뛰어난 인재를 관리로 등용하여 국정에 힘쓰다

당선종은 당나라의 2대 황제, 당태종 이세민을 무척 존경했다. 당나

라는 당고조 이연이 세웠지만, 이세민이 없었다면 이연은 결코 개국 황제가 되지 못했을 것이다. 이세민이 이끈 '정관(貞觀)의 치(治)'는 당선종이 가장 본받고자 한 이상 정치였다. 대중 2년(848) 당선종은 한림학사 영호도에게 『금경(金鏡)』을 건네주고 말했다.

"이것은 당태종께서 친히 편찬하신 책이오. 경이 짐에게 내용을 읽어 주기 바라오."

영호도가 "천하에 대란이 난 이유는 무능한 자를 관리로 임용했기 때문이며, 태평성대를 이룬 이유는 충직하고 능력 있는 인재를 관리로 임용한 덕분이다."라는 구절을 읽자, 당선종이 말했다.

"태평성대를 이루려면 이 구절을 좌우명으로 삼아야겠소."

무능한 자를 배제하고 뛰어난 인재를 등용해야만이 태평성대를 이룰 수 있다고 확신했다. 당선종은 국가를 다스리는 요체를 논한 『정관정요』의 명구를 병풍에 써놓고 틈날 때마다 읽었다. 국가를 잘 다스리려면 무엇보다도 백성의 어려운 삶을 잘 알고 능력이 뛰어난 인재가 관리가 되는 길을 열어주어야 했다.

당선종은 집권하자마자 당대의 유명한 시인이자 백성을 끔찍이 사랑한 정치가, 백거이(白居易·772~846)를 재상으로 중용하려고 했다. 하지만 불과 몇 개월 전에 그가 세상을 떠났다는 얘기를 듣고 안타까운 마음을 시한 수로 읊조렸다.

「백거이의 죽음을 애도하네」   「弔白居易」

그대는 주옥같은 시를 60년 동안 창작했는데	綴玉聯珠六十年
누가 그대를 저 세상으로 보내 시선이 되게 했을까	誰教冥路作詩仙
인생은 뜬구름 같아 그대를 붙잡아 둘 수 없고	浮雲不系名居易
조화를 부려도 소용없으니 구천에서 영생을 누리시게	造化無爲字樂天
어린아이도 「장한가」를 알고 읊조리며	童子解吟長恨曲
오랑캐도 「비파행」을 부를 수 있다네	胡兒能唱琵琶篇
그대가 지은 문장은 행인들의 귀에 가득 차는데	文章已滿行人耳
잠시 그대를 사모하며 슬퍼하네	一度思卿一愴然

황제가 사망한 시인을 애도하는 시를 짓는 것은 아주 드문 일이다. 백거이의 대표작, 「장한가」와 「비파행」은 천고의 절창이다. 백거이는 한평생 쉽고 간단한 시어로 도탄에 빠진 백성들의 삶을 진솔하게 읊조렸다. 당선종은 애민 사상을 가진 백거이야말로 진정한 관리의 표본으로 여기고 그를 재상으로 중용하려고 했다. 하지만 그가 죽었다는 얘기를 듣고 너무 슬퍼한 나머지 이 시를 지었다.

당나라 때 관리가 되는 길은 여러 가지가 있었다. 아버지가 죽으면 아들이 관직을 이어받는 세습제, 조상이 공을 세우면 후손에게 관직을 내리는 음보제(蔭補制), 타인의 천거에 의해 관리가 되는 찰거제(察擧制), 과거 시험을 통해 관리가 되는 과거제 등이 있다. 이 가운데 가장 합리적이고 공평한 제도가 과거제였다.

당선종은 과거제만이 유능한 인재를 확보할 수 있다고 확신했다. 관리를 선발할 때 과거에 급제한 자를 우대했다. 과거 시험의 공정함을 보장하기 위하여 시험관을 엄선했으며 출신 배경이나 학연을 배제했다. 급제한 자들의 명단과 그들이 지은 시문을 궁궐의 기둥에 걸어놓고 암송했다. 과거 출신 관리가 공을 세우면 뛸 듯이 기뻐했다.

만약 부정한 방법으로 급제한 자가 있으면 본인은 말할 것도 없고 관련자 모두 엄한 형벌을 받았다. 한번은 예부의 시험관이 시험 문제를 사전에 유출한 사건이 벌어졌다. 진노한 당선종은 뇌물을 받고 시험 문제를 알려 준 관리들을 모두 참수형으로 다스렸다. 급제한 사람들도 모두 합격이 취소되고 엄한 처벌을 받았다.

이처럼 당선종의 공명정대한 조치 덕분에 재야에서 묻혀 있었던 뛰어난 인재들이 관가로 진출하여 정치적 이상을 펼 수 있었다. 이와 반면에 공을 세운 자라도 무능하면 등용되지 못했다.

한때 당선종은 밥도 제대로 못 먹을 정도로 심하게 아픈 적이 있었다. 의생 양신(梁新)이 그를 극진하게 치료하여 병이 가까스로 나았다. 양신은 의기양양하여 당선종에게 관직을 요청했다. 하지만 당선종은 그에게 녹봉을 조금 올려주었을 뿐이다. 양신은 아픈 사람을 치료하는 의생이지, 백성을 다스리는 관리가 아니라는 이유 때문이었다. 조금도 틀리지 않은 판단이었다.

종친이나 외척도 능력이 없으면 중용되지 못했다. 하중절도사(河中節度使) 정광(鄭光)은 당선종의 외삼촌이다. 대중 7년(853) 입궐하여 당선종을 배알했다. 당선종은 그에게 정치의 요체에 대하여 물었다. 그런데 정광은 평소에 황제의 외삼촌이라는 배경을 믿고 정치와 민생에 대하여 전혀 공부하지 않은 무식쟁이였다. 그의 얼토당토않은 말에 크게 실망한 당선종은 당장 그를 파직했다. 나중에 외삼촌이 생활고에 시달린다는 얘기를 듣고 재물을 보내주었지만 끝내 그를 고위 관리로 임용하지 않았다. 대중 8년(854) 수렵을 나간 길에 우연히 한 나무꾼을 만나 대화를 나누었다.

"너는 어디에 사는가?"

"경양현(涇陽縣)에 살고 있습니다."

"그곳의 현령은 누구인가?"

"이행언(李行言)입니다."

"행언은 어떻게 백성을 다스리는지 궁금하구나."

"성격이 대단히 강직합니다. 얼마 전에 강도 몇 명을 잡아 감옥에 가둔 일이 있었습니다. 그런데 뇌물을 받은 금군의 관리가 찾아와 그들을 당장 석방하라고 명령했습니다. 하지만 그는 끝내 명령을 거절하고 강도들을 모두 죽였습니다."

당선종은 환궁한 후 이행언의 이름과 행적을 기록한 문서를 침전의 기둥에 걸어놓게 했다. 몇 개월 후 이행언은 느닷없이 해주자사(海州刺史)로 파격 승진했다. 그가 입궐하여 당선종을 배알했을 때, 당선종은 그에게 자사의 관복을 하사하고 물었다.

"경은 짐이 자사로 발탁한 이유를 알고 있는가?"

이행언이 모른다고 하자, 당선종은 그에게 나무꾼과 나눈 대화를 기록한 문서를 보여주었다. 그가 백성의 관리에 대한 평가를 무척 중시했음을 알려주는 얘기이다. 그는 민생을 살피고 지방 관리들이 어떻게 백성을 다스리고 있는지 알기 위해 자주 수렵을 나갔다. 하지만 전국의 여러 주에 사는 백성을 친히 만나 현황을 살필 수는 없었다. 대중 9년(855) 당선종은 한림학사 위오(韋澳)를 은밀히 불러 말했다.

"짐이 절도사, 관찰사, 자사 등 각 주(州)의 관리들과 대화할 때마다 그
들이 다스리는 지방의 사정을 몰라 답답했던 적이 한두 번이 아니오. 짐
은 각 주의 현황, 지방 관리들의 치적, 민심의 동향 등을 자세히 알고 싶
소. 경은 비밀리에 현황을 파악하여 책으로 엮어 짐에게 바치기 바라오."

당선종은 어명을 받든 위오가 만든 책을 『처분어(處分語)』로 명명했다.
당선종과 위오 이외에는 그 내용을 아무도 몰랐다. 하루는 등주자사(鄧州
刺史) 설홍종(薛弘宗)이 입궐하여 당선종을 배알한 후 위오에게 말했다.

"폐하께서 등주에 대한 사정을 손바닥의 손금을 보듯 환하게 꿰뚫고
있었소. 내리신 처분이 얼마나 정확한지 등골이 오싹했소."

당선종은 『처분어』의 내용에 근거하여 설홍종을 압도했다. 권력자가
이렇게 주도면밀하면 아랫사람들이 그를 속이거나 잔꾀를 부릴 수 없다.
당선종의 각고의 노력에도 불구하고 당나라는 쇠망의 길을 걸었지만, 적
어도 그가 통치한 13년 동안은 조정의 정치가 바로 서고 백성들이 편안한
삶을 영위할 수 있었다. 당나라가 망한 후 사람들은 그를 '작은 당태종'으
로 부르며 그의 업적을 추모했다.

4. 근검절약했으나 불노장생의 유혹에 빠져 죽다

당선종은 황제가 먼저 모범을 보여야 신하들을 통제할 수 있다고 생

각했다. 그들에게 약점을 잡히면 황제의 위엄을 세울 수 없으며, 황제의 위엄이 없으면 어명이 바로 서지 않으며 결국은 종묘사직을 제대로 지키지 못한다고 보았다. 그에게는 자기는 사치와 향락에 빠져 지내면서 신하들에게는 검소한 생활을 강요하는 이율배반적 행위가 없었다. 국가의 경축일이 아니면 금실로 수놓은 화려한 옷을 입지 않았으며 산해진미를 먹지 않았으며 풍악을 울리지 않았다. 황제가 출행할 때면 용뇌향과 울금향을 길에 뿌려 신비로운 분위기를 연출했던 관행도 없앴다. 당선종이 이처럼 사치를 배격하고 몸소 근검절약을 실천했으니 신하들도 따라하지 않을 수 없었다.

대중 2년(848) 당선종이 끔찍이 사랑한 만수공주(萬壽公主)가 기거랑(起居郎: 황제의 일상생활과 국가의 대사를 기록하는 관직) 정호(鄭顥)에 시집을 가게 되었다. 정호는 명문가의 자제일 뿐만 아니라 인품과 실력도 출중했으므로 당선종은 특별히 그를 부마(駙馬)로 삼았다. 예부의 관리들이 대혼을 준비하면서 관례에 따라 은으로 장식한 가마를 준비했다. 당선종이 말했다.

"나는 근검절약으로 천하의 백성들을 교화시키고자 하오. 내가 먼저
모범을 보이지 않으면 누가 나를 따르겠소?"

당선종은 청동으로 장식한 가마를 준비하게 했다. 만수공주를 공경대부의 아내로 예우하라는 뜻이었다. 아울러 만수공주에게 시집을 가면 반드시 부녀자의 예법을 지키고 서민처럼 살아야 하며 남편의 진족을 무시하거나 세상일에 간여하지 말게 했다. 그래도 미심쩍었는지 특별히 이런 조서를 내렸다.

"내가 신신당부했는데도 네가 내 훈계를 어긴다면, 너는 반드시 태평

공주와 안락공주처럼 불행한 일을 당할 것이다."

태평공주(太平公主·665~713)는 당고종 이치와 무측천 사이에서 태어났다. 생모 무측천의 위세를 믿고 국정을 농단하다가 반란에 연루되어 사약을 받고 죽었다. 안락공주(安樂公主·685~710)는 당중종 이현과 위황후 사이에서 태어났다. 그녀도 황태녀(皇太女)가 되려고 음모를 꾸몄다가 피살되었다. 당선종은 만수공주에게 두 공주의 비극을 일깨워 준 이유는 사랑하는 딸이 공주의 신분이 아니라 대부의 아내로서 지아비에 순종하고 행복하게 살기를 바라는 마음 때문이었다.

하루는 당선종이 정호의 동생 정의(鄭顗)가 중병에 걸렸다는 얘기를 듣고 측근을 보내 병세를 알아보게 했다. 측근이 돌아오자, 당선종이 물었다.

"만수공주는 어디에 있던가?"

시집간 딸이 당연히 시동생을 돌보고 있는 줄 알고 그렇게 물었다. 측근이 대답했다.

"만수공주는 자은사(慈恩寺)에서 연극을 관람하고 있었습니다."

진노한 당선종은 이렇게 탄식했다.

"평소에 사대부 가문이 황실과 혼인을 치르지 않으려는 이유를 몰랐는데 이제야 알겠구나."

즉시 만수공주를 궁궐로 초치하고 어전의 계단 아래에 서있게 했다. 당선종이 눈길 한번 주지 않고 외면하자, 만수공주는 눈물을 흘리며 백배 사죄했다. 당선종은 딸을 꾸짖었다.

"어찌 너의 시동생이 중병에 걸렸는데도 가보지도 않고 광대놀음을 구경할 수 있단 말이냐?"

만수공주는 시댁에 가서 시동생을 극진히 돌보지 않을 수 없었다. 당선종은 절대 권력을 가진 황제임에도 백성들과 '눈높이'를 맞추었다. 최고 통치자가 특권 의식을 버리고 여민동락하면 민심은 저절로 순응하는 법이다.

장의조(張議潮·799~872) 가문은 대대로 사주(沙州: 지금의 감숙성 돈황) 지방을 지배했으나, 당덕종 때인 건중 2년(781)에 토번이 사주를 점령한 후에 몰락했다. 장의조는 젊었을 적부터 병법에 정통하고 무술이 뛰어난 호걸이었다. 토번군에게 유린을 당하는 사주 백성들의 참상을 목도하고 병사를 일으켰다.

대중 5년(851) 장의조는 사주, 과주(瓜州: 지금의 감숙성 주천·酒泉), 이주(伊州: 지금의 신강성 합밀·哈密), 서주(西州: 지금의 신강성 토로번·吐魯番) 등 광활한 서북 지방에서 토번군을 몰아냈다. 그는 얼마든지 왕조를 건국하고 황제를 칭할 수 있을 정도로 광대한 영토와 막강한 군사력을 보유하게 되었다. 그런데 그는 당선종이 선성을 베푸는 군주라는 애기를 듣고 당나라로 귀순했다.

당선종은 장의조를 귀의군절도사(歸義軍節度使)로 책봉하고 그의 군대를 '귀의군(歸義軍)'이라고 칭했다. 당나라는 장의조의 활약과 황제에 대한 충성 덕분에 토번에게 빼앗긴 서북 지방을 다시 차지할 수 있었다. 만약 당선종이 폭군이었거나 무능한 황제였다면, 장의조는 반란을 일으키고 독립했을 것이다.

당선종은 인품과 행동으로 백성을 감화시키는 능력이 아주 뛰어났다. 봉건왕조 시대에 당선종처럼 진정으로 백성을 사랑한 황제들은 많지 않았다. 민심을 얻으려면 먼저 자신이 모범을 보여야 하는 점을 잘 알고 있었으며 스스로 절제하고 열린 마음을 가진 어진 황제였다.

중당(中唐) 이후 대체적으로 황제들에게는 고질병이 있었다. 불로초와 단약을 먹고 영원히 살겠다는 욕망이었다. 당선종은 당무종이 도사가 제조한 단약에 중독되어 죽었음을 알고 있었는데도 도교의 황당무계한 신선술에 대해서만큼은 이성적 판단을 하지 못했다.

나부산(羅浮山: 광동성 박나현·博羅縣에 있는 산)에서 은거하고 있는 헌원집(軒轅集)은 나이 백세가 넘었는데도 조금도 늙지 않고 도술을 부리는 도사라는 소문이 자자했다. 당선종은 그를 만나고 싶어 안달이 났다. 대중 12년(858) 당선종은 어명을 받고 장안에 온 그에게 물었다.

"불로장생의 비법은 배울 수 있는 것인가?"

헌원집이 대답했다.

"불노장생의 비법은 따로 있는 게 아닙니다. 임금이 욕망을 억제하고 도덕을 숭상하면 자연스럽게 오래 사는 복을 누릴 것입니다."

헌원집에게 무슨 특별한 비전(祕傳)을 전수받기를 원했던 당선종은 크게 실망했다. 사실 헌원집은 도를 깨우친 진정한 도사였다. 당선종에게 영생하려는 욕망을 버리고 정치를 잘하면 오래 살 수 있다고 간접적으로 충고했다. 하지만 당선종이 그의 충고를 듣지 않자, 그는 다시 나부산으로 들어가 나오지 않았다.

당선종은 강호의 방사 이원백(李元伯)의 말을 맹신하고 어의 이현백(李玄伯), 도사 우자지(虞紫芝) 등에게 단약을 제조하게 했다. 매일 단약을 복용한 지 몇 개월 후에 등창이 났다. 신경이 마비되는 증세도 나타났다. 중금속에 중독된 것이다. 대중 13년(859) 8월 향년 50세를 일기로 세상을 떠났다.

재위 13년 동안 당선종은 '작은 당태종'이라는 찬사를 받을 만큼 군주로서 모범을 보였고 적지 않은 업적을 쌓았다. 후대의 역사학자들은 그의 통치 기간을 '대중(大中)의 치(治)'로 규정하고, 만당(晚唐) 시기에 잠시 번영을 누린 시대로 평가하고 있다. 만약 그가 불로장생의 유혹에 빠지지 않고 장수했다면 만당의 역사가 그처럼 비극으로 점철되지 않았을 것이다.

제 **18** 장

당의종 이최

당의종 이최

1. 성장 과정과 황위 계승

　　17대 황제 당의종(唐懿宗) 이최(李漼·833~873)는 당선종 이침의 장남이다. 원래 이름은 이온(李溫)이다. 태자로 옹립될 때 이최로 개명했다. 생모는 원소황태후(元昭皇太后) 조씨(晁氏)이다. 조씨는 이침이 광왕(光王)이었을 때 광왕의 저택으로 들어가 첩이 되었다. 광왕이 황실에서 바보 취급을 당하여 극심한 우울증에 시달릴 때마다, 그녀는 그의 상처받은 마음을 어루만져주고 용기를 북돋아 주었다.

　　광왕은 자신의 유일한 안식처인 조씨를 진심으로 사랑했다. 그녀는 광왕의 사랑에 보답이라도 하듯, 그의 장남 이온과 그가 가장 총애한 만수공주를 낳았다. 회창 6년(846) 당선종 이침이 즉위한 후, 조씨는 미인(美人)으로 책봉되었다.

　　당선종은 궁중의 법도를 철저하게 지킨 황제였다. 조씨를 아무리 사랑했더라도 그녀가 원래 신분이 낮은 측실(側室)이었기 때문에 그녀를 비빈의 품계 가운데 중간쯤 해당하는 미인으로 책봉했다. 훗날 이최가 황제로 즉위한 후에 이미 사망한 생모 조씨를 원소황태후로 추증했다. 조씨는 아들 덕분에 죽어서 황태후가 되는 영광을 누렸다.

당선종은 즉위 직후에 나이 14세가 된 장남 이온을 운왕(鄆王)으로 책봉했다. 그런데 이온은 놀기를 좋아하고 천방지축이었다. 당선종은 장남이 제왕의 재목감이 아니라고 생각했다. 당시 여러 아들 가운데 총명함이 엿보이는 넷째아들 이자(李滋·844~863)를 가장 총애했다. 회창 6년(846) 세 살배기 이자를 기왕(夔王)으로 책봉했다. 간의대부 정장(鄭漳), 병부시랑 이업(李鄴), 요욱(姚勖) 등 당대의 저명한 정치인이자 학자들로 하여금 이자에게 제왕의 도를 전수하게 했다. 이자를 태자로 책봉할 계획이었다.

하지만 장남 계승의 원칙을 무시할 수 없었고, 이자가 너무 어렸기 때문에 차일피일 태자 책봉을 미루었다. 대중 13년(859) 단약에 중독된 당선종의 심신이 나날이 황폐해졌다. 조정 대신들은 그를 알현하고 태자 책봉에 대한 성지(聖旨)를 받들고 싶었지만 환관들의 방해로 뜻을 이루지 못했다.

같은 해 8월 당선종은 임종 직전에 내추밀사 왕귀장(王歸長)과 마공유(馬公儒) 그리고 선휘남원사 왕거방(王居方) 등 측근 환관 세 명에게 기왕 이자를 태자로 책봉하라는 밀명을 내렸다. 당시 신책군중위 환관 왕종실(王宗實)이 금군을 장악하고 있었다. 밀명을 받은 세 환관은 평소에 왕종실과 사이가 나빴다. 환관들끼리 은밀히 권력 다툼을 벌였다.

왕종실은 전광석화처럼 재빠르게 금군을 동원하여 황궁 밖의 십육택(十六宅)에 거주하고 있는 운왕 이온을 황궁으로 데리고 와서 태자로 옹립했다. 이때 이온은 이름을 이최로 개명했다. 마침내 당선종이 붕어했다. 왕종실은 태자 이최에게 감국(監國)을 명하고 황위를 계승하라는 황제의 유지를 반포했다. 물론 왕종실이 조작한 일이었다.

조정 대신들은 환관들 사이에서 벌어진 은밀한 권력 다툼을 알지 못했다. 또 왕종실이 운왕 이온을 추대한 일에 대해서도 일부러 모른 척했다. 병권을 쥔 왕종실의 보복이 두려웠기 때문이다. 오히려 재상 하후자(夏侯孜)가 이런 말을 했다.

"30년 전에는 외대신(外大臣: 조정 대신)들이 황궁의 일에 대하여 참여할 수 있었지만, 그 후에는 황궁에서 무슨 일이 일어나고 있는지 전혀 모르고 있소. 내대신(內大臣)들이 이씨(李氏)의 자손들 가운데 한 분을 새 천자로 추대한다면, 외대신들은 그를 천자로 받들 수밖에 없소."

내대신(환관)이 추대한 새 황제가 당나라를 건국한 이연의 후손이라면, 내대신의 결정에 이의를 제기하지 않겠다는 충격적인 말이다. 일국의 재상이라는 자가 이런 말을 한 것으로 보아, 당시 환관들이 새 황제 추대에 얼마나 막강한 영향력을 행사했는지 짐작할 수 있다. 당선종 시대에 환관의 세력이 잠시 주춤했지만 다시 활개를 치기 시작했다.

당선종도 인생 말년에 이르러 초심을 잃고 환관들에게 의지한 과오를 범했다. 적어도 환관들에게 금군의 군권을 맡기지 않았다면 그들이 황제가 바뀌는 시점에서 힘을 발휘하지 못했을 것이다. 환관들이 병권을 장악하고 있었기 때문에 조정 대신들은 구차한 목숨을 지키고자 그들의 뜻에 순종했다.

어쨌든 당의종 이최도 27세의 나이에 환관 왕종실에 의해 황제로 추대되었다. 조정의 권력은 왕종실에게 집중되었다. 그에게 반기를 들었던 왕귀장와 마공유 그리고 왕거방은 참수형을 당했다. 기왕 이자는 함통(咸通) 4년(863)에 불과 20세의 나이에 사망했다. 왕종실이 은밀히 살해했을 것이다. '대권' 경쟁에 뛰어들어 실패한 자는 나이를 불문하고 죽어야 했던 시대였다.

2. 주색잡기와 사치에 빠져 민란을 초래하다

당나라는 당의종 이최의 집권 기간에 망했다고 말해도 과언이 아니다. 그는 당나라 역사상 최악의 황제였다. 그의 유일한 관심사는 주색잡기와 사치였다. 집권하자마자 매일 황궁에서 연회를 열었다. 3일마다 황족, 공경대부, 고관대작 등을 초청하여 대연회를 베풀었다. 천하의 산해진미와 금준미주가 연회석을 가득 채웠다. 신하들은 당의종의 환심을 사기 위하여 전국 각지에서 수집한 진귀한 보물들을 바쳤다. 연회를 열 때마다 악공, 광대, 기녀 등 수천여 명이 동원되었다.

당의종은 황궁에서 주지육림에 빠져 지내며 기녀들을 끼고 나뒹굴다가 싫증이 나면 풍광이 수려한 곳으로 출행했다. 황제의 순행에 동원된 사람이 10여만 명이나 되었고 행렬이 수십 리에 이르렀다. 흥이 나면 돈을 흥청망청 마음껏 썼으며 관작을 남발했다. 국고는 텅 비었고 백성은 도탄에 빠졌다.

악공 이가급(李可及)은 비파를 타는 솜씨가 입신의 경지에 이르렀다. 하루는 신곡을 지어 당의종 앞에서 연주했다. 연주에 홀린 당의종은 즉시 그를 좌위위장군(左威衛將軍)으로 임명했다. 재상 조확(曹確)이 간했다.

"당태종께서 조정의 문무 관리 6백여 명을 선발한 후 방현령에게 이런 말을 했습니다. '짐은 천하의 어질고 유능한 선비들을 관리로 임용할 뿐, 장인, 상인, 악공, 광대 등 잡다한 부류의 사람들에게는 절대 관직을 맡기지 않소.' 또 대화(大和) 연간에 당문종께서 서역 출신의 악공 위지장(尉遲璋)을 왕부솔(王府率)로 임용하려고 했습니다. 하지만 우습유 두순직(竇洵直)이 악공을 조정의 관리로 임용해서는 안 된다고 간언했습니다. 당문종께서는 그의 간언을 받아들이고 위지장을 지방의 광주장사(光州長史)로 보냈습니다. 폐하께서는 두 선황제를 본받으시어 이가급을 조정의 요직에 임용해서는 안 됩니다."

오늘날의 관점에서 보면 당태종의 용인술은 당연히 문제가 있다. 상인과 예술인도 능력이 뛰어나면 중앙정부의 요직을 맡을 수 있다. 그렇지만 당태종이 은연중에 강조한 것은 사람마다 각자 지켜야 할 직분이 있으므로 적재적소의 인사원칙이었다. 봉건왕조 시대에 군주가 정치에 대하여 문외한인 악공을 총애한다고 해서 그를 조정의 요직에 기용하는 것은 어불성설이었다. 재상 조확은 바로 이 점을 지적했다. 하지만 당의종은 귀담아듣지 않았다. 음악을 연주하는 악공이 느닷없이 금군의 장수가 되었으니 당시 조정의 위계질서가 얼마나 엉망이었는지 짐작할 수 있다. 함통(咸通) 4년(863) 당의종의 방탕한 생활을 보다 못한 좌습유 유태(劉蛻)가 상소했다.

"지금 서량(西凉: 지금의 감숙성 무위·武威)은 서북 오랑캐의 침입을 막기 위하여 한시바삐 성을 쌓아야 하는데도, 폐하께서는 유흥에 빠지셔서 축성 공사를 아직도 윤허해주시지 않고 있습니다. 또 남쪽 지방에는 남만(南蠻)이 침략하여 우리 당군이 곳곳에서 힘겨운 싸움을 하고 있습니다. 이처럼 근래에 이르러 국가에 중대한 일이 발생하지 않은 게 아닙니다. 그런데도 폐하께서 백성에게 근심하는 모습을 보이지 않고 향락만을 추구하신다면, 어찌 그들에게 사력을 다해 싸우라고 재촉할 수 있겠습니까?

엎드려 바라옵건대, 폐하께서는 유흥을 줄이소서. 변방을 침입한 오랑캐들을 모두 물리친 후 즐기셔도 늦지 않습니다."

군주가 어질고 관리가 청백하여 백성이 풍요로운 삶을 누릴 때 이민족의 침입을 받아 멸망한 국가는 거의 없다. 하지만 군주가 향락에 빠지면 관리가 부패하며, 관리가 부패하면 백성들에 대한 가렴주구가 혹독해진다. 백성들은 자기 처자식이 굶어죽는 지경에 이르렀을 때 이판사판의 심정으로 민란을 일으킨다. 백성들이 민란을 일으키면 주변 국가는 혼란한 틈을 타서 침략하기 마련이다. 중국 봉건왕조의 역사는 이 '패러다임'에서 벗어날 수 없었다.

당의종 시대가 그러했다. 월주(越州) 섬현(剡縣: 지금의 절강성 승주·嵊州) 출신 농민 구보(裘甫·?~860)가 일으킨 반란은 당나라 조정에 큰 충격을 주었다. 함풍 원년(860)에 진압되었지만, 구보는 한때 천하도지병마사(天下都知兵馬使)를 자칭하고 지금의 절강성 일대를 지배했다. 당의종은 민란이 당나라 붕괴의 조짐임을 알아차리지 못하고 계속 방탕한 생활로 세월을 보냈다.

함통(咸通) 4년(863) 지금의 운남성, 미얀마, 베트남 북부를 지배한 남조(南詔·653~902: 티베트족과 미얀마족이 세운 왕조)가 교지(交趾: 지금의 베트남 북부) 지방을 공략하여 당군을 광동 지방으로 밀어냈다. 유태는 이런 국가적 위기가 당의종이 국정을 내팽개치고 향락에 빠져 지내고 있기 때문에 닥쳤다고 여기고 상소한 것이다. 하지만 당의종은 그의 간언을 듣지 않았으며 오히려 그를 화음령(華陰令)으로 좌천시켰다.

재상 노암(路岩)은 당의종에게 백성의 원성을 철저하게 숨기고 천하가 태평성대이므로 마음껏 즐겨도 좋다고 꼬드겼다. 당의종은 그를 진정한 충신으로 여기고 국정을 그에게 위임했다. 노암은 황제가 국정을 내팽개친 틈을 타서 매관매직으로 엄청난 부를 쌓았다. 황제에 버금가는 호사스러운 생활을 했으며, 조정에는 그에게 뇌물을 바친 자들로 들끓었다. 뇌물로 관직을 산 자는 그 관직을 이용하여 바친 뇌물 액수의 몇 배를 챙겼다. 조정은 말할 것도 없고 지방의 미관말직도 뇌물로 결정되었다. 지덕현령(至德縣令) 진반수(陳蟠叟)가 당의종에게 상소하여 탐관오리들의 가렴주구를 낱낱이 아뢰었다. 당의종은 그를 황궁으로 불러들였다. 진반수가 아뢰었다.

"변방 관리들의 재산을 전부 몰수하여 군대를 유지하는 비용으로 쓴다면 2년 동안 아무런 문제가 없을 것입니다."

당의종이 변방 관리들이 어떤 사람이냐고 물었다. 그는 이렇게 대답했다.

"재상 노암에게 뇌물을 바쳐 관리가 된 자들입니다."

뜻밖에도 당의종은 노암에게 진노한 게 아니라 진반수에게 진노했다. 진반수는 남방의 머나먼 애주(愛州)의 한직으로 쫓겨났다. 당의종 시대의 혼란상은 한림학사 유윤장(劉允章)이 쓴 상소문 가운데 이른바 '구파팔고(九破八苦)'로 요약할 수 있다.

"우리나라에는 국가를 파괴하는 구파(九破)가 있습니다. 폐하께서는 구파가 무엇인지 알고 계신지요? 1년 내내 병사를 강제로 징집하는 것이 일파(一破)입니다. 사방의 오랑캐들이 왕성하게 세력을 떨치는 것이 이파(二破)입니다. 권문세가들이 분에 넘치게 호사스러운 생활을 하는 것이 삼파(三破)입니다. 지방의 절도사들이 조정에 복종하지 않는 것이 사파(四

破)입니다. 전국 각지에 거대한 불교 사원을 건축하는 것이 오파(五破)입니다. 뇌물이 공공연하게 횡행하는 것이 육파(六破)입니다. 관리들이 가렴주구를 일삼는 것이 칠파(七破)입니다. 백성에게 부과하는 세금과 부역이 불공평한 것이 팔파(八破)입니다. 하는 일없이 봉록을 받는 사람이 많고 세금을 내는 사람이 적은 것이 구파(九波)입니다."

"오늘날 천하의 백성들은 팔고(八苦)에 시달리고 있습니다. 폐하께서는 팔고가 무엇인지 알고 계신지요? 관리들의 가렴주구가 일고(一苦)입니다. 사채가 쌓여 재산을 빼앗기는 것이 이고(二苦)입니다. 부역과 세금이 너무 많은 것이 삼고(三苦)입니다. 탐관오리들이 온갖 구실로 세금을 뜯어내는 것이 사고(四苦)입니다. 관리의 폭정에 견디다 못해 달아난 사람의 조세를 대신 납부해야 하는 것이 오고(五苦)입니다. 억울한 일을 당해도 하소연할 방법이 없는 것이 육고(六苦)입니다. 추워도 입을 옷이 없고 배가 고파도 먹을 음식이 없는 것이 칠고(七苦)입니다. 병들어도 치료를 받지 못하고 죽어도 매장할 땅이 없는 것이 팔고(八苦)입니다."

이 '구파팔고'는 당의종 시대뿐만 아니라 성당(盛唐) 이후 당나라가 멸망할 때까지의 일반적 사회현상이었다. 국가가 쇠퇴의 길로 접어들어 끝내 멸망하는 이유를 가장 잘 설명한 상소문이다.

함통 4년(863) 남조(南詔)가 안남(安南: 지금의 베트남 북부)을 함락했다. 함통 6년(865) 오늘날의 강소성 서주(徐州), 안휘성 사현(泗縣) 출신의 장정 2천여 명이 징집되어 남조의 침략군을 토벌하러 떠났다. 그들 가운데 8백여 명은 계주(桂州: 지금의 광서성 계림·桂林)의 수비를 맡았다. 원래 조정에서 그들을 징집할 때 3년을 복무하면 고향으로 보내주겠다고 약속했다. 하지만 6년이 지나도 약속이 지켜지지 않았다. 남방의 축축하고 더운 땅에서 모진 고생을 한 서주 출신 장정들의 분노가 폭발했다.

함통 9년(868) 계주에서 군량미를 담당한 관리, 방훈(龐勛·?~869)이 반란군의 지도자가 되어 북상했다. 반란군은 숙주(宿州), 서주(徐州) 등 주요 도시를 연이어 점령했으며, 서사절도사(徐泗節度使) 최언증(崔彦曾)을 살해했다. 영무군절도사(武寧軍節度使)를 자처한 방훈의 수하에 10여 만 명의 대군이 집결했다. 반란군의 빠른 북상에 놀란 조정은 의성군절도사(義成軍節度使) 강순훈(康承訓·809~874)에게 20만 대군을 이끌고 가서 토벌하게 했다.

함통 10년(869) 반란군은 연전연패를 거듭했다. 방훈은 호주(濠州: 지금의 안휘성 봉양현·鳳陽縣)로 달아나 최후의 반격을 시도했으나 패배하자 강물에 뛰어들어 자살했다. 방훈이 일으킨 반란은 1년 만에 진압되었지만, 강소성, 안휘성, 산동성 남부, 하남성 동부 등 지역은 이미 당나라 조정의 통제에서 벗어났으며, 당나라가 쇠망의 길로 접어드는 전조가 되었다.

3. 동창공주의 요절에 진노하여 어의들을 살해하다

당의종은 장녀 동창공주(同昌公主·849~869)를 끔찍이 아꼈다. 중국 역사상 황제의 총애를 가장 많이 받은 공주가 동창공주라고 해도 지나친 말이 아닐 정도로, 그녀는 아버지 당의종 이최의 맹목적인 사랑을 받았다. 그녀의 생모는 숙비(淑妃) 곽씨(郭氏)이다. 그녀는 이최가 운왕(鄆王)이었을 때 그의 첩이 되었다. 당시 이최는 당선종의 장남임에도 놀기 좋아하는 성품 탓에 아버지의 총애를 받지 못하고 황궁 밖의 십육택(十六宅)에서 거주했다.

곽씨는 방황하는 운왕 이최를 지극정성으로 모셨다. 대중 3년(849) 두 사람 사이에서 동창공주가 태어났다. 그런데 동창공주는 세 살이 되었는데도 말을 못했다. 곽씨는 딸이 벙어리가 아닌가 하고 근심했다. 하지만 어느 날 아버지 운왕을 보고 갑자기 "잘 살 수 있을 거예요."라고 말했다. 운왕은 딸의 말뜻을 알아차리지 못했다. 하지만 온갖 난관을 극복하고 황제로 등극했을 때 딸이 태어나서 최초로 한 말이 좋은 일이 있을 조짐이었다고 여기고 그녀를 애지중지했다.

동창공주는 하늘에서 내려온 선녀와 같은 처녀였다. 그녀를 한번이라도 본 사람은 그녀의 미모에 홀려 정신이 혼미해질 정도였다. 마음씨는 비단결이었으며 애교도 철철 넘쳤다. 당의종은 딸이 곁에 없으면 안절부절못했다. 부모의 지극한 사랑을 받고 자란 동창공주는 어느덧 20세가되었다. 당시로서는 혼기를 놓친 나이였다. 당의종도 과년한 딸을 언제까지 곁에 둘 수 없었다. 모든 면에서 완벽하고 전도유망한 젊은 사대부를 간택하여 딸의 배필로 정해줄 결심을 했다.

할아버지, 아버지 그리고 자신에 이르기까지 3대에 걸쳐 진사 급제한 명문가 출신인 한림학사 위보형(韋保衡)이 부마로 결정되었다. 함통 9년(868) 동창공주와 위보형의 대혼을 치르는 날, 장안성 안팎은 왕족, 공경대부 등 하객들과 수많은 구경꾼들로 인산인해를 이루었다.

당의종은 황궁의 진귀한 보물들을 아낌없이 내주었다. 위씨(衛氏) 집안으로 보낸 예물들이 얼마나 많았던지 창고마다 그것들을 쌓아둘 공간이 부족하게 되자, 당의종은 급히 장인들을 보내 새 창고를 여러 채 짓게 했다. 또 황금, 진귀한 보석, 향나무, 기암괴석 등으로 치장한 거대한 저택을 지어 동창공주에게 하사했다. 특별히 하사한 돈도 500만 관(貫: 1관은 동전 1천개를 끈에 꿴 것임)이나 달했다. 당의종은 딸의 대혼에 1년 황실 재정의 대부분을 썼다.

이뿐만이 아니었다. 당의종은 딸이 먹는 음식과 입는 옷에도 각별히 신경을 썼다. 산해진미도 부족하다고 생각하고 희한한 요리를 만들게 했다. 까치의 혀, 양 심장의 끝부분 살 등으로 만든 '영소적(靈消炙)' 요리는 까치 수십 마리와 양 여러 마리가 필요했다. 동창공주가 매일 마신 '매괴로(玫瑰露)' 음료는 궁녀 수십 명이 새벽마다 장미에 맺힌 극소량의 이슬을 채취한 것이었다. 궁녀들의 고통이 이만저만이 아니었다.

동창공주가 입은 진주로 만든 적삼은 밤중에 주위를 환하게 비추었다. 백여우 가죽으로 만든 옷은 한여름에도 더위를 느끼지 않았으며, 반딧불이로 만든 옷은 한겨울에도 추위를 타지 않았다. 그녀가 외출할 때는 일곱 가지 보석으로 치장한 '칠보거(七寶車)'를 탔다.

부마 위보형도 젊은 나이에 병부시랑승지, 개국후(開國侯), 집현전대학사 등 고위 관직을 맡으며 승승장구했다. 그런데 동창공주는 위씨 집안으로 시집을 간지 1년만인 21세 때 병석에 눕고 말았다. 딸이 아프다는 소식을 접한 당의종은 한종소(韓宗紹), 강중은(康仲殷) 등 황궁의 모든 어의를 동원하여 그녀를 치료하게 했다. 하지만 미인박명이라고 했던가. 그녀는 끝내 요절하고 말았다.

당의종은 제정신이 아니었다. 미치광이처럼 날뛰었다. 부마 위보형은 장인이 보복할지 모른다는 두려움에 입술이 새파랗게 질렸다. 자칫하다간 위씨 일족이 몰살당할 수 있었다. 어의들이 치료를 잘못하여 동창공주가 요절했다고 거짓말을 하는 수밖에 없었다. 황궁에 피바람이 몰아쳤다. 당의종은 한종소 등 어의 20여 명을 닥치는 대로 살해했고 그들의 가족 300여 명을 감옥에 가두었다. 그의 만행은 장안 백성의 민심을 들끓게 했다. 재상 유첨(劉瞻)이 상소했다.

"사람마다 수명이 정해져 있다고 생각합니다. 얼마 전 동창공주가 중병에 걸리자 폐하의 극진한 보살핌을 받았습니다. 어명을 받든 한종소 등 어의들은 공주의 병을 치료하고자 병 치료에 효과가 있는 각종 약재와 최고의 의술을 사용했습니다. 그들은 모두 최선을 다하지 않았다고 할 수 없습니다. 하지만 사람의 불행과 행복은 바뀔 수 없습니다. 그들의 헌신적인 치료에도 불구하고 공주의 병을 끝내 치료할 수 없었습니다. 참으로 안타까운 일이 아닐 수 없습니다. 그런데 폐하께서는 그들의 죄를 물어 죽였으며 그들의 가족 3백여 명을 감옥에 가두었습니다. 폐하의 이런 조치는 조야의 의론을 분분하게 했으며 민심을 흉흉하게 했습니다. 지금 길거리에는 백성의 탄식이 끊이질 않고 있습니다. 천명을 알고 이 치를 통달한 군주가 어찌하여 제멋대로 행동하고 포학하다는 근거 없는 비방을 들을 수 있겠습니까. 편안할 때 위기를 생각하지 않고 분노할 때 분노의 나쁜 결과를 생각하지 않기 때문이 아닌가 합니다. 폐하께서 평정심을 회복하시어 감옥에 가둔 무고한 3백여 명을 석방해주시기를 신이 엎드려 간청하옵니다."

당의종은 상소문을 읽어보고 불쾌해 마지않았다. 유첨은 다음 날 또 경조윤 윤온장(尹溫璋)과 함께 격렬한 언사로 상소했다. 진노한 당의종은 두 사람을 만리 밖 변경 지방의 한직으로 좌천시켰다. 윤온장은 귀양길에 "시대를 잘못 만나 태어났으니 죽어도 무슨 여한이 있을까."라고 탄식하고 음독자살했다.

동창공주의 장례식을 치를 때 당의종은 딸의 영구 앞에서 눈물을 하염없이 흘렸다. 황금으로 만든 낙타, 봉황, 기린 등에 『금강경』을 새기고 그녀의 죽음을 애도했다. 장중한 장례식을 치를 때 그녀가 평소에 사용한 귀중품들을 수레 120여 대에 실어 순장했다. 장례 행렬이 무려 20여 리에 달했다. 당의종은 장례식을 치르고 난 후에도 딸을 너무 그리워한 나머지 악공 이가급(李可及)에게 추모곡을 짓게 했다. 이가급은 「탄백년곡(歎百年曲)」을 지어 매일 연주했다. 무희들이 연주곡에 맞추어 춤을 출 때마다 당의종은 흐느껴 울었다.

아버지가 어린 딸의 죽음에 비통해하는 것은 당연하지만, 백성의 군주된 자가 사랑하는 딸이 죽었다고 해서 이성을 잃고 사람들을 닥치는 대로 죽인 만행은 도저히 용서할 수 없다. 더군다나 딸의 장례식에 막대한 재원을 낭비한 것도 있을 수 없는 일이다. 당의종은 아버지 당선종이 가까스로 이루어 놓은 '국정의 정상화'를 여지없이 짓밟아버린 어리석은 군주였다.

함통 14년(873) 당의종은 몸이 날로 쇠약해졌다. 한평생 사치와 향락에 빠져 지낸 그도 죽음을 두려워하지 않을 수 없었다. '어떻게 하면 오래 살 수 있을까.' 그는 선황제들처럼 도가의 단약을 먹고 불노장생을 추구하는 것이 해답이 아니라는 것을 알고 있었다. 부처님의 가호만이 유일한 해결책이라는 생각이 들었다. 석가모니의 진신사리를 친견할 수 있다면 모든 병고가 사라지고 태평성대가 도래하리라고 맹신했다.

당시 석가모니의 손가락뼈가 법문사(法門寺: 지금의 섬서성 보계·寶雞)에 모셔져 있었다. 보계사는 불교가 인도에서 중국으로 전파될 무렵인 한(漢)나라 명제(明帝) 11년(68)에 건립되었다. 석가모니의 진신사리를 모신 탑이 있다고 하여 '진신보탑(真身寶塔)'이라고 부르기도 한다. 원래 이름은 아육왕사(阿育王寺)였는데 당고조 이연 때 법문사로 바뀌었다. 당나라의 황실 사원으로 유명했다. 불교를 숭상한 황제들은 법문사에서 석가모니의 진신사리를 친견하는 일을 무한한 영광으로 생각했다.

당의종은 보계사의 진신사리를 장안으로 모셔와 친견하기로 결정했다. 하지만 대신들의 격렬한 저항에 부딪쳤다. 진신사리를 운반하는 일은 많은 재원과 인력이 필요했기 때문이다. 또 불교를 숭상한 당헌종 이순이 진신사리를 친견한 후 갑자기 죽은 일을 들추어내어 반대했다. 당의종이 그들에게 말했다.

"짐이 살아생전에 부처님의 진신 사리를 친견할 수 있다면 죽어도 여한이 없겠소."

대신들은 그의 간곡한 소망에 뜻을 꺾을 수밖에 없었다. 장안에서 법문사까지의 거리는 왕복 6백 리였다. 진신사리를 안전하고 장중하게 운반하기 위하여 수많은 인력이 동원되었다. 백성은 곳곳에 나와 길을 닦았으며, 각종 불구(佛具)를 실은 수레는 수 십리 길에 이어져 있었다. 전국 각지에서 모인 승려들은 염불을 하며 뒤를 따라갔다. 사리를 안장한 거대한 가마 주위에는 그윽한 향이 가득했다. 황제의 순행보다도 더 성대하고 장엄했다.

당의종은 장안성의 안복문(安福門)에서 진신사리를 영접하고 감격의 눈물을 흘렸다. 장안성에서 3일 동안 황제의 친견 의식을 거행한 후, 진신사리는 안국사(安国寺), 숭화사(崇化寺) 등 여러 사찰에서 안치되었다. 순진한 백성은 향을 사르며 멀리서 지켜보았지만, 고관대작은 진신사리를 친견하고 법회를 여는 데 돈을 물 쓰듯 했다. 심지어 어떤 부호는 부유함을 과시하기 위해 수은으로 작은 연못을 만들고 황금과 옥으로 나무를 만든 후 고승대덕을 초청하여 법회를 열었다.

당의종은 국태민안을 위해서 진신사리를 모셔왔다고 말했으나, 사실은 부처님의 가피를 입어 무병장수하려는 얄팍한 속셈 때문이었다. 하지만 부처님은 그의 소원을 들어주지 않았다. 오히려 그가 일으킨 불사(佛事)가 국가의 재정에 막대한 나적을 주었으며, 백성을 더욱 도탄에 빠지게 했다. 함통 14년(873) 7월 당의종은 진신사리를 친견한 후에 향년 41세를 일기로 붕어했다.

당희종 이현

당희종 이현

1. 성장 과정과 황위 계승

18대 황제 당희종(唐僖宗) 이현(李儇·862~888)은 당의종 이최의 다섯째아들이다. 원래 이름은 이엄(李儼)인데 태자로 책봉될 때 개명했다. 생모는 혜안황후(惠安皇后) 왕씨(王氏)이다. 함통 연간(860~874)에 당의종의 비빈으로 책봉되었다. 그녀에 대한 기록으로는 함통 3년(862) 이엄을 낳았고, 함통 7년(866)에 서거했다는 것 이외에는 없다. 아들 이현이 황제로 등극한 후에 황태후로 추증되었다.

당의종은 노는 일에만 정신이 팔려 있었으며 딸 동창공주만을 끔찍이 아꼈다. 다섯째아들 이엄의 교육에는 별다른 신경을 쓰지 않았다. 5세 때 생모를 잃은 철부지 이엄은 보왕(普王)으로 책봉되었고 환관들의 손에서 자랐다. 피는 못 속인다더니, 그도 아버지 당의종과 마찬가지로 오로지 놀기 위해서 태어난 사람이었다. 아니, 아버지보다도 더 심했다. 환관들은 그가 원하는 놀이라면 무엇이든지 함께 어울렸다.

환관들 가운데 전령자(田令孜·?~893)라는 자가 있었다. 촉(蜀) 지방 출신인 그는 원래 진(陳)씨이며 내시가 아니라 글깨나 읽은 한량이었다. 지방의 촌구석에서 쓸쓸한 일생을 보내다가 죽을 바에는 차라리 고환을 스스로 훼손하고 궁궐의 환관이 되는 게 청운의 뜻을 펼 수 있다고 생각했다. 당의종 때 전씨(田氏) 성을 가진 환관의 양자로 입궐하여 환관이 되었다. 그는 아주 교활하고 영리했다. 당의종이 마음껏 쾌락을 누릴 수 있도록 주도면밀하게 시중을 들었을 뿐만 아니라 보왕 이엄을 친자식처럼 보살폈다. 당의종 사후에 놀기 좋아하고 무능한 보왕을 꼭두각시 황제로 추대하여 당나라 천하의 실질적인 주인이 되고 싶은 욕망의 발로였다.

전령자는 어린 보왕 이엄의 성격과 취향을 꿰뚫고 더욱 그를 방탕한 생활에 젖어들게 했다. 이엄은 하루라도 전령자를 보지 않으면 따분하여 견딜 수 없었다. 그의 몸과 마음은 철저하게 전령자에 의해 통제되었다.

함통 14년(873) 7월 당의종은 향년 41세를 일기로 붕어했다. 전령자가 조정 대신들에게 황제의 유지를 반포했다. 다섯째아들 이엄을 태자로 책봉하고 황위를 잇게 하라는 내용이었다. 전령자가 유지를 조작한 게 분명했으나, 환관이 새 황제를 추대하는 일은 이미 관례가 되었기 때문에 조정 대신들 가운데 이의를 제기하는 자는 아무도 없었다.

당희종 이현은 12세 때 황제로 추대되었다. 당나라 역대 황제들 가운데 가장 어린 나이에 등극했다. 그처럼 어린 황제가 무슨 국정을 살필 수 있었겠는가. 그의 관심사는 오로지 놀고 즐기는 일에만 있었다. 그는 즉위하자마자 전령자를 '아부(亞父)'로 불렀다. 그를 아버지 다음가는 사람으로 여기고 존경하겠다는 뜻이었다. 국가의 대소사는 모두 전령자의 손에서 처리되었다. 전령자는 당희종이 욕망을 마음껏 발산할 수 있도록 온갖 배려를 아끼지 않았다.

2. 오락과 도박에 중독되어 국정을 망치다

당희종은 타고난 난봉꾼이었다. 술과 여자를 밝히는 일은 기본이었으며 닭, 거위, 소 등 가축들을 싸움시켜 도박하는 일을 너무나 좋아했다. 닭싸움이나 소싸움은 궁궐의 정원에서 얼마든지 할 수 있지만, 물에서 벌이는 거위싸움은 넓은 연못이 필요했다. 하루는 당희종이 왕들을 대전(大殿)으로 불러 거위싸움으로 거액의 판돈을 건 도박을 벌이자고 했다. 그런데 돈과 거위는 충분했으나 연못이 없었다. 왕들이 주저하는 모습을 보이자, 그는 즉시 거대한 연못을 조성하게 했다. 얼마 후 연못이 완공되었다. 그는 그것을 '경치(慶池)'라고 명명한 뒤 거위싸움을 벌이게 했다.

당희종은 운동 '마니아'였다. 활쏘기, 창던지기, 씨름, 격구 등 못하는 운동이 없었다. 특히 격구 실력은 타의 추종을 불허했다. 하루는 그가 곁에서 시중을 들고 있는 광대 석야저(石野猪)에게 이렇게 말했다.

"만약에 격구만으로 과거 시험을 치른다면, 짐이 틀림없이 장원 급제할 거야."

석야저의 대답은 이러했다.

"만약 요임금, 순임금 등과 같은 성군이 예부시랑이 되어 과거 시험을 주관한다면, 폐하께서는 쫓겨나지 않을까 두렵습니다."

당희종은 너털웃음을 터뜨리며 자기 심기를 불편하게 한 석야저를 나무라지 않았다. 술을 좋아하는 사람은 항상 술을 마셔야 하는 이유를 댄다고 한다. 당희종은 하루는 기분이 좋다고 해서, 다른 하루는 기분이 나쁘다는 핑계를 대고 거의 매일 오락과 도박을 즐겼다. 그런데 심각한 문제는 국가의 중대사도 도박으로 결정했다는 것이다.

광명(廣明) 원년(880) 11월 동도 낙양이 황소(黃巢·820~884)의 농민군에게 점령당했다는 첩보가 장안성을 강타했다. 장안성도 함락될지 모른다는 공포가 엄습했다. 금군의 병권을 쥔 전령자는 당희종을 모시고 서촉(西蜀) 지방으로 달아나려고 했다. 그런데 그는 당시 서촉 지방을 다스리고 있었던 서천절도사(西川節度使) 최안잠(崔安潛)과 사이가 나빴다.

예전에 전령자의 친형 진경선(陳敬瑄)은 고향에서 전병을 파는 하찮은 장사꾼이었다. 동생이 황궁에서 승승장구한다는 얘기를 듣고 팔자를 고치고 싶었다. 형의 '취업 청탁'을 받은 전령자는 최안잠에게 병마사의 관직을 형에게 내려달라고 요구했지만 거절을 당했다. 이때 두 사람의 관계가 틀어졌다. 전령자는 형을 금군의 신책군으로 끌어들였다. 그 후 진경선은 동생의 도움으로 대장군이 되었다.

전령자는 당희종을 모시고 서촉 지방으로 가면 자신과 사이가 나쁜 최안잠이 무슨 짓을 꾸미지 않을까 두려웠다. 당희종에게 최안잠을 다른 지방으로 보내고 측근을 서천절도사로 임용해야 한다고 건의했다. 아울러 동천절도사(東川節度使)와 산남서도절도사(山南西道節度使)도 믿을만한 장수로 바꾸어야 한다고 했다.

당희종은 그의 건의를 받아들였다. 전령자는 신임 절도사 3명을 선발하는 데 친형 진경선 그리고 심복 양사립(楊師立), 우욱(牛勗), 나원고(羅元杲) 등 4명을 추천했다. 당희종이 전령자에게 말했다.

"지금 당장 격구 대회를 개최하시오. 4명 가운데 가장 먼저 공을 넣은 자를 서천절도사로 임용하겠소. 동천절도사(東川節度使)와 산남서도절도사(山南西道節度使)는 그 다음 공을 넣은 자를 순위대로 임용하겠소."

황궁의 청사전(淸思殿) 앞에서 희한한 격구 대회가 벌어졌다. 가장 먼저 공을 넣어 1등을 한 진경선이 당희종의 약속대로 서천절도사로 임용되었다. 2등을 한 양사립은 동천절도사로, 3등을 한 우욱은 산남서도절도사로 임용되었다. 국가의 운명이 백척간두에 선 절박한 순간에도 아랑곳하지 않고 막중한 임무를 맡고 있는 절도사의 관직을 '게임'으로 결정한 것이다.

중국 역사상 전무후무한 일이었다. 중국 역사에서는 이 사건을 '격구도삼천(擊球賭三川)'이라고 부른다. 삼천 지방을 다스리는 절도사의 관직을 도박의 상품으로 여기고 격구 시합을 통해 결정했다는 뜻이다. 삼천은 서천(西川)과 동천(東川) 그리고 산남서도(山南西道)를 합해서 부르는 지역 명칭이다. 서천 지방의 백성은 예전에 저잣거리에서 전병을 팔았다는 진경선이 신임 절도사로 부임했다는 얘기를 듣고 기절초풍했다.

당희종의 광적인 취미 생활을 만족시키느라 국고가 바닥을 드러냈다. 당시 장안은 세계에서 인구가 가장 많고 경제 규모가 가장 큰 국제 도시였다. 서역의 각국에서 온 상인들로 넘쳐났다. 당희종은 부유한 상인들의 재물뿐만 아니라 서역 상인들의 재물에도 욕심을 냈다. 하루는 당희종이 전령자에게 말했다.

"짐이 천하의 주인이오. 장안성에 거주하는 거부와 오랑캐의 재물을 내고(內庫)에 쌓아둘 수 없겠소?"

전령자는 말도 안 되는 이유를 들어 장안성의 동시(東市)와 서시(西市)에 거주하는 거상, 서역 상인 등의 재물을 모두 황궁의 창고로 실어 나르게 했다. 재물을 내주지 않은 자들은 경조부(京兆府)로 끌려가 곤장을 맞고 죽었다. 천하제일의 부유함을 과시했던 당나라는 당희종 시기에 이르러 외국 상인들의 물건을 강탈할 정도로 부패하였고 경제가 완전히 망가졌다.

3. 민란이 폭발하여 촉 지방으로 달아나다

봉건왕조 시대에 군주의 타락과 무능은 반드시 민란을 수반하게 된다. 복주(濮州: 지금의 하남성 복양·濮陽) 사람, 왕선지(王仙芝·?~878)는 여러 지방을 전전하며 소금 밀매를 하던 장사꾼이었다. 신분은 천했지만 무예가 뛰어나고 사람 사귀기를 좋아했기 때문에 그를 따르는 자가 적지 않았다.

당희종의 즉위 직후인 건부(乾符) 원년(874), 하남성, 산동성 등 관동 지방에 큰 가뭄이 들어 굶어죽은 자들이 들판을 덮었다. 그런데 지방 관리들은 백성을 구휼하지 않고 오히려 가렴주구를 일삼았다. 학정에 분노한 농민들은 왕선지를 지도자로 받들고 반란을 일으켰다. 왕선지는 균평천보대장군(均平天補大將軍)을 자처하고 조주(曹州: 지금의 산동성 하택·菏澤), 복주 등을 파죽지세로 점령했다.

건부 2년(875) 조주 사람 황소(黃巢·820~884)가 왕선지의 반란에 호응했다. 이때부터 당나라 역사상 유명한 '황소의 난'이 시작되었다. 왕선지는 오늘날의 하남성, 산동성, 산서성, 호북성, 안휘성 등 중원의 심장부를 유린했다. 하지만 건부 5년(878) 황매(黃梅: 지금의 호북성 황매현)에서 초토부사(招討副使) 증원유(曾元裕)가 이끈 관군에게 대패를 당하고 죽었다.

황소는 조상 대대로 소금 판매업에 종사한 비교적 부유한 가정에서 태어났다. 젊었을 적에 청운의 뜻을 품고 여러 차례 과거 시험에 응시했으나 낙방했다. 그는 왕선지와는 다르게 문무를 겸비한 지식인이었다. 자신은 실력이 출중한데도 황제가 방탕한 생활을 일삼고 당나라 조정이 너무 부패하여 번번이 낙방했다고 울분을 품었다. 당시 그가 지은 시에 그의 심정이 잘 묘사되어 있다.

「과거에 낙방한 후 국화를 읊조리네」	「不第後賦菊」
늦가을 중양절이 다가오길 기다리고 있다네	待到秋來九月八
내 꽃이 만개하면 다른 꽃들은 다 사라지겠지	我花開後百花殺
하늘에 닿은 국화 향기 장안성에 퍼지면	沖天香陣透長安
성안은 온통 황금갑옷으로 가득 차겠지	滿城盡帶黃金甲

과거 시험에 낙방한 황소가 좌절하지 않고 오히려 역성혁명을 일으켜 천하의 주인이 되겠다는 원대한 야망을 국화를 통해 표현한 시이다. 음력 9월 9일을 중양절이라고 한다. 당나라 때는 추석보다 더 중요한 명절이 었다. 국화는 이 시기에 가장 아름답고 절정을 이루므로 중양절을 국화절(菊花節)이라고 부르기도 한다.

위의 시에서 운(韻)을 맞추기 위하여 9일을 8일로 바꾸었다. '내 꽃'은 노란색의 국화, 즉 황국(黃菊)을 의미한다. 노란 색은 천자가 입는 용포의 색깔이므로, 천자가 아닌 사람이 황국을 운운하는 것은 반란을 일으키겠다는 뜻이다. 황소는 국화 향기가 장안성에 가득할 때 황제로 등극하여 당나라의 이씨들을 다 죽이겠다는 섬뜩한 생각을 국화를 통해 간접적으로 표현했다. '황금갑옷'은 황제가 입는 갑옷이자 노란색의 국화를 은유한다.

황소는 건부 2년(875)에 왕선지가 조직한 초군(草軍)에 들어가 중원 일대에서 여러 차례 관군을 물리치고 혁혁한 전과를 거두었다. 왕선지가 이 끄는 반란군이 기주(蘄州: 지금의 호북성 기춘현·蘄春縣)를 공격했다. 반란군의 공세에 겁을 먹은 기주자사 배악(裵渥)이 급히 조정에 사자를 보내 관직으로 왕선지를 회유하자고 했다. 당희종은 환관을 왕선지에게 보내 그를 '좌신책군압아(左神策軍押牙) 겸 감찰어사(監察御史)로 책봉하겠다는 뜻을 밝혔다. 왕선지는 야심가가 아니었다. 당희종이 하사한 벼슬에 만족하려는 태도를 보였다. 황소가 강하게 반발했다.

"처음에 우리가 병사를 일으킬 때 한마음으로 협력하여 천하를 평정하기로 맹세했소. 그런데 지금 당신이 당나라의 관직을 받는다면 도대체 우리 형제들은 어디로 가야 한단 말이오?"

분을 참지 못한 황소는 왕선지에게 달려들어 주먹질을 했다. 반란군의 다른 장졸들도 이구동성으로 왕선지를 비난했다. 왕선지는 황소의 뜻에 따르는 수밖에 없었다. 이때부터 두 사람은 각자의 병사들을 이끌고 독자적으로 행동했다. 건부 5년(878) 왕선지가 싸움에 패하여 참수형을 당한 후부터는 반란군의 우두머리는 황소였다. 황소는 지금의 강소성, 절강성 일대를 세력권으로 확보하고 왕을 자칭했으며 왕패(王霸·878~880)라는 독자 연호를 사용했다.

그 후 황소는 강서(江西) 지방에서 관군에게 패하여 항복했다. 하지만 당나라 조정은 그의 잔여 세력이 여전히 남아있음을 두려워하여 그를 우위장군(右衛將軍)으로 임명했다. 황소는 각 지방의 절도사들이 조정의 통제를 받지 않고 독립적으로 행동하고 있음을 간파하고 또 반란을 일으켰다. 반란군을 이끌고 오늘날의 복건성, 광동성, 광서성 등지로 남하했다. 복주(福州), 광주(廣州), 계주(桂州) 등 영남 이남의 전략적 요충지가 모두 황소의 수중으로 들어왔다.

건부(乾符) 6년(879) 황소의 부하 장수 상양(尙讓)이 50만 대군을 이끌고 강릉(江陵: 지금의 남경)을 공격할 때의 일이다. 제도행영병마도통(諸道行營兵馬都統) 왕탁(王鐸·?~884)이 강릉성 방어를 책임지고 있었다. 그는 장안에서 부임지로 떠날 때마다 본처는 동반하지 않고 많은 첩들을 데리고 갔다. 본처의 감시에서 벗어나 첩들과 함께 각 지방의 명승지를 돌아다니며 풍류를 즐기기 위해서였다.

하루는 부하 장수가 그에게 급히 보고했다. 왕탁의 부인이 남편의 동태를 살피기 위해 장안에서 금릉으로 오고 있다는 얘기였다. 놀란 왕탁은 부하들에게 이렇게 말했다.

"황소의 반란군은 남쪽에서 쳐들어오고 있고, 내 마누라는 북쪽에서
내려오고 있으니, 장차 나는 어떻게 해야 살아남을 수 있겠느냐?"

한 부하 장수가 말했다.

"차라리 황소에게 투항하시지요."

왕탁은 어이없는 표정을 짓고 웃고 말았다. 부하 장수 유한굉(劉漢宏)에게 강릉 사수를 명령하고 자신은 양양(襄陽)으로 달아났다. 유한굉은 사수는커녕 성안의 재물을 약탈한 후 성을 버리고 달아났다. 당시 당나라 군사를 지휘한 장수들은 이처럼 정신 나간 자들이었다.

장강(長江) 이남 지역과 요충지 금릉을 확보한 황소는 광명(廣明) 원년(880) 11월에 60만 대군을 이끌고 동도 낙양으로 진격했다. 황소의 반란군이 회하(淮河)를 건널 때 황소가 각 지역을 지키고 있는 관군의 장졸들에게 격문을 보냈다.

"우리 군사가 도성으로 진격하는 이유는 오로지 천자에게 죄를 묻기
위함이다. 절대 백성의 일에는 간섭하지 않겠다. 너희들은 각자 직분을

다하고 우리 군사의 진격을 방해해서는 안 된다!"

격문을 읽어본 관군의 장졸들은 황소의 유화책에 넘어가 저항을 포기했다. 관군이 싸우지도 않고 항복한다는 애기를 들은 당희종은 너무 놀라 대신들 앞에서 흐느껴 울었다.

황소는 동도 낙양과 인접한 여주(汝州)를 손쉽게 점령했다. 낙양이 함락되면 장안의 관문인 동관(潼關)이 위험하고, 동관이 황소의 수중에 들어가면 장안 함락은 시간 문제였다. 황소가 대군을 이끌고 낙양성으로 진격해 온다는 소식이 전해졌다. 낙양성이 일대 혼란에 빠졌다. 관군은 수성 의지를 상실하고 도망갈 궁리만 했다.

동도유수(東都留守) 유은장(劉允章)은 군민의 희생을 최대한 줄이기 위하여 성문을 열고 황소의 군대를 맞이하는 수밖에 없었다. 낙양성을 접수한 황소는 즉시 동관을 지나 당나라의 심장부 장안으로 진격했다. 장안성은 무주공산이나 다름없었다. 환관 전령자는 이미 당희종을 모시고 촉 지방으로 떠났다. 미처 도망가지 못한 관리들은 모두 주살을 당했다.

황소는 황금색 가마를 타고 장졸들의 호위를 받으며 장안성으로 입성했다. 백성들이 연도로 몰려와 열렬히 환영했다. 반란군의 장수 상양(尚讓)이 그들에게 선언했다.

"황왕(黃王)께서는 오로지 백성을 위해 기병하였소. 결코 이씨의 당왕
조처럼 여러 분을 학대하지 않을 것이오. 여러 분은 편안하게 생업에 종
사하기 바라오."

황소는 즉시 노획한 재물들을 가난한 백성들에게 나누어주게 했다. 백성들의 환호성이 장안성을 진동했다. 황왕을 새 천자로 추대하자는 여

론이 들끓었다. 광명 원년(880) 12월 황소는 마침내 장안성의 함원전(含元殿)에서 황제로 즉위했다. 국호는 대제(大齊), 연호는 금통(金統)으로 정했다. 황소는 병사를 일으킨 지 7년 만에 황제의 옥좌에 올랐다.

한편 촉 지방으로 달아난 당희종은 여전히 도박에만 몰두하고 있었다. 하지만 충직한 신하들은 촉 지방의 풍부한 물자를 이용하여 군사를 재정비하기 시작했다. 여러 지방에서 형세를 관망하고 있는 절도사들을 관군으로 끌어들이는 게 급선무였다. 그들이 황소의 반란을 진압하는 데 전공을 세우면, 그들이 다스리는 지역의 실질적인 왕으로 책봉하겠다는 조서를 반포했다.

절도사들은 개인의 이해관계에 따라 당나라 조정에 협조했다. 황소가 건국한 대제는 약점이 있었다. 대제의 군사가 낙양과 장안, 두 도성과 일부 요충지만을 점령했을 뿐 중원 일대를 완전히 장악하지 못했다. 당희종을 지지하는 절도사들은 여러 갈래에서 장안성으로 진격했다. 황소는 심복 주온(朱溫·852~912)을 동주방어사(同州防御使)로 임명하고 동주(同州: 지금의 섬서성 대려현(大荔縣)를 지키게 했다.

뜻밖에도 주온이 관군에 투항했다. 당희종은 주온이 투항했다는 얘기를 듣고 너무 기쁜 나머지 그에게 주전충(朱全忠)이라는 이름을 하사했다. 훗날 주전충은 당나라를 멸망시키고 양(梁)나라를 세웠다. 중국 역사에서는 그가 세운 나라를 후량(後梁·907~923)이라고 칭한다.

당나라 조정은 또 서북 지방 서돌궐 계통의 사타족(沙陀族)의 군사와 안문절도사(雁門節度使) 이극용(李克用)의 군사를 끌어들여 장안성으로 진격하게 했다. 황소는 연합군에 대패하여 산동성 태산(泰山)의 낭호곡(狼虎谷)에서 최후를 맞이했다. 황소가 반란을 일으켰을 때 신라에서 당나라로 유학을 와서 과거급제하고 고위관리가 된 최치원(崔致遠·857~?)이 그 유명한 「토황소격문(討黃巢檄文)」을 썼다. 황소는 이 격문을 읽고 너무 놀란 나머지 자기도 모르게 땅바닥에 주저앉았다고 한다.

당희종은 황소의 반란이 진압된 후 광계(光啓) 원년(885)에 가까스로 장안으로 돌아올 수 있었다. 하지만 당희종은 자신의 능력을 발휘해서가 아니라 절도사들의 힘과 이해관계에 의하여 환궁했으므로 아무런 실권도 없는 허수아비 황제로 전락하고 말았다.

4. 환궁 후에 또 봉상, 흥원 등지로 달아나다

당나라 천하는 절도사들의 세상이 되었다. 그들은 이미 당나라 조정의 통제에서 벗어나 자신들의 세력을 유지하기 위하여 서로 합종연횡을 거듭했다. 춘추전국 시대와 같은 약육강식의 법칙이 세상을 지배했다.

당희종은 매일 구중궁궐에서 불안한 나날을 보냈다. 환관 전령자는 그에게 천하가 안정되었으니 걱정할 필요가 없다고 다독였다. 당희종의 소일거리는 여전히 오락과 도박이었다. 당희종은 전령자를 좌우신책십군사(左右神策十軍使)로 임명하고 금군의 병권을 그에게 완전히 넘겼다. 원래 신책군은 황제 보위와 황궁 수비의 막중한 임무를 담당하고 있는 '최정예 부대'였다. 그들에 대한 대우 또한 최고였다. 하지만 잦은 전란으로 국고가 바닥을 드러내자, 신책군의 전투력이 크게 약화되었다.

전령자는 내륙에서 소금 생산으로 유명한 염지(鹽池: 지금의 산서성 운성·運城에 있는 소금 호수)에서 나오는 이익을 신책군을 재정비하는 데 쓰게 해달라고 당희종에게 요청했다. 옛날에 소금과 철은 국가의 중요한 전략물자이자 세금을 가장 많이 거두는 물건이었다. 따라서 소금과 철광석을 생산하는 지역을 관할하는 절도사는 막대한 이득을 취했다. 염지를 관장하고 있던 하중절도사(河中節度使) 왕중영(王重榮)이 강하게 반발했다.

광계 원년(885) 전령자는 빈녕절도사(邠寧節度使) 주매(朱玫), 봉상절도사(鳳翔節度使) 이창부(李昌符) 등과 연합하여 왕중영을 공격했다. 왕중영도 하동절도사(河東節度使) 이극용(李克用)을 끌어들여 장안을 공격했다. 치열한 접전 끝에 왕중영이 승리했다.

장안성이 함락되기 직전에 전령자는 당희종을 호위하고 봉상(鳳翔: 지금의 섬서성 보계·寶雞)으로 달아났다. 황제를 잘못 보필한 전령자를 죽여야 한다는 여론이 들끓었다. 전령자는 또 당희종과 함께 흥원(興元: 지금의 섬서성 한중·漢中)으로 달아났다. 흥원에서 고립무원의 처지가 된 전령자는 당희종을 버리고 친형 서천절도사 진경선이 다스리고 있는 촉 지방으로 달아났다. 경복(景福) 2년(893) 두 형제는 훗날 전촉(前蜀)을 세운 왕건(王建·847~918)에게 피살되었다.

한편 전령자의 진영에 가담했다가 패한 주매는 이극용에게 빌붙었다. 싸움에 패한 장수였으나 교활한 책략으로 병권을 장악했다. 텅 빈 장안성에 앉혀 놓을 허수아비 황제가 필요했다. 중병에 걸려 달아나지 못한 양왕(襄王) 이온(李熅·?~886)을 꼭두각시 황제로 추대하고 연호를 건정(建貞)으로 바꾸었다. 흥원의 행궁에서 노심초사하고 있었던 당희종은 실권이 없는 태상황으로 추대되었다.

5. 절도사들의 도움으로 복위했으나 젊은 나이에 사망하다

주매는 장안에서 꼭두각시 황제 이온을 조종하여 측근들을 요직에 배치했다. 당희종은 흥원에서 주매가 자신을 태상황으로 추대했다는 소식을 듣고 망연자실했다. 말이 태상황이지 사실은 황제의 옥좌에서 쫓겨난 거나 다름없었다. 하중절도사 왕중영과 하동절도사 이극용은 주매의 월

권행위에 분노했다. 주매를 타도하고 당희종을 복위시켜야 권력을 유지할 수 있었다.

광계 2년(886) 주매가 부하장수 왕행유(王行瑜)에게 당희종의 뒤를 쫓아가 황제를 죽이라고 명령했다. 하지만 왕행유는 장안성에서 그의 명령을 거부하고 반란을 일으켰다. 주매와 그를 따르는 부하들이 참살을 당했다. 장안성은 순식간에 도살장으로 변했다. 당희종은 왕행유를 빈녕절도사로 임명했다. 꼭두각시 황제 이온은 하중절도사 왕중영에게 살해당했다. 왕중영은 이온의 머리를 잘라 당희종에게 보냈다.

광계 4년(888) 2월 마침내 당희종은 장안으로 돌아올 수 있었다. 당나라 역대 황제들을 모신 태묘를 참배하고 대사면을 반포했다. 또 분위기를 일신하기 위하여 연호를 문덕(文德)으로 바꾸었다. 하지만 전란을 피해 여러 지방을 전전한 끝에 몸이 크게 쇠약해졌다. 같은 해 3월 향년 27세의 나이에 갑자기 숨을 거두었다. 그는 재위 15년 동안 어떤 업적도 남기지 못한 어리석은 군주였다.

제 **20** 장

당소종 이엽

당소종 이엽

1. 성장 과정과 황위 계승

19대 황제 당소종(唐昭宗) 이엽(李曄·867~904)은 당의종 이최의 일곱째아들이자 당희종 이환의 친동생이다. 원래 이름은 이걸(李杰)이다. 태어난 지 1년 만에 생모 혜안황후(惠安皇后) 왕씨(王氏)가 세상을 떠났기 때문에 친형 이환과 함께 환관들의 손에서 외롭게 자랐다.

이환은 노는 일에만 정신이 팔렸다면, 이걸은 독서를 좋아하고 유가 성인들의 가르침을 마음속 깊이 새겼다. 그는 언제나 천방지축으로 행동하는 형을 감쌌다. 이환도 자신의 부족함을 메워 주는 동생을 좋아했다. 두 사람은 일찍 세상을 떠난 생모의 사랑을 받지 못했지만 형제간에 도타운 정을 나누며 음모와 모략이 판치는 구중궁궐의 차갑고 비정한 현실에 적응했다.

이걸은 6세 때 수왕(壽王)으로 책봉되었다. 친형 당희종 이환이 황제로 등극한 후인 건부 2년(875) 9세 때에는 유주로룡절도사(幽州盧龍節度使)로 임용되었다. 다음 해에는 개부의동삼사(開府儀同三司), 유주대도독(幽州大都督) 등의 고위 관직을 하사받았다. 이처럼 당희종이 나이 어린 이걸을 우대한 까닭은 그가 유일한 친동생이었고 자신을 잘 따랐기 때문이다.

광명 원년(880) 황소의 난이 폭발했다. 장안이 함락될 위기에 처하자, 당희종은 촉 지방으로 달아났다. 피난지의 행궁에서 환관 전령자의 간계에 놀아난 그는 언제 시해될지 모르는 목숨이었다. 이걸은 어린 나이임에도 당희종의 안전을 위해 매사에 빈틈이 없이 행동했다. 전령자도 감히 그를 업신여길 수 없었다.

당희종은 환궁 후 문덕 원년(888) 2월에 병석에서 일어나지 못했다. 얼마 후 혼수상태에 빠졌다. 조정 중신들은 누구를 새 황제로 추대해야 할지 고민에 빠졌다. 당희종에게는 건왕(建王) 이진(李震)과 익왕(益王) 이승(李升), 두 아들이 있었다. 그런데 두 아들은 나이가 너무 어려 현실적으로 황위를 계승할 수 없었다. 조정 중신들은 당의종의 여섯째아들이자 당희종의 이복동생인 길왕(吉王) 이보(李保)를 추대하려고 했다. 이보는 당의종의 아들들 가운데 가장 연장자였고 현명했기 때문에 대신들의 지지를 받았다.

하지만 환관 양복공(楊復恭·?~894)이 수왕 이걸을 추대해야 한다고 주장했다. 혈통을 따지면 당희종 이환과 가장 가까운 왕이 이걸이다. 게다가 이걸은 당희종을 모시고 여러 지방을 전전하면서 쌓은 공적이 적지 않았으므로 차기 황제로 직합한 인물이라는 것이다. 물론 이걸은 친형 당희종과는 다르게 제왕의 재목감이었다. 양복공과의 관계도 좋았다. 양복공은 자기와 친한 이걸을 추대해야만 권력을 계속 유지할 수 있었다. 대신들은 금군의 병권을 장악한 그의 주장에 동조할 수밖에 없었다.

문덕 원년(888) 3월 6일 수왕 이걸을 황태제(皇太弟)로 책봉한다는 조서가 반포되었다. 그로부터 이틀 후에 당희종이 붕어하자, 이걸은 22세의 나이에 즉위했다. 그 후에 이름을 이협으로 바꾸었다. 이협도 관례에 따라 환관에 의해 추대된 것이다.

2. 이간계로 환관 양복공을 제거하다

당소종은 환관 양복공에 의해 추대되었지만 환관의 국정 농단에 심한 염증을 느끼고 있었다. 환관의 득세는 뿌리가 너무나 깊었다. 안사의 난 (755~763) 이후 130여 년 동안 당나라 조정의 정치는 병권을 장악한 환관들에 의해 좌지우지되었다. 심지어 새 황제를 추대하는 막중대사도 그들의 손에서 결정된 것이 한두 번이 아니었다. 사실상 당나라는 이씨 혈통의 황제의 국가가 아니라 환관들의 세상이었다.

당소종은 친형 당희종이 환관 전령자에게 국정을 위임하고 오락과 도박에 빠져 지낸 과오를 통렬하게 반성했다. 그렇다고 해서 당장 병권을 장악한 양복공의 눈치를 보지 않을 수 없었다. 표면적으로는 그를 우대했지만 대신들과 함께 양복공을 제거할 방법을 은밀히 모색했다.

당소종의 외삼촌 왕괴(王瓌)는 황실 외척의 실세였다. 조카 당소종에게 절도사의 관직을 요청했다. 당소종은 왕괴를 절도사로 임명하여서 황제의 권력을 강화하려고 했다. 하지만 양복공의 반대로 뜻을 이루지 못했다. 왕괴는 양복공을 제거하기 위해 은밀히 세력을 모았다. 조정 안팎에서 왕괴를 따르는 자들이 늘어났다. 양복공은 서둘러 왕괴를 죽이지 않으면 오히려 그에게 죽임을 당할 수 있다는 두려움을 느꼈다. 일단 왕괴를 지방의 절도사로 보낸 후 암살하기로 음모를 꾸몄다.

대순(大順) 2년(891) 양복공은 당소종에게 왕괴를 검남절도사로 보내자고 주청했다. 당소종과 왕괴는 그의 음모를 전혀 눈치 채지 못했다. 왕괴가 부임지로 가는 길에 이주(利州) 익창현(益昌縣)의 길박진(吉柏津)에서 배를 타게 되었다. 사전에 양복공의 사주를 받은 양아들 산남서도절도사 양수량(楊守亮)이 몰래 배를 전복시켰다. 왕괴 일행 모두 익사했다.

얼마 후 당소종은 외삼촌 일가가 양복공의 흉계로 비명횡사했다는 얘기를 듣고 진노했다. 그를 제거할 힘이 부족했지만 그에 대한 원한이 골수에 사무쳤다. 양복공을 죽이지 않으면 당왕조의 미래가 보이지 않았다. 당소종은 이간계로 그를 제거하기로 결심했다.

양복공은 많은 양아들을 두고 있었다. 그들 가운데 천위군사(天威軍使) 양수립(楊守立)이 있었다. 그는 아주 용감하고 무예가 뛰어난 장수였다. 장졸들은 그를 무서워했다. 당소종은 그를 육군통령(六軍統領)으로 승진시키고 이순절(李順節)이라는 이름을 하사했다. 또 일 년도 못되어 그에게 천무도두(天武都頭), 진해군절도사(鎭海軍節度使), 동평장사(同平章事) 등 고위 관직을 하사했다.

이순절은 당소종의 성은에 감읍하고 충성을 맹세했다. 이순절과 양복공 사이에 미묘한 기류가 흘렀다. 양복공은 양아들 이순절이 권력에 눈이 멀어 자신을 배반하지 않을까 두려웠다. 이순절도 사람 같지 않은 환관의 손아귀에서 벗어나 독립하고 싶었다. 당소종은 두 사람의 불편한 관계를 이용했다. 더 이상 양복공의 눈치를 볼 필요가 없었다.

양복공은 당소종의 태도가 예전과 같지 않음을 느꼈다. 먼저 선수를 치기로 결심했다. 용검절도사(龍劍節度使) 양수정(楊守貞)과 양주절도사(洋州節度使) 양수충(楊守忠)은 양복공의 양아들이 된 후 절도사로 출세한 자들이었다. 양복공은 두 양아들에게 은밀히 첩자를 보냈다. 어명을 따르지 말고 병사를 조련하게 했다. 기회를 틈타 반란을 일으키라는 암시였다.

당소종은 양복공의 사주를 받은 양수정과 양수충이 딴마음을 품고 있음을 알아차렸다. 그렇지만 금군을 장악한 양복공을 당장 제거할 수 없었다. 고민 끝에 그를 봉상(鳳翔)으로 보내 군대를 감독하라고 명령했다. 양복공은 부임지로 떠나면 이빨 빠진 호랑이 신세로 전락할 수밖에 없었다. 차라리 고향으로 돌아가 후일을 도모하는 게 나았다. 병을 핑계로 귀향을 청했다. 당소종은 즉시 그에게 사자를 보내 병권을 박탈했다. 분노한 양복공은 사자를 살해하고 상산(商山: 지금의 섬서성 단봉현·丹鳳縣 상진·商鎭)으로 달아났다.

얼마 후 양복공이 장안으로 잠입했다. 양아들 옥산군사(玉山軍使) 양수신(楊守信)을 통해 당소종의 동태를 살폈다. 또 다른 양아들 흥원절도사(興元節度使) 양수량(楊守亮)에게 밀사를 보내 모반을 획책하게 했다. 당소종은 이순절에게 양복공을 생포하게 했다. 이순절의 병사와 양수신의 반란군이 충돌했다. 사태를 관망하던 금군이 이순절의 진영에 가담했다. 양수신이 대패하자, 양복공은 양아들 양수량이 다스리는 흥원(興元)으로 달아났다.

대순 2년(891) 양복공과 양수량은 공개적으로 당왕조에 반기를 들었다. 경복(景福) 원년(892) 어명을 받은 농서군왕(隴西郡王) 이무정(李茂貞·856~924)이 흥원부(興元府)를 공략했다. 그는 봉상절도사(鳳翔節度使)와 농우절도사(隴右節度使)를 겸직한 막강한 군벌이었다. 양복공 부자는 하동절도사(河東節度使) 이극용(李克用) 진영으로 달아나는 도중에 진국군절도사(鎭國軍節度使) 한건(韓建·855~912)에게 잡혀 참수형을 당했다.

당소종은 눈엣가시였던 양복공 일당을 제거한 후 이순절도 제거하기로 결심했다. 신책군에게 밀명을 내렸다. 신책군중위는 이순절에게 입궐하여 어명을 받들게 했다. 이순절은 부하 3백여 명을 대동하고 궁궐로 들어갔다. 황제를 배알할 때는 혼자만 들어가게 했다. 그가 대전으로 들어서는 순간 잠복해 있던 신책군의 병사들이 그에게 달려들어 그를 살해했다. 이른바 '토사구팽'이었다.

　당소종은 마침내 환관의 세력을 일소하는 데 성공했다. 하지만 그는 황제의 힘이 아니라 호시탐탐 패권의 야욕을 불태운 절도사들의 도움으로 환관들을 타도했다. 이는 오히려 절도사들의 패권 경쟁을 야기했으며, 황제는 더욱 그들의 허수아비로 전락하는 계기가 되었다. 늑대를 쫓으려다 호랑이를 불러들인 꼴이 된 것이다.

3. 번진의 세력을 꺾고자 했지만 오히려 능욕을 당하다

　환관 양복공의 세력을 일소하는 데 결정적 전공을 세운 농서군왕 이무정은 대단한 야심가였다. 봉주(鳳州: 지금의 섬서성 보계·寶雞), 양주(洋州: 지금의 섬서성 한중·漢中), 경원(涇原: 지금의 영하회족자치구 고원·固原) 등 세 지역을 장악한 후 당소종을 능멸하기 시작했다. 그의 세력 거점인 봉주는 도성 장안에서 가까웠다. 그는 수시로 장안으로 들어가 조정의 정치를 간섭했다. 조정 대신들은 그가 모반을 일으키지 않을까 두려워했다.

　당소종은 이무정의 간섭에서 벗어나기 위해 그를 산남서도절도사로, 재상 서언약(徐彦若)을 봉상절도사로 임명했다. 그런데 이무정은 부임지로 떠나기를 거부하고 당소종에게 이렇게 말했다.

　"군심(軍心)이 동요하면 장졸들의 반란을 막을 방법이 없을 것이오. 반란이 일어나 백성들이 도탄에 빠지면 폐하께서는 장차 어디로 도망할 수 있겠소?"

　자신을 산남서도절도사로 보내면 반란을 일으키겠다는 명백한 협박이었다. 치욕을 당한 당소종은 재상 두양능(杜讓能)에게 이무정을 통제할 계책을 물었다. 평소에 이무정을 두려워한 두양능은 이렇게 말했다.

"지금은 이무정의 세력이 너무 강대하여 그에게 대항할 힘이 없습니다. 더구나 그가 거주하고 있는 봉상은 도성 장안에서 가깝습니다. 만약 그를 토벌하다가 실패한다면 패전을 수습할 방법이 없습니다. 옛날에 한경제가 조착을 살해하여서 제후들에게 사죄한 일이 있었지만, 폐하께서는 한경제처럼 신하에게 죄를 물어 위기를 피하려고 해도 되지 않을 것입니다."

한(漢)나라 경제(景帝·기원전 188~기원전 141) 때, 어사대부 조착(晁错·기원전 200~기원전 154)은 중앙 집권을 공고히 하고자 제후들의 이익을 박탈하는 정책을 폈다. 이에 오왕(吳王) 유비(劉濞)를 우두머리로 하는 7국의 제후들이 반란을 일으켰다. 한경제는 충신 조착을 죽여서 반란을 무마한 일이 있었다. 두양능은 이 사건을 거론하여 이무정을 토벌해서는 안 된다고 했다. 당소종이 말했다.

"짐은 절도사에게 능멸을 당하고도 아무 말도 하지 못하는 무능한 군주가 될 수 없소."

경복 2년(893) 당소종은 신책군 3만 명을 동원하여 이무정을 토벌하게 했다. 하지만 이무정은 신책군을 대파하고 장안으로 진격했다. 그의 질책을 두려워한 당소종은 서둘러 신책군을 지휘한 환관들에게 책임을 전가하고 죽였다. 이무정에게 책임자를 처벌했으니 노여움을 거두고 봉상으로 돌아가라고 간청했다. 이무정은 재상 두양능을 죽이지 않으면 회군할 수 없다고 했다. 두양능이 측근에게 말했다.

"오늘 같은 불행한 날이 올 줄 진작에 알고 있었소. 지금 나를 죽여서
국난을 조금이라도 피할 수 있으면 다행이오."

당소종은 눈물을 흘리며 뇌주(雷州)의 사호참군(司戶參軍)으로 쫓겨난 두
양능에게 사약을 내려 죽게 했다. 이무정은 비로소 장안성 포위를 풀고
봉상으로 회군했다. 이때부터 조정 대신 대부분은 당소종을 업신여기고
이무정에게 달라붙었다. 재상 최소위(崔紹緯)는 그들의 비굴한 행위에 분
노했다. 당소종에게 신책군의 전력을 강화하여 황제의 위엄을 보여야 한
다고 주장했다. 당소종은 그에게 은밀히 병력을 보충하게 했다.

건녕(乾寧) 2년(895) 이무정은 측근 환관에게 최소위를 죽이게 한 후 다
시 군사를 이끌고 장안으로 진격했다. 이번에는 당소종을 시해할 계획이
었다. 당소종은 하동절도사 이극용(李克用·856~908)이 다스리는 하동 지역
으로 달아났다.

원래 이극용은 사타족(沙陀族)이었다. 황소의 난이 일어났을 때 공을 세
워 당왕조로부터 이씨(李氏) 성을 하사받고 절도사가 되었다. 이씨의 당나
라에 충성을 맹세한 절도사였기 때문에, 당소종은 그의 보호를 받고자 했
다. 그런데 당소종 일행이 하동으로 도망가는 도중에 이무정의 맹우, 화
주자사(華州刺史) 한건(韓建)에게 잡히고 말았다.

건녕 3년(896) 화주로 끌려온 당소종은 3년 동안 유폐 생활을 하면서
신하 한건에게 온갖 모욕을 당했다. 한건은 이씨 황실의 씨를 말릴 목적
으로 당소종을 수행한 통왕(通王) 등 황실 종친 11명과 그들의 가족을 무자
비하게 살해했다. 당소종에게는 그들이 반역죄를 저질러 살해당했다고
했으나, 당소종은 그들의 억울한 죽음을 알고 피눈물을 흘렸다. 이 고난

의 시기에 사(詞), 일수(一首)를 지어 자신의 울적한 마음을 달랬다.

「보살만(菩薩蠻)·등루요망진궁전(登樓遙望秦宮殿)」

누각에 올라가 저 멀리 진나라 궁전을 바라보는데	登樓遙望秦宮殿
아득한 하늘을 가로지르는 제비 한 쌍만이 보이네	茫茫只見雙飛燕
한 줄기 위수는 동쪽으로 도도히 흐르고 있으며	渭水一條流
우뚝 솟아있는 산들은 수많은 구릉과 어우러져 있네	千山與萬丘
멀리서 피어오르는 연기는 푸른 숲에 자욱하고	遠煙籠碧樹
논두렁 사이로 행인들이 드문드문 지나가는구나	陌上行人去
어떻게 하면 영웅이 나타나 반란을 평정하고	安得有英雄
나를 영접하여 다시 황궁으로 돌아가게 할 수 있을까	迎歸大內中

당소종은 반란을 일으킨 절도사들에게 쫓겨 이곳저곳을 떠돌면서 자신을 구해 줄 영웅이 나타나 반란을 토벌하고 하루라도 빨리 장안으로 돌아가고 싶은 간절한 마음을 나타낸 사(詞)이다. 무기력한 군주의 서글픔과 소망이 짙게 배어있다.

건녕 5년(898) 동평왕(東平王) 주온(朱溫·852~912: 당희종에게 주전충·朱全忠이라는 이름을 하사받았으며 훗날 후량·後梁을 건국했다.)이 동도 낙양을 점령하여 절도사 세력의 판도를 뒤흔들었다. 이무정, 한건은 이극용과 대립했지만 주온에게 대항하기 위하여 잠시 동맹을 맺었다. 그들은 당소종이 주온의 수중에 들어가면 천하의 대세가 주온에게 기울지 않을까 우려했다. 차라리 당소종을 장안으로 데리고 가서 보호하는 것이 그들에게 유리했다. 건녕 5년(898) 8월 당소종은 절도사들의 호위를 받으며 장안으로 돌아왔다. 연호를 광화(光化)로 바꾸고 분위기를 일신하고자 했다.

광화 3년(900) 11월 어느 날 당소종은 수렵을 나갔다가 만취해서 돌아왔다. 한밤중에 갑자기 격노하여 수발을 들고 있던 환관과 궁녀 몇 명을 칼로 찔러 죽였다. 그의 갑작스런 발작에 놀란 좌신책군중위 유계술(劉季述), 우신책군중위 왕중선(王仲先) 등 환관들이 황급히 신책군을 소집하여 황궁을 장악한 후 당소종과 비빈들을 감금했다. 당소종은 졸지에 황궁의 소양원(少陽院)에 갇히는 신세가 되었다. 유계술은 당소종이 달아나지 못하게 소양원의 대문에 쇳물을 부어 대문을 고정시키고 담장에 작은 구멍을 내어 음식물을 밀어 넣었다. 또 당소종의 죄상을 일일이 밝히고 조정 대신들을 협박하여 황제를 폐위한 뒤 태자 이유(李裕·?~904)를 새 황제로 추대하게 했다.

환관들이 일으킨 궁정 정변은 순식간에 조정을 뒤흔들었다. 재상 최윤(崔胤·853~904)과 금군의 장수 손덕소(孫德昭)가 연합하여 유계술, 왕중선 등 환관들을 제압했다. 천복(天復) 원년(901) 1월 당소종은 복위했으나 이미 만신창이가 되었다.

한편 봉상절도사 이무정은 당소종의 복위 소식을 듣고 봉상에서 장안으로 달려와서 당소종에게 자신을 왕으로 책봉하라고 협박했다. 당소종은 아무런 공을 세우지 못한 그를 기왕(岐王)으로 책봉하는 수밖에 없었다. 재상 채윤은 동평왕 주온을 끌어들여 환관의 세력을 완전히 제거하려고 했다. 환관의 우두머리 한전회(韓全誨·?~903)가 봉상절도사 이무정과 연합하여 대항했다. 주온이 대군을 이끌고 장안으로 진격했다. 한전회는 당소종을 겁박하여 그를 데리고 봉상으로 달아났다.

주온은 봉상성을 봉쇄하고 공격을 퍼부었다. 공성과 수성이 1년여 동안 치열하게 전개되었다. 시간이 지날수록 이무정의 군사가 성안에서 고립되었다. 더구나 추위가 닥치고 양식이 바닥이 나자 성안에서는 굶어죽는 사람들이 속출했다. 급기야 사람이 사람을 잡아먹는 참극이 벌어졌다.

당소종도 매일 죽을 먹고 버티다가 죽마저 먹을 수 없게 되자 시종이 진상한 인육을 먹는 지경에 이르렀다.

천복 3년(903) 1월에 이르자 이무정은 더 이상 저항할 수 없었다. 봉상성을 지키기 위해서는 주온의 환심을 살 만한 조치가 필요했다. 한전회 등 환관 20여 명을 살해한 후 그들의 잘린 머리를 주온 진영에 보냈고 아울러 당소종을 주온에게 넘겨주었다. 주온은 당소종을 데리고 장안으로 돌아갔다.

4. 양왕 주온에게 시해되다

당소종은 또 주온의 꼭두각시 황제로 전락했다. 주온은 당소종을 보필하고 있는 환관 수백 명을 내시성(內侍省)으로 몰아넣고 모조리 살해했다. 전국 각지에서 군대를 감독했던 환관들도 형장의 이슬로 사라졌다. 이때 오랜 세월 동안 당나라를 파국으로 몰고 갔던 환관 세력은 완전히 소멸되었다. 당소종은 주온이 시키는 대로 하며 구차한 목숨을 연명했다. 친히 시를 지어 주온의 공적을 찬양하기도 했다.

천우(天祐) 원년(904) 1월 주온은 당소종에게 낙양으로 천도해야 한다고 주장했다. 당왕조의 정기가 서린 장안을 황폐화시킬 의도였다. 당소종은 순종하지 않을 수 없었다. 당소종이 장안을 떠난 후 장안은 철저하게 파괴되었다. 황제의 행렬이 화주(華州)에 이르렀을 때, 백성들이 연도에 나와 만세를 외쳤다. 당소종은 울면서 말했다.

"만세를 부르지 마라! 짐은 더 이상 너희들의 군주가 아니다."

주온은 낙양으로 천도하는 도중에 당소종의 수발을 드는 시종 2백여 명을 모조리 살해하고 자기 부하들에게 수발을 들게 했다. 당소종은 하루아침에 측근들이 사라지고 갑자기 생면부지의 사람들이 나타나 시중을 들자 그 연유를 몰라 크게 당황했다. 나중에 그들이 모두 양왕 주온이 보낸 사람들이라는 사실을 알고 망연자실했다.

당소종은 주온에게 더 이상 이용 가치가 없는 허수아비로 전락했다. 그렇지만 당소종이 다른 절도사들의 수중으로 들어가면 주온에게 위협이 될 수 있었다. 당소종을 죽여 화근을 없애기로 결정했다. 천우 원년(904) 8월 주온의 부하 장수 장현휘(蔣玄暉)와 사태(史太)가 한밤중에 병사 백여 명을 거느리고 황궁으로 난입했다. 장현휘는 침전으로 달려가다가 당소종의 소의(昭儀) 이점영(李漸榮)과 마주쳤다. 장현휘가 그녀에게 물었다.

"폐하는 어디에 있는가?"

마침 당소종은 술에 취해 잠들어 있었다. 그녀가 소리쳤다.

"신하된 자는 주군을 시해할 수 없소. 차라리 우리들을 죽이시오."

한바탕의 소란에 놀라 잠을 깬 당소종은 황급히 기둥 뒤로 몸을 숨겼다. 사태가 달려오자 이점영이 두 손으로 황제를 감쌌다. 사태가 휘두른 칼날에 두 사람은 서로 몸을 껴안은 채 절명했다. 환관과 번진의 세력을 타도하여 망해가는 당왕조를 부흥시키고자 혼신의 노력을 했던 당소종은 이렇게 38세의 나이에 비참한 최후를 맞이했다.

제 **21** 장

당애제 이축

제21장

당애제 이축

1. 주온에 의해 당나라 최후의 꼭두각시 황제로 추대되다

당나라 최후의 황제 당애제(唐哀帝) 이축(李柷·892~908)은 당소종 이엽의 아홉째아들이다. 원래 이름은 이조(李祚)인데 황태자로 책봉된 후 이축으로 개명했다. 생모는 적선황후(積善皇后) 하씨(何氏·?~905)이다. 그녀는 이엽이 수왕(壽王)이었을 때 후궁으로 간택되었다. 이엽은 용모가 수려하고 지혜로운 하씨를 총애했다.

하씨는 이엽의 장남 이유(李裕·?~904)와 아홉째아들 이조를 낳았다. 이엽이 황제로 즉위한 후 숙비(淑妃)로 책봉되었다. 건녕 연간 당소종이 화주(華州)로 몽진했을 때 그녀를 황후로 책봉했다. 이는 당덕종(唐德宗) 이괄(李适)이 왕씨(王氏)를 소덕황후(昭德皇后)로 책봉한 이래 100여 년 동안 황후 책봉이 없었다가 다시 책봉한 최초의 일이었다. 당소종은 황실의 정통성과 위엄을 갖추고자 오랜 세월 동안 비어있었던 국모의 자리를 채운 것이다.

적선황후도 남편 당소종과 함께 기구한 삶을 살다가 비참한 최후를 맞이했다. 천우 원년(904) 당소종은 주온의 협박에 굴복하여 도성을 낙양으로 천도했다. 적선황후가 당소종에게 흐느끼며 말했다.

"이제 우리 부부는 도적에게 의탁할 수밖에 없는 가련한 처지가 되었네요."

두 사람은 서로 껴안고 통곡했다. 망국의 길로 접어든 당나라 황제와 황후의 서글픈 운명이었다. 적선황후는 당소종이 시해되고 아들 휘왕(輝王) 이조가 즉위한 후에는 황태후로 추대되어 적선궁(積善宮)에서 거주했다. 그래서 그녀를 적선황후라고 부른다. 천우 2년(905) 주온이 황위를 찬탈했을 때 피살되었다. 주온은 그녀를 서인(庶人)으로 격하시켰다.

건녕 4년(897) 이조는 휘왕(輝王)으로 책봉되었으며 천복 3년(903)에는 개부의동삼사(開府儀同三司), 제도병마원수(諸道兵馬元帥) 등의 고위 관직을 하사받았다. 당시 그는 6세에 불과한 어린아이였으므로 직함뿐인 자리였다.

천우 원년(904) 8월 당소종은 주온의 심복 사태가 휘두른 칼날에 한 많은 인생을 마감했다. 당시 당소종의 장남은 덕왕(德王) 이유였다. 광화 3년(900) 유계술(劉季述)을 우두머리로 한 환관들이 정변을 일으켜 당소종을 구금하고 이유를 황제로 추대한 일이 있었다. 천복 원년(901) 재상 최윤(崔胤)과 금군의 장수 손덕소(孫德昭)가 연합하여 환관들을 제압했다. 그 후 당소종은 복위했으며, 이유는 다시 덕왕으로 강등되었다.

어쨌든 황위 찬탈의 누명을 쓴 덕왕 이유는 언제 살해될지 모르는 운명이었다. 주온은 대역죄인 이유를 꼭두각시 황제로 옹립하기에는 부담이 있었다. 그래서 이유의 친동생이자 당소종의 아홉째아들인 이축을 옹립했다. 이축의 나이 13세 때였다. 새 황제가 등극하면 반드시 연호를 새로 정해야 했다. 하지만 그는 어떤 결정권도 없는 꼭두각시 황제였기 때문에 연호도 정하지 못하고 아버지 당소종 이엽 시대의 연호, 천우(天祐)를 그대로 사용했다.

졸지에 황제가 된 어린아이 당애종 이축은 주온의 '장난감'이었다. 새 황제의 모든 조서는 주온이 사전에 결정했고 당애종의 명의로 반포되었다. 당애종이 즉위하자마자, 덕왕 이유 등 이씨 왕들은 모조리 살해되었다. 주온이 황위를 찬탈하기 위한 사전 포석이었다.

2. 17세 때 독살당하여 마침내 당나라 역사 289년이 끝나다

천우 2년(905) 11월 당애제는 하늘에 제사를 지내는 의식을 거행하려고 했다. 제천 의식은 연례 행사였기 때문에 그가 아무리 허수아비 황제였더라도 당연히 친히 집전해야 하는 국가의 대사였다. 관례에 익숙한 조정 대신들도 당애제에게 당나라의 번영을 위해 성대하게 거행해야 한다고 아뢰었다. 주온은 아직도 당나라를 위해 충성하는 신하들이 있음을 알고 분노했다. 즉시 행사 준비를 중단시켰다.

재상 유찬(柳璨·?~906)은 가난한 집안 출신이었다. 과거 급제를 통해 조정의 요직을 맡은 게 아니었다. 역사서 해석에 정통하여 관리가 되었다. 당소종은 그의 능력을 높이 평가하여 그를 한림학사로 중용했다. 천우 원년(904) 재상 최윤(崔胤·853~904)이 양왕 주온에게 피살된 후에는 주온에게 아부하여 재상이 되었다. 과거 급제를 통해 조정에 진출한 대신들은 이른바 '비고시출신'인 그를 배척했다.

유찬은 주온이 딴마음을 품고 있음을 직감했다. 주온에게 천하를 얻으려면 당나라의 조정 대신들을 몰살해야 한다고 주장했다. 천우 2년(905)

유찬은 주온에게 배구(裴樞) 등 조정 중신 30여 명의 명단을 바쳤다. 그들은 대부분 충신이었으며 유찬과 사이가 나빴다. 주온은 회심의 미소를 지었다. 그들을 죽여야만 황위를 찬탈할 수 있었다.

주온의 심복들 가운데 책사 이진(李振·?~923)이 있었다. 그도 조정 대신들에게 원한을 품고 있었다. 여러 차례 과거 시험에 응시했으나 번번이 낙방했다. 과거 급제를 통해 조정에 진출한 대신들에게 질투심을 느꼈다. 질투심은 증오로 변질되었다. 이진은 주온에게 이렇게 말했다.

"조정 대신들은 자기들만 잘났다고 떠들어대는 놈들입니다. 자신들을 청류(淸流)라고 칭하며 교만을 부리고 있습니다. 저들을 모조리 죽여서 탁류(濁流)인 황하(黃河)에 던져버려야 합니다."

주온은 살해 명단에 오른 30여 명을 백마역(白馬驛: 지금의 하남성 활현·滑縣)으로 끌고 와서 살해하게 했다. 중국 역사에서는 이 참사를 '백마역의 화(禍)'라고 부른다. 주온은 이 참변 이후에 당왕조를 없애고 자신의 왕조를 세우기로 결심했다. 그 후 유찬은 모반의 혐의를 뒤집어쓰고 참수형을 당했다. 참수형이 집행되기 직전에 그는 이렇게 외쳤다.

"당나라를 배신한 대역죄인 유찬은 마땅히 죽어야 한다."

책사 이진은 주온이 세운 양(梁·907~923: 역사에서는 후량·後梁이라고 칭함)나라에서 승승장구했다. 하지만 후량이 멸망한 후에, 그와 그의 일족 모두 후당(後唐·923~936)의 군주 장종(莊宗) 이존욱(李存勗·885~926)에게 살해당했다.

천우 4년(907) 3월 주온은 선양(禪讓)의 방법으로 당애종에게 황위를 물려받았다. 마침내 중국 역사에서 찬란한 문명의 꽃을 피운 당나라가 건국한지 289년 만에 완전히 망했다. 주온은 양(梁)나라를 건국했다. 연호는 개평(開平)으로, 도성은 개봉(開封)으로 정했다. 당애제는 주온에 의해 제음왕(濟陰王)으로 강등되어 조주(曹州: 지금의 산동성 하택·菏澤)에 안치되었다.

주온이 당나라를 멸망시키고 양나라를 세워 황제를 칭했다는 소식은 전국 각지의 절도사들을 분개하게 했다. 어떤 이는 당왕조의 수호자를 자처하고 군사를 일으켜 양나라를 정벌하기 시작했다. 또 어떤 이는 자립하여 황제를 자칭했다. 바야흐로 천하 대란의 시대가 시작되었다. 당애제를 그대로 놓아두었다간 화근이 될 게 분명했다. 천우 5년(908) 2월 그는 주온이 보낸 사자에게 독살을 당했다. 그의 나이 겨우 17세였다. 주온은 그에게 당애제(唐哀帝)라는 시호를 내렸다.

당나라가 멸망한 후 중국은 또 다시 오대십국(五代十國)의 천하 대란의 시대로 접어들었다.